인공지능이 선정한 우선순위 영단어

General

OLD STAIRS

단어 암기가 **쉬운 이유,**
단어 암기가 **어려운 이유!**

'사람의 의지' 만으로 안 되는 일들이 있습니다. 배가 고프지 않다면 음식을 먹기 힘들고, 졸리지 않으면 잠을 잘 수 없습니다. 누군가의 이름이 궁금하지 않다면 이름을 알려줘도 기억되지 않습니다. 궁금하지 않은 사람의 이름은 아무리 여러 번 일러줘도 아무 소용이 없습니다. 하지만 그의 이름이 궁금하다면 어떨까요? 알고 싶은 마음이 있었다면, 쉽게 기억됩니다. 아니, 오히려 잊어버리기 어렵습니다.

너무나 알고 싶었다면, 그만큼
인상적이고 강렬한 자극이 머리에 남게 됩니다.

그러므로 무언가를 암기하고 싶다면 먼저 '궁금해하는 것' 이 좋습니다. 궁금해하는 것은 그 내용이 들어올 방을 미리 만들어 주는 것과 같습니다. 방이 있으면 남게 되고, 방이 없다면 지나치겠죠. 그렇기 때문에 단어를 외우고 싶다면 이 책을 이용하세요. 이 책에 담긴 퀴즈 하나하나는 좋은 예문일 뿐 아니라 가장 효율적으로 뇌를 자극할 수 있는 적절한 거리의 힌트가 됩니다.

방 이야기를 이어서 해 볼까요? 두 개의 방이 있습니다.

하나의 방 안에는 바나나가 있습니다. 다른 하나의 방 안에는 잘 익은 새빨간 딸기가 햇빛을 받아 반짝이고 그 위에는 하얀 휘핑크림이 살짝 올라가 있습니다. 그리고 하루가 지난 후 누군가가 당신에게 두 개의 과일 중 무엇이 더 기억에 남았냐고 묻는다면 당신은 무엇이라고 답하게 될까요?

구체적인 것이 더 기억에 남습니다.

실제의 세상은 항상 구체적이기 때문입니다. 접시에 담긴 딸기도 있고 나무에 매달린 딸기도 있지만 배경이 없는 그냥 딸기는 세상에 존재할 수 없습니다. 그렇기 때문에 그냥 하나의 단어는 마음에 와닿지 않습니다. 단어는 항상 구체적 상황과 함께 이해하고, 받아들이고, 외워야 합니다. 그렇게 하는 것이 훨씬 더 효율적이고, 자연스럽고, 피곤하지 않습니다.

이 책은 당신의 마음을 열고 들어가 머릿속에 강한 자극을 남기기 위한 책입니다.

단어를 외우고 **잊어버리지 않는 방법**이 있다면?

이 시리즈는 1만 개의 단어를 담고 있습니다. 왜 1만 단어일까요?
초등 1,000단어, 중등 2,000단어, 고등 4,000단어, 토익 3,000단어
합하면 대략 1만 개의 단어. 이 책은 이 중에서 3천 단어를 다루고 있습니다.

이렇게 많은 단어를 외우는 게 가능할까요?

일단 가능은 하죠. 그러나,
문제는 얼마 가지 않아 잊게 된다는 것입니다.

여러 개의 단어를 잘 잊지 않는 방법이 있을까요?
우선, 단어마다 각각 다른 스토리를 갖는 것이 좋겠죠.
그렇게 하면 여러 단어가 아니라 한 단어 한 단어로 기억될 수 있어요.

식빵 굽는   스트레칭하는   누워있는

?   ?   ?   ?

그다음엔,

바로 의미를 보기보다는 궁금해하는 편이 좋아요.

그렇게 하면 더 쉽게 우리 뇌를 자극할 수가 있어요.

이 두 방법 모두 매우 훌륭한 암기법이에요. 이 두 방법 모두 이 책에 담겨 있습니다.
우리에게 꼭 필요한 1만 개의 단어와 함께 말이죠. 준비되었다면, 책장을 열어주세요.

— Written by Mr. Sun

1
week

Weekly Planner

Jan · Feb · Mar · Apr · May · Jun · Jul · Aug · Sep · Oct · Nov · Dec

_____ MON	
_____ TUE	
_____ WED	
_____ THU	
_____ FRI	
_____ SAT	
_____ SUN	

To Do List

- ○
- ○
- ○
- ○
- ○
- ○

Notes

1. 소리 내어 읽어보세요 ▶ ▶ 2. 의미를 맞혀보세요 ▶ ▶ ▶ ▶ ▶ ▶ ▶ ▶ ▶ ▶ ▶ ▶ ▶ ▶ ▶ ▶ ▶

0001 **account for**
어카운ㅌ 포^{f,r}

1 뇌물 수수 의혹에 대한 진상을 account for 하다.
2 제가 이곳까지 오게 된 경위를 account for 해 드릴게요.

0002 **bring about**
ㅂ륑 어바우ㅌ

1 수도권 위주의 정책이 지역 간의 불균형을 bring about 했다.
2 야간 근무는 그의 건강 악화를 bring about 했다.

0003 **go about**
고우 어바우ㅌ

1 신고를 받은 경찰이 수사에 go about 했다.
2 대학을 갓 졸업한 조카가 구직 활동을 go about 했다.

0004 **think up**
띵thㅋ 어ㅍ

1 좋은 아이디어 좀 think up 해 봐.
2 좀 더 그럴듯한 변명을 think up 해 봐.

0005 **go around**
고우 어롸운ㄷ

1 내 어릴 적 꿈은 세계를 go around 하는 것이었다.
2 요새 노년층 사이에서 독감이 go around 하는 중입니다.

0006 **go after**
고우 애ㅍ^{f}터^{r}

1 왜 네 주변의 여자들을 다 go after 하는 거니?
2 살인 용의자를 go after 했지만, 검거에 실패했습니다.

0007 **bliss**
블리ㅆ

1 결혼생활의 더없는 bliss.
2 형언할 수 없이 벅찬 bliss.

0008 **betray**
비ㅌ뤠이

1 노력은 betray 하지 않는다.
2 믿었던 너마저 날 betray 하다니.

0009 **drought**
ㄷ롸우ㅌ

1 Drought 끝에 내리는 단비.
2 오랜 drought 로 메마른 땅.

0010 **gill**
길

1 물고기는 gill 로 호흡한다.
2 게들도 물고기처럼 gill 을 가지고 있다.

0011 **emission**
이미쉬언

1 온실가스 emission 허용량 규제.
2 대기 중의 이산화탄소 emission.

0012 **thorn**
또th언^{r}

1 손에 thorn 이 박혔다.
2 Thorn 없는 장미는 장미가 아니다.

0013 **bough**
바우

1 Bough 에 주렁주렁 달린 감.
2 새가 나무의 bough 위에 앉아있다.

0014 **livestock**
을라이ㅂ^{v}스타아ㅋ

1 Livestock 를 방목하여 기른다.
2 Livestock 들이 축사에 갇혀 있다.

동 …에 대해 설명하다	• **account for** the success ┃ 성공에 대해 설명하다 • **account for** his conduct ┃ 그의 행동에 관해 설명하다	
동 …을 유발하다, 야기하다	• **bring about** a change ┃ 변화를 야기하다 • **bring about** another problem ┃ 다른 문제를 유발하다	
동 (특히 무엇을 하러) 자리를 뜨다, 떠나다	• **go about** the work ┃ 그 일을 시작하다 • **go about** finding a job ┃ 구직을 시작하다	
동 …을 생각해 내다, …을 고안하다	• **think up** a better excuse ┃ 더 나은 변명을 생각하다 • **think up** a new system ┃ 새로운 시스템을 고안하다	
동 (동그랗게)돌다, 유행하다	• **go around** the world ┃ 세계 일주를 하다 • there's a flu **going around** ┃ 독감이 유행하는 중이다	
동 …을 뒤쫓다, …을 추구하다	• **go after** them directly ┃ 그들을 곧장 뒤쫓다 • **go after** the job ┃ 그 직업을 추구하다	
명 더없는 행복	• a place with perfect **bliss** ┃ 완벽한 행복의 장소 ⋯▸ 결혼식이 열리는 곳 • a domestic **bliss** ┃ 가정의 행복	
명 배신하다, 밀고하다	• **betray** a friend ┃ 친구를 배신하다 • **betray** my trust ┃ 내 믿음을 배신하다	
명 가뭄	• a long **drought** ┃ 오랜 가뭄 • suffer from the **drought** ┃ 가뭄에 시달리다	
명 아가미	• breathe through **gills** ┃ 아가미로 숨을 쉬다 • have no **gills** ┃ 아가미가 없다	
명 배출(물), 배기가스	• the carbon dioxide **emission** ┃ 이산화탄소 배출 • industrial **emissions** ┃ 산업용 배기가스	
명 가시	• a rose **thorn** ┃ 장미 가시 • sharp **thorns** ┃ 날카로운 가시	
명 (나무의) 큰 가지	• the **boughs** of the tree ┃ 나뭇가지들 • a crooked **bough** ┃ 구부러진 나뭇가지	
명 가축	• a **livestock** farmer ┃ 축산업자 • slaughter **livestock** ┃ 가축을 도살하다	

0015 minister
미니스터「

¹ 국방부 minister 가 직접 사과했다.
² 국무회의에 참석한 각 부서 minister 들.

0016 shellfish
쉘엘피「쉬

¹ 조개, 새우, 따개비 등의 shellfish.
² 딱딱한 껍데기를 가진 바다의 shellfish.

0017 interval
인터「벌ᵛ

¹ 버스 배차 interval 은 10분이다.
² 자동 업데이트 interval 을 설정하세요.

0018 intervention
인터「벤ᵛ쉬언

¹ 남의 일에 대한 과한 intervention 은 실례이다.
² 유혈 상황을 우려해 군대 intervention 을 고려했다.

0019 civilian
쓰이빌ᵛ리언

¹ 군인 신분에서 civilian 으로 돌아왔다.
² 보안을 위해 civilian 의 출입을 금지한다.

0020 friction
프「뤽쉬언

¹ Friction 의 결과로 열이 생긴다.
² 그 문제로 인해 friction 을 빚었다.

0021 sensation
쎈쎄이쉬언

¹ 무리한 운동 후 팔에 sensation 을 잃었다.
² 화상 입은 발목 위에 따끔거리는 sensation.

0022 supervision
쑤우퍼「비ᵛ쥔

¹ Supervision 이 없이 자유롭게 일하는 분위기.
² 기계는 엄격한 supervision 하에 가동돼야 한다.

0023 surveillance
써「베ᵛ일런ㅆ

¹ 그 정치범은 현재 경찰의 surveillance 를 받고 있다.
² Surveillance 카메라는 범죄 예방에 도움을 줄 수 있다.

0024 penitentiary
페너텐쉬어뤼

¹ Penitentiary 에 갇힌 범죄자.
² 그는 penitentiary 에서 가석방됐다.

0025 sensitivity
쎈써티버ᵛ티

¹ 그녀의 작품에서는 여성 특유의 sensitivity 가 느껴진다.
² 사안의 sensitivity 때문에 누구도 쉽게 말을 꺼내지 못했다.

0026 deck
데크

¹ 승객들이 deck 에 나와 있다.
² 파도가 배의 deck 를 넘었다.

0027 tuition
튜우이쉬언

¹ 중국어 개인 tuition 을 받고 있다.
² 대학교 tuition 비용이 너무 비싸다.

0028 skull
스컬

¹ 우리 뇌는 skull 에 의해 보호되고 있다.
² 둔기로 머리를 맞고 skull 이 골절되었다.

명 장관, 각료	• the minister of defense ⑴ 국방부 장관 • the prime minister ⑴ 국무총리, 수상
명 조개류, 갑각류	• crack the shellfish ⑴ 조개를 깨다 • pick up shellfish ⑴ 조개를 잡다
명 간격	• time intervals ⑴ 시간 간격 • a short interval ⑴ 잠깐의 시간
명 개입, 간섭	• due to intervention ⑴ 개입으로 인해 • armed intervention ⑴ 무력 개입
명 민간인	• civilian clothes ⑴ 평복, 사복 • civilian representatives ⑴ 민간 대표자들
명 마찰, 갈등	• the force of friction ⑴ 마찰력 • friction among students ⑴ 학생들 간의 마찰
명 느낌, 감각	• a burning sensation ⑴ 화끈거리는 느낌 • cause a sensation ⑴ 화제를 일으키다
명 통제, 감독	• a close supervision ⑴ 철저한 감독 • a lack of supervision ⑴ 관리가 부실한
명 감시, 감독	• a surveillance camera ⑴ 감시 카메라 • a covert surveillance ⑴ 비밀 감시
명 교도소, 감방	• a federal penitentiary ⑴ 연방 교도소 • a state penitentiary ⑴ 주립 교도소
명 세심함, 민감성	• a heightened sensitivity ⑴ 고조된 예민함 • the sensitivity to light ⑴ 빛에 대한 민감함
명 갑판	• walk on the deck ⑴ 갑판 위를 걷다 • the upper deck of a ship ⑴ 배의 상갑판
명 수업, 학비[수강료]	• the university tuition ⑴ 대학 학비 • reduce the tuition ⑴ 수강료를 삭감하다
명 두개골	• a cracked skull ⑴ 금이 간 두개골 • a skull fracture ⑴ 두개골 골절

0029 resume[1]
뤼쥬움

[1] 그 기업에 resume 을 제출했다.
[2] Resume 에 경력 사항을 기재했다.

0030 deforestation
디포[f]어뤄스테이쉬언

[1] 열대 우림의 deforestation 이 주는 부정적인 영향.
[2] 무분별한 deforestation 은 홍수를 일으킬 수 있다.

0031 fortune
포[f]어[r]츄운

[1] 그는 큰 fortune 을 남기고 죽었다.
[2] 이것들을 다 사는데 분명히 fortune 이 들었을 거야.

0032 e-commerce
이이카아머어[r]ㅆ

[1] 인터넷의 발달이 e-commerce 를 키웠다.
[2] 디지털 기술로 제품을 사고파는 e-commerce.

0033 flap
플[f]래애ㅍ

[1] 깃발이 바람에 flap 한다.
[2] 새들이 날개를 flap 하며 날아갔다.

0034 proof
프루우ㅍ[f]

[1] 결정적인 proof 를 발견했다.
[2] 경찰이 결정적인 proof 를 확보했다.

0035 dusk
더ㅅㅋ

[1] 어둑어둑 dusk 가 지고 있다.
[2] 해가 진 dusk 부터 새벽까지는 야외 활동을 자제하세요.

0036 denial
디나이얼

[1] 도움 요청에 대한 denial.
[2] Denial 의 의미로 고개를 저었다.

0037 refusal
뤼퓨[f]우절

[1] 부당한 제의에 완곡하게 refusal 을 표했다.
[2] 무리한 요구에는 단호한 refusal 이 필요하다.

0038 thrift
뜨[th]뤼ㅍ[f]ㅌ

[1] Thrift 가 몸에 밴 부모님.
[2] 낭비를 멈추고 thrift 를 실천하자.

0039 checkup
췌커ㅍ

[1] 그냥 정기적인 checkup 이니까 걱정하지 마세요.
[2] 건강을 위해 일 년에 한 번은 checkup 를 받으세요.

0040 outrage
아웃뤠이쥐

[1] 끓어 오르는 outrage 를 참을 수가 없다.
[2] 심판의 오판에 선수들과 관중들이 outrage 를 표했다.

0041 turbulence
터어[r]뷸런ㅆ

[1] 비행 중 turbulence 를 만나 기체가 흔들렸다.
[2] 우리는 turbulence 의 역사를 지나 지금에 왔다.

0042 firefight
파[f]이어[r]파[f]이ㅌ

[1] 폭탄 사용보다 firefight 에 능한 부대.
[2] 한낮 도심에서 경찰과 firefight 를 벌였다.

명 이력서, 요약[개요]	• submit a resume ㅣ이력서를 제출하다 • write a resume ㅣ이력서를 작성하다
명 삼림 벌채[개척]	• an extensive deforestation ㅣ광범위한 벌채 • the tropical deforestation ㅣ열대의 삼림 벌채
명 재산, 부, 거금, 행운, 운	• leave a fortune ㅣ재산을 남기다 • spend a fortune ㅣ막대한 금액을 쓰다
명 전자상거래	• the advantages of e-commerce ㅣ전자상거래의 이점 • the rising e-commerce ㅣ증가하는 전자상거래
명 펄럭거림, 퍼덕거림	• the flap of wings ㅣ날개의 퍼덕거림 • a flap in the face ㅣ뺨따귀를 때리기
명 증거(물)	• the conclusive proof ㅣ결정적인 증거 • show the proof ㅣ증거를 보여주다
명 황혼[땅거미, 해 질 녘]	• work until dusk ㅣ땅거미가 질 때까지 일하다 • at dusk time ㅣ땅거미가 질 때
명 부인[부정], 거부	• repeated denials ㅣ반복되는 부인 • a blanket denial ㅣ전면적인 부정
명 거절, 거부	• a flat refusal ㅣ단호한 거절 • meet with a refusal ㅣ거절당하다
명 절약, 검약	• a thrift shop ㅣ중고품 할인점 • practice thrift ㅣ절약을 실천하다
명 건강검진	• receive a checkup ㅣ검진을 받다 • a regular checkup ㅣ정기 검진
명 격분, 격노	• the public outrage ㅣ대중의 분개 • commit an outrage ㅣ격노할 짓을 하다
명 난기류, 격동[격변]	• an air turbulence ㅣ난기류 • a flight through the turbulence ㅣ난기류를 통과하는 비행
명 총격전	• killed in a firefight ㅣ총격전에서 죽은 • a firefight broke out ㅣ총격전이 일어났다

0043 **guardian**
가아r디언

1 그는 민주주의의 guardian 이었다.
2 그 아이의 법적 guardian 은 할아버지였다.

0044 **implication**[1]
임플리케이쉬언

1 그것은 공범이 있을 거라는 implication 이었다.
2 그 문장에는 중요한 implication 이 포함되어 있다.

0045 **implication**[2]
임플리케이쉬언

1 그 일은 모두에게 좋은 implication 을 미쳤다.
2 그 행동이 미칠 implication 에 대해 미처 고려하지 못했다.

0046 **fusion**
퓨f우줜

1 동서양의 재료와 스타일을 결합한 fusion 음식.
2 영상과 음향의 완벽한 fusion 을 보여 준 영화.

0047 **modesty**
머어더스티

1 지나친 modesty 는 가식이 될 수 있다.
2 유명하지만 늘 modesty 를 유지하는 배우.

0048 **inspector**
인스펙터r

1 오늘 교육청에서 학교 inspector 가 온대.
2 밤샘 조사 끝에 경찰 inspector 가 용의자를 풀어 주었다.

0049 **injunction**
인줭쉬언

1 상품 판매 금지 가처분 injunction.
2 법원에서 피고에게 불리한 injunction 을 내렸다.

0050 **longitude**
을러언쥐튜우ㄷ

1 위도와 longitude 로 좌표를 표시했다.
2 현지 시각은 longitude 에 따라 다르다.

0051 **expenditure**
익스펜디춰r

1 수입에 맞는 expenditure 계획.
2 매년 거액의 군사 expenditure 가 책정된다.

0052 **diesel**
디이절

1 휘발유 엔진과 diesel 엔진의 차이.
2 Diesel 기관차를 대체할 전기 기관차.

0053 **stairway**
스테어r웨이

1 화재 시에는 승강기 대신 stairway 를 이용하세요.
2 이 문을 열면 외부로 통하는 stairway 가 있습니다.

0054 **machinery**
머쉬이너뤼

1 밭에서는 제 아들보다 농업용 machinery 가 효자입니다.
2 그 회사는 새로운 machinery 도입에 돈을 아끼지 않는다.

0055 **boundary**
바운더뤼

1 두 나라는 국가 boundary 에 관한 문제로 분쟁 중이다.
2 학자들은 인간 지식의 boundary 를 넓히고자 노력해 왔다.

0056 **aristocracy**
애뤄스타크뤄쓰이

1 옛날에는 aristocracy 에게 권력이 있었다.
2 Aristocracy 는 신분제 사회의 고급 계층이다.

뜻	예문
명 수호자[보호자], (미성년자 등의) 후견인	• the guardian of democracy ┃ 민주주의의 수호자 • designate a guardian ┃ 후견인을 지정하다
명 암시, 함축	• an important implication ┃ 중요한 암시 • have negative implication ┃ 나쁜 함축적 의미가 있다
명 영향, 결과	• the implication in the crime ┃ 범죄와의 연루 • the implication for the country ┃ 나라에 미칠 영향
명 융합, 결합	• a chemical fusion ┃ 화학적 결합 • a Korean-American fusion ┃ 미국과 한국 요리의 퓨전
명 겸손	• show modesty ┃ 겸손하게 행동하다 • mock modesty ┃ 거짓 겸손
명 조사관[감독관], 경위[경감]	• a school inspector ┃ 장학사 • a chief inspector ┃ 경감
명 명령, 경고	• grant an injunction ┃ 명령을 내리다 • apply for an injunction ┃ 가처분 신청을 하다
명 경도	• a line of longitude ┃ 경도선 • east longitude ┃ 동경
명 지출, 비용[경비]	• reduce the expenditure ┃ 지출을 줄이다 • unnecessary expenditures ┃ 필요 없는 지출
명 디젤, 경유	• a diesel car ┃ 경유 차 • diesel engines ┃ 디젤 엔진
명 (건물 내·외부의) 계단	• the main stairway ┃ 중앙 계단 • the stairway to heaven ┃ 천국의 계단
명 기계, 기계류	• an industrial machinery ┃ 공업용 기계류 • a cumbersome machinery ┃ 크고 무거운 기계류
명 경계[한계], 경계[한계/분계]선	• the national boundaries ┃ 국경 • the boundaries of our knowledge ┃ 지식의 한계
명 귀족, 귀족 계층	• the modern day aristocracy ┃ 현대의 귀족 사회 • members of the aristocracy ┃ 귀족들

0057 statistic
스태티스티ㅋ

1. Statistic 를 들어 주장을 뒷받침했다.
2. Statistic 자료를 그래프로 보여주세요.

0058 exhaustion
이그저어스�천

1. 체력 고갈로 인한 exhaustion.
2. 천연자원의 exhaustion 을 우려해 태양열 발전소를 짓다.

0059 poultry
포울트뤼

1. 우리 할아버지는 시골에서 소와 poultry 를 기르신다.
2. 조류독감이 발생하여 엄청난 수의 poultry 가 도살되었다.

0060 solitude
싸알러튜우ㄷ

1. 군중 속의 solitude.
2. Solitude 속에 여생을 보낸 노인.

0061 prosecution
프롸아쓰이큐우쉬언

1. Prosecution 만으로도 그의 명예는 실추됐다.
2. 사소한 범행은 prosecution 으로 이어지지 않는다.

0062 confession
컨페ˈ쉬언

1. 경찰이 심문 끝에 용의자의 confession 을 받아냈다.
2. 그는 자신의 confession 이 강압에 의한 것이었다고 밝혔다.

0063 lawsuit
을러어쑤우ㅌ

1. 그는 피의자의 안쓰러운 사정에 lawsuit 를 취하해 주었다.
2. 그 lawsuit 에 든 막대한 비용 때문에 그는 빚더미에 앉았다.

0064 altitude
애앨티튜우ㄷ

1. Altitude 가 높아질수록 기온은 내려간다.
2. 6,000m의 altitude 로 날고 있는 비행기.

0065 skeleton
스켈러튼

1. 그녀는 너무 말라서 skeleton 같다.
2. 인간의 skeleton 은 206개의 뼈로 구성되어 있다.

0066 aviation
에이비ᵛ에이쉬언

1. Aviation 회사의 비행기 승무원.
2. 비행기를 지시하는 aviation 신호.

0067 peacock
피이카ㅋ

1. 화려한 깃털을 자랑하는 peacock.
2. 수컷 peacock 는 화려한 깃털을 펼쳐 암컷을 유혹한다.

0068 flesh
플ˈ레쉬

1. 사과 껍질을 깎아서 flesh 를 먹었다.
2. 생선 가시는 발라내고 flesh 만 먹는다.

0069 curriculum
커어뤼큘럼

1. 모든 curriculum 을 마치고 졸업했어.
2. 초등 curriculum 에서 빠질 수 없는 과목.

0070 assignment
어싸인먼ㅌ

1. 회사 assignment 를 2달 만에 완수했다.
2. 학교 assignment 를 기한 내에 제출해라.

圆 통계, 통계학	• the crime statistics ⏐ 범죄율 통계 • the unemployment statistics ⏐ 실업률 통계
圆 탈진[기진맥진], 고갈	• a mental exhaustion ⏐ 정신적인 탈진 • a physical exhaustion ⏐ 육체적 탈진
圆 가금, 가금류의 고기	• raise poultry ⏐ 가금류를 기르다 • a poultry farm ⏐ 양계장
圆 고독	• live in solitude ⏐ 고독하게 살다 • long for solitude ⏐ 고독을 열망하다
圆 기소, 고발	• a prosecution for tax evasion ⏐ 탈세에 대한 기소 • a prosecution lawyer ⏐ 기소 검사
圆 자백, 고백	• the confession of sin ⏐ 죄의 고백 • make a confession ⏐ 고백하다
圆 소송, 고소	• file a lawsuit ⏐ 소송을 제기하다 • a pending lawsuit ⏐ 계류 중인 소송
圆 고도, 해발, 고지	• low altitudes ⏐ 낮은 고도 • altitude of flight ⏐ 비행 고도
圆 해골, 뼈대, 골격	• a skeleton in the closet ⏐ 감추고 싶은 비밀 • the human skeleton ⏐ 인간의 뼈대
圆 항공, 항공술	• an aviation control ⏐ 항공 통제 • the aviation industry ⏐ 항공 사업
圆 공작	• as proud as a peacock ⏐ (공작처럼) 거만한[잔뜩 뽐을 내는] • play the peacock ⏐ 허세 부리다, 으스대다
圆 살, 고기, 과육	• the belly flesh ⏐ 삼겹살 • see an actor in the flesh ⏐ 배우를 실제로 보다
圆 교과[이수] 과정	• a school curriculum ⏐ 학교 교과과정 • a curriculum planner ⏐ 교육 과정 설계자
圆 임무, 할당, 과제	• a school assignment ⏐ 학교 숙제 • finish the assignment ⏐ 숙제를 끝마치다

0071 top priority
타아ㅍ 프롸이오어뤄티

¹ 여러분의 안전이 저희의 top priority 입니다.
² 당시로써는 마감을 맞추는 게 top priority 였다.

0072 coffin
커어핀ᶠ

¹ 시신을 coffin 에 넣고 옮겼다.
² Coffin 이 무덤 속에 안치되었다.

0073 deputy
데퓨티

¹ 그런 자잘한 문제는 제 deputy 와 얘기하세요.
² 그는 deputy 시장이 되어 시장을 보좌하고 있다.

0074 bystander
바이스태애더ᶠ

¹ 사건의 bystander 들 중 증인으로 나선 사람.
² 현장의 bystander 들 중 피해자를 도운 사람은 아무도 없었다.

0075 spectator
스펙테이터ᶠ

¹ 경기장을 가득 메운 spectator.
² 우레와 같은 spectator 의 함성.

0076 frenzy
ㅍᶠ뤤지

¹ 그는 주식투자 frenzy 에 빠져있다.
² 경기 종료 직전에 들어간 골이 관중들을 frenzy 에 빠뜨렸다.

0077 ray
뤠이

¹ 아직 한 ray 의 희망이 남아있다.
² 한 ray 의 아침 햇살이 커튼 사이로 들어왔다.

0078 visible light
비ᵛ저블 을라이ㅌ

¹ 인간의 눈은 visible light 의 스펙트럼만 볼 수 있다.
² 프리즘을 통과한 visible light 는 7개의 무지개색이다.

0079 rotation
뤄우테이쉬언

¹ 지구의 rotation 으로 낮과 밤이 생긴다.
² 세 명이 8시간씩 rotation으로 근무를 하는 곳이야.

0080 schooling
스쿠울링

¹ 초등학생은 6년간의 schooling 을 받는다.
² Schooling 을 마치고 바로 공장에 취직했다.

0081 headmaster
헤드매애스터ᶠ

¹ 호그와트의 headmaster 덤블도어.
² 한 학교의 최고 관리자 headmaster.

0082 bay
베이

¹ 주차 bay 는 저쪽입니다.
² 담배는 지정된 흡연 bay 에서만 피워주시기 바랍니다.

0083 crater
크뤠이터ᶠ

¹ Crater 때문에 울퉁불퉁한 달의 표면.
² 운석이 떨어져서 생긴 커다란 crater.

0084 slot
슬라아ㅌ

¹ 카드를 slot 에 넣어주세요.
² 자동판매기 slot 에 동전을 넣었다.

명 최우선 사항[과제]	• top priority of my job | 내 작업에서의 최우선 사항 • place top priority | 최우선순위에 두다
명 관	• a wooden coffin | 나무 관 • put in the coffin | 관 속에 넣다
명 대리인, 보좌관, 부…	• a deputy secretary | 차관 • a deputy sheriff | 부보안관
명 구경꾼, 방관자	• an innocent bystander | 무고한 행인 • the bystander effect | 방관자 효과
명 (스포츠의) 관중	• an idle spectator | 방관하는 사람 • a spectator sport | 많은 관중들이 보는 운동 경기
명 광분, 광란	• drive him to frenzy | 그를 광분하게 만들다 • a frenzy of rage | 격노
명 한 줄기[가닥], 선, 광선	• the ray of sunshine | 한 줄기 빛 ⋯ 햇살과 같은 사람 • an X-ray | 엑스레이
명 가시광선	• the visible light spectrum | 가시광선 스펙트럼 • the visible light transmittance | 가시광선 투과율
명 회전, 자전, 순환, 교대	• in rotation | 차례로, 번갈아 • The rotation of the earth | 지구의 자전
명 학교 교육	• publish schooling system | 학제를 공표하다 • the secondary schooling | 중등 교육
명 교장	• the school's headmaster | 교장 • resign as headmaster | 교장직을 사직하다
명 구역, 구간, 만	• a loading bay | 적재 구획 • the bay number 3 | 3번 구역
명 분화구, 큰 구멍	• the craters on the moon | 달에 있는 분화구 • a meteorite crater | 운석으로 인해 생긴 구멍
명 홈, 가느다란 구멍	• put into the empty slot | (USB 슬롯처럼) 빈 홈에 꽂다 • put coins in the slot | 구멍에 동전을 넣다

0085 phase
페ˈ이ㅈ
¹ 아직 계획 phase 에 있는 사업.
² 월급 인상은 여러 phase 를 거쳐 진행되었다.

0086 patriot
페이ㅌ뤼어어ㅌ
¹ 조국을 위해 헌신한 patriot.
² 항상 나라를 생각하는 patriot.

0087 parliament
파알ˈ러먼ㅌ
¹ Parliament 에서 통과된 법안.
² 국민들이 뽑은 의원들이 모인 parliament.

0088 duke
듀우ㅋ
¹ 왕이 기사에게 duke 의 작위를 내렸다.
² Duke 가 왕위를 노린다는 소문이 있다.

0089 wax¹
웨액ㅅ
¹ 그의 귀는 wax 로 가득 차 있다.
² 귀에서 wax 를 제거하기 위해 면봉을 이용했다.

0090 dimension
디멘쉬언
¹ 특별한 안경을 쓰고 보는 3 dimension 영화.
² 새 가구를 놓으려고 방의 dimension 을 쟀다.

0091 norm
노엄ˈ
¹ 공평한 승진 방식의 norm 을 정했다.
² 성숙한 시민들은 사회적 norm 을 따른다.

0092 regulation
뤠귤레이쉬언
¹ 비대해진 금융시장에 regulation 이 필요하다.
² 이번 화재는 관련 regulation 을 지키지 않아 발생했다.

0093 wage
웨이쥐
¹ 노조가 wage 인상을 타결했다.
² Wage 는 매달 말일 지급됩니다.

0094 haste
헤이ㅅㅌ
¹ Haste 속에 식사하느라 체했다.
² Haste 로 인해 글씨를 갈겨 썼다.

0095 organ
오어ˈ건
¹ Organ 이식 수술.
² 사후에 organ 을 기증한 사람.

0096 beam
비임
¹ 인부들이 철제 beam 을 옮긴다.
² 목재 beam 이 드러나 있는 시골집.

0097 transcript
트뤤앤스크륍ㅌ
¹ 인터뷰 내용을 받아 적은 transcript.
² 연설문을 transcript 로 만들어 저장했다.

0098 current
커어뤈ㅌ
¹ Current 를 거스르고 싶지 않다.
² 수심이 깊고 강한 current 로 흐르는 강.

명 단계, 국면	• the final phase ｜ 마지막 단계 • only a phase ｜ 하나의 단계에 불과한
명 애국자	• a true patriot ｜ 진정한 애국자 • an ardent patriot ｜ 열렬한 애국자
명 의회, 국회	• a seat in Parliament ｜ 국회 의석 • enter Parliament ｜ 국회의원이 되다
명 공작, 군주	• confer the title of duke ｜ 공작의 작위를 내리다 • Duke of Edinburgh ｜ 에든버러 공작
명 귀지	• remove the ear wax ｜ 귀지를 제거하다 • a dry ear wax ｜ 마른 귀지
명 차원, 치수[규모]	• a sense of dimension ｜ 입체감 • the dimensions of a room ｜ 방의 크기
명 표준, 규범	• a socially accepted norm ｜ 사회적으로 받아들여지는 표준 • the traditional norms ｜ 전통적인 규범
명 규제, 규정	• follow regulations ｜ 규정을 준수하다 • the safety regulations ｜ 안전 규정
명 임금, 급료	• a minimum wage ｜ 최저 임금 • a starting wage ｜ 초봉
명 서두름, 급함	• leave in haste ｜ 서둘러 떠나다 • study in haste ｜ 급히 공부하다
명 (인체의) 장기[기관]	• a government organ ｜ 정부 기관 • the internal organs ｜ 내장
명 기둥, 빛줄기[광선] 동 비추다	• remove the beam ｜ 기둥을 제거하다 • a steel beam ｜ 철제 기둥
명 (구술된 내용을) 글로 옮긴 기록	• a transcript of the interview ｜ 인터뷰를 글로 옮긴 기록 • a grade transcript ｜ 성적 증명서
명 흐름, 기류 형 현재의, 지금의	• go against the current ｜ 대세나 유행을 거스르다 • warm air current ｜ 따뜻한 기류

0099 pottery
파아터뤼

¹ 백제 시대의 pottery 가 발견되었다.
² 사람들은 고대부터 흙을 빚어 pottery 를 만들었다.

0100 biotechnology
바이오우테크나알러쥐

¹ Biotechnology 는 생명을 다루는 기술을 말한다.
² 발효식품의 박테리아 연구도 biotechnology 에 포함된다.

0101 expertise
엑스퍼어「티이ㅈ

¹ 프랑스의 역사에 expertise 를 가진 사람.
² 내 expertise 가 아니라서 대답하기 어려워.

0102 script
스크륍ㅌ

¹ 그의 script 는 정확해서 읽기 쉽다.
² 멋진 이탤릭 script 로 주소를 적어주었다.

0103 deadline
데들라인

¹ Deadline 이 일주일 늦춰져서 여유가 생겼어.
² 과제 제출 deadline 이 내일이라 밤새워야 해.

0104 petal
페틀

¹ 나팔꽃은 petal 이 하나다.
² 벚꽃 petal 이 바람에 흩날린다.

0105 riot
롸이어ㅌ

¹ Riot 진압을 위해 경찰들이 동원됐다.
² 교도소 내에서 riot 가 발생해 교도관이 다쳤다.

0106 ministry
미니스트뤼

¹ 그 ministry 는 기획재정부와 통합됐다.
² Ministry 의 대변인으로서 국민 여러분께 발표 드립니다.

0107 freshman
ㅍ「뤠쉬먼

¹ Freshman 들을 위한 오리엔테이션.
² 이제 막 입학한 freshman 들의 열정.

0108 odor
오우더「

¹ 오래된 생선의 고약한 odor.
² 새로 바른 페인트에서 지독한 odor 가 난다.

0109 souvenir
쑤우버ˇ니어「

¹ Souvenir 가게는 관광객들로 붐볐다.
² 여행을 추억하려고 souvenir 하나를 샀다.

0110 vendor
벤ˇ더「

¹ 그는 과일을 파는 vendor 입니다.
² 길거리 vendor 에서 꽃 파는 일을 해요.

0111 controversy
카안트뤄버ˇ어「쓰이

¹ 이번 controversy 에 대한 너의 생각은 어때?
² 그의 발언이 controversy 가 되고 있다.

0112 astonishment
어스타아니쉬먼ㅌ

¹ Astonishment 속에 말문을 잇지 못했다.
² 그 광경을 보고 astonishment 를 금치 못했다.

명 도자기(류)	• a pottery from Goryeo dynasty ⏐ 고려 시대 청자 • a piece of pottery ⏐ 도자기 한 점
명 생명공학기술	• development of biotechnology ⏐ 생명공학의 발전 • marine biotechnology ⏐ 해양 생물공학
명 전문 지식[기술]	• borrow your expertise ⏐ 네 전문 지식을 빌리다 • the technical expertise ⏐ 기술적 전문 지식
명 필적, 필기체, 대본	• a cursive script ⏐ 필기체 • a neat script ⏐ 깔끔한 글씨
명 마감 시한, 최종 기한	• pass the deadline ⏐ 마감 시한을 넘기다 • postpone the deadline ⏐ 최종 기한을 연기하다
명 꽃잎	• spread rose petals ⏐ 장미꽃잎들을 흩뿌리다 • a rose petal tea ⏐ 장미꽃잎 차
명 폭동, 난동	• a riot broke out ⏐ 폭동이 발발하다 • quell a riot ⏐ 폭동을 진압하다
명 부서, 내각	• the ministry of defense ⏐ 국방부 • the ministry of labor ⏐ 노동부
명 신입생, 새내기	• a freshman of the university ⏐ 새내기 대학생 • a freshman orientation ⏐ 신입생 오리엔테이션
명 악취, 냄새	• cigarette odor ⏐ 담배 냄새 • a bad odor ⏐ 나쁜 냄새
명 기념품	• a souvenir shop ⏐ 기념품 가게 • keep as a souvenir ⏐ 기념품으로 갖고 있다
명 행상인, 노점상, 노점	• a street vendor ⏐ 길거리 상인 • a fruit vendor ⏐ 과일 상인
명 논란, 논쟁	• a controversy over religion ⏐ 종교적 논란 • arouse controversy ⏐ 논란을 일으키다
명 깜짝[매우] 놀람	• looks of astonishment ⏐ 깜짝 놀란 표정 • stare in astonishment ⏐ 깜짝 놀라서 쳐다보다

0113 brass
브뤠애ㅆ

¹ 구리와 아연의 합금이 brass 가 된다.
² Brass 로 만든 오래된 그릇들을 닦았다.

0114 agribusiness
애그뤼비즈네ㅆ

¹ Agribusiness 는 비료나 농기구를 포함한다.
² 가족경영 방식의 농업이 대규모 agribusiness 로 변화했다.

0115 diabetes
다이어비이티ㅅ

¹ 혈중 당 수치가 높은 것이 diabetes 로 나타난다.
² Diabetes 는 심장마비의 위험을 매우 증가시킨다.

0116 gateway
게이트웨이

¹ Gateway 를 막고 서 있지 마라.
² 훌륭한 교육은 성공에 이르는 gateway 이다.

0117 capacity
커패애쓰이티

¹ Capacity 가 큰 냉장고.
² 관객을 받을 수 있는 capacity 가 2천 명인 대형 극장.

0118 literacy
을리터뤄쓰이

¹ 갈수록 문맹은 줄고 literacy 비율은 높아진다.
² 한글이 창제되기 전에는 literacy 비율이 현저히 낮았다.

0119 efficiency
이피ꞌ쉬언쓰이

¹ 연료 efficiency 가 좋은 신차 개발.
² 잡담을 줄이고 일의 efficiency 를 높이자.

0120 attic
애티ㅋ

¹ Attic 로 이어지는 계단.
² 오래된 물건들로 가득한 attic.

0121 dagger
대애거ꞌ

¹ 원수의 가슴에 dagger 를 꽂다.
² Dagger 는 끝이 뾰족한 짧은 칼이다.

0122 basis
베이쓰이ㅅ

¹ 개인의 자유가 민주주의의 basis 이다.
² 결혼생활의 basis 는 사랑과 신뢰이다.

0123 shortcoming
쇼오ꞌ트커밍

¹ 신기술은 편리하지만 shortcoming 도 많다.
² 새로 출시된 핸드폰에서 중대한 shortcoming 이 발견되었다.

0124 leaflet
을리이플ꞌ리ㅌ

¹ 관광지를 소개하는 leaflet 를 받아 왔다.
² 길거리에서 광고 leaflet 를 나누어 주는 사람.

0125 hesitation
헤지테이쉬언

¹ 아무 hesitation 없이 그의 초대에 응했다.
² 나의 부탁에 아무 hesitation 없이 차를 빌려준 친구.

0126 answering machine
애앤써륑 머쉬인

¹ Answering machine 을 설정하고 며칠 집을 비웠다.
² 그와 연락이 안 돼서 answering machine 에 메시지 남겼어.

명 황동[놋쇠]	• a bowl made of brass ㅣ 황동으로 만든 그릇 • a brass plate ㅣ 황동 문패
명 영농[기업식 농업]	• leave agribusiness ㅣ 농업을 그만두다 • stay in agribusiness ㅣ 농업을 계속하다
명 당뇨병	• diagnosed with diabetes ㅣ 당뇨로 진단받은 • tested for diabetes ㅣ 당뇨병 검사를 받다
명 관문[입구], 이르는 길	• the gateway to heaven ㅣ 천국에 이르는 길 • pay tolls at the gateway ㅣ 입구에서 통행료를 내다
명 용량, 수용력, (생산) 능력	• memory capacity ㅣ 기억용량 • at full capacity ㅣ 최대로 가동하여
명 글을 읽고 쓸 줄 아는 능력	• a high literacy rate ㅣ 높은 문해율 • the adult literacy ㅣ 성인 문해율
명 효율(성), 능률	• the energy efficiency ㅣ 에너지 효율 • weigh the efficiency ㅣ 효율을 따져보다
명 다락	• sleep in the attic ㅣ 다락방에서 자다 • store junks in the attic ㅣ 잡동사니를 다락방에 보관하다
명 단검, 단도	• draw a dagger ㅣ 단검을 뽑다 • stab with a dagger ㅣ 단검으로 찌르다
명 기반, 근거[이유], 기준 (단위)	• on a daily basis ㅣ 매일 단위로 • on a temporary basis ㅣ 임시로
명 결점, 단점	• major shortcomings ㅣ 중대한 결점들 • overlook a shortcoming ㅣ 흠을 간과하다
명 전단(지)	• an information leaflet ㅣ 안내[홍보] 책자 • distribute the leaflet ㅣ 전단지를 돌리다
명 망설임, 주저함, 우유부단함	• feel no hesitation ㅣ 주저하지 않다 • without any hesitation ㅣ 아무 망설임 없이
명 자동응답기	• leave on the answering machine ㅣ 자동응답기에 남기다 • messages on the answering machine ㅣ 자동응답기의 메시지

0127 buyer
바이어「

¹ 그 회사는 우리 회사 상품의 주요 buyer 이다.
² 많은 주택 buyer 들은 주택 마련 대출 상품을 이용한다.

0128 confusion
컨퓨「우젼

¹ 새로운 정책이 confusion 을 일으켰다.
² 그 문제에 대해 약간의 confusion 이 있다.

0129 colonel
커어「널

¹ Colonel 이 지휘하는 기갑여단.
² 중령에서 colonel 로 한 계급 승진했다.

0130 metabolism
머태애벌리즘

¹ 운동은 metabolism 의 속도를 높여 준다.
² 극도의 추위에서는 인체의 metabolism 이 느려진다.

0131 gravity
그뤠애버ᵛ티

¹ TV 뉴스는 사건의 gravity 를 과장하거나 축소할 수 있다.
² 대통령은 하야를 요구받은 뒤에 사태의 gravity 를 깨달았다.

0132 opponent
어포우넌ㅌ

¹ Opponent 를 가볍게 제압했다.
² Opponent 후보를 제치고 당선되다.

0133 confrontation
카안ㅍ「뤈테이쉬언

¹ 정부와 야당이 confrontation 양상을 보인다.
² Confrontation 구도였던 두 정당이 이제 서로 협력하고 있다.

0134 mound
마운ㄷ

¹ 풀 덮인 mound 위에 세워진 목장.
² 자연 그대로의 mound 위에 성을 지었다.

0135 demonstration
데먼스트뤠이쉬언

¹ 반정부 비폭력 demonstration.
² 강제적으로 진압된 demonstration.

0136 lane
을레인

¹ 버스는 버스 전용 lane 으로 달린다.
² 자전거 전용 lane 이 잘 조성된 도시.

0137 monk
멍ㅋ

¹ 속세를 떠나 monk 가 되었다.
² 여자 monk 를 '비구니'라고 한다.

0138 atlas
애틀러ㅆ

¹ Atlas 와 지구본이 지리 공부에 도움이 된다.
² 이 atlas 에는 전 세계의 모든 나라가 들어 있다.

0139 semiconductor
쎄미컨덕터「

¹ 집적회로를 만드는 데 사용되는 semiconductor.
² 삼성은 semiconductor 생산으로 큰 이익을 낸다.

0140 supervisor
쑤우퍼「바ᵛ이저「

¹ 업무 진행 상황을 supervisor 에게 보고한다.
² 세 명의 supervisor 들이 시험 응시자들을 감독했다.

명 구매자, (회사의) 바이어[구매 담당자]	• call the buyer ∣ 바이어에게 전화를 걸다 • a prospective buyer ∣ 잠재 고객
명 혼란[혼동], 당혹	• cause confusion ∣ 혼란을 초래하다 • avoid confusion ∣ 혼동을 피하다
명 (군대의) 대령	• promoted to colonel ∣ 대령으로 승진된 • the rank of colonel ∣ 대령 계급
명 신진대사	• the basal metabolism ∣ 기초 신진대사 • a fast metabolism ∣ 빠른 신진대사
명 심각성, 중대성, 중력	• the gravity of the situation ∣ 상황의 심각성 • the gravity of the offense ∣ 범행의 심각성
명 상대, 반대자	• defeat the opponent ∣ 상대를 물리치다 • face the opponent ∣ 상대와 맞서다
명 대립, 대치	• avoid the confrontation ∣ 대립을 피하다 • a military confrontation ∣ 군사적 대립
명 언덕, 흙[돌]더미	• a mound of dirt ∣ 흙더미 • on the mound ∣ 언덕 위에
명 시위[데모], 설명, 시연	• a nonviolent demonstration ∣ 비폭력 시위 • hold a demonstration ∣ 시위를 벌이다
명 차선, 길[좁은 도로]	• drive centered in the lane ∣ 차선 중앙에서 운전하다 • the country lanes ∣ 시골길
명 수도승, 수도자	• a Buddhist monk ∣ 불교 수도승 • become a monk ∣ 수도승이 되다
명 지도책	• a well-made atlas ∣ 잘 만들어진 지도책 • a world atlas ∣ 세계 지도책
명 반도체	• a semiconductor device ∣ 반도체 장치 • the semiconductor technology ∣ 반도체 기술
명 상사, 감독관	• a strict supervisor ∣ 엄격한 감독관 • an exam supervisor ∣ 시험 감독

0141 subscription
썹스크립쉬언

1. 잡지 subscription 고객에게는 선물을 드립니다.
2. 1년 치 subscription 이 개별구매 가격보다 저렴하다.

0142 spiral
스파이뤌

1. Spiral 형 계단으로 연결된 층.
2. 달팽이 껍질은 spiral 모양이다.

0143 tramp[1]
트뤠앰ㅍ

1. 누더기를 입고 있는 tramp.
2. 오랫동안 제대로 된 식사를 하지 못한 tramp.

0144 real estate
뤼이얼 이스테이ㅌ

1. Real estate 중개업에 몸담고 있다.
2. 시골에 real estate 를 소유하고 있다.

0145 companion
컴패애니언

1. 여행 중 companion 을 만나다.
2. 아내는 내 인생의 companion 이다.

0146 rim
륌

1. 컵의 rim 까지 물이 가득 차 있다.
2. 입술이 닿는 컵의 rim 부분을 잘 닦아야 해.

0147 lodge
을러어줘

1. 그는 사냥을 위해 산 중턱에 있는 lodge 로 향했다.
2. 비버는 진흙과 나뭇가지를 이용해 lodge 를 짓는다.

0148 waistline
웨이스틀라인

1. 운동해서 waistline 을 좀 줄여야겠다.
2. 요즘 waistline 이 늘어나서 바지가 안 맞아.

0149 vibration
바ᵛ이브뤠이쉬언

1. 휴대전화를 vibration 모드로 설정해 주세요.
2. 전동칫솔은 vibration 을 이용해 치아를 닦는다.

0150 pillar
필러ʳ

1. 지붕을 4개의 pillar 가 받치고 있다.
2. 누구나 기댈 수 있는 pillar 같은 인물이 되어라.

0151 backbone[1]
배액보운

1. Backbone 이 동물을 설 수 있게 해 준다.
2. 모든 동물에게 backbone 이 있는 것은 아니다.

0152 backbone[2]
배액보운

1. Backbone 없이는 아무것도 이룰 수 없다.
2. 고난을 이겨낼 수 있는 backbone 이 성공의 기반이 된다.

0153 dealer
디일러ʳ

1. 골동품을 사고파는 dealer.
2. 그는 자동차를 판매하는 dealer 이다.

0154 collision
컬리줜

1. 그 차와의 collision 을 피할 수는 없었다.
2. 그는 다른 선수와의 collision 으로 상처를 입었다.

명 구독, 구독료	• pay my **subscription** ı 기부금을 내다 • cancel the **subscription** ı 구독을 취소하다
명 나선(형), 소용돌이	• a **spiral** pattern ı 나선형 모양 • move in a **spiral** ı 나선형으로 움직이다
명 부랑자, 떠돌이	• look like a **tramp** ı 부랑자처럼 보이다 • smell of a **tramp** ı 떠돌이의 냄새
명 부동산	• a **real estate** agent ı 부동산 중개인 • a **real estate** market ı 부동산 시장
명 동반자, 동행	• a travelling **companion** ı 여행 동반자 • become my **companion** ı 나의 동반자가 되다
명 가장자리, 테두리	• the **rim** of the world ı 세상의 경계선 • the **rim** of the glass ı 유리잔 가장자리
명 오두막	• the porter's **lodge** ı 수위실 • the hunter's **lodge** ı 사냥꾼의 오두막
명 허리둘레	• a small **waistline** ı 얇은 허리둘레 • **waistline** measures ı 허리둘레
명 진동, 떨림, 흔들림	• alarm with **vibration** ı 진동으로 알려주다 • the **vibration** of the phone ı 전화기의 진동
명 기둥, 대들보	• a marble **pillar** ı 대리석 기둥 • the **pillar** of the family ı 가족의 기둥
명 척추, 등뼈	• injure the **backbone** ı 척추를 다치다 • an animal without a **backbone** ı 등뼈가 없는 동물
명 근성, 정신력	• lack **backbones** ı 근성 부족 • **backbone** to persevere ı 굴하지 않고 계속 할 근성
명 상인, 중개인[딜러]	• a blackjack **dealer** ı 블랙잭 딜러 • an arms **dealer** ı 무기 거래상
명 충돌, 부딪침	• a **collision** between cars ı 차들의 충돌 • an unavoidable **collision** ı 피할 수 없는 충돌

0155 sash
쌔애쉬

¹ 허리에 sash 가 달린 드레스.
² 기모노의 sash 는 사회적 지위를 나타냈다.

0156 panorama
패애너뤠애마

¹ 한 폭의 그림 같은 panorama.
² 전망대에서 도시의 panorama 를 바라보았다.

0157 cricket
크뤼키트

¹ 도시에서는 듣기 어려운 cricket 울음소리.
² 가을은 cricket 의 울음소리와 함께 찾아온다.

0158 terrace
테뤄쓰

¹ 야외 terrace 에서 식사를 했다.
² 손님들을 위해 terrace 에 파라솔을 설치했다.

0159 guideline
가이들라인

¹ 재난 대피 guideline.
² 정부의 guideline 을 따르다.

0160 exposition
엑스퍼지쉬언

¹ 무역센터에서 열린 exposition 에 참가했다.
² 세계 exposition 에 수많은 인파가 몰려들었다.

0161 pony
포우니

¹ Pony 는 말처럼 생겼지만, 키가 작아.
² 제주도에 가면 어린이들이 pony를 타볼 수 있어.

0162 fin
핀ᶠ

¹ 물고기들은 fin 으로 헤엄친다.
² 상어 fin 수프는 고급 음식이다.

0163 embarrassment
임베뤄쓰먼트

¹ Embarrassment 때문에 얼굴이 빨개졌어.
² 지나친 칭찬에 embarrassment 를 느꼈다.

0164 dilemma
디일레마

¹ 이러지도 저러지도 못하는 dilemma 에 빠졌어.
² 진퇴양난의 dilemma 상태에 빠져 결정이 어렵다.

0165 chameleon
커미일리언

¹ 몸의 빛깔을 자유롭게 바꿀 수 있는 chameleon.
² 변절을 잘하는 사람을 chameleon 이라고 부르기도 한다.

0166 capability
케이퍼빌러티

¹ 한국의 군사 capability.
² 이 일은 내 capability 밖이다.

0167 burial
베뤼얼

¹ 사람의 유골이 발견된 옛 burial 터.
² 운구 행렬이 burial 을 위해 장지로 향했다.

0168 ideology
아이디아알러쥐

¹ 양 측의 ideology 가 첨예하게 대립하고 있다.
² 공산주의는 공유할 것을 강요하는 ideology 이다.

명 띠, 끈	• a red sash ┃ 빨간 띠 • untie a sash ┃ 띠를 풀다
명 전경[파노라마]	• enjoy the panorama ┃ 전경을 즐기다 • a great panorama of the city ┃ 아름다운 도시의 전경
명 귀뚜라미	• the crickets singing ┃ 귀뚜라미 우는 소리 • as lively as a cricket ┃ (귀뚜라미처럼) 아주 쾌활한
명 테라스	• breakfast on the terrace ┃ 테라스에서 아침을 먹다 • a sun terrace ┃ 일광욕 테라스
명 지침[가이드라인]	• follow the guideline ┃ 지침을 따르다 • policy guideline ┃ 정책 지침서
명 전시[진열], 전시회, 박람회	• an art exposition ┃ 미술 전시회 • a world exposition ┃ 세계 박람회
명 조랑말	• ride the pony ┃ 조랑말을 타다 • The pony express ┃ 조랑말 속달 우편
명 지느러미	• a shark's fin ┃ 상어 지느러미 • use its fin ┃ 지느러미를 사용하다
명 어색함, 쑥스러움	• the embarrassment over betrayal ┃ 배신에 대한 당혹감 • blush in embarrassment ┃ 쑥스러워 얼굴이 빨개지다
명 딜레마	• a moral dilemma ┃ 도덕적 딜레마 • face a dilemma ┃ 딜레마에 봉착하다
명 카멜레온	• a chameleon can change its color ┃ 카멜레온은 자기 색을 바꿀 수 있다 • a social chameleon ┃ 상대의 상황에 따라 태도를 바꾸는 사람
명 능력, 힘	• a physical capability ┃ 신체 능력 • a financial capability ┃ 경제력
명 매장, 장례식	• father's burial ┃ 아버지의 장례식 • burial grounds ┃ 매장지
명 이념[이데올로기]	• the Marxist ideology ┃ 마르크스 사상 • the bourgeois ideology ┃ 자본주의 사상

0169 poetry
포우이트뤼

¹ Poetry 를 낭독하는 문학 시간.
² 그는 현대문명을 비판한 poetry 를 썼다.

0170 novelty
나아벌ᵛ티

¹ 처음엔 재미있었지만 갈수록 novelty 가 사라졌다.
² 새 장난감의 novelty 가 사라지면 아이는 싫증을 낸다.

0171 slope
슬로우ㅍ

¹ 그 집은 완만한 slope 에 있다.
² 겨울 휴가를 스키 slope 에서 보낸다.

0172 euro
유뤄우

¹ Euro 가 모든 유럽 국가에서 통용되는 화폐는 아니다.
² Euro 에 준하는 아시아 공동 화폐의 필요성이 제기되었다.

0173 critic
크뤼티ㅋ

¹ 그 영화 critic 는 평점에 인색하기로 유명하다.
² 그 음식 critic 는 떡볶이가 맛이 없는 음식이라고 혹평했다.

0174 clarity
클래애뤄티

¹ 통화 음질의 clarity 가 좋은 전화기.
² 어려운 문제를 clarity 있게 정리했다.

0175 diploma
디플로우마

¹ 4년제 학교에서 받는 diploma 는 중요하다.
² 초등학교 6년을 마치고 diploma 를 받았다.

0176 weariness
위어뤼니ㅆ

¹ 긴 기차여행의 weariness 를 음악으로 견뎠다.
² 정신적 weariness 가 신체를 병들게 할 수 있다.

0177 linen
을리넌

¹ 더러워진 침대 linen 을 바꿔줬다.
² 먼저 식탁 linen 을 깔고 장식을 놓으세요.

0178 copper
카아퍼ʳ

¹ Copper 는 전기의 양도체다.
² 청동은 copper 와 주석의 합금이다.

0179 cuisine
쿠이지인

¹ 저희 요리사가 특별히 만든 cuisine 입니다.
² 이탈리아 음식들의 cuisine 을 담은 요리책.

0180 psychology
싸이카알러쥐

¹ 소비자의 psychology 를 파악하기 위해 애쓰는 기업들.
² 인간의 복잡한 psychology 는 알다가도 모르는 것이다.

0181 barnyard
바안ʳ야아ʳㄷ

¹ Barnyard 에 풀어놓고 키우는 동물들.
² 농부가 퇴비를 barnyard 에 쌓아 놨다.

0182 ridge
뤼쥐

¹ 등산 코스로 흔히 사용되는 ridge.
² Ridge 는 말하자면 산의 등줄기라고 할 수 있어.

명 (집합적으로) 시	• the lines of a poetry ۱ 시의 행 • appreciate poetry ۱ 시를 감상하다
명 참신함, 새로움	• the value of novelty ۱ 참신함의 가치 • a novelty wears off ۱ 신기함이 없어지다
명 경사지, 비탈, 슬로프	• ski slopes ۱ 스키장 • a grassy slope ۱ 풀이 우거진 경사지
명 유로(화) *유럽 연합의 화폐 단위	• rise against the euro ۱ 유로화 대비 상승하다 • the euro zone ۱ 유로존[유로 사용 지역]
명 비평가, 평론가	• a literary critic ۱ 문학 비평가 • an outspoken critic ۱ 노골적인 비평가
명 명확성, 명료성	• clarity and accuracy ۱ 명확성과 정확성 • a lack of clarity ۱ 명료성 부족
명 졸업장, 수료증	• receive a diploma ۱ 졸업장을 받다 • a diploma from the university ۱ 대학교 졸업장
명 피로, 권태[지루함]	• weariness from labor ۱ 노동에서 오는 피로 • withstand the weariness ۱ 피로를 견뎌내다
명 아마포[리넨]	• sew a linen dress ۱ 리넨 드레스를 꿰매다 • a linen tablecloth ۱ 리넨 식탁보
명 구리, 동	• a copper coin ۱ 동화 • a copper plate ۱ 구리 접시
명 요리, 요리법	• the Italian cuisine ۱ 이탈리아 요리 • an excellent cuisine ۱ 최고의 요리
명 심리, 심리학	• the study of child psychology ۱ 아동심리학에 관한 연구 • the psychology of criminals ۱ 범죄자의 심리
명 농가의 마당	• barnyard animals ۱ 농장 동물들 • a barnyard rat ۱ 농장 쥐
명 산등성이, 산마루	• along the ridge ۱ 산등성이를 따라 • the ridge of a mountain ۱ 산등성이

0183 **hut**
허ㅌ
1. 옮겨 다니며 hut 를 짓고 사는 유목민들.
2. 대충 지은 바닷가의 hut 가 강풍에 쓰러졌다.

0184 **ingratitude**
인ㄱ뤠애티튜우ㄷ
1. 아들의 ingratitude 에 상처받은 부모.
2. 부모의 은혜를 ingratitude 로 갚는 불효자.

0185 **cape**[1]
케이ㅍ
1. 투우사의 붉은 cape.
2. 슈퍼맨과 배트맨은 늘 cape 를 걸치고 있다.

0186 **confinement**
컨파ㅣ인먼ㅌ
1. 일주일간의 confinement 끝에 풀려났다.
2. 10년간의 confinement 를 마치고 출옥했다.

0187 **warehouse**
웨어ㅣ하우ㅆ
1. 컨테이너들이 적재된 대형 warehouse.
2. 이 warehouse 에서는 도매가격으로 물건을 판다.

0188 **climax**
클라이매액ㅅ
1. 한국 여름 더위의 climax 는 8월이다.
2. 공연이 climax 에 달하자 모두가 일어섰다.

0189 **remainder**
뤼메인더ㅣ
1. 10에서 8을 뺀 remainder 를 구하다.
2. 뉴욕에서 remainder 시간 동안 알차게 보낸다.

0190 **reputation**
뤠퓨테이쉬언
1. 그 제품은 reputation 이 나쁘다.
2. 좋은 reputation 을 얻고 있는 작가.

0191 **refugee**
뤠퓨ㅣ쥐이
1. 식량이 턱없이 부족한 refugee 캠프.
2. 모국의 전쟁상황을 피해 refugee 들이 이동하고 있다.

0192 **masterpiece**
매애스터ㅣ피이ㅆ
1. 불후의 masterpiece.
2. 수많은 masterpiece 를 남긴 화가.

0193 **consumption**
컨썸ㅍ쉬언
1. 저축보다 consumption 이 중요한 시대.
2. 경기침체에도 알코올 consumption 은 늘었다.

0194 **arc**
아ㅣㅋ
1. 공이 arc 모양을 그리며 날았다.
2. 화살은 직선이 아닌 arc 모양으로 날아간다.

0195 **charcoal**
챠아ㅣ코울
1. Charcoal 에 고기를 구웠다.
2. Charcoal 로 그림을 그렸다.

0196 **objective**[1]
업젝티ㅂ[V]
1. 이미 우리는 objective 를 달성했다.
2. 그의 주된 objective 는 채무를 변제받는 것이었다.

명 오두막, 막사	• a wooden hut ㅣ통나무 오두막 • a hut at the beach ㅣ해변의 막사
명 배은망덕	• rebuke his ingratitude ㅣ그의 배은망덕함을 질타하다 • black ingratitude ㅣ지독한 배은망덕
명 망토	• superman's red cape ㅣ슈퍼맨의 붉은 망토 • the symbolic cape ㅣ상징적인 망토
명 갇힘, 가둠, 얽매임	• a solitary confinement ㅣ독방 감금 • under confinement ㅣ감금된
명 창고, 창고형 매장	• lent a warehouse ㅣ창고를 빌리다 • warehouse site ㅣ창고 부지
명 절정[클라이맥스]	• the climax of the story ㅣ이야기의 절정 • reach the climax ㅣ절정에 달하다
명 나머지	• a contract remainder ㅣ계약 잔여기간 • remainder of time ㅣ나머지 시간
명 평판, 명성	• build a reputation ㅣ명성을 쌓다 • a good reputation ㅣ좋은 평판
명 난민, 망명자	• an economic refugee ㅣ경제 난민 • turn away refugees ㅣ난민들을 외면하다
명 걸작, 명작	• Beethoven's masterpiece ㅣ베토벤의 대작 • a musical masterpiece ㅣ명곡
명 소비, 소모량	• alcohol consumption ㅣ술 소비 • over consumption of salt ㅣ과도한 소금 섭취량
명 호, 둥근[활] 모양	• trace an arc ㅣ활 모양을 그리다 • the arc of a rainbow ㅣ둥근 무지개
명 숯, 목탄	• light the charcoal ㅣ숯에 불을 붙이다 • charcoal steak ㅣ숯불 스테이크
명 목적, 목표	• the main objective ㅣ주된 목적 • a realistic objective ㅣ현실적 목표

0197 cemetery
써머테뤼
¹ 현충일에 국립 cemetery 를 방문했다.
² 조상이 묻혀있는 cemetery 를 방문하다.

0198 ignorance
이그너뤈ㅆ
¹ 자신의 ignorance 를 아는 것이 지식의 핵심이다.
² 법에 대한 ignorance 가 죄를 면해 주지는 않는다.

0199 indifference
인디퍼「뤈ㅆ
¹ 연예인에겐 악플보다 indifference 가 더 무섭다.
² 그는 자기 자식 외에 다른 아이들에게 indifference 를 보였다.

0200 wilderness
윌더「니ㅆ
¹ 사람이 살기 힘든 wilderness 지역.
² 습지의 wilderness 를 보호하기 위한 정부의 노력.

0201 caller
커얼러「
¹ 그는 모든 caller 들의 면회를 거절했다.
² 좀 전에 왔던 caller 가 명함을 놓고 갔어요.

0202 quotation
쿠오우테이쉬언
¹ 유명한 구절의 quotation 으로 강의를 시작했다.
² 몇 가지 출처의 quotation 과 함께 주장을 펼쳤다.

0203 seller
쎌러「
¹ 방송 출연 후 그녀의 책은 단숨에 베스트 seller 가 되었다.
² 보내드린 계약서에 구매자와 seller 의 의무가 명시돼 있습니다.

0204 vessel¹
베ᵛ쓸
¹ 피부가 얇아서 모세 vessel 이 보인다.
² 간호사가 피가 흐르는 vessel 에 주사를 놓았다.

0205 vessel²
베ᵛ쓸
¹ 그 vessel 에 담긴 액체를 여기 좀 옮겨 담아줄래?
² 항해할 준비가 된 vessel.

0206 substance
썹스턴ㅆ
¹ 독성이 강한 substance.
² 인체에 해로운 substance.

0207 ware
웨어「
¹ 은으로 만든 ware 들은 비싸다.
² 국산 ware 를 사용하는 것이 좋다.

0208 mummy
머미
¹ 쿠푸 왕의 mummy 가 발견된 피라미드.
² 이집트인들은 시신을 mummy 로 만들어 보존했다.

0209 postponement
포우스트포운먼ㅌ
¹ 행사 postponement 에 대한 원성이 높아졌다.
² 기대하던 여행의 postponement 로 모두가 실망했다.

0210 colony
카알러니
¹ 인도는 한때 영국의 colony 였다.
² 브라질은 과거에 포르투갈의 colony 였다.

명 공동묘지	• desecrate the cemetery ¦ 묘지를 훼손하다 • a public cemetery ¦ 공동묘지
명 무지, 무식	• forgive the ignorance ¦ 무지를 용서하다 • hate the ignorance ¦ 무식을 혐오하다
명 무관심, 무심	• treat with indifference ¦ 무심하게 대하다 • international indifference ¦ 국제적 무관심
명 황야[황무지]	• camp in the wilderness ¦ 황야에서 캠핑하다 • a vast wilderness ¦ 광활한 황야
명 방문객, 전화 건 사람	• a pleasant caller ¦ 반가운 손님 • an unexpected caller ¦ 예상치 못한 방문객
명 인용, 인용문[구]	• quotation from philosophers ¦ 철학자들의 인용문 • a quotation from Goethe ¦ 괴테에서 따온 인용문
명 판매자[파는 사람], 팔리는 물건	• a street seller ¦ 노점상 • a steady seller ¦ 꾸준히 잘 팔리는 책
명 혈관, 물관	• a blood vessel ¦ 혈관 • rupture in the vessel ¦ 혈관이 파열되다
명 (대형) 선박, 　　(액체를 담는) 그릇[용기]	• an ocean-going vessels ¦ 원양 선박 • the water in a vessel ¦ 그릇에 담긴 물
명 물질	• an illegal substance ¦ 불법 약물 • a chemical substance ¦ 화학 물질
명 제품, 물품	• the table ware ¦ 식탁용 식기류 • the bathroom ware ¦ 욕실용품
명 미라	• a well-preserved mummy ¦ 잘 보존된 미라 • discover a mummy ¦ 미라를 발견하다
명 연기, 미룸	• a postponement of payment ¦ 지급 연기 • an unexpected postponement ¦ 예상치 못한 연기
명 식민지	• a former British colony ¦ 이전 영국 식민지 • a Roman colony ¦ 로마 식민지

0211 accuracy
애큐러쓰이

1 새 시스템 덕에 데이터의 accuracy 가 높아졌다.
2 시계 제작은 고도의 accuracy 를 필요로 하는 작업이다.

0212 mink
밍크

1 Mink 모피는 고급 모피로 분류된다.
2 잔혹한 생산 과정 때문에 mink 모피를 입지 않는 사람도 많다.

0213 deprivation
데프뤄베ᵛ이쉬언

1 수면 deprivation 은 심장마비의 위험을 증가시킨다.
2 빈곤이 경제적 deprivation 만을 의미하지는 않는다.

0214 resistance
뤼지스턴ㅆ

1 평화로운 resistance 를 통해서 세상을 바꿀 수 있다.
2 면역력이 떨어지면 세균에 대한 몸의 resistance 가 약해진다.

0215 batter¹
배애터ʳ

1 Batter 를 입혀 튀긴 오징어 튀김.
2 Batter 에 물을 많이 넣어서 묽어졌다.

0216 underdeveloped country
언더ʳ디벨ᵛ럽ㅌ 컨트뤼

1 아프리카의 underdeveloped country 들.
2 한국은 underdeveloped country 에게 식품을 원조했다.

0217 outbreak
아웃브뤠이크

1 전쟁의 outbreak 로 많은 사람이 고향을 떠났다.
2 조류인플루엔자의 outbreak 로 농가가 큰 피해를 보았다.

0218 emergence
이머어ʳ쥔ㅆ

1 새로운 과학 기술들의 emergence.
2 인터넷의 emergence 에 따른 변화.

0219 stationery
스테이쉬어네뤼

1 Stationery 관리 직원에게서 복사용지를 받아왔다.
2 펜과 종이는 stationery 코너에서 사실 수 있습니다.

0220 format
포ʳ어ʳ매애ㅌ

1 Format 이 독특한 책.
2 정해진 format 에 맞춰 보고서를 작성하세요.

0221 prescription
프뤼스크립쉬언

1 의사가 prescription 을 써 주었다.
2 Prescription 이 있어야 살 수 있는 약.

0222 precaution
프뤼커어쉬언

1 화재 사고에 대한 precaution 을 마련했다.
2 작업장에 걸려있는 안전 precaution 안내문.

0223 elimination
일리머네이쉬언

1 체내 유독 물질의 elimination 이 중요합니다.
2 작업 시작 전에 장애 요소의 elimination 이 필요하다.

0224 pail
페이일

1 Pail 에 물을 부었다.
2 Pail 의 물을 쏟아버렸다.

명 정확, 정확[정밀]도	• demand high accuracy ｜ 높은 정확성이 요구되는 • increase the accuracy ｜ 정확도를 높이다
명 밍크	• an expensive mink coat ｜ 값비싼 밍크코트 • made of mink fur ｜ 밍크 모피로 만든
명 부족, 박탈	• sleep deprivation ｜ 수면 부족 • sensory deprivation ｜ 감각 상실
명 저항[항거], 반대	• a resistance force ｜ 저항 세력 • a passive resistance ｜ 소극적인 저항
명 튀김옷, 반죽	• an egg batter ｜ 달걀 반죽 • stir the batter ｜ 반죽을 섞다
명 후진국, 저개발국	• aid to underdeveloped countries ｜ 후진국에 대한 원조 • problems of underdeveloped country ｜ 후진국의 문제점
명 발발, 발생	• an outbreak of flu ｜ 독감 발생 • the outbreak of war ｜ 전쟁의 발발
명 출현, 발생	• the emergence of StarCraft ｜ 스타크래프트의 출현 • the emergence of new technologies ｜ 새로운 과학 기술들의 부상
명 문구류, 문방구	• a stationery shop ｜ 문방구 • stationery supplies ｜ 사무용품
명 형식, 구성 방식	• the file format ｜ 파일 형식 • a new format ｜ 새로운 형식
명 처방, 처방전	• prescription drugs ｜ 처방 약 • a wrong prescription ｜ 잘못된 처방전
명 예방 조치, 예방책	• the safety precautions ｜ 안전 예방책 • precautions for an accident ｜ 사고를 위한 예방책
명 제거[삭제], 배제	• the elimination of poison ｜ 독성 제거 • the elimination process ｜ 제거 과정
명 들통[버킷]	• a pail of water ｜ 한 통의 물 • a milk pail ｜ 우유 통

0225 prosperity
프롸아스페뤄티

1 건강과 prosperity 를 기원합니다.
2 우리의 prosperity 는 경제성장에 달려 있다.

0226 incidence
인써던ㅆ

1 범죄 incidence 가 높은 지역.
2 이 병은 고령일수록 incidence 가 높다.

0227 offense¹
어펜ˡㅆ

1 사소한 offense 에는 벌금만 부과된다.
2 과속은 교통법규에 대한 offense 입니다.

0228 corporation
코어ˡ퍼뤠이쉬언

1 세계 곳곳에 지사를 둔 다국적 corporation.
2 작은 사업으로 시작해 거대 corporation 으로 발전했다.

0229 formula
포ˡ어ˡ뮬라

1 외웠던 수학 formula 들을 다 잊어버렸어.
2 성공으로 가는 마법의 formula 같은 건 없어.

0230 wave
웨이ㅂᵛ

1 가시광선보다 적외선의 wave 가 더 길다.
2 소리는 공기 중의 wave 를 통해 만들어진다.

0231 variation
베ᵛ어뤼에이쉬언

1 지역에 따른 계절별 온도 variation.
2 통화의 환율은 항상 variation 이 있다.

0232 delicacy¹
델리커ㅆ이

1 푸아그라는 프랑스의 delicacy 이다.
2 한우는 우리나라만의 delicacy 라고 할 수 있다.

0233 delicacy²
델리커ㅆ이

1 이 공정은 극도의 치밀함과 delicacy 를 요구합니다.
2 그는 누구보다 일을 빨리하지만 delicacy 가 부족해.

0234 distinction
디스팅쉬언

1 전통 사회와 현대 사회의 distinction.
2 그게 바로 사람과 동물의 distinction 이다.

0235 ward
워어ˡㄷ

1 정신과 ward 에서 간호사로 일한다.
2 그 환자는 격리 ward 에 수용되었다.

0236 intension
인텐쉬언

1 복지시설의 설치로 지역 복지의 intension 을 앞당기자.
2 제스처는 전하고자 하는 메시지의 intension 을 돕는다.

0237 safekeeping
쎄이ㅍˡ키이핑

1 Safekeeping 을 위해 돈을 금고에 둔다.
2 그림의 safekeeping 을 위해 마련한 창고.

0238 pavement
페이브ᵛ먼ㅌ

1 가로수의 낙엽이 pavement 를 덮었다.
2 Pavement 를 달리다 비포장도로에 접어들었다.

명 번영, 번창[번성]	• wish for **prosperity** ㅣ 번창을 바라다 • enjoy the **prosperity** ㅣ 번영기를 누리다
명 발생 정도, 영향 범위	• the **incidence** of murder ㅣ 살인 발생률 • a high **incidence** ㅣ 높은 발생률
명 위법 행위, 범죄	• his first **offense** ㅣ 그의 첫 범죄 • commit an **offense** ㅣ 범행을 저지르다
명 기업, 법인	• a multinational **corporation** ㅣ 다국적 기업 • a public **corporation** ㅣ 공공법인
명 공식, 법칙	• a mathematical **formula** ㅣ 수학 공식 • the secret **formula** ㅣ 비밀 제조법
명 파동[파장], (기압 따위의) 변동, 물결, 파도 통 (손·팔 등을) 흔들다	• a heat **wave** ㅣ 폭염 • sound **waves** ㅣ 음파
명 변화, 차이, 변형	• a temperature **variation** ㅣ 온도 변화 • a gene **variation** ㅣ 유전자 변형
명 별미	• the local **delicacy** ㅣ 지역 별미 • a Korean **delicacy** ㅣ 한국의 별미
명 민감함, 섬세함	• the **delicacy** of the situation ㅣ 상황에 대한 민감함 • need utmost **delicacy** ㅣ 극도의 섬세함이 필요하다
명 뚜렷한 차이[대조/구분], 뛰어남, 특별함	• a man of **distinction** ㅣ 능력 있는 남성 • have a **distinction** ㅣ 특징을 가지고 있다
명 병실, 병동	• a psychiatric **ward** ㅣ 정신병동 • a maternity **ward** ㅣ 분만실
명 강화, 보강	• the **intension** of a sword ㅣ 칼의 강도 • enforce the **intension** ㅣ 강도를 보강하다
명 보호, 보관	• deposit for **safekeeping** ㅣ 안전한 보관을 위해서 예금하다 • the importance of **safekeeping** ㅣ 안전한 보관의 중요성
명 인도, 보도	• a **pavement** café ㅣ 도로변의 카페 • walk on the **pavement** ㅣ 인도에서 걷다

0239 **novice**
나아비ᵛㅆ

¹ 나는 아직 운전 novice 야.
² Novice 에게는 어려운 코스.

0240 **restoration**
뤠스터뤠이쉬언

¹ 옛날 집들의 restoration 은 중요한 역사적 의미를 띤다.
² 방화사건이 일어난 건물의 restoration 작업이 시작되었다.

0241 **instinct**
인스팅크ㅌ

¹ 살아야겠다는 instinct 를 느꼈다.
² 자식에 대한 어머니의 모성 instinct.

0242 **base**
베이ㅆ

¹ 그곳을 base 로 삼고 여행할 계획이다.
² Base 가 서울이고 전국에 지점이 있다.

0243 **disciple**
디싸이플

¹ 예수를 이해했던 유일한 disciple.
² 훌륭한 스승 아래 훌륭한 disciple.

0244 **vicinity**
비ᵛㅆ이너티

¹ 기차역 vicinity 에 호텔이 많아요.
² 도난 차량이 공원 vicinity 에서 발견되었다.

0245 **corps**
코어ʳ

¹ 우리 아버지는 해병 corps 출신이셔.
² 예비군 corps 는 정기적으로 훈련받는다.

0246 **tantrum**
태앤트뤔

¹ 아이가 tantrum 을 부리며 드러누웠다.
² 잘 시간이 가까워지면 tantrum 을 부리는 아이.

0247 **unit**
유우니ㅌ

¹ 그 unit 는 적군을 상대하기에는 역부족이었다.
² 앞으로 수익성이 떨어지는 일부 unit 들은 통폐합될 것입니다.

0248 **donor**
도우너ʳ

¹ 장기 donor 임을 증명하는 카드를 소지하고 다닌다.
² 적합한 donor 가 나타나면 심장을 이식받을 수 있을 거야.

0249 **folly**
파ʳ알리

¹ 그가 자신의 folly 를 깨달아야 할 텐데.
² 안전한 직장을 그만두는 것은 folly 이다.

0250 **division**
디비ᵛ줜

¹ 세포의 자가 division.
² 다른 지역 division 으로 전근을 하게 되었다.

0251 **analysis**
어내앨러ㅆ이ㅅ

¹ 현재 상황에 대한 analysis.
² 실패 원인에 대한 analysis.

0252 **molecule**
마알러큐울

¹ 수소 원자 2개와 산소 원자 1개의 물 molecule.
² 물질의 특성을 가진 최소 입자가 molecule 이야.

명 초보자	• a novice driver ┃ 초보 운전자 • a novice at skiing ┃ 스키 초보자
명 복구, 복원	• the restoration of historic sites ┃ 유적지 복원 • a restoration work ┃ 복원 작업
명 직감, 본능	• an animalistic instinct ┃ 동물적인 본능 • basic instincts ┃ 본능
명 근거지, 본부, 기초[기반], 토대	• the base of the company ┃ 회사의 본부 • a military base ┃ 군사 기지
명 제자, 신봉자	• a devoted disciple ┃ 충실한 제자 • the only disciple ┃ 유일한 제자
명 인근, 부근	• in the vicinity of the fire ┃ 화재 현장 부근 • the towns in near vicinity ┃ 인접한 도시
명 군단, 부대	• the US Army corps ┃ 미국 육군 부대 • the press corps ┃ 기자단
명 (아이가) 성질을 부림	• throw a tantrum ┃ 짜증을 내다 • a temper tantrum ┃ 짜증, 울화통
명 부대, 부서, 　　(구성) 단위, 계량 단위	• a military unit ┃ 군부대 • a medical unit ┃ 의료단
명 기증자, 기부자	• a sperm donor ┃ 정액 기증자 • an organ donor ┃ 장기 기증자
명 어리석음, 판단력 부족	• sheer folly ┃ 순전한 어리석음 • a high folly ┃ 어처구니없는 짓
명 분열, 분배[분할], 　　(관청 등의) 분과	• a sales division ┃ 영업부서 • a market division ┃ 시장분할
명 분석	• a statistical analysis ┃ 통계학적 분석 • analysis of the situation ┃ 상황에 대한 분석
명 (화학에서의) 분자	• a DNA molecule ┃ DNA 분자 • air molecules ┃ 공기 분자

0253 dome
도움

¹ 우리나라 국회의사당의 둥근 dome 지붕.
² Dome 구장에서는 날씨와 관계없이 경기가 열린다.

0254 comparison
컴패뤼쓴

¹ 심장과 펌프의 comparison.
² 작년과 올해 매출의 comparison.

0255 proportion
프뤄포어「쉬언

¹ 지구의 많은 proportion 을 물이 덮고 있다.
² 나이가 많을수록 흡연자 proportion 이 늘어난다.

0256 hillside
힐싸이ㄷ

¹ 호수를 내려다보는 hillside 에 있는 호텔.
² 가파른 hillside 에 아슬아슬하게 자리 잡은 오두막.

0257 vacancy
베ᵛ이컨쓰이

¹ 마케팅 부서의 vacancy 를 채워야 한다.
² 오늘은 객실이 다 차서 vacancy 가 없습니다.

0258 glacier
글레이쓰이어「

¹ Glacier 는 움직이는 거대한 얼음덩어리입니다.
² 수천 년 전 지구는 거대한 glacier 로 덮여 있었다.

0259 nerve¹
너어「ㅂᵛ

¹ 번지점프를 할 nerve 가 없어.
² 감히 그것을 부탁할 nerve 가 없다.

0260 nerve²
너어「ㅂᵛ

¹ Nerve 를 완화하기 위해 우황청심환을 먹었다.
² 그의 과도한 향수 냄새가 그녀의 nerve 를 거슬리게 한다.

0261 embassy
엠버쓰이

¹ 해외 한국 embassy 에서 도움을 주다.
² Embassy 에서 임시 여권을 발급받았다.

0262 archer
아「춰「

¹ Archer 가 쏜 화살이 과녁에 명중했다.
² 한국 archer 들의 실력은 세계적으로 유명하다.

0263 aristocrat
어뤼스터크뤠애ㅌ

¹ Aristocrat 였으나, 평민으로 전락했다.
² 고위 aristocrat 인 백작은 남작과 달랐다.

0264 diplomat
디플러매애ㅌ

¹ 위험 국가에 발령받은 diplomat 가 사직서를 제출했다.
² 그 외국인은 diplomat 의 아들이라 5년간 이태원에서 살았다.

0265 crush
크뤄쉬

¹ 처음 봤을 때부터 그녀에 관한 crush 를 가지고 있다.
² 한때 너에 관한 crush 를 가지고 있던 나 자신이 원망스러워.

0266 enterprise
엔터「프라이ㅈ

¹ 해외 진출을 계획하고 있는 enterprise.
² 이 enterprise 는 많은 위험을 안고 있다.

명 반구형 지붕[돔]	• a dome stadium ı 돔 경기장 • a dome-shaped roof ı 반구형 지붕
명 비교	• make a comparison ı 비교하다 • a good comparison ı 좋은 비교
명 부분, 비율	• a large proportion ı 대다수의 • the proportion of smokers ı 흡연자 비율
명 (산)비탈	• a windy hillside ı 바람 부는 비탈 • a house on a hillside ı 산비탈의 집
명 결원, 공석, 빈방	• a job vacancy ı 빈 일자리 • fill a vacancy ı 공석을 채우다
명 빙하	• an alpine glacier ı 고산 빙하 • a continental glacier ı 대륙 빙하
명 용기[대담성], 뻔뻔함	• have the nerve to ask ı 물어볼 용기가 있는 • take a lot of nerve ı 큰 용기가 필요한
명 신경, 긴장	• get on somebody's nerves ı 상대방을 짜증 나게 하다 • a nerve damage ı 신경 손상
명 대사관	• the Korean embassy in Japan ı 주일본 한국 대사관 • contact the embassy ı 대사관에 연락하다
명 궁수, 활 쏘는 사람	• an expert archer ı 숙력된 궁수 • a horse archer ı 기마 궁사
명 귀족, 귀족인 사람	• a modern aristocrat ı 현대의 귀족 • marry an aristocrat ı 귀족과 결혼하다
명 외교관, 외교[사교]에 능한 사람	• a professional diplomat ı 전문 외교관 • a Canadian diplomat ı 캐나다의 외교관
명 강렬한 사랑, 짓이김 동 찌부러뜨리다, 눌러 부수다	• have a crush ı 반하다 • a crush on her ı 그녀에게 반함
명 기업, 회사, 대규모 사업	• a public enterprise ı 공기업 • a private enterprise ı 민간 기업

0267 encyclopedia
인싸이클러피이디아

¹ 총 30권의 encyclopedia 전집을 샀다.
² 위키피디아는 사용자가 만드는 온라인 encyclopedia 이다.

0268 analogy
어내앨러쥐

¹ 컴퓨터와의 analogy 로 뇌의 기능을 설명했다.
² 펌프와의 analogy 로 심장 기능에 대한 이해를 돕는다.

0269 circumstance
써어「컴스태앤ㅆ

¹ 만일의 circumstance 에 대비하라.
² 어떤 circumstance 에서도 신뢰할 수 있는 사람.

0270 blueprint
블루우프륀트

¹ 미래에 대한 blueprint.
² 건축가가 건물의 blueprint 를 초안했다.

0271 landslide
을래앤드슬라이드

¹ Landslide 로 시골집이 매몰되었다.
² Landslide 로 무너져내린 흙더미에 철로가 막혔다.

0272 death penalty
데ㄸth 페널티

¹ Death penalty 판결을 받은 사형수.
² 극악무도한 범죄자에게 death penalty 를 선고했다.

0273 reduction
뤼덕쉬언

¹ 실업률 reduction 을 위한 정부의 노력.
² 선행 투자 reduction 으로 인해 재정이 빠듯하다.

0274 prose
프뤄우ㅈ

¹ 시와 prose 가 모두 들어간 책.
² 라틴어 시를 영어의 prose 로 변환한 번역가.

0275 productivity
프뤄우덕티버ᵛ티

¹ 비용은 낮추고 productivity 는 높이는 방식.
² 새로운 제조시스템 덕에 productivity 가 올랐다.

0276 lava
을라아바ᵛ

¹ Lava 를 뿜어 대는 화산.
² 분화구에서 lava 가 솟구쳐 올랐다.

0277 compensation
카암펜쎄이쉬언

¹ 가해자에게 compensation 을 요구하다.
² 근무 중 상해에 대한 compensation 을 지급하다.

0278 misconception
미스컨셉쉬언

¹ 바닷속이 고요하다고 믿는 것은 misconception 이다.
² 신체적 구타만이 폭력이라는 생각은 misconception 이다.

0279 notion
노우쉬언

¹ 돈에 대한 notion 이 없는 어린 나이.
² 그는 '인생은 항해와 같다'는 notion 을 가지고 있다.

0280 existence
이그지스턴ㅆ

¹ 나는 UFO의 existence 를 믿어.
² Existence 경쟁에서 도태된 종은 멸종할 수밖에 없다.

명 백과사전	• encyclopedia for research ㅣ 연구를 위한 백과사전 • a walking encyclopedia ㅣ 걸어 다니는 백과사전
명 비유, 유사성, 유사점	• a genetic analogy ㅣ 유전적인 유사성 • draw an analogy ㅣ 유사성을 보이다
명 환경, 상황, 사정	• social circumstances ㅣ 사회적 상황 • certain circumstances ㅣ 특정 상황
명 계획, 청사진	• a blueprint of the building ㅣ 건물의 설계도 • draw up the blueprint ㅣ 청사진을 그리다
명 산사태	• blocked by a landslide ㅣ 산사태로 막힌 • buried under a landslide ㅣ 산사태로 흙에 묻히다
명 사형	• sentenced to the death penalty ㅣ 사형을 선고받은 • abolish the death penalty ㅣ 사형을 폐지하다
명 감소, 축소, 삭감	• a reduction in wages ㅣ 임금 인하 • a reduction of budget ㅣ 예산 삭감
명 산문	• a prose poetry ㅣ 산문시 • read a prose ㅣ 산문을 읽다
명 생산성	• a high productivity ㅣ 높은 생산성 • a productivity index ㅣ 생산성 지수
명 용암, 화산암	• the molten lava ㅣ 녹은 용암 • a lava rock ㅣ 화산암
명 보상(금)	• request compensation ㅣ 보상을 요구하다 • seek compensation ㅣ 보상을 요구하다
명 오해[잘못된 생각]	• a common misconception ㅣ 흔한 오해 • the misconception of the disease ㅣ 그 질병에 대한 오해
명 개념[관념], 생각	• a common notion ㅣ 통념 • the basic notion ㅣ 기본 개념
명 존재, 실재[현존], 생존[생활]	• a struggle for existence ㅣ 생존 경쟁 • the existence of a fairy ㅣ 요정의 존재

0281 frost
프ˈ뤄어ㅅ트

¹ 날이 추워지자 유리창에 frost 가 끼었다.
² 때 이른 frost 로 인해 농작물이 피해를 보았다.

0282 description
디스크륍쉬언

¹ Description 능력이 뛰어난 작가.
² Description 이 어려울 만큼 아름다운 경치.

0283 oath
오우ㄸ^th

¹ 군인들은 나라에 충성하겠다는 oath 를 했다.
² 법정에서 증인들은 증언 전 oath 를 해야 한다.

0284 autobiography
어어터바ㅣ어그뤄피ˈ

¹ 은퇴 후 autobiography 를 쓰기 시작했다.
² 자신의 삶을 돌아보며 autobiography 를 썼다.

0285 interpreter
인터어ˈ프뤼터ˈ

¹ 영어를 한국어로 바꾸는 interpreter.
² 그녀는 드뷔시 작품의 훌륭한 interpreter 이다.

0286 mason
메이슨

¹ Mason 이 돌로 담을 쌓았다.
² Mason 이 돌비석을 만들었다.

0287 installation
인스털레이쉬언

¹ 프로그램 installation 을 중간에 취소했다.
² 시스템의 installation 은 시간이 걸릴 것이다.

0288 isle
아이일

¹ 사람이 살지 않는 외딴 isle.
² 아일랜드는 에메랄드 isle 이라고 불리기도 한다.

0289 attainment
어테인먼ㅌ

¹ 허황한 목표는 attainment 가 어렵다.
² 이른 나이에 눈부신 교육적 attainment 를 이루었다.

0290 outcome
아웃컴

¹ 성공적인 outcome 을 확신합니다.
² 협상의 outcome 은 여전히 불투명하다.

0291 cathedral
캐애띠^th드뤼얼

¹ 명동성당은 한국 천주교를 대표하는 cathedral 이다.
² 소설 〈파리의 노트르담〉의 배경은 노트르담 cathedral 이다.

0292 component
컴포우넌ㅌ

¹ 자동차 component 생산 공장.
² 칼의 component 는 주로 날과 자루이다.

0293 sincerity
쓰인쎄뤄티

¹ 전적으로 sincerity 를 담아 말했다.
² Sincerity 가 사람의 마음을 움직인다.

0294 loyalty
을로이얼티

¹ 우리 회장님은 회사에 대한 loyalty 를 지나치게 강요해.
² 그는 자결함으로써 왕에 대한 자신의 loyalty 를 증명했다.

명 성에, 서리	• a heavy frost ㅣ 된서리 • a sudden frost ㅣ 꽃샘추위
명 묘사, 서술	• a description of an image ㅣ 이미지에 관한 묘사 • give a description ㅣ 묘사하다
명 선서, 맹세, 서약	• take an oath ㅣ 선서하다 • a judicial oath ㅣ 법정에서의 선서
명 자서전	• read an autobiography ㅣ 자서전을 읽다 • a fictional autobiography ㅣ 자서전 소설
명 통역사, 해석가	• work as an interpreter ㅣ 통역사로 일하다 • an English interpreter ㅣ 영어 통역사
명 석공	• the piece of a mason ㅣ 석공의 작품 • a monumental mason ㅣ 묘비 제작자
명 설치	• a heating installation ㅣ 난방 장치 • the installation costs ㅣ 설치비
명 (시나 이름에서) 섬	• a distant isle ㅣ 먼 섬 • a lone isle ㅣ 인적이 드문 섬
명 달성, 성취, 성과	• an educational attainment ㅣ 교육적 성취 • an impressive attainment ㅣ 인상적인 성과
명 결과, 성과	• a possible outcome ㅣ 가능한 결과 • the final outcome ㅣ 최종 결과
명 대성당	• a wedding in a cathedral ㅣ 대성당에서의 결혼 • a cathedral city ㅣ 대성당이 있는 도시
명 부품, 구성요소, 성분	• a vital component ㅣ 핵심 요소 • a basic component ㅣ 기초적인 구성요소
명 정직, 성실	• in all sincerity ㅣ 진정으로 • a man of sincerity ㅣ 성실한 사람
명 충성[충실], 충성심	• the loyalty to the company ㅣ 애사심 • an oath of loyalty ㅣ 충성에 대한 맹세

0295 shrine
쉬롸인
¹ 해마다 메카 shrine 을 찾는 무슬림들.
² 테니스 팬들의 shrine 과 같은 윔블던.

0296 makeup
메이커ㅍ
¹ 개구리의 유전자 makeup 를 분석한다.
² 식단의 makeup 를 바꾸는 것이 최우선입니다.

0297 might
마이ㅌ
¹ Might 가 곧 정의다.
² 미국의 군사적 might 는 우리에게 양날의 검이다.

0298 undershirt
언더「쇼오「ㅌ
¹ Undershirt 차림으로 돌아다니지 마라.
² 날이 추우니 셔츠 안에 undershirt 를 입어라.

0299 den
덴
¹ 그 도시는 범죄의 den 으로 전락했다.
² 호랑이 den 에 들어가야 호랑이 새끼를 잡는다.

0300 calling
커얼링
¹ 나는 화가를 calling 으로 생각해요.
² 가업을 이어 어부가 되는 것이 내 calling 이다.

0301 inmate
인메이ㅌ
¹ 탈옥을 시도한 inmate.
² 자꾸 말썽을 일으켜 독방을 쓰게 된 inmate.

0302 interaction
인터뤠액쉬언
¹ 가족 간의 interaction 이 중요하다.
² 사람들 간의 관계를 interaction 으로 풀어가다.

0303 attribution
어트뤼뷰우쉬언
¹ 이 그림은 18세기 예술의 attribution 을 갖고 있다.
² 모차르트의 attribution 은 많은 작곡가들의 표본이 되었다.

0304 panel[1]
패애널
¹ 무게로 인해 panel 위에 금이 갔다.
² 안전상 바닥에 두꺼운 panel 을 깔아라.

0305 panel[2]
패애널
¹ TV 토론에 panel 로 참여하는 교수.
² 회사에 6명으로 구성된 자문 panel 이 있습니다.

0306 longevity
올러언줴버ᵛ티
¹ 몸과 마음의 건강이 longevity 로 이어진다.
² Longevity 의 비결은 삶에 대한 긍정적인 태도.

0307 wrist
뤼ㅅㅌ
¹ Wrist 에 팔찌를 찼다.
² 범인의 wrist 에 수갑을 채웠다.

0308 nun
넌
¹ 테레사 nun 은 1979년 노벨평화상을 받았다.
² 성당에 가면 신부님과 nun 들이 계신다.

명 성지	• a holy shrine ㅣ 신성한 성지 • shrine of religious people ㅣ 신앙심이 깊은 사람들의 성지
명 구조, 구성, 성질, 화장	• the makeup of the DNA ㅣ DNA의 구조 • the makeup of the jury ㅣ 배심원의 구성
명 (강력한) 힘, 권력[세력] 조 …할지도 모른다	• a king without might ㅣ 힘이 없는 왕 • Might is right ㅣ 힘이 정의다
명 (주로 남성 · 아동용의) 속셔츠	• wear a red undershirt ㅣ 빨간 속셔츠를 입다 • put on an undershirt ㅣ 속셔츠를 입다
명 굴, 소굴	• the bear's den ㅣ 곰 굴 • den of an animal ㅣ 동물의 굴
명 천직[소명], 부름[외침]	• a calling for help ㅣ 도움 요청 • God's calling ㅣ 신의 부르심
명 수감자, 재소자	• a death-row inmate ㅣ 사형수 • a prison inmate ㅣ 형무소 수감자
명 소통	• experience interaction ㅣ 교류하다 • the interaction between species ㅣ 생물들 간의 교류
명 귀속, 특성, 속성	• the attribution of blame ㅣ 책임 소재 • a conflict of attribution ㅣ 권한 다툼
명 판, 금속판	• a solar panel ㅣ 태양 전지판 • a metal panel ㅣ 금속 패널
명 전문가 집단[패널]	• a panel of civilians ㅣ 시민 집단 • an advisory panel ㅣ 자문단
명 장수, 오래 지속함	• the increasing longevity ㅣ 수명 증가 • the secret of longevity ㅣ 장수 비결
명 팔목, 손목	• a wrist band ㅣ 팔찌 • break the wrist ㅣ 손목이 부러지다
명 수녀	• become a nun ㅣ 수녀가 되다 • a great nun ㅣ 위대한 수녀

0309	**livelihood** 을라이블ᵛ리후ᄃ	¹ 녹조로 livelihood 를 위협받는 어민들. ² 화재로 하루아침에 livelihood 를 잃은 사람들.
0310	**moisture** 모이스쳐ʳ	¹ 마른 수건으로 유리창의 moisture 를 닦아냈다. ² 나무는 뿌리로 땅 속의 moisture 를 빨아올린다.
0311	**sap** 쌔애ㅍ	¹ 단풍나무에서 추출한 sap 로 만든 시럽. ² 애벌레가 나무줄기를 뚫고 sap 를 빨아먹는다.
0312	**orchard** 오어ʳ춰ʳᄃ	¹ 사과 orchard 에서 사과를 수확하고 있다. ² Orchard 에서 일을 도우며 과일을 실컷 먹었다.
0313	**execution**¹ 엑쓰이큐우쉬언	¹ 의무 execution 에 실패했다. ² 요청 execution 중 오류가 발생했습니다.
0314	**execution**² 엑쓰이큐우쉬언	¹ Execution 을 앞둔 살인범. ² Execution 의 집행 정지 명령이 내려졌다.
0315	**lodging** 을러어칭	¹ 친구에게 하룻밤 lodging 을 제공했다. ² 지나가던 나그네가 하룻밤 lodging 을 청했다.
0316	**boarder** 보어ʳ더ʳ	¹ 집이 멀어서 boarder 로 학교에 다닌다. ² Boarder 들은 기숙사 내에서 규칙에 따라야 한다.
0317	**competence** 카암퍼턴ㅆ	¹ 문제 해결 competence 가 뛰어난 사람. ² 내 competence 의 범위를 벗어나는 일이다.
0318	**competency** 카암퍼턴ㅆ이	¹ 업무 competency 를 개발하기 위한 프로그램. ² 높은 수준의 영어 competency 를 보유한 직원.
0319	**procedure** 프뤄씨이줘ʳ	¹ 본인 확인 procedure 를 밟아야 한다. ² 설치 procedure 가 간소화되어 시간이 줄었다.
0320	**Christ** 크롸이ㅅㅌ	¹ Christ 는 떡 5개와 물고기 2마리로 5천 명을 먹였다. ² Christ 가 태어난 이전의 시기를 '기원전'이라고 부른다.
0321	**Jesus** 지저ㅆ	¹ 동정녀 마리아는 Jesus 의 어머니이다. ² Jejus 는 십자가에 매달린 지 3일 만에 부활하였다.
0322	**lord** 을로어ʳᄃ	¹ Lord 이시여, 제가 유혹에 빠지지 않게 하소서. ² 중세의 lord 는 고려 시대의 호족과 유사한 계급이다.

명 생계 (수단)	• the source of livelihood ㅣ 생계수단의 원천 • work for a livelihood ㅣ 생계를 위해 일하다
명 습기, 수분	• absorb moisture ㅣ 수분을 흡수하다 • lack in moisture ㅣ 수분이 부족한
명 수액	• extract sap ㅣ 수액을 추출하다 • feed on sap ㅣ 수액을 먹고살다
명 과수원	• a cherry orchard ㅣ 체리 과수원 • an apple orchard ㅣ 사과 과수원
명 실행, 수행	• improve execution at work ㅣ 직장 내 업무 수행을 향상하다 • a process execution ㅣ 프로세스 실행
명 사형, 처형	• an execution by sword ㅣ 칼에 의한 처형 • stop the execution ㅣ 처형을 멈추다
명 (임시) 숙소, 숙박	• full board and lodging ㅣ 숙식 제공 하숙 • provide lodging ㅣ 숙박을 제공하다
명 기숙생, 하숙생	• perks of the boarders ㅣ 기숙생 혜택 • take boarders ㅣ 하숙인을 두다
명 능력, 능숙함	• competence for a job ㅣ 업무에 대한 숙련도 • high level of competence ㅣ 높은 능숙도
명 능력, 능숙함	• the key competency of the job ㅣ 직업의 핵심역량 • a competency test ㅣ 자격시험
명 절차, 순서	• the standard procedure ㅣ 일반적인 절차 • the legal procedures ㅣ 법적 절차
명 예수 그리스도	• B.C.[Before Christ] ㅣ 기원전[예수 탄생 이전] • the Christ figure ㅣ 그리스도상
명 예수 그리스도	• the birth of Jesus ㅣ 예수의 탄생 • the life of Jesus Christ ㅣ 예수 그리스도의 일생
명 (중세 유럽의) 영주, 주님[예수 그리스도]	• my Lord ㅣ 각하 • praise the lord ㅣ 주님을 찬양하다

0323 **pistol**
피스털

[1] Pistol 을 들이대며 위협한 강도.
[2] 경찰이 범인의 pistol 을 압수했다.

0324 **swamp**[1]
스워엄ㅍ

[1] 야생 동식물로 가득한 swamp.
[2] Swamp 를 매립한 부지 위에 건물을 세웠다.

0325 **blessing**
블레쓰잉

[1] 신의 blessing 을 기원하다.
[2] 나이가 들어서야 건강이 blessing 이라는 것을 깨달았다.

0326 **meantime**
미인타임

[1] 새것이 오는 중이니 meantime 에는 일단 이것을 쓰세요.
[2] 엘리베이터 수리 중이니 meantime 에는 계단을 이용하세요.

0327 **era**
이어롸

[1] 우리는 디지털 era 에 살고 있다.
[2] 이 발명으로 새로운 era 가 열렸다.

0328 **decibel**
데쓰이벨

[1] Decibel 측정기로 소음의 정도를 쟀다.
[2] 85 decibel 이상의 소음은 청력에 손상을 줄 수 있다.

0329 **accommodation**
어카아머데이쉬언

[1] 여행지에서 일주일간 지낼 accommodation 을 구했다.
[2] 집이 구해질 때까지 임시 accommodation 을 이용한다.

0330 **convenience**
컨비ᵛ이니언ㅆ

[1] 고객들의 convenience 를 위해 자동판매기를 설치했다.
[2] 늘 다른 사람들의 convenience 를 생각하는 사려 깊은 사람.

0331 **drainage**
드뤠이니쥐

[1] 화분 밑바닥에는 drainage 를 위한 구멍이 나 있다.
[2] 전부터 drainage 가 잘 되어 있는 지역이라 홍수 걱정이 없다.

0332 **vine**
바ᵛ인

[1] Vine 에 주렁주렁 달린 포도.
[2] 초록색 Vine 이 건물 담벼락을 따라 자랐다.

0333 **refreshment**
뤼프「뤠쉬먼ㅌ

[1] 손님들에게 refreshment 를 대접하다.
[2] 휴식시간에 간단한 refreshment 가 제공됩니다.

0334 **ornament**
오어「너먼ㅌ

[1] 책은 읽는 것이지 ornament 가 아니다.
[2] Ornament 로 크리스마스트리를 장식했다.

0335 **registration**
뤠쥐스트뤠이쉬언

[1] 신입생 registration 기간.
[2] 주민 registration 등본을 떼다.

0336 **conviction**[1]
컨빅ᵛ쉬언

[1] Conviction 에 찬 목소리로 말했다.
[2] 강한 도덕적 conviction 을 가진 사람.

명 권총[피스톨]	• a water pistol ι 물총 • draw a pistol ι 권총을 꺼내다
명 늪, 습지	• drive into the swamp ι 늪으로 몰아넣다 • the tropical swamps ι 열대 지방의 늪지대
명 축복, 승인	• a blessing in disguise ι 뜻밖의 좋은 결과 • God's blessing ι 하늘의 축복
명 그동안, 중간 시간	• in the meantime ι 그동안에 • for the meantime ι 우선은
명 시대, 시기	• new generation's era ι 신세대의 시대 • post-war era ι 전쟁 후 시대
명 데시벨	• above 60 decibel ι 60dB 위로 • the decibel level ι 데시벨 수치
명 숙소, 숙박 시설	• a makeshift accommodation ι 임시 숙소 • search for an accommodation ι 숙소를 찾다
명 편의[편리], 편의시설	• at your convenience ι 편할 때 • provide convenience ι 편의를 제공하다
명 배수, 배수 시설	• a drainage system ι 배수 시설 • the water drainage ι 배수
명 포도나무, 덩굴식물	• the grapes on the vine ι 포도나무에 걸려있는 포도 • the vine wraps ι 덩굴에 감기다
명 다과, 가벼운 식사	• offer refreshments ι 다과를 권하다 • serve refreshment ι 다과를 제공하다
명 장식(품)	• hang Christmas ornaments ι 크리스마스 장식들을 매달다 • a glass ornament ι 유리 장식품
명 등록, 신고	• renew a registration ι 등록을 갱신하다 • a car registration ι 자동차 등록
명 확신, 신념	• a political conviction ι 정치적 신념 • with a solid conviction ι 굳은 확신을 가지고

0337 conviction[2]
컨빅ᵛ쉬언
1 자신의 conviction 에 불복해서 항소할 예정이다.
2 이미 5건의 비슷한 conviction 을 받았던 범죄자.

0338 showing
쇼우잉
1 매달 말에 showing 에 따라 보너스를 받는다.
2 Showing 에 따라 월급을 받는 직업은 불안정하다.

0339 malnutrition
매앨뉴트뤼쉬언
1 빈곤한 나라에서 malnutrition 은 흔한 일이다.
2 과도한 다이어트로 malnutrition 에 이를 수 있다.

0340 discipline
디써플린
1 Discipline 이 엄한 학교.
2 운동선수들에게는 자기 discipline 이 중요하다.

0341 sleigh
슬레이
1 눈 위에서 순록이 끄는 sleigh 를 탔다.
2 산타가 sleigh 를 타고 선물을 전달해요.

0342 dictation
딕테이쉬언
1 기자들이 대통령의 dictation 을 기록한다.
2 영어 수업시간마다 짧은 dictation 시험이 있다.

0343 recognition
뤠커그니쉬언
1 그의 공적에 대한 상부의 recognition 덕에 승진했다.
2 음성 recognition 은 현재 영어와 한국어만 지원합니다.

0344 scarecrow
스케어ʳ크뤄우
1 가을 들판에 서 있는 scarecrow.
2 밭에 scarecrow 를 세워 새들을 쫓는다.

0345 torrent
토어뤤ㅌ
1 다리가 붙어나는 torrent 아래로 사라졌다.
2 비 온 후 개울물이 세찬 torrent 로 변했다.

0346 alligator
애앨리게이터ʳ
1 늪지대가 나타나면 alligator 떼가 나온다.
2 동물원에서 본 alligator 는 턱이 엄청나게 컸어.

0347 crocodile
크뤄어커다이일
1 동물원에서 본 crocodile 은 턱이 엄청나게 컸어.
2 늪지대에서는 crocodile 떼를 쉽게 만나볼 수 있습니다.

0348 notoriety
노우터롸이어티
1 흉악한 살인으로 notoriety 를 떨친 범죄자.
2 그 유명인은 도박꾼이라는 notoriety 를 얻었다.

0349 sheriff
쉬에뤼ㅍʳ
1 서부영화에서 sheriff 가 도적을 잡았다.
2 미국 소도시의 치안을 담당하는 sheriff.

0350 tablet
태애블리ㅌ
1 열이 나면 이 tablet 를 복용하세요.
2 한 번에 한 개의 tablet 만을 복용하세요.

명 유죄 선고[판결]	• a murder conviction ┃ 살인죄 판결 • a conviction for robbery ┃ 강도로 유죄 판결
명 실적, 상영	• a monthly showing ┃ 한 달 동안의 실적 • business showings ┃ 영업 실적
명 영양실조	• the malnutrition in Africa ┃ 아프리카의 영양실조 • suffer from malnutrition ┃ 영양실조에 걸리다
명 규율, 훈육	• self-discipline ┃ 자기 수양 • in need of discipline ┃ 훈육이 필요한
명 썰매	• Santa's sleigh ┃ 산타의 썰매 • a sleigh ride ┃ 썰매 타기
명 구술, 받아쓰기	• take dictation ┃ 구술을 받아쓰다 • give dictation ┃ 받아쓰기를 시키다
명 인정, 인식, 알아봄	• face recognition system ┃ 얼굴 인식 장치 • receive people's recognition ┃ 사람들의 인정을 받다
명 허수아비	• put up a scarecrow ┃ 허수아비를 세우다 • the scarecrow in the field ┃ 밭 한가운데 허수아비
명 급류, 마구 쏟아짐	• flow down in torrents ┃ 급류에 흘러내려 가다 • the raging torrent ┃ 무서운 기세로 흐르는 급류
명 악어	• an alligator skin bag ┃ 악어 가죽 가방 • the alligator in the lake ┃ 호수에 있는 악어
명 악어	• crocodile tears ┃ 악어의 눈물 ⋯▶ 거짓 눈물 • the crocodile bird ┃ 악어새
명 악명, 악평	• gained notoriety ┃ 악명을 얻은 • achieve notoriety ┃ 악평을 듣다
명 보안관	• a deputy sheriff ┃ 부보안관 • the sheriff of the town ┃ 도시의 보안관
명 정제[알약]	• a vitamin tablet ┃ 정제 비타민 • prescribe a tablet ┃ 알약을 처방하다

0351 mill
밀
¹ 참새가 mill 을 어찌 그냥 지나치리오?
² 명절을 앞두고 떡 만드느라 분주한 mill.

0352 nuance
뉴우아안ㅆ
¹ 표정의 nuance 를 알아차렸다.
² 행동에서 약간의 nuance 가 느껴졌어.

0353 preference
프뤠퍼'륀ㅆ
¹ 소비자 preference 조사를 한 마케팅팀.
² 단지 취향에 따른 preference 의 문제다.

0354 yarn
야안'
¹ Yarn 으로 짠 목도리.
² 하루 종일 yarn 만 늘어놓는 걸 보니 그 사람은 허언증이 분명해.

0355 brute
브루우ㅌ
¹ 사람의 탈을 쓴 brute.
² 이 brute 만도 못한 놈!

0356 contract
카안ㅌ뤠액ㅌ
¹ 이번 달에 contract 가 끝난다.
² 집주인과 contract 에 서명했다.

0357 engagement
인게이쥐먼ㅌ
¹ 결혼을 약속하는 engagement 파티를 열었다.
² 언젠가 결혼하겠다고 서약하며 나눠 낀 engagement 반지.

0358 seasoning
씨이즈닝
¹ Seasoning 을 발라 구운 고기.
² 너무 짜지 않게 seasoning 을 잘 조절해라.

0359 pros and cons
프뤄우ㅈ 애앤ㄷ 카안ㅈ
¹ 정책의 pros and cons 를 냉정하게 비교했다.
² Pros and cons 를 따져보고 채택할지 말지 결정합시다.

0360 nourishment
너어뤼쉬먼ㅌ
¹ 책은 마음의 nourishment 이다.
² 모유는 아기에게 nourishment 를 공급한다.

0361 diversity
디버ᵛ어'써티
¹ 취향의 diversity 를 인정해라.
² 문화의 diversity 를 존중해야 한다.

0362 chunk
청ㅋ
¹ 빵과 치즈를 한 chunk 씩 받았다.
² 큰 chunk 로 넣지 말고 작게 잘라서 넣어라.

0363 lump
을럼ㅍ
¹ 목에 딱딱한 lump 가 생겼다.
² 흙 한 lump 를 화분에 넣었다.

0364 captivity
캐앱티버ᵛ티
¹ 야생동물들이 captivity 상태를 견디지 못한다.
² Captivity 상태로 3년을 버티고 탈출에 성공했다.

명 제분소[방앗간]	• a steel mill ㅣ 제철소 • a water mill ㅣ 물방아
명 미묘한 차이[뉘앙스]	• a subtle nuance ㅣ 미묘한 뉘앙스 • catch the nuance ㅣ 뉘앙스를 알아채다
명 선호(도), 애호	• meal preference ㅣ 식사 기호 • don't have preferences ㅣ 선호하는 것이 없다
명 실, (허풍스러운) 긴 이야기	• spin a yarn ㅣ 장황하게 얘기하기 시작하다 • a wool yarn ㅣ 털실 한 뭉치
명 짐승, 야수	• a drunken brute ㅣ 짐승 같은 주정꾼 • worse than a brute ㅣ 짐승보다 못한
명 계약, 계약서	• an illegal contract ㅣ 불법적인 계약 • violate the contract ㅣ 계약을 위반하다
명 약혼, 공적인 약속	• an engagement ring ㅣ 약혼반지 • announce the engagement ㅣ 약혼을 발표하다
명 조미료, 양념	• add seasoning ㅣ 양념을 추가하다 • lack seasoning ㅣ 양념이 부족하다
명 이해득실, 장단점, 찬반양론	• weigh pros and cons ㅣ 찬반을 따져보다 • weigh the pros and cons ㅣ 이해득실을 따져보다
명 영양분, 자양분	• an adequate nourishment ㅣ 적절한 영양분 • provide nourishment ㅣ 영양분을 공급하다
명 다양성	• the diversity of races ㅣ 인종의 다양성 • the need for greater diversity ㅣ 폭넓은 다양성의 필요
명 큰 덩어리	• a chunk of meat ㅣ 고기 한 덩어리 • a huge chunk ㅣ 큰 덩어리
명 혹, 덩어리	• a lump of clay ㅣ 한 덩어리의 진흙 • lumps in a jam ㅣ 잼 속의 덩어리들
명 감금, 억류	• escape the captivity ㅣ 감금에서 벗어나다 • hold in captivity ㅣ 감금하다

2
week

Weekly Planner

Jan · Feb · Mar · Apr · May · Jun · Jul · Aug · Sep · Oct · Nov · Dec

MON	
TUE	
WED	
THU	
FRI	
SAT	
SUN	

To Do List

- ○
- ○
- ○
- ○
- ○
- ○

Notes

0365 intonation
인토네이쉬언

¹ 좀 더 intonation 을 살려서 읽어 보세요.
² 중국어의 intonation 은 익히기 쉽지 않다.

0366 oppression
어프뤠쉬언

¹ 정치적 oppression 은 없어져야만 한다.
² 예전에는 oppression 이 당연시 여겨졌다.

0367 secrecy
씨이크뤄쓰이

¹ 모든 연구 조사는 secrecy 속에 진행되었다.
² 절대적인 secrecy 가 필요한 기밀문서입니다.

0368 attendant
어텐던ㅌ

¹ Attendant 의 안내에 따라 이동하시면 됩니다.
² 주유소의 attendant 가 기름을 넣어주었다.

0369 wholesaler
호울쎄일러ʳ

¹ 소매업자에게 물품을 파는 wholesaler.
² Wholesaler 로부터 대량 구매하면 싸요.

0370 legacy
을레거쓰이

¹ 그의 성실함은 아버지의 legacy 이다.
² 형제들이 legacy 를 균등하게 나누어 가졌다.

0371 consensus
컨쎈써ㅆ

¹ 공론화를 통해 사회적 consensus 를 이루다.
² 법안에 대한 부정적 consensus 가 증가하고 있다.

0372 goddess
가아디ㅆ

¹ 승리의 goddess 는 우리 편이야.
² 비너스는 미와 사랑의 goddess 이다.

0373 compassion
컴패애쉬언

¹ 가난한 자들에 대한 compassion.
² 그는 compassion 이 없는 인간이야.

0374 probability
프롸아버빌러티

¹ 이 계획이 성공할 probability 가 높다.
² 우리가 시합에서 이길 probability 는 90%이다.

0375 arena
어뤼이나

¹ 올림픽을 대비해 대형 arena 를 지었다.
² 원형 arena 에서 열리는 콘서트를 보러 간다.

0376 enthusiasm
인뜌ᵗʰ우지애즘

¹ 음악에 대해 식지 않는 enthusiasm.
² 그는 자기 일에 enthusiasm 을 가지고 있다.

0377 yearning
여어ʳ닝

¹ 성공에 대한 yearning 은 식을 줄 모른다.
² 평범하게 가정을 꾸리고 사는 삶에 대한 yearning 이 크다.

0378 plague
플레이ㄱ

¹ 그 plague 로 수많은 사람이 죽었다.
² Plague 가 농작물을 전부 감염시켰다.

명 억양	• the **intonation** of a language ᅵ 언어의 억양 • a foreign **intonation** ᅵ 외국어 억양
명 억압, 억제	• fight against the **oppression** ᅵ 억압에 대항해 싸우다 • against the **oppression** ᅵ 억압 세력에 대항하는
명 비밀 유지[엄수]	• promise absolute **secrecy** ᅵ 완전한 비밀 유지를 약속하다 • keep the **secrecy** ᅵ 비밀 유지하다
명 안내원, 종업원	• a flight **attendant** ᅵ 승무원 • a personal **attendant** ᅵ 개인 수행원
명 도매업자	• work with a **wholesaler** ᅵ 도매업자와 일을 하다 • the first **wholesaler** ᅵ 1차 도매업자
명 유산, 업적	• Einstein's great **legacy** ᅵ 아인슈타인의 위대한 업적 • leave a **legacy** ᅵ 유산을 남기다
명 합의, 여론	• meet with the **consensus** ᅵ 의견 일치를 보다 • a general **consensus** ᅵ 전반적인 합의
명 (신화의) 여신	• look like a **goddess** ᅵ 여신처럼 보이다 • the **goddess** of beauty ᅵ 미의 여신
명 동정, 연민	• the **compassion** for the poor ᅵ 가난한 이들에 대한 동정심 • feel **compassion** ᅵ 연민을 느끼다
명 확률, 개연성	• in all **probability** ᅵ 아마도, 십중팔구는 • a low **probability** ᅵ 낮은 확률
명 경기장, 공연장	• a famous sporting **arena** ᅵ 유명한 스포츠 경기장 • a hockey **arena** ᅵ 아이스 하키 경기장
명 열정, 의욕, 열광	• full of **enthusiasm** ᅵ 열정이 가득한 • show **enthusiasm** ᅵ 열정을 보이다
명 갈망, 열망	• **yearning** for a job ᅵ 일자리에 대한 갈망 • **yearning** for peace ᅵ 평화에 대한 갈망
명 전염병	• spread like a **plague** ᅵ 전염병처럼 퍼지다 • an outbreak of **plague** ᅵ 전염병의 발병

0379 **pollutant**
펄루우턴ㅌ
1 살충제는 환경에 해로운 pollutant 이다.
2 어떤 pollutant 도 배출하지 않는 청정에너지 풍력.

0380 **irritation**
이뤼테이쉬언
1 Irritaion 을 화내는 것으로 푼다.
2 이 액체는 민감한 피부에 irritation 을 유발할 수 있습니다.

0381 **sphere**
스피ʳ어ʳ
1 나만의 sphere 를 침범하는 것을 좋아하지 않는다.
2 서울특별시라는 sphere 는 다시 많은 지역으로 나뉜다.

0382 **sector**
쎅터ʳ
1 차츰 관심의 sector 를 넓혔다.
2 서비스 sector 의 직종만 살아남았다.

0383 **vibe**
바ᵛ이ㅂ
1 나쁜 vibe 를 음악으로 날려버리자.
2 이 공간의 편안한 vibe 가 마음에 든다.

0384 **hunch**
헌취
1 내 hunch 는 항상 맞으니까 믿어!
2 네가 합격할 거라는 hunch 가 들었어.

0385 **expectation**
익스펙테이쉬언
1 Expectation 을 많이 하면 실망도 크기 마련이지.
2 가르치는 제자들이 내 expectation 을 한참 넘어섰다.

0386 **prospect**
프롸아스펙ㅌ
1 결승전에 출전할 prospect 가 있다.
2 좋아진다는 확실한 prospect 가 없다.

0387 **sewage**
쑤우이쥐
1 정화 처리되지 않은 sewage 로 인한 식수의 오염.
2 이 강은 공장에서 흘러나온 sewage 로 오염되었다.

0388 **abuse**[1]
어뷰우ㅈ
1 약물 abuse 로 몸에 이상이 왔다.
2 공권력 abuse 가 밝혀져 처벌받은 공무원.

0389 **abuse**[2]
어뷰우ㅈ
1 아동 abuse 의 가해자는 대부분 부모이다.
2 인간의 수명이 늘면서 노인에 대한 abuse 가 문제시되고 있다.

0390 **misperception**
미스퍼ʳ쎕쉬언
1 Misperception 을 바로잡다.
2 그 말은 misperception 의 소지가 있다.

0391 **textile**
텍스타이일
1 부드러운 textile 로 만든 스웨터.
2 다양한 textile 을 생산하는 옷 공장.

0392 **wardrobe**
워어ʳ드뤄우ㅂ
1 옷이 너무 많아서 wardrobe 에 공간이 모자란다.
2 봄이 왔으니 겨울옷은 wardrobe 깊숙이 넣어 놓자.

명 오염물질, 오염원	• an air pollutant । 대기 오염물질 • a water pollutant । 수질 오염물질
명 짜증, 염증	• can cause irritation । 염증을 유발할 수 있다 • feel irritation । 짜증이 나다
명 공간, 영역, 구, 구형	• the sphere of influence । 세력권 • the political sphere । 정치권
명 분야, 영역	• a private sector । 민간 부문 • a public sector । 공공 부문
명 분위기, 느낌, 영향	• have bad vibes । 느낌이 안 좋다 • a good vibe । 좋은 분위기
명 예감	• have a hunch । 예감이 들다 • play a hunch । 직감적으로 행동하다
명 기대, 예상	• the expectations of her friends । 그녀의 친구들의 기대 • beyond expectations । 기대 이상으로
명 가망, 예상	• have no prospect । 전망이 없다 • a reasonable prospect । 가능성 있는 전망
명 하수, 오물	• a sewage disposal । 하수 처리 • a sewage system । 하수 처리 시스템
명 남용, 오용	• the alcohol abuse । 알코올 남용 • the drug abuse । 약물 남용
명 학대	• the child abuse । 아동학대 • stop the abuse । 학대를 멈추다
명 오인, 오해	• a misperception of cancer । 암에 대한 오해 • find out to be a misperception । 오해라고 밝혀지다
명 직물, 옷감	• a textile designer । 직물 디자이너 • the textile industry । 섬유 산업
명 옷장	• clear out the wardrobe । 옷장 정리를 하다 • a fitted wardrobe । 붙박이 옷장

0393 breakdown
브뤠익다운

1 엘리베이터가 breakdown 으로 멈춰 섰다.
2 기계 breakdown 으로 작업이 중단되었다.

0394 royalty[1]
뤄이얼티

1 Royalty 의 피를 이어받은 왕자.
2 Royalty 만이 누릴 수 있는 특혜는 대단했다.

0395 awe
어어

1 신에 대한 awe.
2 엄청난 실력을 보고 awe 에 빠졌다.

0396 postage
포우스티쥐

1 이 소포 부치는 데 postage 는 얼마죠?
2 Postage 는 수령인 부담으로 해 주세요.

0397 magnitude
매애그너튜우ㄷ

1 크기 면에서 그 공장의 magnitude 는 대단했다.
2 Magnitude 면에서 유례를 찾아볼 수 없는 발견.

0398 platter
플래애터ʳ

1 스테이크를 따뜻한 platter 에 올리세요.
2 저희 가게에서는 바닷가재 platter 를 한정 판매하고 있습니다.

0399 composition[1]
카암퍼지쉬언

1 산소와 수소가 물의 composition 이다.
2 세 가지 약의 composition 으로 이 약을 만들었다.

0400 composition[2]
카암퍼지쉬언

1 모차르트는 많은 음악 composition 을 남겼다.
2 너의 영문 composition 에 문법적 오류가 있다.

0401 summary
써머뤼

1 시간이 없어 summary 만 설명하겠다.
2 긴 보고서의 summary 를 담은 첫 페이지.

0402 usage
유우쓰이쥐

1 인터넷 usage 의 증가 추세.
2 발굴된 고대 유물들의 usage 를 조사하다.

0403 employee
임플로이이

1 새 employee 를 고용했다.
2 신입 employee 들이 교육을 받고 있다.

0404 employer
임플로이어ʳ

1 근로자들을 착취하는 악덕 employer.
2 Employer 의 신임을 받는 성실한 직원.

0405 upper hand
어퍼ʳ 해앤ㄷ

1 상대방보다 upper hand 를 점하다.
2 상대방에게 upper hand 를 주었음에도 우리가 이겼다.

0406 spouse
스파우ㅆ

1 행사에 spouse 를 동반하셔도 됩니다.
2 Spouse 의 직장 때문에 해외로 이주했다.

3. 정답을 확인해 보세요 ▶ ▶

뎽 고장, 실패[결렬/와해]	• a mental breakdown ㅣ신경 쇠약 • a marriage breakdown ㅣ파경
뎽 왕족	• treat like royalty ㅣ왕족처럼 대접하다 • a modern day royalty ㅣ현대 시대 왕족
뎽 경외심	• gaze in awe at him ㅣ경외의 눈으로 그를 바라보다 • awe and respect ㅣ경외감과 존경심
뎽 우편 요금	• free postage ㅣ무료 우편 요금 • the postage rates ㅣ우편 요금
뎽 규모, 중요도	• the magnitude of the problem ㅣ문제의 중요도 • realize the magnitude ㅣ중요도를 깨닫다
뎽 (큰 타원형) 접시, 모둠 요리	• replace the platter ㅣ접시를 교체하다 • a seafood platter ㅣ해산물 모둠 요리
뎽 구성, 구성요소	• the chemical composition ㅣ화학적 구성 • the composition of hydrogen ㅣ수소의 구성
뎽 작품, 작곡, 작문	• Beethoven's compositions ㅣ베토벤의 작품들 • study composition ㅣ작곡을 공부하다
뎽 개요, 요약	• a summary of the story ㅣ이야기의 요약본 • give a summary ㅣ요약하다
뎽 사용, 용법	• the social usage ㅣ사회적 관습 • a usage slip ㅣ사용 설명서
뎽 직원, 피고용인	• a permanent employee ㅣ정규직 사원 • hire an employee ㅣ직원을 고용하다
뎽 고용주	• a good employer ㅣ좋은 고용주 • the current employer ㅣ현 고용주
뎽 우위	• have the upper hand ㅣ우위를 가지다 • lose the upper hand ㅣ우위를 잃다
뎽 배우자	• a faithful spouse ㅣ충실한 배우자 • a beloved spouse ㅣ사랑하는 배우자

0407 orangutan
어뤠앵거태앤

1 Orangutan 은 나무 위에 사는 영장류 중 가장 크다.
2 Orangutan과 침팬지의 차이를 알고 있니?

0408 verse
버ᵛ어ʳㅆ

1 낙엽을 보고 즉흥적인 verse 를 쓴 시인.
2 국어 시간에 verse 와 산문의 차이를 배웠어.

0409 suitability
쑤우터빌러티

1 건설부지로서의 suitability 를 판단하는 토질검사.
2 업무에 대한 지원자의 suitability 여부를 평가한다.

0410 depression
디프뤠쉬언

1 Depression 은 마음의 감기라고 한다.
2 실직 후 심한 depression 에 시달렸다.

0411 jury
쥬어뤼

1 변호사가 jury 를 설득했다.
2 Jury 가 무죄 평결을 내렸다.

0412 commission¹
커미쉬언

1 안전 검사 commission 에서 점검하러 나왔다.
2 중요한 안건으로 기획 commission 이 모집되었다.

0413 commission²
커미쉬언

1 판매 commission 을 받다.
2 환전 시 commission 을 징수한다.

0414 foe
포ˡ우

1 스트레스는 건강의 foe 이다.
2 Foe 와 아군을 구별해야 한다.

0415 atom
애텀

1 Atom 의 분열.
2 Atom 은 물질의 최소 단위이다.

0416 candidate
캐앤디더ㅌ

1 그가 유력한 candidate 이다.
2 그가 대통령에 적합한 candidate 이다.

0417 committee
커미티

1 자문 committee 에 도움을 요청했다.
2 공정거래 committee 의 눈을 피해 불법으로 영업하다.

0418 superiority
써어피어뤼오어뤄티

1 압도적인 superiority 로 적을 궤멸했다.
2 품질의 superiority 로 승리하기 위한 전략.

0419 latitude
을래애티튜우ㄷ

1 적도의 latitude 는 0도이다.
2 Latitude 와 경도로 지구상의 위치를 찾는다.

0420 protester
프뤄테스터ʳ

1 Protester 들이 단식 투쟁을 벌이고 있다.
2 수백 명의 protester 들이 침묵 행진을 벌였다.

명 오랑우탄	• build nests for **orangutans** ㅣ 오랑우탄 둥지를 짓다 • an **orangutan** sanctuary ㅣ 오랑우탄 보호 구역
명 시, 운문	• the first **verse** ㅣ 첫 번째 절 • sing the first **verse** ㅣ 첫째 절만 노래하다
명 적합성, 적당함, 어울림	• the **suitability** of the plan ㅣ 계획의 타당성[적합성] • **suitability** for everyone ㅣ 모두에게 적당함[어울림]
명 우울증	• fall into **depression** ㅣ 우울증에 걸리다 • a severe **depression** ㅣ 심각한 우울증
명 배심원단, 심사위원단	• judged by the **jury** ㅣ 배심원단에 의해 판결된 • the members of the **jury** ㅣ 배심원단
명 위원회, 위원단	• the national economic **commission** ㅣ 국가 경제 위원회 • a safety **commission** ㅣ 안전 위원회
명 수수료[커미션]	• work on **commission** ㅣ 실적 수당을 받고 일하다 • receive **commission** ㅣ 실적에 따른 수수료를 받다
명 적, 원수	• face the **foe** ㅣ 적과 대치하다 • friend or **foe** ㅣ 친구인지 적인지
명 원자	• as small as an **atom** ㅣ 원자같이 작은 • split the **atom** ㅣ 원자를 분열하다
명 후보자, 지원자	• a potential **candidate** ㅣ 유력한 후보 • a job **candidate** ㅣ 입사 지원자
명 위원회	• the budget **committee** ㅣ 예산위원 • the management **committee** ㅣ 운영 위원회
명 우세, 우월성	• a sense of **superiority** ㅣ 우월감 • the **superiority** of Korean internet ㅣ 한국 인터넷의 우월성
명 위도	• the **latitude** determination ㅣ 위도측정 • the celestial **latitude** ㅣ 천구의 위도
명 시위자	• a violent **protester** ㅣ 폭력적인 시위자 • arrest **protesters** ㅣ 시위자를 구속하다

0421 helm
헤음

1 선장이 helm 을 잡고 배를 움직인다.
2 어느 분이 이 사무실의 helm 에 있나요?

0422 ownership
오우너「쉬ㅍ

1 다주택 ownership 를 억제하기 위한 부동산 대책.
2 친일파의 토지 ownership 를 환수해야 한다는 목소리.

0423 windshield
윈드쉬일ㄷ

1 주유소에 온 김에 windshield 도 닦고 가자.
2 자동차 windshield 에 김이 서려서 앞이 안 보여.

0424 circulation
써어「큘레이쉬언

1 물의 circulation 이 멈추면 물이 썩는다.
2 건강하기 위해서는 혈액 circulation 이 잘 돼야 한다.

0425 breed[1]
브뤼이ㄷ

1 진돗개는 사냥개 breed 이다.
2 내가 좋아하는 breed 의 개는 시베리안 허스키야.

0426 haul
호올

1 Haul 의 골동품을 훔친 도둑들.
2 Haul 의 물고기를 잡아서 행복한 어부.

0427 endurance
인듀어뤈ㅆ

1 마라톤은 endurance 싸움이다.
2 끈질긴 endurance 로 역경을 극복했다.

0428 definition
데퍼「니쉬언

1 성공의 definition 은 사람마다 다르다.
2 그 단어의 definition 을 알고 싶으면 사전을 찾아봐라.

0429 paw
퍼어

1 고양이가 날카로운 paw 로 할퀴었다.
2 Paw 를 다친 강아지가 다리를 절며 걷는다.

0430 observance
업저어「번ᵛ ㅆ

1 법률 observance 는 국민의 의무이다.
2 코치가 선수들에게 훈련규칙 observance 를 강조한다.

0431 rivalry
롸이버ᵛ뤼

1 최고의 자리를 놓고 벌이는 치열한 rivalry.
2 친한 친구 사이에도 선의의 rivalry 는 있을 수 있다.

0432 chamber
췌임버「

1 회의를 위해 chamber 에 모인 하원의원들.
2 지방의원들이 의회 chamber 에서 회의했다.

0433 morale
머뤠앨

1 직원들의 morale 을 북돋울 방안.
2 첫 경기 패배 후 선수들의 morale 이 저하됐다.

0434 optimist
어업티미ㅅㅌ

1 천성적으로 걱정이 없는 optimist 이다.
2 만사가 잘 될 것으로 생각하는 optimist.

명 (선박의) 키, 책임자의 위치	• handle the helm ⏐ 키를 다루다 • at the helm ⏐ 책임을 지고 있는, 키를 잡고 있는
명 소유, 소유권	• a public ownership ⏐ 공유, 국유 • a collective ownership ⏐ 공동 소유권
명 (자동차의) 앞 유리	• keep the windshield clean ⏐ 차 앞 유리를 깨끗하게 유지하다 • a windshield washer ⏐ 창 유리 닦개
명 순환, 유통	• the blood circulation ⏐ 혈액 순환 • the currency circulation ⏐ 통화 유통
명 (동물의) 품종, (사람의) 유형	• a rare breed ⏐ 희귀 품종 • a small breed ⏐ 작은 품종
명 많은 양	• find a haul of antiques ⏐ 많은 양의 골동품을 찾다 • a drugs haul ⏐ 많은 양의 마약
명 지구력, 인내[참을성]	• show endurance ⏐ 인내심을 보이다 • beyond endurance ⏐ 인내심의 한계를 넘은
명 정의, 의미	• the definition of the word ⏐ 그 단어의 뜻 • the definition of success ⏐ 성공의 의미
명 (동물의) 발	• a cat's paw ⏐ 고양이 발 • paw prints ⏐ 동물 발자국
명 (법률·규칙 등의) 준수[엄수], (종교·전통) 의식	• a religious observance ⏐ 종교의식 • observance of the law ⏐ 법률 준수
명 경쟁, 경쟁의식	• a fierce rivalry ⏐ 치열한 경쟁 • feel the rivalry ⏐ 경쟁의식을 느끼다
명 (공공건물의) 회의실	• a secret chamber ⏐ 밀실 • the council chamber ⏐ 회의실
명 사기, 의욕	• a high morale ⏐ 높은 사기 • boost morale ⏐ 사기를 증진하다
명 낙관론자, 낙천주의자	• an idle optimist ⏐ 나태한 낙관주의자 • such an optimist ⏐ 매우 낙관주의적인 사람

0435 pessimist
페쓰이미ㅅㅌ

1 기회에서 난관만을 보는 pessimist.
2 Pessimist 는 컵에 물이 반밖에 없다고 말한다.

0436 supporter
써포어「터「

1 그는 그 국회의원의 열렬한 supporter 이다.
2 저는 맨체스터 시티의 오랜 supporter 입니다.

0437 suspicion
써스피쒸언

1 경찰의 suspicion 을 받는 용의자.
2 그는 살인 suspicion 으로 체포되었다.

0438 convention
컨벤ⱽ쉬언

1 국제 convention 에 회사 대표로 나간다.
2 비엔나에서 열린 UN 기후 변화 convention.

0439 moss
모오ㅆ

1 Moss 로 뒤덮인 오래된 비석.
2 축축한 동굴 바위를 덮은 moss.

0440 dew
듀우

1 아침 풀잎에 맺힌 dew.
2 형장의 dew 로 사라지다.

0441 sake
쎄이ㅋ

1 그는 자기 자신만의 sake 를 위해 일한다.
2 각자의 sake 를 위해 부부인 체 행동했다.

0442 migration
마이그뤠이쉬언

1 철새들의 대규모 migration 이 시작됐다.
2 도시로의 migration 으로 부족한 농촌 일손.

0443 authorization
어어또ᵗʰ뤼제이쉬언

1 사업 승인 authorization 절차.
2 정부의 authorization 을 받았다.

0444 paradox
패뤄더억ㅅ

1 급할수록 돌아가라는 속담의 paradox.
2 비싼 물건일수록 더 잘 팔리는 paradox.

0445 ape¹
에이ㅍ

1 인간이 ape 로부터 진화했다는 진화론.
2 오랑우탄은 길고 붉은 털을 가진 ape 이다.

0446 daydream
데이드뤼임

1 복권에 당첨되는 daydream.
2 Daydream 에 빠져 창밖만 바라본다.

0447 fraction
ㅍ「뤠액쉬언

1 그 말에는 fraction 의 진실도 없다.
2 1초의 fraction 만큼도 고민하지 않고 결정했다.

0448 nectar
넥터「

1 벌은 꽃의 nectar 를 벌꿀로 바꾼다.
2 수컷 모기들은 꽃의 nectar 를 먹고 삽니다.

명 비관주의자	• a sullen **pessimist** ㅣ 우울한 비관주의자 • a confirmed **pessimist** ㅣ 발전 가능성이 없는 비관주의자
명 지지자[후원자], (특정 스포츠팀의) 팬	• an ardent **supporter** ㅣ 열렬한 지지자 • a fervent **supporter** ㅣ 열렬한 지지자
명 (불법적이거나 부정직한 일을 했다는) 혐의[의혹]	• raise **suspicion** ㅣ 의혹을 일으키다 • avoid **suspicion** ㅣ 의혹을 피하다
명 회의, 협약[협정], 협의회, 관습, 관례	• a political **convention** ㅣ 정치 대회 • hold a **convention** ㅣ 회의를 열다
명 이끼	• covered with **moss** ㅣ 이끼로 덮인 • **moss**-grown ㅣ 이끼가 낀
명 이슬	• the morning **dew** ㅣ 아침 이슬 • the nightly **dew** ㅣ 밤이슬
명 이익, 목적, 이유	• for old time's **sake** ㅣ 옛정을 생각해서 • for our **sakes** ㅣ 우리들의 이익을 위한
명 이동, 이주	• a mass **migration** ㅣ 대규모 이주 • a **migration** of culture ㅣ 문화의 이동[확산]
명 허가, 인가	• give the **authorization** ㅣ 허가를 주다 • show the **authorization** ㅣ 허가증을 보여주다
명 역설, 역설적인 것	• explain the **paradox** ㅣ 역설을 설명하다 • full of **paradox** ㅣ 모순투성이인
명 유인원	• look like an **ape** ㅣ 유인원처럼 생기다 • evolve from the **ape** ㅣ 유인원으로부터 진화하다
명 백일몽	• lost in a **daydream** ㅣ 백일몽에 빠지다 • spin a **daydream** ㅣ 환상에 젖다
명 아주 조금, 일부	• the **fraction** of a second ㅣ 순식간 • a **fraction** of the package ㅣ 물품의 일부
명 꿀, 과일즙	• peach **nectar** ㅣ 복숭아 과일즙 • suck **nectar** ㅣ 꽃의 꿀을 빨다

0449 inconsistency
인컨쓰이스턴쓰이

¹ 그 증인의 진술에는 inconsistency 가 많다.
² 회사의 복지 정책에 대한 inconsistency 를 비판했다.

0450 unanimity
유우너니머티

¹ 그 제안은 완벽한 unanimity 로 가결되었다.
² 중대한 안건이므로 unanimity 로 동의해야 합니다.

0451 coincidence
코우인쓰이던ㅆ

¹ Coincidence 가 아니라 완벽한 계획이었어.
² 우리가 여기서 만난 건 신기한 coincidence.

0452 anecdote
애닉도우ㅌ

¹ 사건의 숨겨진 anecdote 를 공개했다.
² 젊은 시절의 anecdote 를 이야기하는 노인.

0453 replacement
뤼플레이쓰먼ㅌ

¹ 파손된 부품의 replacement 가 필요하다.
² 선배가 자신의 replacement 로 나를 지목했다.

0454 presence
프뤠즌ㅆ

¹ 인기척을 전혀 내지 않아서 그의 presence 를 인지하지 못했다.
² 너의 presence 자체가 활기를 준다.

0455 vein
베ᵛ인

¹ Vein 은 피를 다시 심장으로 보낸다.
² 간호사가 내 vein 에 포도당 주사를 놓았다.

0456 consciousness
카안쉬어쓰니ㅆ

¹ 환자가 consciousness 를 잃었다.
² Consciousness 의 흐름대로 쓴 글.

0457 seam
씨임

¹ 치마의 seam 이 터져서 꿰매야 한다.
² 셔츠 어깨의 seam 이 터진 것도 모르고 돌아다녔어.

0458 motivation
모우티베ᵛ이쉬언

¹ 성적을 높이기 위해선 Motivation 부여가 중요하다.
² 그 행동을 하게 된 motivation 이 뭐였어?

0459 typewriter
타이프롸이터ʳ

¹ Typewriter 는 문자를 쓰는 대로 인쇄한다.
² 컴퓨터의 발달로 typewriter 는 거의 묻혔다.

0460 vanity
배ᵛ애너티

¹ Vanity 때문에 충동 구매 했다.
² Vanity 와 자신감은 종이 한 장 차이다.

0461 asset
애쎄ㅌ

¹ 건강은 큰 asset 이다.
² 범인의 asset 를 몰수했다.

0462 capital
캐애퍼틀

¹ 사업실패의 원인은 capital 의 부족이다.
² 성장하려면 더 많은 capital 이 필요하다.

명 모순, 불일치	• find inconsistency in the story ㅣ 이야기의 모순을 찾다 • inquire into the inconsistency ㅣ 모순점을 조사하다
명 만장일치	• a unanimity of voting ㅣ 만장일치 투표 • a unanimity of opinion ㅣ 의견의 일치
명 우연의 일치	• a remarkable coincidence ㅣ 놀라운 우연의 일치 • a strange coincidence ㅣ 이상한 우연의 일치
명 일화	• a personal anecdote ㅣ 개인적 일화 • tell an anecdote ㅣ 일화를 이야기하다
명 교체[대체], 후임자	• a replacement for my job ㅣ 내 업무의 후임자 • find a replacement ㅣ 대체를 찾다
명 참석, 존재[있음]	• show presence ㅣ 존재감을 나타내다 • notice his presence ㅣ 그의 존재를 눈치채다
명 정맥, 혈관, 잎맥	• blood from a vein ㅣ 혈관의 피 • a vein of gold ㅣ 금광맥
명 의식, 자각	• moral consciousness ㅣ 도덕의식 • lose consciousness ㅣ 의식을 잃다
명 솔기, 꿰맨 자국	• sew a seam ㅣ 이음매를 바느질하다 • the seam opens ㅣ 이음매가 터지다
명 동기, 자극	• team's motivation ㅣ 팀의 사기 • boost the motivation ㅣ 자극을 주다
명 타자기	• a noiseless typewriter ㅣ 소음이 적은 타자기 • use a typewriter ㅣ 타자기를 쓰다
명 허영심, 자만	• exploit the vanity ㅣ 허영심을 이용하다 • vanity in life ㅣ 인생의 허무함
명 자산	• asset allocation ㅣ 자산 배분 • a fixed asset ㅣ 고정자산
명 자본금, 자산, 수도	• lack of capital ㅣ 자본금의 부족 • low starting capital ㅣ 적은 초기 자본금

0463 **suicide**
쑤어싸이ㄷ

¹ 타살이 아닌 suicide 로 판명되었다.
² 우울증 때문에 suicide 를 시도한 환자.

0464 **investor**
인베ᵛ스터ʳ

¹ 외국인 investor 들이 국내 경제를 좌지우지하고 있다.
² 개인 주식 investor 들은 주식투자로 돈을 벌기 쉽지 않다.

0465 **copyright**
카아피라이ㅌ

¹ 모든 창작물에는 copyright 가 있다.
² 인기 만화를 표절해 copyright 소송을 당한 드라마 작가.

0466 **siege**
쓰이쥐

¹ 장시간의 siege 후에 경찰에 잡힌 범인.
² 오랜 siege 공격을 받은 끝에 항복했다.

0467 **knob**
너어ㅂ

¹ 문 knob 에도 바이러스가 있을 수 있습니다.
² 우리집 강아지는 문 knob 를 입으로 돌려서 문을 열 수 있어요.

0468 **cellar**
쎌러ʳ

¹ 시원한 지하 cellar 에 채소를 보관한다.
² 와인을 지하의 cellar 에 저장하며 숙성한다.

0469 **general**
줴너뤌

¹ 군대를 지휘하는 general.
² General 이 부대를 정렬시켰다.

0470 **gut**
거ㅌ

¹ 생선의 gut 를 제거하고 요리하세요.
² Gut 를 한 방 맞은 느낌이 들 만큼 충격적이다.

0471 **tassel**
태애쓸

¹ 조그만 tassel 이 달린 구두.
² 커튼이 장식용 tassel 로 묶여 있다.

0472 **craftsman**
크뤠앺스먼

¹ 평생 도자기를 빚은 craftsman.
² 한국의 보석 craftsman 들은 세계적으로 유명하다.

0473 **manufacturer**
매애뉴패ʲ액춰뤄ʳ

¹ 그 회사는 자동차 manufacturer 야.
² 물건에 문제가 있으면 manufacturer 에게 반송하세요.

0474 **water purifier**
워어터ʳ 퓨뤼파ʲ이어ʳ

¹ Water purifier 필터는 정기적으로 갈아줘야 해.
² 수돗물이 아니고 water purifier 물이니까 안심하고 마셔.

0475 **cosmetic**¹
카아즈메티ㅋ

¹ 비싼 cosmetic 라고 피부에 더 좋을까?
² 화장대에서 엄마의 cosmetic 를 몰래 썼다.

0476 **facility**
퍼ʲ쓰일러티

¹ 내 딸은 첼로에 대한 facility 를 가지고 있다.
² 7개 언어를 구사하다니, 그는 언어에 facility 가 있나 봐.

명 자살	• a suicide watch ┃ 자살 예방을 위한 감시 • commit suicide ┃ 자살하다
명 투자자	• a foreign investor ┃ 외국인 투자자 • an institutional investor ┃ 기관 투자가
명 저작권	• a copyright on the movie ┃ 영화에 대한 저작권 • a copyright violation ┃ 저작권 침해
명 포위, 포위 작전	• break the siege ┃ 포위망을 뚫다 • under siege ┃ 포위당한
명 손잡이	• turn the knob ┃ 손잡이를 돌리다 • the knob of a door ┃ 문의 손잡이
명 지하 저장고	• a wine cellar ┃ 포도주 저장실 • descend to the cellar ┃ 지하실로 내려가다
명 장군 형 일반적인, 보편적인	• command by the general ┃ 장군의 명령 • a four-star general ┃ 사성장군
명 내장, 배	• remove the gut ┃ 내장을 제거하다 • the gut of animals ┃ 동물의 내장
명 술 장식	• a cushion with tassels ┃ 장식 술이 있는 쿠션 • thin tassels ┃ 가는 술들
명 공예가, 장인	• an excellent craftsman ┃ 뛰어난 공예가 • a meticulous craftsman ┃ 꼼꼼한 장인
명 제조자[제조사], 공장주	• a computer manufacturer ┃ 컴퓨터 제조 회사 • a product manufacturer ┃ 상품 생산자
명 정수기, 정수 장치	• install the water purifier ┃ 정수기를 설치하다 • solar powered water purifier ┃ 태양열로 작동하는 정수기
명 화장품	• buy cosmetics for skin ┃ 피부용 화장품을 사다 • a cosmetic company ┃ 화장품 회사
명 재능, (보통 복수 형태로) 시설 [기관], 편리	• facility for languages ┃ 언어적 재능 • facility in writing ┃ 글솜씨

0477 estate
이스테이트

¹ 이 estate 에는 집을 지을 수 없다.
² 우리 가족은 시골에 estate 를 소유하고 있다.

0478 catastrophe
커태애스트뤄피ᶠ

¹ 큰 catastrophe 에서 기적적으로 살아남았다.
² 무분별한 자연 파괴가 catastrophe 를 몰고 왔다.

0479 disaster
디재애스터ʳ

¹ 지진, 태풍, 홍수와 같은 자연 disaster.
² 정부가 disaster 지역에 복구를 지원한다.

0480 mansion
매앤쉬언

¹ 교외에 큰 mansion 을 짓고 사는 부자.
² 베벌리 힐스에 있는 스타들의 mansion.

0481 equator
이쿠에이터ʳ

¹ Equator 는 지구를 두 부분으로 나눈다.
² Equator 는 지구상에서 평균 기온이 가장 높다.

0482 adjustment
어줘스트먼트

¹ 이 문서는 텍스트 간격 adjustment 가 필요하다.
² 약간의 adjustment 만으로도 해결할 수 있는 문제.

0483 assumption
어썸ㅍ쉬언

¹ 근거 없는 assumption.
² 사실이 아닌 assumption 일 뿐.

0484 forerunner
포ᶠ어ʳ뤄너ʳ

¹ 그는 이 이론을 주창한 forerunner 였다.
² 그 기계는 현대 컴퓨터의 forerunner 였어.

0485 tram
트뤠앰

¹ Tram 은 대부분 지상으로 달린다.
² 거기까지는 버스보다는 tram 을 타고 가는 편이 좋다.

0486 warfare
워어ʳ페ᶠ어ʳ

¹ 해상 warfare 에서 승리를 거두다.
² 토론이 공개적인 warfare 로 변질하였다.

0487 warship
워어ʳ쉬ㅍ

¹ 적군의 warship 가 여섯 척.
² 거북선은 철갑을 두른 warship 이다.

0488 theft
떼ᵗʰㅍ어ᶠ트

¹ 경찰은 단순 theft 사건으로 보고 있다.
² 그는 theft 로 전과가 화려한 도둑이었다.

0489 despair
디스페어ʳ

¹ 사업 실패로 despair 에 빠졌다.
² 전쟁은 모두를 despair 에 빠지게 했다.

0490 propriety
프뤄ㅍ롸이어티

¹ Propriety 에 어긋나는 불쾌한 언행.
² 너의 불손한 태도는 propriety 에 어긋난다.

몡 사유지[토지], 재산	• a real estate ˌ 부동산 • divide the estate ˌ 재산 분할
몡 참사, 재앙	• a natural catastrophe ˌ 자연재해 • prepare for the catastrophe ˌ 재앙을 준비하다
몡 참사, 재난[재해]	• a natural disaster ˌ 자연재해 • a disaster area ˌ 재난 지역
몡 (개인의) 저택	• a 18th century mansion ˌ 18세기 저택 • a country mansion ˌ 시골 저택
몡 (지구의) 적도	• live at the equator ˌ 적도에 살다 • the terrestrial equator ˌ 지구상의 적도
몡 (약간의) 조정[수정], 적응	• a big adjustment ˌ 큰 수정 • make an adjustment ˌ 수정을 하다
몡 가정, 추정, 전제	• a mere assumption ˌ 단순한 억측 • on the false assumption ˌ 거짓된 전제로
몡 선구자, 전신, 전조	• the forerunner of airplane ˌ 비행기의 전신 • the forerunner of the internet ˌ 인터넷의 선구자
몡 전차	• a tram stop ˌ 전차 정류장 • a tram route ˌ 전찻길
몡 전쟁, 전투	• a naval warfare ˌ 해전 • an open warfare ˌ 야외 전투
몡 군함, 전함	• dispatch a warship ˌ 전함을 파견하다 • construct a warship ˌ 군함을 건조하다
몡 절도	• a petty theft ˌ 좀도둑질 • sued for theft ˌ 절도로 고소된
몡 절망	• a wail of despair ˌ 절망의 울부짖음 • fall into despair ˌ 절망에 빠지다
몡 예절, 적절성	• violate the propriety ˌ 예절을 어기다 • doubt the propriety ˌ 타당성을 의심하다

0491 correction
커뤡쉬언
¹ 비난을 받고 correction 기사를 게재한 신문사.
² 서류에 몇 가지 오류가 있어 correction 이 필요합니다.

0492 virtue
버ᵛ어ʳ츄우
¹ 인내가 virtue 인 사람.
² 한국 사회에서는 겸손이 virtue 이다.

0493 focal
포ʲ우컬
¹ 이 카메라 렌즈의 focal 거리는 매우 짧다.
² 과장된 원근감이 이 그림의 focal 포인트다.

0494 liaison
을리에이자안
¹ 거래처와의 liaison 이 제 주 업무입니다.
² 두 그룹 간의 liaison 담당자로 지명되었다.

0495 expedition
엑스퍼디쉬언
¹ 북극으로 expedition 을 떠나다.
² 에베레스트 expedition 동안 세 명이 목숨을 잃었다.

0496 vigor
비ᵛ거ʳ
¹ 장어가 vigor 에 좋대. 많이 먹어.
² 왕년의 vigor 를 잃은 노인.

0497 intelligence
인텔리줜ㅆ
¹ 가장 널리 알려진 intelligence 시험은 I.Q. 테스트이다.
² 개는 동물 중 상대적으로 우수한 intelligence 를 가지고 있다.

0498 maid
메이ㄷ
¹ 집안일을 도울 maid 를 고용했다.
² Maid 가 손님에게 대접할 차를 가져왔다.

0499 traffic congestion
트뤠애피ᶠㅋ 컨줴스쳔
¹ 사고가 나서 traffic congestion 이 심한 구간.
² Traffic congestion 이 예상된다고 해서 차를 두고 나왔어.

0500 congestion
컨줴스쳔
¹ Congestion 통행료를 징수하다.
² 요즘 미세먼지가 많아서 코의 congestion 이 잦다.

0501 provision
프뤄비ᵛ줜
¹ 쌀 provision 같은 인도적 지원은 찬성한다.
² 노년층을 위한 주택 provision 을 입법화하다.

0502 institution
인스티튜우쉬언
¹ 배재학당은 한국 최초의 근대식 교육 institution 이다.
² 그는 결혼 institution 을 거부하며 독신으로 살겠다고 했다.

0503 proposal
프뤄포우절
¹ 거래처의 proposal 을 받아들이다.
² 단호하게 그 proposal 을 거절했다.

0504 drawback
드뤄어배애ㅋ
¹ 이 과제의 주된 drawback 는 비용이다.
² 도시 생활의 가장 큰 drawback 는 교통 혼잡이다.

명 정정, 수정 행위[절차]	• a correction report ⏐ 정정 보도 • posture correction ⏐ 자세 교정
명 미덕, 장점, 선	• a man of virtue ⏐ 군자 • life of virtue ⏐ 선한 삶
형 (명사 앞에만 씀) 중심의, 초점의	• the focal spot ⏐ 초점 • the focal point of the picture ⏐ 이 사진의 주안점
명 연락, 접촉	• work in close liaison ⏐ 긴밀히 연락하며 협력하다 • the liaison of the police ⏐ 경찰의 연락망
명 탐험, 원정, 원정대	• an expedition group ⏐ 탐험대 • go an expedition ⏐ 탐험을 떠나다
명 활력[힘], 정력	• regain the vigor ⏐ 다시 활력을 얻다 • vigor of mind and body ⏐ 심신이 원기 왕성한
명 지능, 정보, 기밀	• an intelligence agent ⏐ 정보원 • assess the intelligence ⏐ 지능을 평가하다
명 하녀, 가정부	• a robot maid ⏐ 로봇 하녀 • hire a maid ⏐ 하녀를 고용하다
명 교통 혼잡[정체]	• expect traffic congestion ⏐ 교통 혼잡을 예상하다 • a traffic congestion occurs ⏐ 교통 혼잡이 발생하다
명 혼잡, 정체, (충혈·울혈·점액에 의한) 막힘	• a traffic congestion ⏐ 교통 혼잡 • a nasal congestion ⏐ 코막힘
명 공급, 제공	• a housing provision ⏐ 주택 지원 • make a provision ⏐ 사전대비를 하다
명 기관, 시설, 제도	• an educational institution ⏐ 교육 기관 • the venerable institution ⏐ 신망 있는 기관
명 제안, 제의	• make a proposal ⏐ 청혼하다, 제안하다 • a business proposal ⏐ 사업 계획서
명 결점, 문제점	• the major drawback ⏐ 주된 문제점 • the only drawback ⏐ 유일한 결점

0505 merchandise
머어「췬다이ㅈ

1 품질이 보증된 merchandise.
2 유리장 안에 진열된 merchandise.

0506 constraint
컨스트뤠인ㅌ

1 지나친 규제는 발전의 constraint 가 된다.
2 시간 constraint 가 있어서 다 할 수는 없다.

0507 assembly[1]
어쎔블리

1 자동차 생산공장의 assembly 라인.
2 간단한 assembly 작업으로 가구를 만들 수 있다.

0508 assembly[2]
어쎔블리

1 대중의 assembly 에서 연설했다.
2 광장에서 자유로운 시민 assembly 가 열렸다.

0509 census
쎈써ㅆ

1 Census 를 하듯 이것저것 캐물었다.
2 Census 는 그 나라의 성장 수치를 보여준다.

0510 investigation
인베ᵛㅅ터게이쉬언

1 확실한 증거로 investigation 에 큰 진전이 있다.
2 연쇄 살인범에 대한 investigation 이 진행되고 있습니다.

0511 treaty
트뤼이티

1 을사늑약은 조선에 불리한 불공정 treaty 였다.
2 양국이 평화 친선 treaty 를 맺었다.

0512 framework
ㅍ「뤠임워어「ㅋ

1 이 다리는 철골 framework 로 되어 있다.
2 새로 짓는 건물의 framework 가 세워졌다.

0513 clause
클러어ㅈ

1 구를 확대하여 clause 로 만든다.
2 계약서에서 이 clause 는 삭제될 것이다.

0514 dignity
디그너티

1 그는 dignity 가 없는 무력한 왕이었다.
2 과거와 비교하면 교사의 dignity 는 땅에 떨어졌다.

0515 expiration
엑스퍼뤠이쉬언

1 이 아파트의 expiration 날짜가 다가오고 있다.
2 유통의 expiration 기한이 지난 우유를 마셔서 배가 아팠다.

0516 runway
뤈웨이

1 비행기가 runway 에 착륙했다.
2 비행기가 이륙을 위해 runway 를 달리고 있다.

0517 starvation
스타아「베ᵛ이쉬언

1 매년 많은 이들이 starvation 으로 죽는다.
2 Starvation 으로 고통받는 아프리카의 아이들.

0518 immigrant
이미그뤈ㅌ

1 그는 프랑스에서 온 immigrant 이다.
2 그는 불법 immigrant 여서 일자리를 구하기 힘들었다.

뎽 상품, 제품	• a discount on merchandise ┃ 상품 할인 • a general merchandise ┃ 잡화
뎽 제약, 제한	• without constraints ┃ 제약 없이 • constraints of time ┃ 시간적 제약
뎽 조립	• an assembly plant ┃ 조립 공장 • an assembly furniture ┃ 조립식 가구
뎽 의회, 집회, 조례	• the California Assembly ┃ 캘리포니아 의회 • the state assembly ┃ 주 의회
뎽 인구조사	• a census of population ┃ 인구 조사 • take a census ┃ 호구조사를 하다
뎽 수사, 조사	• conduct an investigation ┃ 조사하다 • continue the investigation ┃ 조사를 계속하다
뎽 조약	• sign a treaty ┃ 조약을 맺다 • a nuclear test ban treaty ┃ 핵실험 금지 조약
뎽 구조, 뼈대[골조], 틀	• a legal framework ┃ 법률 체계 • a framework of society ┃ 사회 구조
뎽 (문법에서) 절, (법의) 조항	• a clause of a contract ┃ 계약서 조항 • the first clause ┃ 첫 번째 조항
뎽 위엄[품위], 존엄성, 자존감	• die with dignity ┃ 존엄하게 죽다 • the dignity of work ┃ 노동의 존엄성
뎽 만료, 종료	• the expiration date ┃ 만료일 • the expiration of the contract ┃ 계약 만기
뎽 활주로	• land on the runway ┃ 활주로에 착륙하다 • a runway for a fashion show ┃ 패션쇼의 런웨이
뎽 기아[굶주림]	• die of starvation ┃ 기아로 죽다 • suffer from starvation ┃ 기아에 허덕이다
뎽 이민자[이주민]	• an immigrant visa ┃ 이민 비자 • an immigrant from Mexico ┃ 멕시코 출신의 이민자

0519 **communism**
카아뮤니즘
1 자본주의와 communism 의 차이.
2 Communism 은 실패한 체제이다.

0520 **consumerism**
컨쑤우머뤼즘
1 한국의 consumerism 은 별로 바람직하지 않다.
2 자본주의는 좋지 않은 consumerism 을 조장한다.

0521 **nonviolence**
넌바^{v}이얼런ㅆ
1 Nonviolence 를 구호로 내건 시위대.
2 영국에 맞서 nonviolence 를 외친 간디.

0522 **racism**
뤠이쓰이즘
1 노예해방으로 불거진 racism.
2 Racism 에 반대했던 마틴 루터 킹 목사.

0523 **injection**
인줵쉬언
1 독감 예방 injection 을 맞다.
2 간호사가 내 팔뚝에 injection 을 놓았다.

0524 **compliance**
컴플라이언ㅆ
1 규정 compliance 의무와 위반 시 처벌 내용.
2 법률의 compliance 는 민주시민의 기본 덕목.

0525 **neutrality**
뉴우ㅌ뤠앨러티
1 한쪽으로 치우치지 않은 neutrality.
2 그 나라는 전쟁 중에 neutrality 를 유지했다.

0526 **chivalry**
쉬버^{v}뤼
1 돈키호테의 엉뚱한 chivalry 정신.
2 여자들은 대체로 신사적인 chivalry 를 가진 남자에게 끌린다.

0527 **precision**
프뤼쓰이줜
1 타깃을 맞추는 precision 이 높은 무기.
2 높은 precision 을 자랑하는 NASA의 발사 장치.

0528 **vapor**
베^{v}이퍼^{r}
1 Vapor 는 식으면 물로 액화된다.
2 Vapor 가 응축되어 구름을 형성한다.

0529 **fingerprint**
핑^{f}거^{r}프륀ㅌ
1 스마트폰 fingerprint 인식.
2 범인이 현장에 fingerprint 를 남겼다.

0530 **terrain**
터뤠인
1 등고선을 보면 terrain 을 파악하기 쉽다.
2 Terrain 의 경사가 심해 건물을 짓기 힘들다.

0531 **holder**
호울더^{r}
1 마라톤 세계 기록 holder.
2 이 여권의 holder 가 누구입니까?

0532 **priest**
프뤼이ㅅㅌ
1 인생을 바쳐 종교에 전념한 priest.
2 그는 작년에 가톨릭 priest 로 임명되었다.

명 공산주의	• the anti-communism ┃ 반공산주의 • the collapse of communism ┃ 공산주의의 붕괴
명 소비문화, 소비주의	• a compulsive consumerism ┃ 충동적 소비문화 • a green consumerism ┃ 환경 중시 소비자 운동
명 비폭력(주의)	• call for nonviolence ┃ 비폭력을 요구하다 • a nonviolence movement ┃ 비폭력운동
명 인종차별주의	• fight the racism ┃ 인종차별주의에 대항해 싸우다 • a victim of racism ┃ 인종 차별의 피해자
명 주사, 주입	• get an injection ┃ 주사를 맞다 • give an injection ┃ 주사를 놓다
명 (법규 등의) 준수	• compliance with the law ┃ 법률에 따름 • non-compliance ┃ (규정 등의) 불이행
명 중립	• a political neutrality ┃ 정치적 중립 • maintain neutrality ┃ 중립을 지키다
명 기사도, 정중함	• full of chivalry ┃ 의협심이 가득한 • the spirit of chivalry ┃ 기사도 정신
명 정확성, 정밀도, 신중함	• work with the precision ┃ 신중하게 일하다 • the mathematical precision ┃ 수확적인 정확성
명 증기, 수증기	• water vapor ┃ 수증기 • emit vapor ┃ 증기를 내뿜다
명 지문	• dust for fingerprints ┃ 지문 채취를 위한 가루 • leave a fingerprint ┃ 지문을 남기다
명 지형, 지역	• a rough terrain ┃ 험한 지형 • an inhospitable terrain ┃ 사람이 살기 어려운 지대
명 보유자, 소지자	• an Olympic record holder ┃ 올림픽 기록 보유자 • the credit card holder ┃ 신용카드 소지자
명 사제, 성직자	• become a priest ┃ 사제가 되다 • confess sins to a priest ┃ 죄를 성직자에게 고백하다

0533 diagnosis
다이어그노우쓰이ㅅ

¹ 기계 고장의 자동 diagnosis 시스템.
² 의사의 diagnosis 결과는 충격적이었다.

0534 sludge
슬러쥐

¹ 홍수가 지나간 뒤 집안은 sludge 투성이였다.
² 물탱크 바닥에 sludge 같은 침전물이 쌓여 있었다.

0535 chaos
케이아ㅆ

¹ 폭설로 도로가 chaos 에 빠졌다.
² 파티가 끝난 후 집안은 chaos 였다.

0536 inquiry
인쿠어뤼

¹ 방문하셔도 좋고 전화 inquiry 도 환영입니다.
² 모든 inquiry 사항은 최대한 신속하게 처리됩니다.

0537 porter
포어「터「

¹ 내 가방을 들어 준 porter 에게 팁을 주었다.
² 짐이 많을 경우 porter 서비스를 이용할 수 있습니다.

0538 minority
마이노뤄티

¹ Minority 의 권리도 보장해야 한다.
² 한국에서 혼혈 인구는 아직 minority 이다.

0539 discrimination
디스크뤼머네이쉬언

¹ 인종 discrimination 은 근절되어야 한다.
² 직장 내 남녀 discrimination 은 여전히 존재한다.

0540 majority
머죠우뤄티

¹ Majority 의 의견에 따르기로 했다.
² Majority 의 지지를 받아 당선되었다.

0541 shade
쉬에이드

¹ 은은한 shade 의 붉은색.
² 여러 가지 shade 의 의미가 있는 단어.

0542 delusion
딜루우젼

¹ Delusion 에 빠져 사는 정신질환자들.
² 설마 내가 널 좋아한다는 delusion 에 빠진 건 아니겠지?

0543 tribute
트뤼뷰우ㅌ

¹ 전설적인 그 음악가를 위한 tribute 음반이 발매되었다.
² 전사한 군인들에게 tribute 를 바친다.

0544 participation
파아「티써페이쉬언

¹ 여러분의 적극적인 participation 에 감사드립니다.
² 이 설문 조사는 고객들의 participation 이 가장 중요하다.

0545 establishment
이스태애블리쉬먼ㅌ

¹ 신설 대학의 establishment 를 발표하다.
² 새로운 공공 도서관의 establishment 를 축하하다.

0546 fluency
플「루우언쓰이

¹ 아직 신입사원이라 일의 fluency 가 부족하다.
² 미국에 일 년밖에 안 살았는데 영어 fluency 가 놀랍다.

명 진단	• make a diagnosis ㅣ 진단하다 • a diagnosis of lung cancer ㅣ 폐암 진단
명 진흙[진창], 쓰레기[폐기물]	• the news on sewage sludge ㅣ 하수 침전물에 관한 소식 • covered in sludge ㅣ 진흙투성이인
명 혼돈, 무질서	• a political chaos ㅣ 정치적 혼란 • cause a chaos ㅣ 혼란을 초래하다
명 문의, 질의	• an inquiry office ㅣ 안내소 • an internal inquiry ㅣ 내부 조사
명 (호텔 · 공항 등의) 짐꾼	• a hall porter ㅣ 호텔 짐꾼 • tip the porter ㅣ 짐꾼에게 팁을 주다
명 소수(집단)	• the social minority ㅣ 사회 소수자 • a minority group ㅣ 소수파
명 차별	• racial discrimination ㅣ 인종차별 • sexual discrimination ㅣ 성차별
명 대다수[대부분], 득표 차이	• the majority of the people ㅣ 대다수 사람 • by a huge majority ㅣ 많은 표 차로
명 색조, 음영, 미묘한 차이, 　그늘, 가리개	• rich shade of blue ㅣ 풍부한 색조의 파란색 • shade of lipstick ㅣ 립스틱의 색조
명 망상, 착각	• live in delusion ㅣ 망상에 빠져 살다 • snap out of the delusion ㅣ 망상에서 빠져나오다
명 감사[찬사], (특히 죽은 사람에게 　바치는) 헌사[찬사]	• pay a tribute to him ㅣ 그에게 경의를 표하다 • tribute to her life ㅣ 그녀의 삶에 대한 찬사
명 참여, 참가	• a willing participation ㅣ 자발적인 참여 • withdraw the participation ㅣ 참여를 철회하다
명 기관[시설], 설립, 창설	• a public establishment ㅣ 공공건물 • an educational establishment ㅣ 교육 기관
명 능숙도, 유창성	• lack of fluency ㅣ 미숙한 • gain fluency ㅣ 유창하게 되다

0547 **bowel**
바우얼
1 유산균 섭취는 bowel 건강에 좋다.
2 Bowel 이 안 좋아서 변비로 고생했다.

0548 **school reunion**
스쿠울 뤼유우니언
1 졸업한 지 꽤 됐지만, 아직도 school reunion 에 나가.
2 오랜만의 school reunion 이라 동창들을 알아보기 힘들었다.

0549 **obligation**
어어블러게이쉬언
1 국민은 납세의 obligation 을 진다.
2 부모들은 자녀를 양육할 obligation 이 있다.

0550 **marking**
마아ʳ킹
1 반달곰에게는 특이한 marking 이 있습니다.
2 비싼 차는 marking 만 보고 알아볼 수 있습니다.

0551 **booklet**
부클리ㅌ
1 관광 안내 booklet 를 들고 여행했다.
2 자세한 사용법은 안내 booklet 를 참조하세요.

0552 **colonist**
카알러니ㅅㅌ
1 영국의 지배를 받던 미국에 정착한 colonist.
2 남아메리카에서 도착한 스페인의 colonist 들.

0553 **reference**
뤠퍼ᶠ뤈ㅆ
1 그 책은 reference 목록에 없었다.
2 Reference 를 써 줄 학생들의 이름들을 적어놨다.

0554 **ceiling**
씨일링
1 Ceiling 에 샹들리에가 달린 레스토랑.
2 Ceiling 의 높이가 높으면 공간이 넓어 보인다.

0555 **applicant**
애플리컨ㅌ
1 Applicant 수가 많아 경쟁률이 높다.
2 Applicant 는 이력서를 먼저 제출하세요.

0556 **oneness**
원니ㅆ
1 같은 민족의 oneness 를 일깨워준 사건.
2 숲속에 누워 자연과의 oneness 를 느꼈다.

0557 **stopover**
스타아포우버ᵛ,ʳ
1 발리로 가는 길에 이틀간의 싱가포르 stopover 가 있었다.
2 이 비행 편에는 이틀간의 방콕 stopover 가 포함되어 있다.

0558 **facilitation**
퍼ᶠ씰리테이쉬언
1 실행 과정의 facilitation 은 물론 비용도 절감된다.
2 지원 절차의 facilitation 으로 인해 지원자가 늘었다.

0559 **remembrance**
뤼멤버뤈ㅆ
1 고인을 기리는 remembrance 의식.
2 희생 장병들을 위한 remembrance 행사.

0560 **recommendation**
뤠커먼데이쉬언
1 의사의 recommendation 에 따라 약을 먹었다.
2 친구의 recommendation 으로 이 호텔을 선택했어요.

명 장, 창자	• a bowel movement ┃ 배변 • remove parts of her bowel ┃ 창자의 일부를 떼어내다
명 동창회	• attend the school reunion ┃ 동창회에 참석하다 • a high school reunion ┃ 고등학교 동창회
명 의무, 채무	• legal obligations ┃ 법적 의무 • have an obligation ┃ 의무를 지고 있다
명 무늬, 표시, 채점	• a test marking ┃ 시험 채점 • a road marking ┃ 도로 표시
명 소책자	• a booklet about this place ┃ 이 지역에 대한 책자 • issue a booklet ┃ 소책자를 발간하다
명 식민지 주민, 개척자	• an American colonist ┃ 미국의 식민지 주민 • invaded by the colonists ┃ 개척자에게 침략당한
명 참고, 추천서	• a reference material ┃ 참고 자료 • make a reference ┃ 언급하다
명 천장	• a high ceiling ┃ 높은 천장 • stare at the ceiling ┃ 천장을 올려보다
명 지원자, 신청자	• a job applicant ┃ 구직자 • a qualified applicant ┃ 자격이 있는 신청자
명 단일성, 일체감	• a sense of oneness ┃ 일체감 • the oneness of marriage ┃ 결혼의 일체감
명 도중하차, 단기 체류	• a two-day stopover ┃ 이틀간의 단기 체류 • make a stopover ┃ 도중 하차하다
명 간편화[쉽게 함], 촉진	• change for trade facilitation ┃ 무역 절차 간소화를 위한 변화 • a business facilitation ┃ 사업 촉진
명 추모, 추도	• the remembrance of the past ┃ 과거의 추억 • the remembrance of fallen soldiers ┃ 전사한 장병들을 위한 추모
명 권고, 추천	• a letter of recommendation ┃ 추천장 • reject the recommendation ┃ 권고를 거부하다

| 0561 | **adolescence**
애덜레쓴ㅆ | 1 질풍노도의 adolescence.
2 Adolescence 의 신체 변화. |

| 0562 | **debut**
데이뷰우 | 1 Debut 하자마자 유명해진 배우.
2 프로 debut 경기에서 활약한 선수. |

| 0563 | **advent**
애드벤ᵛㅌ | 1 인터넷의 advent 로 세계는 훨씬 가까워졌다.
2 신기술의 advent 로 제작 기간이 단축되었다. |

| 0564 | **impulse**
임펄ㅆ | 1 Impulse 구매를 후회하다.
2 울고 싶은 impulse 를 꾹 참았다. |

| 0565 | **reptile**
뤱타이일 | 1 Reptile 과 조류는 냉혈동물이다.
2 뱀이나 악어는 reptile 로 분류된다. |

| 0566 | **insecticide**
인쎅터싸이ㄷ | 1 분무기로 화분에 insecticide 를 뿌렸다.
2 해충을 잡기 위해 insecticide 를 뿌렸다. |

| 0567 | **intake**
인테이ㅋ | 1 단백질의 intake 를 권장합니다.
2 일일 나트륨 intake 를 줄여야 합니다. |

| 0568 | **statesman**
스테이츠먼 | 1 국민을 먼저 생각하는 statesman.
2 대통령 선거에 출마하려는 statesman. |

| 0569 | **shepherd**
쉬에퍼ᶠ어ʳㄷ | 1 양 떼를 모는 shepherd.
2 Shepherd 소년과 늑대 이야기. |

| 0570 | **medication**
메디케이쉬언 | 1 현재 복용하시는 medication 이 있나요?
2 처방전이 있어야 살 수 있는 medication. |

| 0571 | **workshop**[1]
워어ʳ크샤아ㅍ | 1 신입사원 훈련 workshop 일정표.
2 이번 workshop 몇 명이나 등록했어요? |

| 0572 | **workshop**[2]
워어ʳ크샤아ㅍ | 1 제품 생산설비가 있는 workshop.
2 공구들이 많으니까 여길 workshop 로 쓰죠. |

| 0573 | **occurrence**
어커어뤈ㅆ | 1 전염병의 occurrence 로 전국에 비상이 걸렸다.
2 사이버 범죄의 occurrence 가 해마다 증가하고 있다. |

| 0574 | **tar**
타아ʳ | 1 담배의 tar 는 발암물질 중 하나다.
2 Tar 함량이 낮은 담배라도 안 좋은 건 마찬가지야. |

명 청소년기, 사춘기	• reach adolescence ı 청소년기에 접어들다 • a rebellious adolescence ı 반항적인 청소년기
명 첫 출연, 첫 출전	• make the TV debut ı TV에 첫 출연을 하다 • a debut of an idol band ı 아이돌 그룹의 데뷔
명 도래, 출현	• an advent of Winter ı 겨울의 도래 • the advent of the new phone ı 새 전화기의 출현
명 충동	• an impulse buying ı 충동구매 • decide on impulse ı 즉흥적으로 결정하다
명 파충류	• classify as a reptile ı 파충류로 분류하다 • reptile leather ı 파충류 가죽
명 살충제	• spray the insecticide ı 살충제를 뿌리다 • an insecticide sprayer ı 살충제 분무기
명 섭취, 섭취량	• the daily food intake ı 일일 음식 섭취량 • fluid intake ı 물[음료] 섭취량
명 정치인, 정치가	• become a great statesman ı 위대한 정치가가 되다 • a respected statesman ı 존경받는 정치인
명 양치기	• a shepherd dog ı 양치기 개 • the good shepherd ı 선한 목자
명 약, 약물치료	• take medication ı 약을 먹다 • on heavy medication ı 많은 약을 복용 중인
명 연수회[워크숍]	• prepare a training workshop ı 훈련 연수회를 준비하다 • hold a workshop ı 워크숍을 열다
명 공장, 작업장	• a workshop for production ı 제조 공장 • a well-equipped workshop ı 장비가 잘 갖춰진 작업장
명 발생, 나타남	• a rare occurrence ı 드문 발생 • the occurrence of cyber crime ı 사이버 범죄의 발생
명 타르	• tar damages the lungs ı 타르는 폐에 손상을 입힌다 • low tar cigarettes ı 저타르 담배

0575 railing
뤠일링
¹ 자전거를 공원 railing 에 사슬로 묶어 두었다.
² 전망대에는 철로 된 railing 이 둘러쳐져 있다.

0576 ostrich
어어스트뤼취
¹ 날지는 못하지만 달리기가 빠른 ostrich.
² Ostrich 알은 달걀보다 엄청나게 크고 단단해.

0577 predator
프뤠더터ˮ
¹ Predator 와 먹이의 복잡한 사슬 관계.
² 국내 산업을 외국의 predator 로부터 보호.

0578 convertible¹
컨버ˮ어ˮ터블
¹ 지붕이 접히는 convertible 들은 대개 비싸다.
² 날씨가 좋으니 convertible 로 드라이브할 거다!

0579 cholesterol
컬레스터뤌
¹ Cholesterol 수치를 낮춰주는 음식들.
² 대부분의 cholesterol 은 간에서 생성된다.

0580 corridor
코어뤼도어ˮ
¹ 내 방은 corridor 끝에 있어.
² 학생들이 쉬는 시간에 corridor 에서 수다를 떤다.

0581 notification
노우터피ˮ케이쉬언
¹ 내일의 숙제에 대해 notification 장에 적었다.
² 집주인에게서 집세를 올리겠다는 notification 을 받았다.

0582 vent¹
벤ˮ트
¹ Vent 를 열어 습한 공기를 내보내자.
² 주방의 냄새와 연기가 vent 를 통해 빠져나간다.

0583 retirement
뤼타이어ˮ먼트
¹ Retirement 후에는 연금으로 생계를 유지할 것이다.
² Retirement 후에는 시골에 내려가 조용히 살고 싶다.

0584 dialect
다이얼렉트
¹ 구수한 충청도 dialect.
² 제주도의 dialect 는 이해하기 힘들 만큼 독특하다.

0585 investment
인베ˮ스트먼트
¹ 좋은 수익을 올리는 investment 기회.
² 손해 보는 investment 는 하지 않는다.

0586 poll
포울
¹ 민의를 알기 위해 poll 을 시행했다.
² 그가 압승할 것이라는 poll 결과가 나왔다.

0587 trait
트뤠이트
¹ 그 사람과 나는 trait 이 너무 안 맞아서 헤어졌어.
² 낙천적인 trait 를 가진 사람.

0588 heredity
허뤠더티
¹ DNA는 heredity 의 기본 물질이다.
² 대머리는 대개 heredity 에 의해 결정된다.

명 철책, 울타리	• lean over a railing ｜ 난간에 기대다 • a bridge railing ｜ 다리의 난간
명 타조	• ostrich feathers ｜ 타조 깃털 • act like an ostrich ｜ (타조처럼) 어리석게 행동하다
명 포식자, 약탈자	• a fierce predator ｜ 맹렬한 포식자 • escaped from predator ｜ 포식자에게서 도망친
명 오픈카[컨버터블]	• a convertible car ｜ 오픈카 • drive a convertible ｜ 오픈카를 운전하다
명 콜레스테롤	• the cholesterol level ｜ 콜레스테롤 수치 • low in cholesterol ｜ 콜레스테롤이 적은
명 복도, 통로	• along the corridor ｜ 복도를 따라 • a long corridor ｜ 긴 복도
명 알림, 통고[통지]	• a prior notification ｜ 사전 통보 • send out the notification ｜ 통지를 보내다
명 환기구, 통풍	• escape through air vents ｜ 환기구를 통해 달아나다 • the heating vents ｜ 난방용 송풍구
명 은퇴, 퇴직	• an early retirement ｜ 조기 퇴직 • a retirement package ｜ 퇴직 수당
명 방언, 사투리	• speak in dialect ｜ 사투리로 말하다 • a funny dialect ｜ 재미있는 사투리
명 투자	• a bad investment ｜ 손해나는 투자 • an investment bank ｜ 투자 은행
명 여론 조사, 투표	• take a poll ｜ 여론 조사를 하다 • an opinion poll ｜ 여론 조사
명 (성격상의) 특성	• a genetic trait ｜ 유전적 특징 • noticeable traits ｜ 주목할만한 특징
명 유전, 유전적 특징	• handed down by heredity ｜ 유전적으로 전해지는 • an ancestral heredity ｜ 선조의 유전

0589 privilege
프뤼벌ᵛ리쥐

¹ 선택할 수 있는 privilege 가 주어졌다.
² 이렇게 만나 뵙게 돼서 privilege 입니다.

0590 wreckage
뤠키쥐

¹ Wreckage 에서 시체가 발견되었다.
² 불타는 wreckage 속에서 누군가 기어 나왔다.

0591 publication
퍼블러케이쉬언

¹ 과학 publication 을 정기 구독하세요.
² 자신의 첫 소설 publication 에 기뻤다.

0592 slate
슬레이ㅌ

¹ 지붕에서 헐거운 slate 한 장이 떨어졌다.
² Slate 끼리 겹쳐서 잇는 방식으로 지붕을 덮었다.

0593 bias
바이어ㅆ

¹ 인종적 bias 의 장벽을 없애야 한다.
² 교사는 학생들에게 어떠한 bias 도 드러내지 않아야 한다.

0594 assessment
어쎄쓰먼ㅌ

¹ 노후 건축물의 안전성능 assessment.
² 학습 상태의 assessment 를 위해 시험을 본다.

0595 abolition
애벌리쉬언

¹ 부당한 법의 abolition 은 언제 될까?
² 구식 제도의 abolition 을 지지합니다.

0596 ruin¹
루우인

¹ 중세시대의 ruin 에 방문했다.
² 이 ruin 에는 오랫동안 사람이 전혀 살지 않았다.

0597 prisoner
프뤼즈너ʳ

¹ Prisoner 가 감옥을 탈출했다.
² 반역을 일으킨 병사들의 prisoner 가 됐다.

0598 exposure
익스포우줘ʳ

¹ 보관 시 직사광선에 exposure 금지.
² 햇볕에의 과도한 exposure 는 피부 노화를 불러온다.

0599 tempest
템피ㅅㅌ

¹ 천둥과 번개를 동반한 tempest.
² Tempest 가 농작물을 다 망쳐 놓았다.

0600 delegation
델러게이쉬언

¹ 분쟁지역으로 파견된 평화 delegation.
² 뉴욕에서 열리는 유엔 회담에 delegation 을 파견했다.

0601 declaration
데클러뤠이쉬언

¹ 미국의 독립 declaration.
² UN의 세계 인권 declaration.

0602 leopard
을레퍼ʳㄷ

¹ 예전에는 우리나라에도 leopard 가 살았다.
² 치타와 달리 leopard 에게는 매화꽃 무늬가 있다.

명 특전, 특혜	• grant a **privilege** ‖ 특권을 주다 • have a **privilege** ‖ 특권을 가지다
명 잔해, 파편	• find bodies in the **wreckage** ‖ 잔해 속에서 시체들을 찾다 • pull survivors from the **wreckage** ‖ 잔해 속에서 생존자들을 끌어내다
명 출판[발행], 출판물	• a weekly **publication** ‖ 주간 간행물 • begin **publication** ‖ 창간하다
명 슬레이트, 점판암, 석판	• **slate** floor tiles ‖ 석판 바닥 타일 • a clean **slate** ‖ 깨끗한 석판 …→ 새로운 시작
명 편견, 편향	• a political **bias** ‖ 정치적 편향 • treat without **bias** ‖ 편견 없이 대하다
명 평가	• self-**assessment** ‖ 자기 평가 • regular **assessment** ‖ 정기적 평가
명 폐지	• the **abolition** of slavery ‖ 노예제도 폐지 • the **abolition** of caning ‖ 체벌 폐지
명 유적, 폐허	• excavate **ruins** ‖ 유적을 발굴하다 • left as a **ruin** ‖ 폐허로 남겨진
명 죄수, 포로	• the escaped **prisoners** ‖ 탈옥한 죄수들 • the **prisoners** on death row ‖ 사형수
명 노출, 폭로	• the **exposure** of private life ‖ 사생활 노출 • an **exposure** to sun ‖ 햇볕에 노출
명 폭풍	• a heavy **tempest** ‖ 심한 폭풍 • a calm before the **tempest** ‖ 폭풍 전 고요
명 사절단, 대표단	• dispatch the **delegation** ‖ 대표단을 파견하다 • the national **delegation** ‖ 국가 대표단
명 선언(서), 공표(문)	• the **declaration** of independence ‖ 미국 독립 선언서 • a **declaration** of war ‖ 선전포고
명 표범	• **leopard** patterns ‖ 표범 무늬 • the **leopard** cat ‖ 삵 (=살쾡이)

0603 repetition
뤠퍼티쉬언

¹ 똑같은 일상의 repetition 이 지루하다.
² 글을 쓸 때는 같은 단어의 repetition 을 피하는 것이 좋다.

0604 satire
쌔애타이어「

¹ 날카로운 사회 satire 를 표현한 그림.
² 정치인들은 자주 satire 의 대상이 된다.

0605 refuge
뤠퓨「우쥐

¹ 전쟁을 피해 refuge 를 찾다.
² 종교를 refuge 로 삼는 사람들.

0606 conference
카안퍼「륀ㅆ

¹ 비즈니스 conference 에 참여한 CEO.
² 해외 거래처와 전화 conference 를 하다.

0607 requirement
뤼쿠아이어「먼ㅌ

¹ 행사 참가에 특정 연령 requirement 는 없습니다.
² 현장 출입 시 안전모 착용은 엄격한 requirement 입니다.

0608 zillion
질리언

¹ 너한테 zillion 번이나 전화했어.
² 결승전 경기를 보러 zillion 의 관객들이 들어찼다.

0609 barrel
배애뤌

¹ Barrel 당 유가가 떨어졌다.
² 와인을 barrel 에 넣어 숙성한다.

0610 associate
어쏘우쓰이에이ㅌ

¹ 회사 associate 와의 미팅.
² 같이 일하는 associate 와 괜히 사적인 감정으로 얽히지 마.

0611 commentary
카아먼테뤼

¹ 빈부격차를 설명하는 논설위원의 commentary.
² 뛰어난 입담으로 축구경기의 commentary 를 맡았다.

0612 decomposition
디이컴퍼지쉬언

¹ 폐기물 decomposition 과정에서 메탄가스가 생성된다.
² 시신 발견 당시 이미 decomposition 이 진행되고 있었다.

0613 steering wheel
스티어륑 위일

¹ 눈 좀 붙이는 동안 네가 steering wheel 을 잡아.
² 사슴이 튀어나와서 steering wheel 을 급하게 꺾었어.

0614 procession
프뤄쎄쉬언

¹ 환영 행사로 등불 procession 을 개최했다.
² 왕의 procession 을 보기 위해 모여든 사람들.

0615 wrongdoing
뤄엉두잉

¹ Wrongdoing 을 시인하지 않은 회사.
² 과거의 wrongdoing 이 드러난 정치인.

0616 pedestrian
페데스트뤼언

¹ 차량이 많아 pedestrian 에게는 위험한 거리.
² 차도를 이탈한 차가 pedestrian 한 명을 치었다.

명 반복, 되풀이	• learn by repetition ∣ 반복을 통해 배우다 • the dull repetition ∣ 지루한 되풀이
명 풍자	• a social satire ∣ 사회 풍자 • a satire on politics ∣ 정치적 풍자
명 도피처, 도피, 피난	• seek refuge ∣ 피난하다 • a place of refuge ∣ 피신[도피] 장소
명 회의, 학회	• a conference room ∣ 회의실 • a press conference ∣ 기자 회견
명 요건, 필요조건, 필요한 것	• meet all requirements ∣ 모든 필요조건에 맞다 • the basic requirement ∣ 기본 요건
명 무수한[막대한] 수	• a zillion times ∣ 수도 없이 • a zillion mosquitoes ∣ 무수한 모기
명 배럴, (가운데가 불룩한) 통	• a wine barrel ∣ 포도주 통 • have a barrel of fun ∣ 한 통의 즐거움을 갖다 ⋯▸ 굉장히 재미있다
명 동료, 조합원 동 어울리다, 연상하다	• a business associate ∣ 사업 동료 • an associate company ∣ 제휴 회사
명 논평, 해설	• an English commentary ∣ 영어 해설 • the commentary on soccer match ∣ 축구 경기 해설
명 부패, 분해, 해체	• the decomposition of the body ∣ 시체의 부패 • the decomposition of the waste ∣ 쓰레기의 분해
명 (자동차의) 핸들	• sit behind the steering wheel ∣ 운전[조종]하다, 이끌다 • turn the steering wheel ∣ 핸들을 꺾다
명 행진, 행렬	• a procession of a band ∣ 악단의 행렬 • a funeral procession ∣ 장례 행렬
명 범법[부정] 행위	• reveal the wrongdoing ∣ 부정행위를 드러내다 • deny any wrongdoing ∣ 범법행위를 부정하다
명 보행자	• pedestrian accidents ∣ 보행자 사고 • an innocent pedestrian ∣ 무고한 보행자

0617 nostalgia
너어스타알쥐아

1 행복했던 학창시절에 대한 nostalgia.
2 고향에 대한 nostalgia 를 간직하고 있다.

0618 acceptance
애액쎕턴ㅆ

1 노벨평화상 acceptance 연설.
2 신규회원의 acceptance 조건은 까다롭다.

0619 falsehood
퍼ㄹ얼쓰후ㄷ

1 Falsehood 를 말하지 않는 정직한 사람.
2 그 주장이 참인지 falsehood 인지 확인해라.

0620 constitution
카안스터튜우쉬언

1 제헌절은 constitution 을 제정한 날이다.
2 Constitution 은 다른 모든 법률에 우선한다.

0621 commitment
커미ㅌ먼ㅌ

1 양질의 서비스를 제공하겠다는 commitment.
2 일자리 창출에 앞장서겠다는 정부의 commitment.

0622 peril
페뤌

1 Peril 을 감수해야 영광을 얻는다.
2 Peril 을 무릅쓰고 사업을 시작했다.

0623 phenomenon /
phenomena (복수)
피ㄹ나아머넌/피ㄹ나머나

1 초자연적인 phenomenon.
2 무지개는 자연적인 phenomenon 이다.

0624 ancestry
애앤쎄스트뤼

1 명문 ancestry 출신끼리의 정략결혼.
2 한국 ancestry 를 가진 미국인.

0625 gorge
고어ㄹ쥐

1 산과 gorge 를 넘는 험난한 여정.
2 이 gorge 를 지나야 마을이 있어.

0626 institute
인스티튜우ㅌ

1 이 institute 에서는 분기별 보고서를 발표한다.
2 과학 기술 institute 에서 연구원으로 일합니다.

0627 punishment
퍼니쉬먼ㅌ

1 규칙을 위반하는 자에게는 punishment 가 내려진다.
2 사형이 타당한 punishment 인지에 대한 논의는 여전하다.

0628 courtesy
커어ㄹ터쓰이

1 친한 사이에도 courtesy 가 필요해요.
2 권리를 주장할 때는 courtesy 를 지켜라.

0629 goodwill
구ㄷ월

1 평화와 goodwill 조약을 맺은 두 나라.
2 내가 그 사람을 도와준 것은 순전히 내 goodwill 이야.

0630 twilight
트와일라이ㅌ

1 인생의 twilight 에 접어들었다.
2 Twilight 에 해변으로 산책하러 나갔다.

명 향수	• a sense of nostalgia ┃ 향수의 감정 • bring out the nostalgia ┃ 향수를 불러 일으키다
명 수락, 승인, 가입 허가	• an acceptance speech ┃ 수락 연설 • ask for acceptance ┃ 승인을 요청하다
명 거짓, 허위	• test for the falsehood ┃ 거짓인지 확인하다 • tell a falsehood ┃ 거짓을 말하다
명 헌법	• amend the constitution ┃ 헌법을 개정하다 • reform a constitution ┃ 헌법을 개정하다
명 약속, 헌신	• the commitment to a religion ┃ 종교에 헌신 • make a commitment ┃ 헌신하다
명 위험(성)	• in grave peril ┃ 중대한 위험에 처한 • the peril of drug abuse ┃ 약물 남용의 위험성
명 현상	• a strange phenomenon ┃ 이상한 현상 • a social phenomenon ┃ 사회 현상
명 가계, 혈통	• the Korean ancestry ┃ 한국 혈통 • learn about the ancestry ┃ 가계에 대해 배우다
명 계곡, 골짜기, 협곡, 먹은 것	• a deep gorge ┃ 깊은 협곡 • cast up the gorge ┃ 먹은 것을 게워내다
명 기관, 협회	• an educational institute ┃ 교육 기관 • an institute for military practice ┃ 군사 훈련을 위한 기관
명 처벌, 형벌	• a harsh punishment ┃ 가혹한 처벌 • avoid punishment ┃ 처벌을 면하다
명 정중함, 호의	• show courtesy ┃ 예의를 갖추다 • treat with the courtesy ┃ 공손히 대하다
명 친선, 호의	• show our goodwill ┃ 우리의 호의를 보여주다 • a spirit of goodwill ┃ 호의 정신
명 황혼[땅거미], 황혼기	• the twilight years ┃ 인생의 황혼기 • the twilight of my life ┃ 내 인생의 황혼기

0631 impressionist
임프뤠쉬어니ㅅㅌ

¹ Impressionist 였던 르누아르의 작품.
² 고흐, 모네, 고갱 등의 impressionist 들.

0632 wreath
뤼이ㄸth

¹ 현충탑에 wreath 를 얹는 방문객들.
² 크리스마스 wreath 를 만들어 문에 걸었다.

0633 confirmation
컨퍼^{f.ㄹ}메이쉬언

¹ 검사 결과에 대한 confirmation 을 기다리고 있다.
² Confirmation 을 위해 비밀번호를 한 번 더 입력하세요.

0634 session
쎄쉬언

¹ 일주일의 오리엔테이션과 훈련 session.
² 총회 session 중에 많은 안건이 올라왔다.

0635 firm
퍼^f엄^ㄹ

¹ 그 firm 은 더 큰 사무실로 이전할 계획이다.
² 법률 firm 에서 저와 함께 일하는 동료입니다.

0636 chairman
췌어^ㄹ맨

¹ Chairman 이 개회를 선언했다.
² 위원회의 새로운 chairman 이 선출되었다.

0637 fairground
페^f어^ㄹ그롸운ㄷ

¹ Fairground 에서 정기적으로 행사가 열린다.
² Fairground 의 탈 것들이 아이들에게 인기가 많다.

0638 hospitality
하아스피태앨러티

¹ 호텔의 hospitality 매니저.
² 친절한 hospitality 에 감사드립니다.

0639 welfare
웰페^f어^ㄹ

¹ Welfare 수당을 받는 노인.
² 애완동물의 welfare 가 중요시되고 있다.

0640 clamor
클래애머^ㄹ

¹ 학생들이 교실에서 clamor 를 피운다.
² 군중의 clamor 속에서 아무것도 들을 수 없었다.

0641 outline
아웃라인

¹ 사건의 outline 을 서술하세요.
² 먼저 이번 회의의 주제를 간략하게 outline 하겠습니다.

0642 reform
뤼포^f엄^ㄹ

¹ 교육제도를 reform 하다.
² 변화와 reform 을 두려워하지 말라.

0643 flicker
플^f리커^ㄹ

¹ 바람 때문에 촛불이 flicker 를 반복했다.
² 모니터가 고장 나서 화면이 flicker 한다.

0644 murmur
머어^ㄹ머^ㄹ

¹ 적막 속에 관중들의 murmur 가 들렸다.
² 그녀가 조용히 내 귀에 대고 murmur 했다.

뗑 인상파 화가	• the impressionist art ı 인상파 미술 • the work of an impressionist ı 인상파 화가의 작품
뗑 화환, 화관	• a Christmas wreath ı 크리스마스 화환 • make a wreath ı 화환을 만들다
뗑 확인	• call for confirmation ı 확인차 전화하다 • wait for confirmation ı 확인을 기다리다
뗑 기간, 회기	• a training session ı 훈련 시간 • court in session ı 재판 중인
뗑 회사 웹 견고한, 단단한, 딱딱한	• a private firm ı 민간 기업 • a public firm ı 공기업
뗑 의장, 회장	• the chairman of the board ı 이사회의 의장 • the chairman of the organization ı 조직의 의장
뗑 축제 마당, 박람회장	• fairground events ı 박람회장의 이벤트 • work at the fairground ı 박람회장에서 일하다
뗑 접대, 환대[후대]	• a hospitality industry ı 환대산업 • appreciate the hospitality ı 환대에 감사하다
뗑 복지, 후생	• a welfare work ı 복지 사업 • child welfare ı 아동 복지
뗑 아우성, 떠들썩함 뙤 외치다, 시끄럽게 요구하다	• clamor for reform ı 개혁을 부르짖다 • clamor out ı 소리 지르다
뗑 개요 뙤 개요를 서술하다, 요약하다	• a brief outline ı 대략적인 개요 • outline the features ı 특징을 요약하다
뗑 개혁, 개선, 개편 뙤 개혁하다, 개선하다	• an economic reform ı 경제 개혁 • a thorough reform ı 철저한 개혁
뗑 (빛의) 깜빡거림 뙤 (빛이) 깜빡거리다	• a flicker of a candle ı 촛불의 깜박거림 • a flicker of red light ı 빨간 불빛의 깜박거림
뗑 속삭임, 소곤거림 뙤 속삭이다, 소곤거리다	• murmur in her ear ı 그녀의 귀에 대고 소곤거리다 • murmur himself ı 그 혼자서 웅얼거리다

0645 chatter
췌애터ʳ

¹ 아이들이 모여 신이 나서 chatter 했다.
² 멀리서 웅성웅성 사람들의 chatter 소리가 들려온다.

0646 buzz
버ㅈ

¹ 벌집 근처에서 들리는 벌들의 buzz.
² 모기가 밤새 buzz 해서 잠을 못 잤어.

0647 mumble
멈블

¹ 그는 혼잣말하듯 mumble 했다.
² 그는 외울 때 mumble 하는 습관이 있다.

0648 whimper
윔퍼ʳ

¹ 어디선가 강아지의 whimper 가 들려왔다.
² 엄마를 잃어버린 아이가 whimper 하고 있다.

0649 sequence
씨이쿠언ㅆ

¹ 이 페이지들은 sequence 가 안 맞는다.
² DNA가 sequence 되는 방식을 찾았다.

0650 stride
스트롸이드

¹ 우리는 눈 덮인 들판을 stride 했다.
² 그는 한 stride 에 1m 이상을 걸었다.

0651 marvel
마아ʳ벌ᵛ

¹ 대자연의 marvel 에 감탄했다.
² 신기술의 놀라운 marvel 을 확인하다.

0652 lease
을리이ㅆ

¹ 사무실로 쓸 장소를 lease 했다.
² 임대한 장비의 lease 기간이 끝나 간다.

0653 torment
토어ʳ먼ㅌ

¹ 정신적인 torment 에 시달리다.
² 괴로운 기억이 그를 torment 했다.

0654 burrow
버어뤄우

¹ 담요 속으로 burrow 한다.
² 지렁이는 땅속 깊은 곳에 burrow 한다.

0655 draft
드뤠애ㅍʳㅌ

¹ Draft 를 발전시켜 완성본으로 만든다.
² 계획의 draft 를 작성했으니 검토를 부탁드립니다.

0656 scribble
스크뤼블

¹ 아이가 못 본 사이에 벽에 크레파스로 온통 scribble 해 놨어.
² 이런 scribble 을 나더러 어떻게 읽으라는 거야?

0657 smash¹
스매애쉬

¹ 호두를 망치로 smash 했다.
² 얼음을 smash 하고 인명을 구조했다.

0658 rust
뤄ㅅㅌ

¹ 어릴 때 타던 그네가 rust 했다.
² 철이 물이나 산소와 반응하면 rust 가 생긴다.

명 수다, 재잘거림 동 수다 떨다, 재잘거리다	• a chatter box ⏐ 수다쟁이 • chatter about the politics ⏐ 정치에 대해 수다를 떨다
명 윙윙거리는 소리, 웅성거림 동 윙윙거리다	• a buzz of excitement ⏐ 흥분의 웅성거림 • bees buzz ⏐ 벌들이 윙윙거리다
명 중얼거림 동 중얼거리다	• mumble while talking ⏐ 중얼거리며 말하다 • a low mumble ⏐ 낮은 중얼거림
명 훌쩍거림, 낑낑거림 동 훌쩍이다, 흐느껴 울다	• whimper like a baby ⏐ 아기처럼 훌쩍훌쩍 울다 • obey without a whimper ⏐ 아무 말 없이 복종하다
명 차례[순서], 연속적인 사건들 동 차례로 배열하다	• follow a sequence ⏐ 일련의 과정을 따르다 • out of sequence ⏐ 순서가 잘못된
명 성큼성큼 걷는 발걸음 동 성큼성큼 걷다	• stride across the field ⏐ 들판을 가로질러 걷다 • a martial stride ⏐ 군인다운 걸음
명 경이, 경이로운 결과 동 경탄하다	• marvel at the scene ⏐ 경치에 경탄하다 • the marvels of nature ⏐ 자연의 경이로움
명 임대차 계약 동 임대[대여]하다	• lease office space ⏐ 사무실을 임대하다 • lease a car ⏐ 자동차를 대여하다
명 고통, 고뇌 동 고통을 안겨주다, 괴롭히다	• a mental torment ⏐ 정신적인 고통 • torment animals ⏐ 동물들을 괴롭히다
명 굴 동 파고들다, 굴을 파다	• burrow a tunnel ⏐ 터널을 파다 • dig a burrow ⏐ 굴을 파다
명 원고, 초안, 기초 동 초안을 작성하다	• draft a schedule ⏐ 대강의 일정을 짜다 • a first draft ⏐ 초안
명 갈겨쓰기, 낙서 동 갈겨쓰다, 휘갈기다	• scribble on the wall ⏐ 벽에 낙서하다 • scribble the phone number ⏐ 전화번호를 휘갈겨 쓰다
명 박살 내기 동 깨부수다, 박살 내다	• smash it on the floor ⏐ 그것을 바닥에 던져서 박살 내다 • smash the door down ⏐ 문을 때려 부수다
명 녹 동 녹슬다, 부식하다	• covered with rust ⏐ 녹으로 뒤덮인 • rust eats iron ⏐ 녹이 쇠를 갉아먹다

0659	**dispute** 디스퓨우트	¹ 돈 문제로 dispute 하다. ² 두 나라 간의 영토 dispute.
0660	**sob** 싸아ㅂ	¹ 몸을 떨며 서럽게 sob 했다. ² 슬픈 영화를 보고 sob 하기 시작했다.
0661	**glitter** 글리터ʳ	¹ 밤하늘의 별이 glitter 한다. ² 까마귀는 자신의 둥지에 glitter 을 모으는 습성이 있다.
0662	**burden** 버어ʳ든	¹ 근로자에게 무거운 세금 burden. ² 너에게 무거운 burden 이 되고 싶지 않아.
0663	**anchor** 애앵커ʳ	¹ 선원들이 anchor 를 올린다. ² 배가 항구에 anchor 하고 정박했다.
0664	**seal** 씨일	¹ 그 두 회사가 계약을 seal 하기로 했습니다. ² 봉투를 seal 하기 전에 다시 한번 확인하세요.
0665	**blast** 블래애ㅅㅌ	¹ 폭탄이 blast 했다. ² Blast 가 요트를 전복시켰다.
0666	**paddle** 패애들	¹ 카누를 타고 paddle 을 저었다. ² 보트를 paddle 해서 하류로 내려갔다.
0667	**skid** 스키ㄷ	¹ 내 차가 빙판길에서 skid 했다. ² 도로 위 차들의 skid 때문에 생긴 바퀴 자국.
0668	**distress** 디스트뤠ㅆ	¹ 죄책감이 나를 distress 했다. ² 그 사고 소식이 우리에게 distress 를 안겼다.
0669	**nudge** 너쥐	¹ 그는 저것 좀 보라고 속삭이며 나를 nudge 했다. ² 혹시 내가 수업 시간에 졸고 있으면 나를 nudge 해 줘.
0670	**harness** 하아ʳ니ㅆ	¹ 말을 타기 전에 먼저 harness 하세요. ² 아기와 차로 이동할 때는 체형에 맞는 harness 가 필요하다.
0671	**knot** 나아ㅌ	¹ 잠깐만, 신발 끈 풀린 것 좀 다시 knot 할게. ² Knot 가 너무 단단해서 풀리질 않는다.
0672	**sip** 쓰이ㅍ	¹ 그녀는 와인을 음미하며 sip 했다. ² 얼마나 독한지 보려고 보드카 한 sip 를 마셔봤다.

명 분쟁, 분규, 논란 동 분쟁을 벌이다, 반박하다	• **dispute** with the management ㅣ 경영진과 논쟁하다 • **dispute** the decision ㅣ 결정에 이의를 제기하다
명 흐느낌 동 흐느껴 울다	• **sob** uncontrollably ㅣ 주체할 수 없이 흐느끼다 • let out a **sob** ㅣ 눈물을 터뜨리다
명 반짝거리는 것 동 반짝거리다	• **glitter** with gold ㅣ 금으로 반짝이다 • the **glitter** of diamonds ㅣ 다이아몬드의 반짝임
명 부담, 짐 동 부담을 주다	• **burden** with worries ㅣ 걱정들로 부담을 주다 • carry the **burden** ㅣ 짐을 나르다
명 닻 동 닻을 내리다, 정박하다	• lay at **anchor** ㅣ 닻을 내리고 정박해 있는 • **anchor** off the coast ㅣ 연안에 정박하다
명 직인[도장], 바다표범, 물개 동 확정 짓다, 봉인하다	• **seal** an envelope ㅣ 봉투를 밀봉하다 • **seal** the plastic bag ㅣ 플라스틱 봉지를 밀봉하다
명 폭발, 돌풍 동 폭발하다, 강하게 불다	• **blast** a tunnel ㅣ 터널을 뚫다 • a bomb **blast** ㅣ 폭탄 폭발
명 (작은 보트의) 노, 채[라켓] 동 노를 젓다	• a table tennis **paddle** ㅣ 탁구채 • **paddle** the boat ㅣ 배의 노를 젓다
명 (차량 등의) 미끄러짐 동 (차량 등이) 미끄러지다	• go into a **skid** ㅣ (차량이) 미끄러지다 • **skid** on an icy road ㅣ 빙판길에 (차량이) 미끄러지다
명 고통, 괴로움 동 괴롭히다, 고통스럽게 하다	• fall into a state of **distress** ㅣ 괴로운 상태에 빠지다 • cause the **distress** ㅣ 고통을 주다
명 쿡 찌르기 동 (팔꿈치로) 쿡 찌르다, 　조금씩 움직이다	• a friendly **nudge** ㅣ (팔꿈치로) 친근하게 찌르는 것 • rouse with a **nudge** ㅣ 흔들어 깨우다
명 벨트, 마구 동 마구를 채우다	• **harness** a horse ㅣ 말에 마구를 채우다 • a set of **harness** ㅣ 한 벌의 마구
명 매듭 동 매듭을 묶다	• make a **knot** ㅣ 매듭을 묶다 • untie the **knot** ㅣ 매듭을 풀다
명 한 모금 동 조금씩 마시다	• a **sip** of the drink ㅣ 음료수 한 모금 • have a **sip** ㅣ 한 모금 마시다

0673 tattoo
태투우

¹ 온몸에 tattoo 를 한 조폭.
² 등에 용의 tattoo 가 있는 남자.

0674 lure
을루어ʳ

¹ 돈의 lure 에 눈이 멀다.
² 꽃이 꿀벌을 향기로 lure 한다.

0675 bait
베이ㅌ

¹ 물고기가 bait 를 물었다.
² 낚싯바늘에 bait 를 꿰다.

0676 bruise
브루우ㅈ

¹ 무릎을 부딪쳐 파랗게 bruise 가 들었다.
² 그녀의 차가운 말이 내 가슴을 bruise 했다.

0677 protest
프뤄우테ㅅㅌ

¹ Protest 해 봐야 소용없다.
² 시민들은 평화적인 protest 를 계속했다.

0678 extract
익스트뤠액ㅌ

¹ 핵심만 extract 한 것이다.
² 고농도 바닐라 extract 를 한 방울 넣으세요.

0679 venture
벤ᵛ춰ʳ

¹ 그 사업은 무모한 venture 였다.
² 그들은 불안하게 물속으로 venture 했다.

0680 shift¹
쉬이ㅍʲㅌ

¹ 대세의 shift 에 따르다.
² 앉은 자세를 shift 했다.

0681 decay
디케이

¹ 오래된 건물이 decay 하기 시작했다.
² 양치를 제대로 하지 않아 치아 decay 가 생겼다.

0682 bolt
보울ㅌ

¹ 문을 닫아 bolt 를 걸다.
² 긴 외출을 떠나며 대문을 단단히 bolt 했다.

0683 puff
퍼ㅍʲ

¹ 굴뚝이 연기를 puff 한다.
² 할아버지의 곰방대 puff 를 구경했다.

0684 substitute
썹스티튜우ㅌ

¹ 설탕의 substitute 로는 꿀이 있다.
² 마가린이 버터를 substitute 할 수 있다.

0685 duplicate
듀우플리케이ㅌ

¹ 이 서류 한 부만 duplicate 해 주세요.
² 이것이 duplicate 인가요, 원본인가요?

0686 grumble
그뤔블

¹ 할 일이 너무 많다고 grumble 한다.
² 네 grumble 을 듣는 것도 이제 지겹다.

명 문신 동 문신하다	• get a new tattoo ⏐ 새로운 문신을 하다 • tattoo a dragon ⏐ 용을 문신하다
명 유혹, 미끼 동 꾀다, 유혹하다	• lure out the suspect ⏐ 용의자를 유인해내다 • lure into a car ⏐ 차에 타게 꾀다
명 미끼 동 미끼를 놓다	• bait the trap ⏐ 덫에 미끼를 놓다 • use it as a bait ⏐ 그것을 미끼로 사용하다
명 멍, 타박상 동 멍들게 하다, 상처를 주다	• covered in bruises ⏐ 멍투성이인 • bruise his ego ⏐ 그의 자존심에 상처를 입히다
명 시위, 항의[반대] 동 항의[이의를 제기]하다	• protest against the injustice ⏐ 부당함에 대해 시위하다 • resign in protest ⏐ 항의의 뜻으로 사직하다
명 추출물, 발췌 동 뽑아내다, 추출하다	• a lemon extract ⏐ 레몬즙 • an extract from a novel ⏐ 소설에서 발췌한 인용문
명 (사업상의) 모험[벤처] 동 (위험을 무릅쓰고) 가다	• joint venture ⏐ 합작 투자 • a business venture ⏐ 사업상의 모험
명 (위치 · 입장 · 방향 등의) 변화 동 (방향 · 자세 등을) 바꾸다, 책임을 전가하다	• shift the blame ⏐ 책임을 전가하다 • shift responsibility onto him ⏐ 그에게 책임을 전가하다
명 부식, 부패 동 부식하다, 부패하다	• metals decay ⏐ 금속이 부식하다 • tooth decay ⏐ 충치
명 빗장, 볼트, 나사못 동 빗장을 잠그다, 볼트로 접합하다	• bolt on the inside ⏐ 안에서 빗장을 지르다 • bolt the door ⏐ 문에 빗장을 지르다
명 피우기, 빨기 동 내뿜다, 피우다	• puff at the pipe ⏐ 파이프를 뻐끔뻐끔 피우다 • puff out the smoke ⏐ 연기를 내뿜다
명 대신하는 것[사람] 동 대신[대체]하다	• in substitute for her ⏐ 그녀 대신에 • find a substitute ⏐ 대체할 사람을 찾다
명 사본 동 복사하다, 복제하다	• duplicate a product ⏐ 제품을 복제하다 • make a duplicate ⏐ 사본을 만들다
명 불만 사항 동 투덜[툴툴]거리다, 불평하다	• grumble about her boyfriend ⏐ 그녀의 남자친구에 대해 투덜거리다 • grumble for alcohol ⏐ 술이 없다고 불평하다

0687 murder
머어「더「

¹ Murder 사건에는 공소시효가 없다.
² Murder 사건 현장에서 흉기가 발견되었다.

0688 scar
스카아「

¹ 수술 후 scar 가 남았다.
² 해리포터 이마의 번개 모양 scar.

0689 manufacture[1]
매애뉴패「액춰「

¹ 자동차를 manufacture 하는 공장.
² 제품의 manufacture 양이 늘어났다.

0690 sprout
스프롸우ㅌ

¹ 나뭇가지에서 sprout 하는 새잎들.
² 지난주에 심은 화초에 sprout 가 움트기 시작했다.

0691 stereotype
스테뤼어타이ㅍ

¹ Stereotype 을 깨는 것이 창의적인 사고의 시작이다.
² 그 드라마의 등장인물들은 하나같이 stereotype 되어 있다.

0692 sacrifice
쌔애크뤼파「이ㅆ

¹ 모두를 위한 개인의 sacrifice 는 옳은가?
² 군대에 가는 것은 국가를 위한 sacrifice 라고 볼 수 있다.

0693 tune
튜운

¹ 피아노의 음을 tune 하다.
² 귀에 익은 tune 을 흥얼거렸다.

0694 dock
다아ㅋ

¹ 항해를 마친 배를 dock 했다.
² 배 한 척이 dock 에 접근하고 있다.

0695 tan
태앤

¹ 피부를 구릿빛으로 tan 하고 싶어.
² Tan 은 피부를 자외선에 노출시켜 피부 건강에 좋지 않다.

0696 screech
스크뤼이취

¹ 자동차 브레이크의 screech 를 들었다.
² 오리들이 마당에서 시끄럽게 screech 한다.

0697 groan
그뤄운

¹ 몸이 아파 groan 하며 누워 있다.
² 갑자기 groan 을 내뱉으며 바닥으로 쓰러졌다.

0698 blare
블레어「

¹ 배가 blare 를 내며 항구를 떠났다.
² 경찰차들이 사이렌 소리를 blare 하며 지나갔다.

0699 drone
드뤄운

¹ 벌들이 꽃 주위를 날며 drone 한다.
² 스포츠카가 drone 을 내며 질주한다.

0700 growl
그롸울

¹ 개가 낯선 사람을 향해 growl 했다.
² 일이 잘 풀리지 않을 때 growl 소리를 내는 버릇.

명 살인, 살해 동 살해하다	• murder a stranger ᅵ 낯선 사람을 살해하다 • guilty of murder ᅵ 살인죄로 유죄 판결
명 흉터, 상처 동 상처를 남기다	• remove a scar ᅵ 상처를 없애다 • scar her for life ᅵ 그녀에게 평생의 상처를 남기다
명 생산, 상품 동 제조하다, 생산하다	• manufacture goods ᅵ 상품을 만들다 • the manufacture of cars ᅵ 자동차 생산
명 새싹[새순] 동 싹이 나다, 발아하다	• sprout from the ground ᅵ 땅속에서 싹이 나다 • new leaves sprout ᅵ 새 잎들이 싹이 나다
명 고정관념, 정형화된 생각 동 정형화하다, 　　고정관념을 형성하다	• a common stereotype ᅵ 흔한 고정 관념 • stereotypes about Koreans ᅵ 한국인에 대한 고정관념
명 희생, 희생물 동 희생하다	• sacrifice his life for us ᅵ 우리를 위해 그의 목숨을 희생하다 • sacrifice himself ᅵ 그 자신을 희생하다
명 곡조, 선율 동 조율하다, 조정하다	• tune a guitar ᅵ 기타를 조율하다 • a catchy tune ᅵ 외우기 쉬운 곡조
명 부두, 선창 동 (배를) 부두에 대다	• at the loading dock ᅵ 하역장 • find the ship at the dock ᅵ 부두에서 배를 찾다
명 선탠 동 햇볕에 태우다	• tan on the beach ᅵ 해변에서 햇볕에 그을리다 • tan the skin ᅵ 피부를 그을리다
명 끼익, 빽, 쌩, 꽥 소리 동 끼익하는[귀에 거슬리는] 　　소리를 내다	• a loud screech ᅵ 끼익하는 큰 소리 • a car screeches ᅵ 차가 끼익 하는 소리를 내다
명 신음[끙하는] 소리 동 신음[끙하는] 소리를 내다	• groan with frustration ᅵ 절망하여 신음하다 • groan in pain ᅵ 고통으로 신음하다
명 요란한 소리 동 요란하게 울리다	• sirens blare in the night ᅵ 밤중에 사이렌이 요란하게 울리다 • blare with pop songs ᅵ 팝송이 요란하게 울리다
명 낮게 윙윙거리는 소리 동 윙윙거리는 소리를 내다	• the machine drones ᅵ 기계가 윙윙거리는 소리를 내다 • a drone from the plane ᅵ 비행기의 윙윙하는 소리
명 으르렁거리는 소리 동 으르렁거리다	• growl at other animals ᅵ 다른 동물들을 향해 으르렁거리다 • a polar bear growl ᅵ 북극곰이 으르렁거리는 소리

0701 snarl
스나알「

1 옆집 개의 snarl 이 들려온다.
2 개가 낯선 사람을 보고 snarl 했다.

0702 scorn
스코언「

1 가난이 scorn 의 이유가 될 수는 없다.
2 그들의 견해를 구식이라고 scorn 했다.

0703 combat
카암배애ㅌ

1 Combat 중에 상처를 입은 병사.
2 암과 combat 하기 위해 방사선 치료법을 자주 쓴다.

0704 sledge
슬레쉬

1 루돌프의 썰매를 sledge 하는 산타.
2 Sledge 는 얼어붙은 눈 위를 미끄러지듯 달렸다.

0705 curse
커어「ㅆ

1 이웃끼리 서로 싸우고 curse 했다.
2 말끝마다 curse 를 달고 사는 사람.

0706 barricade
배애뤼케이ㄷ

1 주최 측이 무대 주변에 barricade 했다.
2 Barricade 를 사이에 두고 경찰과 시위대가 대치했다.

0707 blush
블러쉬

1 부끄러워서 얼굴이 blush 했다.
2 당황해서 얼굴에 blush 를 띠었다.

0708 recall[1]
뤼이커얼

1 모든 걸 외우는 그의 recall 은 대단했다.
2 도저히 그녀의 이름을 recall 할 수 없었다.

0709 feast
피「이ㅅㅌ

1 그 전시회는 색채의 feast 였다.
2 Feast 의 마지막을 장식할 불꽃놀이.

0710 bulge
벌쉬

1 전쟁 후 출생률의 bulge.
2 사과를 넣은 호주머니가 bulge 했다.

0711 hail[1]
헤이일

1 지금 hail 하니까 일단 안으로 피하자.
2 눈과 달리 큰 hail 에 맞으면 다칠 수도 있다.

0712 roar
로어「

1 사자가 큰 소리로 roar 한다.
2 군중들이 일제히 roar 했다.

0713 mold[1]
모울ㄷ

1 점토를 원하는 형태로 mold 할 수 있다.
2 하트 모양의 mold 속에 초콜릿을 부어라.

0714 resort
뤼이조어「ㅌ

1 목발에 resort 해서 겨우 걸었다.
2 폭력에 대한 resort 로는 문제가 해결되지 않는다.

명 으르렁거리는 소리 동 으르렁거리다	• snarl at humans ｜ 사람에게 으르렁거리다 • the dogs snarl ｜ 개들이 으르렁거리다
명 경멸[멸시], 멸시감 동 경멸[멸시]하다, 거절하다	• scorn the invitation ｜ 초청을 거절하다 • stare with scorn ｜ 경멸하며 쳐다보다
명 전투, 싸움 동 싸우다, 투쟁하다	• killed in combat ｜ 전투 중 사망 • combat troops ｜ 전투병력
명 썰매 동 썰매를 타다	• ride the sledge ｜ 썰매를 타다 • steer a sledge ｜ 썰매를 조종하다
명 욕설, 저주[악담] 동 욕설을 하다, 악담을 퍼붓다	• curse at the bystander ｜ 행인에게 욕을 하다 • curse by a witch ｜ 마녀의 저주
명 방어벽[바리케이드], 장애물 동 방어벽을 설치하다	• build a barricade ｜ 방어벽을 치다 • create the barricade ｜ 방어벽을 치다
명 홍조, 붉어짐 동 얼굴을 붉히다	• blush with embarrassment ｜ 당황해서 얼굴을 붉히다 • blush on the face ｜ 얼굴의 붉어짐
명 기억력 동 기억해내다	• recall the childhood memories ｜ 어릴 때 추억들을 기억해내다 • recall the event ｜ 그 사건을 기억해내다
명 향연, 잔치[연회] 동 맘껏 먹다, 포식하다	• a Christmas feast ｜ 크리스마스 연회 • feast on my birthday ｜ 내 생일에 맘껏 먹다
명 급증, 툭 튀어나온 것 동 불룩하다, 가득 차다	• the bulge of a gun ｜ (주머니 같은 데에) 불룩한 총 • a bulge in the birthrate ｜ 출생률의 급증
명 우박 동 우박이 내리다	• suddenly start to hail ｜ 갑자기 우박이 내리기 시작하다 • take refuge from the hail ｜ 우박을 피하다
명 (거센) 소리, 울림 동 포효하다, 고함치다	• a roar of guns ｜ 총소리 • lions roar ｜ 사자들이 포효하다
명 틀, 유형 동 (틀에 넣어) 만들다	• cast a mold ｜ 주형을 뜨다 • pour into a mold ｜ 주형에 붓다
명 의존, 의지, 리조트, 휴양지 동 의지하다, 의존하다	• resort to other means ｜ 다른 수단에 의지하다 • resort to violent means ｜ 폭력에 의지하다

0715	**transplant** 트뤠앤스플래앤ㅌ	¹ 그가 생존할 방법은 심장 transplant 뿐이었다. ² 의사들이 환자의 신장을 성공적으로 transplant 했다.
0716	**raise** 뤠이ㅈ	¹ 질문 있는 사람은 손을 raise 해 주세요. ² 급여를 raise 해 주시면 더 열심히 일할게요.
0717	**camouflage** 캐애머플ˈ라아쥐	¹ Camouflage 기술이 뛰어난 카멜레온. ² 군인들이 나뭇가지로 camouflage 했다.
0718	**bid** 비ㄷ	¹ 경매에서 비싼 값을 bid 했다. ² 골동품 경매에서 가장 높은 bid 를 제시하다.
0719	**plow** 플라우	¹ 농기구와 plow 를 쌓아 둔 곳간. ² 소를 끌고 밭을 plow 하는 농부.
0720	**compromise** 카암ㅍ뤄마이ㅈ	¹ 불의와 compromise 할 줄 모르는 사람. ² 오랜 회담 끝에 양측이 compromise 에 이르렀다.
0721	**shred** 쉬뤠ㄷ	¹ 파쇄기에서 종이 shred 들을 발견했다. ² 중요문서들을 shred 해서 없앤 혐의를 받았다.
0722	**arch** 아ˈ취	¹ Arch 형의 다리 밑으로 배가 지나간다. ² 큰 나무들이 길 위를 arch 하며 드리웠다.
0723	**esteem** 이ㅅ티임	¹ 그 사람의 능력을 esteem 한다. ² 많은 동료의 esteem 을 받는 직원.
0724	**warrant** 워어뤈ㅌ	¹ Warrant 를 제시하지 않으면 무상 AS는 불가합니다. ² 이 그림이 진품이라는 것을 제가 warrant 할 수 있습니다.
0725	**witness** 윗니ㅆ	¹ 사건의 유일한 witness. ² 사고를 목격한 witness 의 증언.
0726	**retreat** 뤼ㅌ뤼이ㅌ	¹ 적은 큰 손해를 입고 retreat 했다. ² 때로는 작전상 retreat 가 필요하다.
0727	**estimate** 에ㅅ터메이ㅌ	¹ 피해자를 3만 명으로 estimate 한다. ² 노인층 증가비율에 대한 정부의 estimate.
0728	**deposit** 디파아지ㅌ	¹ 계약 후 전세 deposit 를 냈다. ² 매달 일정 금액을 은행에 deposit 한다.

圓 이식 통 이식하다	• a heart transplant ㅣ심장 이식 • a transplant operation ㅣ이식 수술
圓 임금 인상 통 일으키다, 　(들어) 올리다, 키우다, 기르다	• raise the glass ㅣ잔을 들어 올리다 • ask for a raise ㅣ급여 인상을 요구하다
圓 위장, 속임수 통 위장하다, 감추다	• a natural camouflage ㅣ타고난 위장 • a camouflage jacket ㅣ위장용 재킷
圓 입찰 통 값을 부르다, 입찰하다	• bid 200 dollars for it ㅣ그것의 값으로 200달러를 부르다 • bid much money ㅣ비싼 값을 부르다
圓 쟁기 통 갈다, 경작하다	• plow the land ㅣ땅을 경작하다 • a riding plow ㅣ자동 쟁기
圓 타협, 절충 통 타협하다, 타협시키다	• compromise one's ideals ㅣ이상과 타협하다 • reach a compromise ㅣ타협에 이르다
圓 (가늘고 작은) 조각 통 (갈가리) 찢다, 채를 썰다	• shreds of hope ㅣ실오라기 같은 희망 • not a shred ㅣ티끌만큼도
圓 아치형 구조물 통 아치형으로 만들다	• an arch-shaped entrance ㅣ아치 형태의 입구 • go through the arch ㅣ아치형 구조물을 통과하다
圓 존경 통 존경하다	• hold in high esteem ㅣ~을 매우 존경하다 • self-esteem ㅣ자부심
圓 보증서 통 보증하다	• warrant the quality ㅣ품질을 보증하다 • a warrant for the product ㅣ제품에 대한 보증서
圓 목격자, 증인 통 목격하다	• witness a crime ㅣ범죄를 목격하다 • witness the murder ㅣ살인을 목격하다
圓 후퇴, 철회 통 후퇴하다, 물러서다	• a strategic retreat ㅣ작전상 후퇴 • retreat after a long fight ㅣ긴 싸움 끝에 후퇴하다
圓 추산, 추정 통 추산하다	• a price estimate ㅣ가격 견적서 • a rough estimate ㅣ대략적인 예상
圓 보증금, 예치금 통 예금하다, 맡기다	• make a deposit ㅣ예금하다 • deposit money in a bank ㅣ은행에 예금하다

3
week

Weekly Planner

Jan · Feb · Mar · Apr · May · Jun · Jul · Aug · Sep · Oct · Nov · Dec

MON	
TUE	
WED	
THU	
FRI	
SAT	
SUN	

To Do List

- ○
- ○
- ○
- ○
- ○
- ○

Notes

0729	**hush** 허쉬	¹ 쥐 죽은 듯 hush 가 흐르는 방 안. ² 아이들이 너무 떠들어서 hush 했다.
0730	**polish** 파알리쉬	¹ 구두를 반짝반짝 polish 했다. ² 자동차 polish 는 그의 취미다.
0731	**ruin**² 루우인	¹ 해충이 농작물을 ruin 했다. ² 쓰나미가 그 마을을 ruin 으로 몰고 갔다.
0732	**strike** 스트롸이크	¹ 택배 배달원들의 단체 strike 로 배송 업무가 차질을 빚고 있다. ² 노동조합이 strike 를 감행했다.
0733	**yawn** 여언	¹ 영화가 지루해서 yawn 이 나온다. ² 수업이 너무 지루해서 나도 모르게 yawn 했다.
0734	**offer** 어어퍼ʳ	¹ 3년 탄 중고차를 700만 원에 offer 했다. ² 창사 50주년 기념 특별 offer 는 내일까지만 진행됩니다.
0735	**bargain** 바아ʳ겐	¹ 나와 bargain 하려고 하지 마세요. ² 거래처와 상품 가격을 bargain 했다.
0736	**queue** 큐우	¹ 버스를 기다리는 사람들의 queue. ² 화장실에 가기 위해 queue 해야 했다.
0737	**bypass** 바이패애ㅆ	¹ 길이 막혀서 bypass 해서 갔다. ² 도시 주위로 새로운 bypass 가 건설되고 있다.
0738	**blur** 블러어ʳ	¹ 그 사건은 내 기억 속에서 blur 해졌다. ² 피해자의 얼굴은 영상에서 blur 로 처리되었다.
0739	**dazzle** 대애즐	¹ 아름다운 노래로 관중을 dazzle 한 가수. ² 화려한 불빛의 dazzle 때문에 눈이 감겼다.
0740	**flush**¹ 플ʳ러쉬	¹ 민망함에 두 뺨이 flush 했다. ² 쑥스러워서 얼굴에 flush 를 띠었다.
0741	**flush**² 플ʳ러쉬	¹ 변기 사용 후 flush 하는 것을 잊지 마세요. ² 빈 병들을 사용하기 전에 flush 가 필요하다.
0742	**trigger** 트뤼거ʳ	¹ 호랑이를 겨냥하며 trigger 를 당겼다. ² 알레르기 반응을 trigger 하는 특정 음식.

명 침묵 동 조용히 시키다	• Hush now. ㅣ 이제 조용히 해. • hush a baby ㅣ 아기를 달래다
명 닦기, 윤내기, 광택(제) 동 닦다, 광택을 내다	• polish the lens ㅣ 렌즈를 닦다 • polish the shoes ㅣ 구두에 광택을 내다
명 붕괴, 몰락, 파산, 유적, 폐허 동 망치다, 파산시키다	• go to ruin ㅣ 폐허가 되다 • verge of ruin ㅣ 망할 지경
명 파업 동 파업하다, 부딪치다, 충돌하다, 공격하다[치다]	• go on strike ㅣ 파업하다 • a train strike ㅣ 열차 파업
명 하품 동 하품하다	• let out a yawn ㅣ 하품을 하다 • fake a yawn ㅣ 하품이 나는 척하다
명 할인, 제안 동 (값·금액)을 부르다, 권하다, 제의[제안]하다, 자처하다	• a special offer ㅣ 특별 할인 • seasonal offers ㅣ 계절 할인
명 협상, 흥정, 합의 동 흥정하다, 협상하다	• bargain with the leader ㅣ 우두머리와 협상하다 • a good bargain ㅣ 좋은 협상
명 줄, 대기행렬 동 줄을 서서 기다리다	• a long queue ㅣ 긴 줄 • stand in a queue ㅣ 줄을 서 있다
명 우회 도로, 우회 혈관 동 우회하다	• a heart bypass ㅣ 심장 우회 혈관 • a bypass surgery ㅣ 우회 혈관 수술
명 흐릿한 형체 동 흐려지다, 흐릿하게 하다	• blur to my memory ㅣ 내 기억 속에서 희미한 • a blur of voices ㅣ 희미한 소리
명 눈부심, 황홀함 동 눈 부시게 하다, 황홀하게 하다	• dazzle with flashlight ㅣ 손전등으로 눈 부시게 하다 • dazzle the world ㅣ 세계를 눈 부시게 하다
명 홍조 동 (얼굴이) 붉어지다[상기되다]	• flush red ㅣ 홍조를 띠다 • flush with anger ㅣ 화가 나 얼굴이 붉어지다
명 씻어냄, 물을 내림 동 (변기의) 물을 내리다	• flush down the toilet ㅣ 변기의 물을 내리다 • flush with water ㅣ 물로 씻어내다
명 방아쇠, 도화선 동 작동시키다, 유발하다	• trigger an alarm ㅣ 경보기를 작동시키다 • pull the trigger ㅣ 방아쇠를 당기다

0743 surge
써어「쥐

1 타격이 가해지자 엄청난 통증이 surge 했다.
2 이름이 알려지자 관광객들의 surge 가 이어졌다.

0744 chip
취ㅍ

1 머그잔 테두리에 chip 가 생겼다.
2 이 접시들은 얇아서 쉽게 chip 한다.

0745 tangle
태앵글

1 머리카락의 tangle 을 빗으로 풀었다.
2 세탁기 안에서 옷들이 서로 tangle 되었다.

0746 executive
이그제큐티ㅂ∨

1 새로 온 executive 는 실정을 몰랐다.
2 회사의 최고 executive 가 갑자기 사임했다.

0747 individual
인디비∨쥬얼

1 Individual 의 자유를 침해하지 마라.
2 Individual 한 의견들이 존중되는 회의.

0748 high-rise
하이롸이ㅈ

1 100층짜리 초고층 high-rise.
2 High-rise 가 빽빽하게 들어선 도시.

0749 military
밀리테뤼

1 총을 앞세웠던 military 정권.
2 사촌 형은 지원해서 military 에 입대했다.

0750 equivalent
이쿠이벌∨런트

1 1마일은 약 1.6km에 대한 equivalent 이다.
2 개들에게 1년은 사람의 7년에 equivalent 하다.

0751 alternative
어얼터어「너티ㅂ∨

1 Alternative 한 에너지.
2 이것 밖에는 alternative 가 없어.

0752 intent
인텐트

1 너를 다치게 할 intent 는 아니었어.
2 남을 속이려는 intent 가 분명해 보였다.

0753 representative
뤠ㅍ뤼젠터티ㅂ∨

1 노조의 representative 로 협상에 참석했다.
2 그는 우등생의 representative 한 표본이다.

0754 undergraduate
언더「그뤠애쥬어트

1 Undergraduate 일 때 인턴으로 일했어.
2 그는 아직 졸업 안 한 undergraduate 이다.

0755 editorial
에더토어뤼얼

1 잡지사 editorial 부서 직원들.
2 오늘 자 신문의 editorial 은 너무 편견에 차 있다.

0756 parallel
패뤌렐

1 이 사건은 대단히 엽기적이어서 parallel 한 전례조차 없다.
2 강과 parallel 한 도로는 대체로 아름다운 전망을 제공한다.

몡 밀려듦, 급증, 휩쌈 통 밀려들다, 쇄도하다, 휩쓸다	• surge of adrenaline ᅵ 아드레날린의 급증 • a surge in sales ᅵ 매출의 급증
몡 (그릇 등의) 이가 빠진 흔적, 　　얇은 조각, 반도체 소재[칩] 통 (그릇 등의) 이가 빠지다	• a mug with a chip ᅵ 이가 빠진 머그잔 • chip the plate ᅵ 접시 이가 빠지다
몡 엉킨[얽힌] 것 통 헝클어지다, 뒤엉키다	• tangle in a hair dryer ᅵ 헤어드라이어에 머리가 엉키다 • in a tangle ᅵ 뒤엉킨
몡 중역[경영 간부] 혱 행정의, 경영의	• a top executive ᅵ 최고 경영자 • an executive board ᅵ 이사회
몡 개인 혱 각각[개개]의	• an individual member ᅵ 구성원 개개인 • on an individual basis ᅵ 개별적으로
몡 고층 건물 혱 고층의	• the high-rise district ᅵ 고층 지구 • live in a high-rise housing ᅵ 고층 주택에 살다
몡 군인들, 군대 혱 군사의, 무력의	• a military secret ᅵ 군사기밀 • the military service ᅵ 병역
몡 맞먹는 것, 상당하는 것 혱 맞먹는, 동등한, 같은	• an equivalent term ᅵ 동의어 • the equivalent of 6 ᅵ 6과 같은 것
몡 대안, 대체 혱 대체 가능한	• an alternative energy ᅵ 대체 에너지 • an alternative plan ᅵ 대안
몡 의도, 목적 혱 몰두[전념]하는	• not her intent ᅵ 그녀의 의도는 아닌 • an intent gaze ᅵ 몰두한 시선
몡 대표자, 대변인 혱 전형적인, 대표하는	• a representative of my work ᅵ 내 업무의 대리인 • a representative of the country ᅵ 국가 대표자
몡 대학생, 학부생 혱 학부의	• an undergraduate student ᅵ 학부생 • still an undergraduate ᅵ 아직 학부생인
몡 사설 혱 편집의, 편집과 관련된	• an editorial article ᅵ 사설 • the editorial staff ᅵ 편집진
몡 유사점 혱 유사한, 나란한	• cultural parallels ᅵ 문화적 유사점 • a parallel case ᅵ 유사한 사건

0757 **Mayan**
마이안

¹ Mayan 들은 천문학에 밝았다.
² Mayan 달력은 당시 세계에서 가장 정확한 달력이었다.

0758 **accused**
어큐우ㅈㄷ

¹ 내일은 accused 의 재판이 있는 날이다.
² 그 정치인은 뇌물 수수 혐의로 accused 되었다.

0759 **criminal**
크뤼미널

¹ 판사가 그 criminal 에게 종신형을 선고했다.
² Criminal 기록 때문에 직장을 구하기가 힘들다.

0760 **inevitable**
이네비ᵛ터블

¹ Inevitable 은 그냥 받아들여라.
² 대공황에 실직자들이 생기는 것은 inevitable 했다.

0761 **chill**
췰

¹ 오늘 아침에는 chill 이 있다.
² 무서운 영화가 chill 을 준다.

0762 **whereabouts**
웨어뤄바우ㅊ

¹ 이 동네 whereabouts 에 사니?
² 경찰이 범인의 whereabouts 를 찾아냈다.

0763 **refrain**
뤼ㅍ'뤠인

¹ 건물 내에서는 흡연을 refrain 하십시오.
² 정부를 공개적으로 비판하는 건 refrain 해라.

0764 **accelerate**
애액쎌러뤠이트

¹ CO2는 지구 온난화를 accelerate 한다.
² 높은 기온은 음식물의 부패를 accelerate 한다.

0765 **subscribe**
썹스크롸이브

¹ 월간 잡지를 subscribe 한다.
² 제 유튜브 채널을 subscribe 해 주세요.

0766 **grind**
그롸인ㄷ

¹ 저는 자면서 이를 grind 해요.
² 옛날에는 맷돌로 곡물을 grind 했다.

0767 **supervise**
쑤우퍼ᶠ바ᵛ이ㅈ

¹ 팀원들을 supervise 하는 팀장.
² 사장이 현장을 직접 supervise 했다.

0768 **evaluate**
이배ᵛ앨류에이트

¹ 그 선생님은 편견 없이 학생들을 evaluate 한다.
² 새로운 정책이 잘 시행되고 있는지 evaluate 한다.

0769 **conceal**
컨씨일

¹ 신분을 conceal 하고 있는 사람.
² 불안한 기색을 conceal 하지 못했다.

0770 **enrich**
엔뤼취

¹ 책은 우리의 인생을 enrich 한다.
² 해외 무역으로 국가 경제를 enrich 하다.

명 마야인 형 마야의	• the Mayan civilization ㅣ 마야 문명 • the Mayan calendar ㅣ 마야력
명 피의자 형 고소를 당한, 혐의를 받은	• accused of the crime ㅣ 범죄 혐의가 제기된 • release the accused ㅣ 피의자를 석방하다
명 범죄자 형 범죄의	• curse at the criminal ㅣ 범죄자에게 악담을 퍼붓다 • show no mercy to criminals ㅣ 범죄자들에게 자비를 베풀지 않다
명 불가피한 것 형 불가피한, 필연적인	• the inevitable fate ㅣ 피할 수 없는 운명 • an inevitable fact ㅣ 불가피한 사실
명 냉기, 한기 형 서늘한	• a chill wind ㅣ 서늘한 바람 • a chill of fear ㅣ 서늘한 공포
명 소재, 행방 부 어디쯤(에)	• aware of whereabouts ㅣ 행방에 대해 알고 있는 • conceal the whereabouts ㅣ 자취를 감추다
동 삼가다, 참다	• refrain from smoking ㅣ 흡연을 삼가다 • refrain from laughing ㅣ 웃음을 참다
동 가속하다	• accelerate global warming ㅣ 지구 온난화를 촉진하다 • accelerate the growth ㅣ 성장을 가속하다
동 구독하다, 가입하다	• subscribe to a journal ㅣ 잡지를 구독하다 • subscribe to a TV channel ㅣ TV 채널에 가입하다
동 갈다, 빻다	• grind coffee ㅣ 커피를 갈다 • grind grain into flour ㅣ 곡물을 밀가루로 빻다
동 관리하다, 감독하다	• supervise an exam ㅣ 시험을 감독하다 • supervise the project ㅣ 프로젝트를 감독하다
동 평가하다, 감정하다	• evaluate students ㅣ 학생들을 평가하다 • evaluate performance ㅣ 업무성과를 평가하다
동 감추다	• conceal the emotion ㅣ 감정을 숨기다 • conceal the property ㅣ 재산을 숨기다
동 풍성하게 하다, 　부유하게 하다, 강화하다	• enrich our lives ㅣ 우리의 삶을 풍요롭게 하다 • enrich a country ㅣ 나라를 부유하게 하다

0771 intervene
인터「비ᵛ인

1. 내가 말하는 도중에 그녀가 intervene 했다.
2. 미국이 중동 위기상황에 직접 intervene 했다.

0772 reject
뤼젝ㅌ

1. 내 부탁을 reject 하지 말아 줘.
2. 그 요구를 reject 할 수 없었다.

0773 skim¹
스킴

1. 기름이 떠오르면 skim 하세요.
2. 표면에 생기는 거품을 skim 하세요.

0774 complicate
카암플러케이ㅌ

1. 일을 필요 이상으로 complicate 하지 마라.
2. 새 규정이 상황을 더욱 complicate 하고 있다.

0775 paralyze
패럴라이ㅈ

1. 사고로 팔다리가 paralyze 되어 움직일 수가 없다.
2. 폭설로 교통이 완전 paralyze 되었다.

0776 undergo
언더「고우

1. 한국은 수많은 변화를 undergo 했다.
2. 전신을 마취하는 큰 수술을 undergo 했다.

0777 resolve
뤼저얼ㅂᵛ

1. 분쟁을 resolve 하기 위해 모인 정상들.
2. 부부간의 갈등을 resolve 해 주는 상담사.

0778 reunite
뤼이유우나이ㅌ

1. 헤어진 지 10년 만에 reunite 했다.
2. 전쟁이 끝나고 가족들이 reunite 했다.

0779 engage
인게이쮜

1. 나는 그들의 대화에 engage 하고 싶지 않았다.
2. 학생들은 지역 봉사 활동에 engage 해야 한다.

0780 interrelate
인터「뤼레이ㅌ

1. 사회와 개인은 interrelate 하다.
2. 몸과 마음은 서로 interrelate 한다.

0781 civilize
쓰이벌ᵛ라이ㅈ

1. 원주민들을 civilize 하려 시도한 선교사들.
2. Civilize 하여 야만적 습관을 벗어나게 하다.

0782 spectate
스펙테이ㅌ

1. 전시회가 재미있어 보이는데 spectate 하고 가자.
2. 축구경기를 spectate 했다.

0783 differentiate
디퍼「뤈쉬에이ㅌ

1. 경쟁사 제품과 differentiate 해야 한다.
2. 선과 악을 differentiate 할 줄 알아야 한다.

0784 starve
스타아「ㅂᵛ

1. 아침부터 밥을 못 먹었더니 너무 starve 하다.
2. 많은 아이가 여전히 starve 해서 죽는다.

통 끼어들다, 개입하다	• intervene in family crisis ㅣ 가정사에 개입하다 • intervene personally ㅣ 직접 개입하다
통 거절하다, 거부하다	• reject an offer ㅣ 제안을 거부하다 • hard to reject ㅣ 거절하기 힘든
통 걷어 내다	• skim off the top ㅣ 윗부분을 걷어 내다 • skim the cream ㅣ 크림을 걷어 내다
통 복잡하게 만들다	• complicate the situation ㅣ 상황을 복잡하게 하다 • complicate life ㅣ 인생을 복잡하게 하다
통 마비시키다, 쓸모없게 만들다	• paralyze the patient ㅣ 환자를 마비시키다 • paralyze the traffic ㅣ 교통을 마비시키다
통 (변화나 안 좋은 일 등을) 겪다[받다]	• undergo pain ㅣ 고통을 받다 • undergo torture ㅣ 고문을 겪다
통 해결하다, 결심하다	• resolve conflicts ㅣ 갈등을 해결하다 • resolve an issue ㅣ 문제를 해결하다
통 재회하다, 재결합하다	• reunite the family ㅣ 가족을 재결합하다 • reunite the two ㅣ 둘을 재결합하다
통 몰두하다, 사로잡다, 관여하다	• engage in discussion ㅣ 토의에 열중하다 • engage the public ㅣ 대중을 사로잡다
통 서로 연관이 있다	• body and soul interrelate ㅣ 몸과 마음은 서로 연관이 있다 • interrelate to each other ㅣ 서로서로 연관성을 가지고 있다
통 문명화하다, 교화하다	• civilize the barbarians ㅣ 야만인들을 개화하다 • civilize the barbarians ㅣ 야만인들을 교화하다
통 관람하다, 구경하다	• spectate a game ㅣ 게임을 관람하다 • spectate an event ㅣ 행사를 관람하다
통 구별하다, 구분 짓다	• differentiate what is right ㅣ 어떤 것이 옳은지 구별하다 • differentiate right from wrong ㅣ 옳고 그름을 구별하다
통 굶주리다, 굶어 죽다	• starve to death ㅣ 굶어 죽다 • starve out the enemy ㅣ 적을 굶주리게 하여 항복시키다

0785 cease
씨이ㅆ

1 아군이다! 사격을 cease 해라!
2 재고 부족으로 판매가 일시 cease 되었다.

0786 forbid
포ᶠ어ʳ비드

1 뇌물을 받는 것을 forbid 한다.
2 실내에서는 흡연을 forbid 한다.

0787 promote
프뤄모우ㅌ

1 그는 만년 대리에서 과장으로 promote 되었다.
2 일 잘하는 사람이 아니라 정치 잘하는 사람이 promote 되다니!

0788 soar
쏘어ʳ

1 발사된 로켓이 하늘 높이 soar 했다.
2 서민들은 soar 하는 물가를 감당할 수 없다.

0789 expire
익스파이어ʳ

1 암호가 expire 했으니 다시 설정하세요.
2 면허증이 곧 expire 하니 갱신하러 가야겠다.

0790 anticipate
애앤티써페이ㅌ

1 앞으로의 변화를 anticipate 한다.
2 매출이 오를 것으로 anticipate 한다.

0791 crawl
크뤄얼

1 아기들은 손과 무릎으로 crawl 한다.
2 교통체증 때문에 차들이 crawl 하고 있다.

0792 accustom
어커스텀

1 새로운 환경에 금방 accustom 했다.
2 일찍 일어나는 것에 accustom 했다.

0793 recite
뤼싸이ㅌ

1 학우들 앞에서 시를 recite 했다.
2 목사가 주기도문을 recite 하기 시작했다.

0794 refrigerate
뤼프ᶠ뤼줘뤠이ㅌ

1 이 식품은 개봉 후 refrigerate 해야 한다.
2 잘 상하는 음식은 뚜껑을 잘 덮어서 refrigerate 하세요.

0795 strive
스트롸이ㅂᵛ

1 성공을 위해 끊임없이 strive 했다.
2 자유를 쟁취하기 위해 strive 했다.

0796 leak
을리이ㅋ

1 지붕에서 물이 leak 한다.
2 기밀을 밖으로 leak 하다.

0797 confine
컨파ᶠ인

1 등록 기간을 내일까지로 confine 한다.
2 오늘의 의제는 이 문제로만 confine 합니다.

0798 enhance
인해앤� ㅆ

1 꾸준한 운동으로 체력을 enhance 한다.
2 자동 암호 관리로 보안을 enhance 했다.

图 중지하다, 그만두다	• **cease fire** ı 발사를 중지하다 • **cease to breathe** ı 호흡이 멎다
图 금하다, 금지하다	• **forbid the entering** ı 입장을 금지하다 • **forbid the use of guns** ı 총기 사용을 금하다
图 승진[진급]시키다, 고취하다, 촉진하다, 홍보하다	• **promote an employee** ı 직원을 승진시키다 • **promote to manager** ı 매니저로 승진시키다
图 치솟다, 급증하다	• **soar above his head** ı 그의 머리 위로 날아오르다 • **soar into the air** ı 하늘로 날아오르다
图 소멸되다, 만료되다, 만기가 되다	• **expires in a week** ı 일주일 후에 만료되다 • **the license expires** ı 면허가 만료되다
图 예상하다, 기대하다	• **anticipate the future** ı 미래를 예상하다 • **anticipate problems** ı 문제를 예상하다
图 기어가다	• **crawl on hands and knees** ı 손과 무릎으로 기다 • **crawl like a baby** ı 아기처럼 기어가다
图 익히다, 익숙해지다, 길들이다	• **accustom to a new tradition** ı 새로운 전통에 익숙해지다 • **accustom to the city life** ı 도시 생활에 익숙해지다
图 암송하다, 낭송하다	• **recite a poem** ı 시를 읊다 • **recite the declaration** ı 선언문은 낭독하다
图 냉장하다	• **refrigerate dairy products** ı 유제품을 냉장하다 • **refrigerate beverages** ı 음료를 냉장고에 보관하다
图 분투하다, 애쓰다, 노력하다	• **strive for freedom** ı 자유를 위해 노력하다 • **strive for fame** ı 명성을 얻으려 노력하다
图 새다, 누설하다	• **leak information** ı 정보를 유출하다 • **the water leaks** ı 물이 새다
图 제한하다, 국한하다, 가두다	• **confine a prisoner** ı 죄수를 감방에 가두다 • **confine in jail** ı 교도소에 감금하다
图 향상하다, 높이다	• **enhance the quality of life** ı 삶의 질을 향상하다 • **enhance the creativity** ı 창의력을 향상하다

0799 confront
컨프ˈ뤈ᇀ

¹ 새로운 문제에 confront 했다.
² 그 회사는 재정위기에 confront 해 있다.

0800 expend
익스펜ㄷ

¹ 새로운 일에 모든 시간을 expend 했다.
² 아이들을 돌보는 데 모든 노력을 expend 한다.

0801 discourage
디스커어뤼춰

¹ 시험 불합격이 그를 discourage 했다.
² 위조지폐 유통을 discourage 하는 방법.

0802 adjust
어줘ㅅㅌ

¹ 시차에 adjust 하느라 힘들었어.
² 카메라의 위치를 잘 adjust 해야 합니다.

0803 hover
하아버ᵛ·ʳ

¹ 드론 한 대가 상공에 hover 하며 촬영 중이다.
² 벌새는 초고속으로 날개를 퍼덕이며 공중에 hover 한다.

0804 outweigh
아웃웨이

¹ 잃는 것이 얻는 것을 outweigh 하는 시도.
² 장점이 흠을 outweigh 하는 제품이라 쓸만하다.

0805 commit¹
커미ㅌ

¹ 범죄를 commit 하다.
² 자살을 commit 하려던 사람이 구조되었다.

0806 commit²
커미ㅌ

¹ 그는 평생을 가족에게 commit 했다.
² 그는 언제나 세계 평화를 위해 commit 했다.

0807 distort
디스토어ʳㅌ

¹ 의료 기록을 distort 한 의사.
² 이 기사는 진실을 distort 하고 있다.

0808 cherish
췌어뤼쉬

¹ 부모님은 나를 cherish 하신다.
² 우리의 문화재를 cherish 합시다.

0809 extinguish
익스팅구이쉬

¹ 물로 모닥불을 extinguish 했다.
² 화재를 소화기로 extinguish 했다.

0810 abolish
어바알리쉬

¹ 악법은 abolish 되어야 할까?
² 계급제도를 abolish 하기 위한 노력.

0811 peep
피이ㅍ

¹ 문틈으로 안을 peep 하다.
² 누군가 열쇠 구멍으로 peep 하는 것 같아.

0812 exclaim
익스클레임

¹ 엄청난 가격에 놀라서 exclaim 했다.
² 그가 화가 나서 불공평하다고 exclaim 했다.

| 동 직면하다, 닥치다 | • **confront** the inner fear ι 내면의 공포와 맞서다
• **confront** the enemy ι 적을 맞서다 |

| 동 (돈 · 시간 · 에너지 등을)
쏟다, 들이다 | • **expend** efforts ι 노력을 쏟다
• **expend** time ι 시간을 들이다 |

| 동 막다, 의욕을 꺾다, 말리다 | • **discourage** the suicide ι 자살을 말리다
• **discourage** smoking ι 흡연을 말리다 |

| 동 적응하다, 조정하다, 맞추다 | • **adjust** to the new condition ι 새로운 환경에 적응하다[맞추다]
• **adjust** the balance ι 균형을 잡다 |

| 동 맴돌다, 머물다 | • **hover** in the air ι 공중에서 맴돌다
• **hover** over Seoul ι 서울 상공을 날아다니다 |

| 동 능가하다[중요하다],
…보다 더 크다[무겁다] | • **outweigh** a risk ι 위험을 무릅쓸 만하다
• **outweigh** the original ι 원작을 능가하다 |

| 동 저지르다, 범하다 | • **commit** crime ι 범죄를 저지르다
• **commit** adultery ι 간통을 저지르다 |

| 동 전념하다, 헌신하다 | • **commit** to a goal ι 목표에 전념하다
• **commit** to each other ι 서로에게 헌신하다 |

| 동 왜곡하다, 비틀다 | • **distort** the truth ι 진실을 왜곡하다
• **distort** history ι 역사를 왜곡하다 |

| 동 소중히 여기다, 아끼다 | • **cherish** the memory ι 기억을 소중히 여기다
• **cherish** our time ι 우리들의 시간을 소중히 여기다 |

| 동 (불을) 끄다, 끝내다, 없애다 | • **extinguish** fire ι 불을 끄다
• **extinguish** the flames ι 불길을 잡다 |

| 동 폐지하다, 없애다 | • **abolish** taxes ι 세금을 폐지하다
• **abolish** discrimination ι 차별을 철폐하다 |

| 동 훔쳐보다, 엿보다 | • **peep** through the hole ι 구멍을 통해 훔쳐보다
• **peep** out ι 밖을 몰래 내다보다 |

| 동 소리치다, 외치다 | • **exclaim** in anger ι 화나서 소리치다
• **exclaim** at the beauty ι 아름다움에 외치다 |

0813 nourish
너어뤼쉬
¹ 자연은 인간의 삶을 nourish 한다.
² 건강한 모유는 아기를 nourish 한다.

0814 assert
어써어ᴿ트
¹ 무죄를 assert 하다.
² 근거도 없이 assert 하지 말아줘.

0815 suspend¹
써스펜ㄷ
¹ 줄 끝에 공을 suspend 했다.
² 천장에 전등이 suspend 되어 있다.

0816 attain
어테인
¹ 상사에게 신임을 attain 했다.
² 목적을 attain 하기 위해 노력한다.

0817 brace
브뤠이ㅆ
¹ 좋지 않은 상황에 brace 해라.
² 매년 자연재해에 brace 해야 한다.

0818 cope with
코우ㅍ
¹ 지금의 문제에 잘 cope 해야 한다.
² 엄청난 스트레스에 더는 cope 할 수 없었다.

0819 accompany
어컴퍼니
¹ 피아노가 독주하고 오케스트라가 accompany 한 연주.
² 매니저를 accompany 한 유명 배우.

0820 assimilate
어쓰이밀레이트
¹ 읽은 것을 모두 assimilate 했다.
² 그들은 서로 assimilate 되기 시작했다.

0821 automate
어어터메이트
¹ 기계가 발달하며 제조 과정을 automate 했다.
² 매표 업무를 사람 대신 기계가 하도록 automate 했다.

0822 batter²
배애터ᴿ
¹ 누군가 주먹으로 문을 batter 한다.
² 극심한 바람이 해안을 batter 하고 있다.

0823 rob
롸아ㅂ
¹ 은행을 rob 한 범인이 잡혔다.
² 고분을 rob 해서 문화재를 훼손한 도굴꾼들.

0824 cast
캐애ㅅ트
¹ 그가 전사했다는 소식이 집안에 우울함을 cast 했다.
² 그 불행한 사고는 그의 다가올 미래에 그림자를 cast 했다.

0825 generate
줴너뤠이트
¹ 두 물체가 마찰하면 열을 generate 한다.
² 더 나은 결과를 generate 할 필요가 있다.

0826 execute¹
엑쓰이큐우트
¹ 그는 조직의 특수 요원으로서 어려운 임무들을 execute 해 왔다.
² 연주를 훌륭하게 execute 했다.

圖 영양분을 공급하다, 키우다	• Nourish your mind. ᅵ 네 마음을 키워라. • nourish the baby ᅵ 아기를 양육하다
圖 주장하다, 단언하다	• assert a right ᅵ 권리를 주장하다 • assert my innocence ᅵ 내 결백함을 주장하다
圖 매달다, 걸다	• suspend a lamp ᅵ 전등을 걸다 • suspend from the ceiling ᅵ 천장에 매달다
圖 얻다, 달성하다	• attain to power ᅵ 권력을 얻다 • attain good grades ᅵ 좋은 성적을 얻다
圖 대비하다 圖 부목, 버팀대	• brace for future crimes ᅵ 미래의 범죄에 대비하다 • brace myself for battle ᅵ 전투를 대비하다
圖 대처[대응]하다, 대항하다	• cope with difficulties ᅵ 어려움에 대처하다 • cope with the situaion ᅵ 상황에 대처하다
圖 동반하다, 동행하다	• accompany the soloist ᅵ 독주자를 반주하다 • Children must be accompanied by an adult. ᅵ 아동은 반드시 성인이 동행해야 한다.
圖 완전히 이해하다, 소화하다, 동화하다	• assimilate into the community ᅵ 공동체 내에 동화되다 • assimilate with nature ᅵ 자연에 동화되다
圖 자동화하다	• automate the procedure ᅵ 과정을 자동화하다 • automate the production ᅵ 생산을 자동화하다
圖 난타하다, 두드리다 圖 튀김옷, 반죽	• batter him down ᅵ 그를 때려눕히다 • batter at the door ᅵ 문을 두드리다
圖 털다, 도둑질하다	• rob a house ᅵ 집을 털다 • rob jewelry ᅵ 보석을 도둑질하다
圖 드리우다, 캐스팅을 하다, (시선 · 미소 등을) 보내다, (표를) 던지다	• cast a shadow ᅵ 그림자를 드리우다 • the sun cast ᅵ 해가 빛을 발하다
圖 발생시키다, 만들어내다	• generate electricity ᅵ 전기를 일으키다 • generate funds ᅵ 자금을 마련하다
圖 수행하다, 만들어 내다	• execute a plan ᅵ 계획을 시행하다 • execute an order ᅵ 지시를 수행하다

0827 **execute**[2]
엑쓰이큐우ㅌ

¹ 그는 반역죄로 execute 되었다.
² 그들은 인질을 execute 하겠다고 협박했다.

0828 **devour**
디바ᵛ우어ʳ

¹ 불길이 그 집을 devour 했다.
² 굶주린 개가 고기를 devour 하고 있다.

0829 **place**
플레이ㅆ

¹ 아버지는 홈쇼핑 채널을 통해 코트 주문을 place 했다.
² 지역 신문에 새 직원을 채용하기 위한 광고를 place 했다.

0830 **haunt**[1]
허언ㅌ

¹ 그날의 기억이 아직도 나를 haunt 한다.
² 그의 마지막 모습이 오랫동안 우리를 haunt 했다.

0831 **haunt**[2]
허언ㅌ

¹ 귀신이 haunt 한다는 소문이 도는 흉가.
² 어두운 시골길에 귀신이 haunt 한다는 소문.

0832 **flunk**
플ˈ렁ㅋ

¹ 화학을 flunk 해서 재수강해야 했다.
² 열심히 공부했지만, 시험에서 flunk 했다.

0833 **thump**
떰ᵗʰㅍ

¹ 흥분되어 심장이 thump 했다.
² 화를 내며 주먹으로 탁자를 thump 했다.

0834 **astonish**
어스타아니쉬

¹ 모두를 astonish 한 사건.
² 그 소식을 듣고 매우 astonish 됐다.

0835 **startle**
스타아ʳ틀

¹ 널 startle 하려던 것은 아니었어.
² 갑작스러운 총소리가 개들을 startle 했다.

0836 **flatter**
플ˈ래애터ʳ

¹ 그 간신배는 왕을 flatter 했다.
² 제 요리를 먹은 남편이 저를 flatter 했지요.

0837 **waggle**
웨애글

¹ 거센 바람에 갈대들이 waggle 한다.
² 머리를 waggle 해서 잠을 쫓아내다.

0838 **consist**
컨쓰이ㅅㅌ

¹ 물은 수소와 산소로 consist 되어 있다.
² 패스워드는 문자와 숫자로 consist 되어야 합니다.

0839 **straighten**
스트뤠이튼

¹ 면접 전에 넥타이를 straighten 했다.
² 허리를 straighten 하고 똑바로 앉아라.

0840 **contain**
컨테인

¹ 그는 치밀어 오르는 분노를 contain 했다.
² 터져 나오는 웃음을 도저히 contain 할 수 없었다.

屠 처형하다, 사형하다	• execute by shooting ː 총으로 쏴서 처형하다 • execute the criminal ː 범죄자를 처형하다
屠 집어삼키다, 걸신들린 듯 먹다, 　　빨아들이듯이 읽다	• devour the food ː 음식을 먹어 치우다 • devour eagerly ː 게걸스럽게 먹다
屠 (지시·명령·주문 등을) 　　하다, 놓다 名 장소[곳]	• place an order ː 주문하다 • place an advertisement ː 광고를 하다
屠 뇌리에서 떠나지 않다, 　　계속 떠오르다	• haunt me the memories ː 기억들이 내 뇌리에서 떠나지 않다 • haunt me until now ː 지금까지 계속 떠오르다
屠 귀신[유령]이 출몰하다	• haunt the old house ː 유령이 오래된 집에 나타나다 • haunt the country lanes ː 시골길에 유령이 출몰하다
屠 낙제하다, 떨어지다	• flunk 2 subjects ː 두 과목을 낙제하다 • flunk an exam ː 시험에 떨어지다
屠 쿵쾅거리다, 세게 치다, 　　두드리다, 떨어지다	• thump a ripe watermelon ː 잘 익은 수박을 두드리다 • thump the table ː 식탁을 내리치다
屠 깜짝 놀라게 하다	• astonish the world ː 세계를 깜짝 놀라게 하다 • astonish people around me ː 내 주위 사람들을 깜짝 놀라게 하다
屠 깜짝 놀라게 하다	• startle the whole world ː 전 세계를 깜짝 놀라게 하다 • startle from sleep ː 놀라게 해서 잠을 깨다
屠 아첨하다, 알랑거리다	• flatter for promotion ː 승진을 위해 아첨하다 • flatter our senses ː 우리의 오감을 기쁘게 하다
屠 (상하·좌우로) 흔들다	• waggle the head ː 머리를 흔들다 • waggle his finger ː 그의 손가락을 흔들다
屠 구성되다, 이루어지다	• consists of two steps ː 두 단계로 구성되다 • consist with another product ː 다른 제품과 일치하다
屠 똑바르게 하다	• straighten my tie ː 넥타이를 똑바로 하다 • Straighten your back. ː 허리를 펴라.
屠 억누르다, 참다, 　　들어[함유되어] 있다, 포함하다	• contain emotions ː 감정을 억누르다 • contain myself ː 나 스스로 참다

0841 **impose**[1]
임포우ㅈ

¹ 가치관을 남에게 impose 하다.
² 제안은 하지만 impose 하지 마.

0842 **impose**[2]
임포우ㅈ

¹ 피고에게 중형을 impose 하다.
² 여행사가 발권 수수료를 impose 했다.

0843 **vaccinate**
배ᵛ액써네이트

¹ 독감에 대비해 vaccinate 했다.
² 강아지들도 각종 질병에 대비해 vaccinate 해야 한다.

0844 **disable**
디쎄이블

¹ 사용하지 않는 이메일 계정을 disable 했다.
² 도둑들이 경보장치를 disable 한 뒤 건물에 침입했다.

0845 **wag**
웨애ㄱ

¹ 강아지가 꼬리를 wag 하면서 우리를 반겼다.
² 우리 개는 낯선 사람에게도 꼬리를 wag 한다.

0846 **rack**
뤠애ㅋ

¹ 통증이 온몸을 rack 했다.
² 죄책감이 온종일 나를 rack 했다.

0847 **fetch**
페ᶠ취

¹ 거실에서 내 가방 좀 fetch 해 줄래?
² 전문가를 fetch 해 와야 할 것 같다.

0848 **outrun**
아웃뤈

¹ 앞서가던 주자를 outrun 했다.
² 도둑이 경찰들을 outrun 해서 도망쳤다.

0849 **clang**
클래앵

¹ 대문이 닫히며 clang 했다.
² 문을 여닫을 때마다 작은 종이 clang 한다.

0850 **clatter**
클래애터ʳ

¹ Clatter 하는 말발굽 소리.
² Clatter 하며 타자 치는 소리가 들려왔다.

0851 **dwell**
드웰

¹ 가재는 민물이나 호수에 dwell 한다.
² 과거에 dwell 하기보다는 앞으로 나아가라.

0852 **shave**
쉬에이ㅂᵛ

¹ 면도기로 수염을 shave 했다.
² 승려들은 보통 머리를 shave 한다.

0853 **despise**
디스파이ㅈ

¹ 나는 성범죄자를 despise 한다.
² 부자들은 가난한 이들을 despise 하는 경향이 있다.

0854 **specify**
스페써파ᶠ이

¹ 참석자 수를 자세히 specify 하세요.
² 원하시는 색상과 사이즈를 specify 해 주세요.

통 강요하다, 폐를 끼치다	• impose their culture ｜ 그들의 문화를 강요하다 • impose my idea ｜ 내 생각을 강요하다
통 부과하다, 적용하다	• impose restrictions ｜ 규제를 적용하다 • impose a duty ｜ 의무를 부과하다
통 예방주사[백신]를 맞히다	• vaccinate babies ｜ 아기들에게 예방 주사를 맞히다 • vaccinate for smallpox ｜ 천연두를 대비해 예방 주사를 맞히다
통 비활성화하다, 장애를 입히다	• almost disable the wounded ｜ 부상자가 거의 장애를 입을 뻔하다 • disable an account ｜ 계정을 비활성화하다
통 (개가 꼬리를) 흔들다	• wag his tail ｜ 그의 꼬리를 흔들다 • greet with a wag of the tail ｜ 꼬리를 흔들며 반기다
통 괴롭히다, 시달리게 하다 명 받침대, 선반	• rack by guilt ｜ 죄책감에 시달리다 • rack with pain ｜ 고통에 시달리다
통 가지고 오다, 데리고 오다	• fetch the ball ｜ 공을 가지고 오다 • fetch the audience ｜ 관객을 불러들이다
통 넘어서다, …보다 빨리 달리다	• outrun Usain Bolt ｜ 우사인 볼트보다 빨리 달리다 • outrun the police ｜ 경찰에게서 달아나다
통 '쨍그랑[땡그랑]'하는 소리를 내다	• clang a bell ｜ 종을 치다 • the door clanged shut ｜ 문이 철커덩하고 닫히다
통 달가닥 소리를 내다	• clatter on the floor ｜ 바닥에서 덜커덕하는 소리를 내다 • hoofs clatter ｜ 말굽 소리가 나다
통 살다, 거주하다, 머무르다	• dwell in a cave ｜ 굴에서 살다 • dwell on the past ｜ 과거에 연연하다
통 깎다, 면도하다	• shave the beard ｜ 수염을 면도하다 • need to shave ｜ 면도해야 하다
통 경멸하다, 멸시하다	• despise the rich ｜ 부자들을 경멸하다 • despise the drug addicts ｜ 마약 중독자들을 경멸하다
통 (구체적으로) 명시하다	• specify the address ｜ 주소를 명시하다 • specify the name ｜ 이름을 지정하다

0855 clarify
클래애뤄파ᴵ이

¹ 내 입장을 clarify 했다.
² 헷갈리는 상황을 clarify 해 주세요.

0856 frame
프ᴵ뤠임

¹ 결백한 남자에게 살인죄를 frame 했다.
² 자신의 죄를 다른 사람에게 frame 하는 나쁜 사람.

0857 shiver
쉬이버ᵛ·ʳ

¹ 밀려드는 공포에 몸을 shiver 했다.
² 밖에서 shiver 하지 말고 안으로 들어오세요.

0858 portray
포어ʳ트뤠이

¹ 숀 코너리가 그 배역을 portray 할 것이다.
² 재판 내내 그는 자신을 피해자로 portray 했다.

0859 arm
아암ʳ

¹ 그는 활과 화살로 arm 했다.
² 폭동을 막기 위해 시민들이 자발적으로 칼과 망치로 arm 했다.

0860 smuggle
스머글

¹ 교도소 안으로 총을 smuggle 한 재소자.
² 몰래 국내로 마약을 smuggle 하다 붙들린 일당.

0861 behold
비호울ᴅ

¹ 함께 저녁노을을 behold 했다.
² 밝게 빛나는 별 하나를 behold 했다.

0862 generalize
줴너뤌라이ㅈ

¹ 한 가지 사례로 generalize 하는 것은 위험하다.
² 고객들의 요구가 너무 다양해서 generalize 하기 어렵다.

0863 issue
이쓔우

¹ 잡지가 issue 되다.
² 영사관에서 비자를 issue 하다.

0864 arise
어롸이ㅈ

¹ 문제가 arise 했다.
² 좋은 기회가 arise 하면 잡아라.

0865 articulate
아ʳ티큘러ㅌ

¹ 정확한 발음으로 articulate 해라.
² 자신감 있게 너의 생각을 articulate 해라.

0866 diagnose
다이어그노우ㅈ

¹ 의사가 이 병을 암이라고 diagnose 했다.
² 간단한 테스트 한 번으로 다양한 질병을 diagnose 할 수 있다.

0867 exclude
익스클루우ᴅ

¹ 나만 승진에서 exclude 되다니!
² 리스트에서 그의 이름을 exclude 했다.

0868 illegalize
일리이걸라이ㅈ

¹ 불법 복제를 illegalize 한다.
² 공공장소에서의 흡연을 illegalize 하다.

통 명확히[분명히] 하다	• clarify the position ᅵ 입장을 분명히 하다 • clarify the present situation ᅵ 현 상황을 명확히 설명하다
통 누명을 씌우다, 모함하다, 틀에 넣다, 테를 두르다 명 액자, 틀[뼈대]	• frame an innocent person ᅵ 무고한 사람에게 누명을 씌우다 • frame a murder ᅵ 살인죄의 누명을 씌우다
통 (몸을) 떨다	• shiver with cold ᅵ 추위에 떨다 • shiver violently ᅵ 격렬히 몸을 떨다
통 연기하다, 묘사하다	• portray a historical figure ᅵ 역사적 인물을 연기하다 • portray negatively ᅵ 부정적으로 묘사하다
통 무장하다 명 팔	• arm an army ᅵ 군대를 무장하다 • arm against the enemy ᅵ 적에 맞서 무장하다
통 밀반입하다, 밀반출하다, 밀수하다	• smuggle diamonds ᅵ 다이아몬드를 밀수하다 • smuggle illegal goods ᅵ 불법적인 물품들을 밀수하다
통 바라보다	• behold the rainbow ᅵ 무지개를 바라보다 • Look and behold! ᅵ 이것 봐봐!
통 일반화하다	• generalize about the gender ᅵ 성에 관해 일반화하다 • easy to generalize ᅵ 일반화하기 쉬운
통 발행하다, 발부하다 명 사안[문제], 주제	• issue the driver's license ᅵ 운전면허증을 발급하다 • issue the visa ᅵ 비자를 발급하다
통 (문제나 곤란한 상황 등이) 생기다, 발생하다	• changes arise ᅵ 변화가 생기다 • problems arise ᅵ 문제들이 발생하다
통 분명히 표현하다, 또렷이 발음하다	• hard to articulate ᅵ 발음하기 어려운 • articulate a word ᅵ 단어를 발음하다
통 진단하다, 원인을 밝혀내다	• diagnose a disease ᅵ 병을 진단하다 • diagnose as cancer ᅵ 암으로 진단하다
통 제외하다, 배제하다	• exclude him from the team ᅵ 그를 팀에서 배제하다 • firmly exclude ᅵ 단호히 배척하다
통 금하다, 불법화하다	• illegalize indoor smoking ᅵ 실내 흡연을 불법화하다 • illegalize abortion ᅵ 낙태를 불법화하다

0869	**diverge** 디버ᵛ어ᶠ쥐	¹ 우리의 의견이 다른 방향으로 diverge 하네요. ² 도로가 두 갈래로 diverge 한다.
0870	**tamper** 태앰퍼ᶠ	¹ 아무나 쉽게 tamper 할 수 없는 신분증이 필요하다. ² 환자의 의료 기록을 tamper 한 간호사가 해고되었다.
0871	**alter** 어얼터ᶠ	¹ 출발 날짜가 내일로 alter 되다. ² 목소리를 alter 해서 장난 전화를 한다.
0872	**tend** 텐ㄷ	¹ 애들은 내가 tend 할 테니까 눈 좀 붙여. ² 나이팅게일은 크림 전쟁에 참여하여 부상병들을 tend 했다.
0873	**compensate** 카암펀쎄이ㅌ	¹ 손해를 돈으로 compensate 하다. ² 무엇으로도 compensate 할 수 없는 슬픔.
0874	**indicate** 인디케이ㅌ	¹ 이 그래프는 매출 현황을 indicate 한다. ² 당뇨병은 오랜 시간이 지날 때까지 아무런 증상도 indicate 하지 않는다.
0875	**justify** 줘스터파ᶠ이	¹ 목적이 수단을 justify 할 수는 없다. ² 네 그릇된 행동을 justify 하려고 하지 마.
0876	**possess** 퍼제ㅆ	¹ 내 집을 possess 하는 것이 꿈이다. ² 원하는 모든 것을 possess 할 수는 없다.
0877	**replenish** 뤼플레니쉬	¹ 떨어진 비축 물자를 replenish 했다. ² 에너지를 replenish 하기 위해 휴식이 필요하다.
0878	**revive** 뤼바ᵛ이ㅂᵛ	¹ 침체한 경제를 revive 하기 위한 노력. ² 응급실 의료진도 그를 revive 할 수 없었다.
0879	**reconstruct** 뤼이컨ㅅ트뤅ㅌ	¹ 불타버린 건물을 reconstruct 했다. ² 국가 경제를 reconstruct 해야 한다.
0880	**restore** 뤼ㅅ토어ᶠ	¹ 수술로 시력을 restore 했다. ² 한번 무너진 신뢰는 restore 하기 어렵다.
0881	**collide** 컬라이ㄷ	¹ 승용차와 트럭이 collide 했다. ² 두 대의 헬리콥터가 공중에서 collide 했다.
0882	**contradict** 카안ㅌ뤄딕ㅌ	¹ 말과 행동이 contradict 하는 사람. ² 실험 결과는 그의 이론에 contradict 했다.

통 나뉘다[갈라지다], 벗어나다	• **diverge** from the plan ㅣ 계획에서 벗어나다 • **diverge** markedly ㅣ 현저하게 나뉘다
통 (허락 없이 손을 대) 손상을 입히거나 변경하다	• **tamper** evidence ㅣ 증거를 조작하다 • **tamper** with records ㅣ 기록을 조작하다
통 바꾸다, 달라지다, 변형하다	• **alter** the prices ㅣ 가격을 변경하다 • **alter** the limit ㅣ 한계를 변경하다
통 돌보다, 보살피다, …의 경향이 있다, …하기 쉽다[잘 하다]	• **tend** the plant ㅣ 식물을 돌보다 • **tend** with care ㅣ 정성으로 보살피다
통 보상하다	• **compensate** the defect ㅣ 문제점을 보완하다 • **compensate** a loss ㅣ 손해를 보상하다
통 나타내다, 가리키다, 보여주다	• **indicate** a problem ㅣ 문제를 지적하다 • **indicate** clearly ㅣ 명확히 지목하다
통 정당화하다, 옳음[타당함]을 보여주다	• try to **justify** ㅣ 정당화하려 하다 • **justify** a war ㅣ 전쟁을 정당화하다
통 소유하다, 보유하다	• **possess** no power ㅣ 힘이 없다 • **possess** a gun ㅣ 총을 소유하다
통 다시 채우다, 보충하다	• **replenish** the glass ㅣ 잔을 다시 채우다 • **replenish** food supplies ㅣ 식품 물자를 보충하다
통 소생시키다, 회복시키다	• **revive** the economy ㅣ 경제를 되살리다 • **revive** the dead ㅣ 죽은 자를 소생시키다
통 재건하다, 복원하다	• **reconstruct** a building ㅣ 건물을 재건하다 • **reconstruct** an apartment ㅣ 아파트를 재건축하다
통 회복시키다, 복원하다	• **restore** a painting ㅣ 그림을 복원하다 • **restore** order ㅣ 질서를 되찾다
통 충돌하다, 부딪치다	• **collide** with another car ㅣ 다른 차와 충돌하다 • **collide** into each other ㅣ 서로 충돌하다
통 모순되다, 부정하다	• **contradict** suspect's story ㅣ 용의자의 이야기에 반박하다 • **contradict** the argument ㅣ 주장을 반박하다

0883 **tempt**
템ㅍ트
1 좋은 품질로 고객들을 tempt 하라.
2 식사 후에 디저트가 나를 tempt 했다.

0884 **resent**
뤼젠트
1 그의 반복되는 거짓말을 resent 한다.
2 중산층은 귀족들의 오만함을 resent 했다.

0885 **decompose**
디이컴포우ㅈ
1 폐기물들이 decompose 하며 가스를 방출한다.
2 시간이 흐르면 낙엽이 decompose 하여 흙이 된다.

0886 **dissolve**
디자알ㅂ∨
1 소금은 물에 dissolve 된다.
2 설탕이 dissolve 될 때까지 열을 가해라.

0887 **animate**
애너메이트
1 미소가 그의 얼굴에 animate 했다.
2 밑그림에 색을 입혀 animate 했다.

0888 **accuse**[1]
어큐우ㅈ
1 나를 탓하기보다 세상을 accuse 한다.
2 무작정 accuse 하기보다는 비판하라.

0889 **accuse**[2]
어큐우ㅈ
1 폭행으로 가해자를 accuse 했다.
2 절도 혐의를 받는 용의자를 accuse 했다.

0890 **endanger**
인데인줘ㄹ
1 핵무기는 세계 평화를 endanger 할 수 있다.
2 미세먼지가 우리들의 건강을 endanger 하고 있다.

0891 **omit**
오우미트
1 예약자 명단에 제 이름이 실수로 omit 된 것 같은데 확인해 주시겠어요?
2 시간 관계상 그 부분은 omit 하겠습니다.

0892 **drench**
드뤤취
1 갑자기 소나기가 내려 옷이 drench 되었다.
2 운동 후에 쏟아진 땀이 옷을 drench 했다.

0893 **pluck**
플러ㅋ
1 족집게로 눈썹을 pluck 했다.
2 엄마의 흰머리를 pluck 했다.

0894 **vanish**
배∨애니쉬
1 흔적도 없이 vanish 했다.
2 풍선이 허공으로 vanish 했다.

0895 **breed**[2]
브뤼이ㄷ
1 대부분 새는 봄에 breed 한다.
2 연어는 breed 하기 위해 강으로 회귀한다.

0896 **distribute**
디ㅅ트뤼뷰우트
1 신문을 무료로 distribute 하다.
2 범인의 몽타주를 전국에 distribute 했다.

통 유혹하다, 부추기다	• tempt your fate ı 운명을 시험하다 • tempt him to wrong ı 나쁜 길로 부추기다
통 분하게 여기다, 분개하다	• resent parents ı 부모들에 대해 분개하다 • resent his behavior ı 그의 행동에 대해 분개하다
통 부패하다, 분해되다	• decompose into the ground ı 땅으로 분해되다 • waste materials decompose ı 폐기물들이 분해되다
통 녹다[용해하다], 분해하다	• dissolve salt ı 소금을 녹이다 • dissolve in water ı 물에 녹이다
통 생기[활력]를 불어넣다	• animate a discussion ı 논의에 활력을 불어넣다 • animate the crowd ı 관중을 열광시키다
통 탓하다, 비난하다	• accuse the government ı 정부를 비난하다 • accuse of lying ı 거짓말을 하고 있다고 비난하다
통 고소[고발]하다, 혐의를 제기하다	• accuse of murder ı 살인 혐의를 제기하다 • accuse of crimes ı 범죄에 대해 고소하다
통 위험에 빠뜨리다	• endanger animals ı 동물들을 위험에 빠뜨리다 • endanger our health ı 우리의 건강을 위험에 빠뜨리다
통 생략하다, 빠뜨리다	• omit an article ı 항목을 생략하다 • omit to write ı 쓰는 것을 빠뜨리다
통 흠뻑 적시다	• drench a towel ı 수건을 적시다 • drench thoroughly ı 흠뻑 적시다
통 뽑다, 뜯다	• pluck a fruit ı 과일을 따다 • pluck out a grey hair ı 흰 머리카락을 뽑아내다
통 사라지다	• vanish from sight ı 시야에서 사라지다 • vanish without a trace ı 흔적도 없이 사라지다
통 번식하다, 사육하다 명 (동물의) 품종, (사람의) 유형	• breed animals ı 동물들을 기르다 • breed cattle ı 소를 기르다
통 나누어 주다, 분배하다, 유통하다, 살포하다	• distribute food ı 식량을 나눠주다 • distribute a newspaper ı 신문을 배포하다

0897	**inherit** 인헤뤼트	¹ 가업을 inherit 했다. ² 막대한 유산을 inherit 했다.
0898	**correspond** 코어뤄스파안드	¹ 언행이 correspond 한다. ² 두 사람의 설명이 correspond 하지 않는다.
0899	**repay** 뤼페이	¹ 은혜를 원수로 repay 하다니! ² 빌린 돈은 다음 주에 repay 할게.
0900	**engrave** 인그뤠이ㅂ ᵛ	¹ 선생님의 가르침을 마음속 깊이 engrave 했다. ² 시계 뒷면에 여자친구의 이니셜을 engrave 했다.
0901	**ponder** 파안더ʳ	¹ 차분히 그 발언을 ponder 해 봤다. ² 돈을 어디에 쓸지 ponder 하는 중이다.
0902	**declare** 디클레어ʳ	¹ 국가가 비상사태를 declare 했다. ² 아직은 패배를 declare 할 때가 아냐.
0903	**terrify** 테뤄파ʳ이	¹ 커다란 개가 아이를 terrify 했다. ² 좁은 공간은 언제나 나를 terrify 한다.
0904	**perish** 페어뤼쉬	¹ 칼을 좋아하는 자는 칼로 perish 한다. ² 육체는 결국 perish 되어 땅으로 돌아간다.
0905	**exhaust** 이그저어ㅅㅌ	¹ 고된 일과로 몸을 exhaust 했다. ² 비축된 식량을 모두 exhaust 했다.
0906	**minimize** 미너마이ㅈ	¹ 고통을 minimize 해 주는 진통제. ² 홍수 피해를 minimize 하기 위한 대책.
0907	**entail** 인테이일	¹ 자유는 책임을 entail 한다. ² 많은 시간과 노력을 entail 하는 어려운 작업.
0908	**reap** 뤼이ㅍ	¹ 가을은 곡물을 reap 하기 좋은 계절이다. ² 지난 노력에 대한 보상을 reap 할 것이다.
0909	**conform** 컨포ʳ엄ʳ	¹ 제품은 엄격한 기준에 conform 해야 한다. ² 우리는 대체적인 법률에 conform 해야 한다.
0910	**simplify** 쓰임플러파ʳ이	¹ 전통 한복을 simplify 한 생활 한복. ² 복잡한 행정 절차를 simplify 하여 비용을 절감했다.

图 물려받다, 상속받다	• inherit a fortune ┃ 많은 자산을 물려받다 • inherit from parents ┃ 부모로부터 물려받다
图 일치하다, 부합하다, 상응하다	• correspond with friends ┃ 친구와 편지를 주고받다 • not always correspond ┃ 항상 일치하지는 않는다
图 갚다, 상환하다	• repay money ┃ 돈을 갚다 • repay all debts ┃ 채무를 상환하다
图 새기다	• engrave a seal ┃ 도장을 새기다 • engrave on one's memory ┃ 기억 속에 새겨두다
图 숙고하다, 깊이 생각하다	• ponder over the question ┃ 그 문제에 대해 곰곰이 생각하다 • ponder on the offer ┃ 그 제안에 대해 차분히 생각하다
图 선포하다, 선언하다	• declare officially ┃ 공개적으로 선언하다 • declare independence ┃ 독립을 선언하다
图 무섭게 하다	• terrify him ┃ 그를 겁에 질리게 하다 • terrify passengers ┃ 승객들을 무섭게 하다
图 죽다, 소멸하다	• perish with hunger ┃ 굶어 죽다 • perish in battle ┃ 전사하다
图 기진맥진하게 만들다, 다 써버리다, 소모하다 图 (자동차 등의) 배기가스, 배기관	• exhaust employees physically ┃ 직원들을 육체적으로 기진맥진하게 하다 • exhaust myself ┃ 진을 빼다
图 최소화하다	• minimize the risk ┃ 위험을 최소화하다 • minimize the damage ┃ 피해를 최소화하다
图 수반하다	• entail risks ┃ 위험을 수반하다 • entail a certain condition ┃ 특정 조건을 수반하다
图 거두다, 수확하다	• reap harvests ┃ 수확물을 거두다 • reap the rewards ┃ 보상을 거두다
图 따르다, 순응하다	• conform to safety regulation ┃ 안전 규정에 따르다 • conform to the law ┃ 법을 지키다
图 간소화하다, 단순화하다	• simplify the procedure ┃ 절차를 간소화하다 • simplify the design ┃ 디자인을 단순화하다

0911 mourn
모언ㄹ

¹ 많은 이들이 그의 죽음을 mourn 한다.
² 세상을 떠난 전쟁 영웅들을 mourn 합니다.

0912 rehearse
뤼허어ㄹㅆ

¹ 실전이라 생각하고 rehearse 했다.
² 공연 전 rehearse 할 시간이 1시간 밖에 없다.

0913 grant
그뤠앤ㅌ

¹ 여행할 국가의 비자가 grant 되었다.
² 은행에서 마침내 융자를 grant 했다.

0914 reassemble
뤼이어쎔블

¹ 의자를 분해해서 reassemble 해야 한다.
² 해산했다가 한 시간 뒤 reassemble 해라.

0915 implicate
임플리케이ㅌ

¹ 비리에 많은 정치인이 implicate 되었다.
² 범죄에 implicate 되는 십 대들이 늘고 있다.

0916 tell
텔

¹ 시계를 보지 않고도 몇 시인지 tell 할 수 있다.
² 저는 사람들이 어느 나라에서 왔는지 tell 할 수 있어요.

0917 collapse
컬래앱ㅆ

¹ 지진으로 건물이 collapse 했다.
² 의식을 잃고 길 위에 collapse 했다.

0918 tackle
태애클

¹ 이런 문제와 tackle 할 이유가 없다.
² 정부가 물가 상승에 tackle 하겠다고 발표했다.

0919 scout
스크아우ㅌ

¹ 능력 있는 경력자를 scout 하다.
² 없어진 손목시계를 찾아 집안을 scout 했다.

0920 trample
트뤠앰플

¹ 그 꽃들을 trample 하지 마라.
² 다른 사람의 꿈을 trample 해서는 안 된다.

0921 outgrow
아웃그뤄우

¹ 동생이 형보다 outgrow 했다.
² 아이가 자라서 outgrow 한 옷들을 동생에게 물려줬다.

0922 emerge
이머어ㄹ쮜

¹ 문제점이 emerge 하다.
² 밤이 되면 달이 emerge 한다.

0923 imply
임플라이

¹ 많은 뜻을 imply 하는 문장.
² 그는 은연중에 그만둘 계획을 imply 했다.

0924 suggest
써쮀ㅅㅌ

¹ 사건의 정황이 그녀가 피살되었음을 suggest 한다.
² 그 증거는 사건이 새로운 국면에 접어들었음을 suggest 한다.

통 (죽음에 대해) 애도하다 [슬퍼하다]	• mourn over the tragedy ┃ 비극적인 사건에 대해 애석해하다 • mourn our teacher's death ┃ 우리 선생님의 죽음을 슬퍼하다
통 예행연습을 하다	• rehearse for a performance ┃ 공연 연습을 하다 • rehearse for the first time ┃ 처음으로 연습하다
통 승인하다, 승낙하다	• grant a degree ┃ 학위를 수여하다 • grant a loan ┃ 융자를 허락하다
통 재조립하다, 다시 모이다	• reassemble after the break ┃ 휴식 후에 다시 모이다 • reassemble a watch ┃ 분해된 시계를 다시 맞추다
통 (…에 연루되었음을) 시사하다	• implicate in the murder ┃ 살인에 연루시키다 • implicate others in trouble ┃ 남들을 곤경에 빠뜨리다
통 알다[판단하다], 구별[식별]하다, 말하다	• can tell the difference ┃ 다른 점을 구별할 수 있다 • tell them apart ┃ 그들을 구별하다
통 무너지다, 쓰러지다	• the roofs collapse ┃ 지붕이 무너지다 • the buildings collapse ┃ 건물이 무너지다
통 (힘든 상황·문제와) 씨름하다, 태클을 걸다 명 태클	• tackle the problem ┃ 문제와 씨름하다 • tackle the tough question ┃ 어려운 문제와 씨름하다
통 발굴하다, (무엇을 찾아) 돌아다니다	• scout a foreign player ┃ 외국 선수를 스카우트하다 • a scout car ┃ 정찰용 차
통 짓밟다, 밟아 뭉개다	• trample on the flower ┃ 꽃을 짓밟다 • trample underfoot ┃ 발밑에 짓밟히다
통 …보다 더 커지다, 커져서 맞지 않게 되다	• outgrow the clothes ┃ 너무 커서 옷이 맞지 않게 되다 • outgrow the brother ┃ 형보다 커지다
통 드러나다, 알려지다	• emerge from the dark ┃ 어둠 속에서 나타나다 • begin to emerge ┃ 나타나기 시작하다
통 시사하다, 암시하다	• imply something ┃ 무엇인가 시사하다 • his statements imply ┃ 그의 발언은 시사한다
통 암시하다, 제안하다, 제의하다, 추천하다	• don't know what to suggest ┃ 무엇을 암시하는지 알지 못하다 • suggest that it is a miracle ┃ 그것이 기적임을 암시하다

0925 overwhelm
오우버ᵛ「웨음

¹ 과다한 업무량이 나를 overwhelm 한다.
² 그 풍경의 아름다움이 나를 overwhelm 했다.

0926 oppress
어프뤠ㅆ

¹ 약한 자들을 oppress 해서는 안 된다.
² 누구도 내 자유를 oppress 할 수 없다.

0927 rear
뤼어「

¹ 목장에서 소를 rear 한다.
² 혼자서 다섯 명의 가족을 rear 했다.

0928 elevate
엘러베ᵛ이ㅌ

¹ 스트레스는 혈압을 elevate 할 수 있다.
² 사장이 사원 두 명을 관리자로 elevate 했다.

0929 restrain
뤼ㅅㅌ뤠인

¹ 사람들 앞이라 감정을 restrain 했다.
² 너무 화가 나서 자신을 restrain 할 수 없었다.

0930 note
노우ㅌ

¹ 이 두 그림이 가진 차이점에 note 하십시오.
² 경찰은 그가 사건 현장에 있었다는 점에 note 했다.

0931 hit
히ㅌ

¹ 이번 화재 사고의 사망자는 30명에 hit 한다.
² 우리 회사의 올해 2분기 매출이 사상 최고에 hit 했다.

0932 enroll
인뤄울

¹ 이 체육관에 회원으로 enroll 하고 싶어요.
² 그 교수님의 강의에는 enroll 하고 싶지 않아.

0933 hitchhike
히춰하이ㅋ

¹ 그들은 hitchhike 하며 유럽을 여행했다.
² 그 지점에서부터는 hitchhike 할 수밖에 없어요.

0934 crave
크뤠이ㅂᵛ

¹ 가끔 단 것을 crave 한다.
² 그가 저렇게 열심히 일하는 이유는 성공을 crave 하기 때문이다.

0935 foresee
포ᶠ어「씨이

¹ 피해 규모는 아직 foresee 할 수 없다.
² 위기 상황이 닥칠 것이라고 아무도 foresee 하지 못했다.

0936 cite
싸이ㅌ

¹ 주장을 뒷받침하는 근거를 cite 해라.
² 내 스트레스의 이유를 수면 부족으로 cite 한다.

0937 summarize
써머라이ㅈ

¹ 브리핑하기 위해 보고서를 짧게 summarize 하다.
² 내용이 너무 많으니 한 줄로 summarize 해 주세요.

0938 tip
티ㅍ

¹ 의자를 뒤로 tip 했다.
² 보트가 한쪽으로 tip 되었다.

통 압도하다	• overwhelm her ㅣ 그녀를 압도하다 • overwhelm with power ㅣ 무력으로 압도하다
통 탄압하다, 억압하다, 압박하다	• oppress the weak ㅣ 약자를 압박하다 • oppress the minority ㅣ 소수집단을 억압하다
통 기르다, 양육하다 명 뒤쪽 형 뒤쪽의	• rear poultry ㅣ 가금류 동물을 기르다 • rear a child ㅣ 아이를 키우다
통 높이다, 승진시키다, 들어 올리다	• elevate the position ㅣ 지위를 올리다 • elevate the voice ㅣ 목소리를 높이다
통 제지하다, 억제하다	• restrain anger ㅣ 화를 참다 • restrain from eating snack ㅣ 간식 먹는 것을 자제하다
통 주목[주의]하다, 언급하다 명 음, 음표, 메모, 쪽지, 노트	• take note ㅣ 주목하다 • note the evidence ㅣ 증거에 주목하다
통 달다[이르다], (특정한 수준에) 달하다, 때리다[치다], 맞히다, 명중시키다	• hit a record ㅣ 기록을 내다 • hit rock bottom ㅣ 바닥까지 추락하다
통 등록하다, 입학하다, (이름을) 명부에 올리다	• enroll in the army ㅣ 군에 입대하다 • enroll in a course ㅣ 강좌에 등록하다
통 히치하이크하다, 남의 차를 얻어 타고 다니며 여행하다	• hitchhike to another country ㅣ 차를 얻어 타며 다른 나라로 여행하다 • hitchhike around Europe ㅣ 차를 얻어 타며 유럽을 돌아다니다
통 갈망하다, 열망하다	• crave for food ㅣ 음식을 갈망하다 • crave more education ㅣ 더 다양한 지식을 갈망하다
통 예견하다	• foresee the future ㅣ 미래를 예견하다 • foresee danger ㅣ 위험을 예견하다
통 …을 이유로 들다, 예로 들다	• cite an instance ㅣ 예를 들다 • cite a reason ㅣ 이유를 대다
통 요약하다	• summarize the story ㅣ 이야기를 요약하다 • summarize in a few words ㅣ 간단히 요약하다
통 젖히다, 기울어지다, 팁을 주다 명 (뾰족한) 끝, 봉사료[팁], 조언	• tip over ㅣ 전복되다 • tip to one side ㅣ 한쪽으로 젖히다

0939 creep
크뤼이ㅍ

1. 몰래 creep 해서 나가지 마라.
2. 식구들이 깰까 봐 creep 해서 들어갔다.

0940 grasp[1]
그뤠애ㅅㅍ

1. 그의 손목을 grasp 했다.
2. 좋은 기회라면 grasp 해라.

0941 offend
어펜'ㄷ

1. 그는 동성동본 배우자와 결혼함으로써 관습을 offend 했다.
2. 그는 '나 하나쯤은 괜찮겠지'라는 생각에 법규를 offend 했다.

0942 intimidate
인티머데이ㅌ

1. 커다란 덩치로 intimidate 하는 사람.
2. 권력을 가진 이들이 약자를 intimidate 하면 안 된다.

0943 motivate
모우티베ᵛ이ㅌ

1. 좋아하는 사람이 생긴 게 네가 다이어트를 시작하도록 motivate 한 거야?
2. 칭찬으로 아이들을 motivate 하다.

0944 derive
디롸이ㅂᵛ

1. 독서에서 지식을 derive 한다.
2. 자연경관에서 영감을 derive 한다.

0945 circulate
써어ʳ큘레이ㅌ

1. 혈액은 우리 몸을 circulate 한다.
2. 바람 덕분에 대기가 circulate 한다.

0946 attribute
어트뤼뷰우ㅌ

1. 자신의 성공을 행운에 attribute 한다.
2. 시험 결과가 좋은 것을 그 책에 attribute 했다.

0947 seclude
쓰이클루우ㄷ

1. 코로나 감염으로 인해 10일간 시설에 seclude 되었다.
2. 범인은 경찰을 피하려고 seclude 했다.

0948 brew
브루우

1. 요새는 우리나라에서도 수제 맥주를 brew 한다.
2. 부장님이 마실 커피를 왜 제가 brew 해야 합니까?

0949 sculpt
스컬ㅍㅌ

1. 얼음으로 sculpt 한 동물 형상.
2. 돌을 sculpt 해서 석상을 만들었다.

0950 hang
해앵

1. 그는 살인죄로 hang 되어 생을 마감했다.
2. 적장은 나무에 목을 hang 하여 스스로 목숨을 끊었다.

0951 skin
스킨

1. 사과를 skin 하면 먹기 편하다.
2. 사냥한 동물은 skin 한 뒤 요리해야 한다.

0952 choke
쵸우ㅋ

1. 연기에 choke 해서 죽을 뻔했다.
2. 작은 장난감은 아기가 삼킬 경우 choke 할 수 있다.

圄 기다, 살금살금 움직이다	• **creep** up the stairs ㅣ 살금살금 계단을 오르다 • **creep** around the prey ㅣ 먹이 근처에서 살금살금 움직이다
圄 꽉 잡다, 움켜쥐다	• **grasp** my hand ㅣ 내 손을 꽉 움켜쥐다 • **grasp** the umbrella ㅣ 우산을 꽉 잡다
圄 규칙을 위반하다, 불쾌하게 하다, 　기분 상하게 하다	• **offend** the rules ㅣ 규칙을 위반하다 • **offend** against the tradition ㅣ 관례에 어긋나다
圄 겁주다, 위협하다	• **intimidate** the perpetrator ㅣ 범인에게 겁을 주다 • **intimidate** with threats ㅣ 협박으로 위협하다
圄 동기를 부여하다, 이유가 되다	• **motivate** the students ㅣ 학생들에게 동기를 부여하다 • aims to **motivate** ㅣ 동기 부여를 목표로 하다
圄 끌어내다, 얻어내다, 유래하다	• **derive** inspiration ㅣ 영감을 끌어내다[얻다] • **derive** a lot of profit ㅣ 이익을 얻다
圄 순환하다, 돌다, 유포되다	• **circulate** the body ㅣ 몸속을 순환하다 • **circulate** rumors ㅣ 헛소문을 퍼뜨리다
圄 …의 결과로 보다, 　…의 탓으로 하다	• **attribute** blame to him ㅣ 그의 탓으로 돌리다 • **attribute** importance to it ㅣ 그것에 중요성을 부여하다
圄 격리하다, 고립시키다, 은둔하다	• **seclude** from the world ㅣ 세상으로부터 은둔하다 • **seclude** a patient ㅣ 환자를 격리하다
圄 (맥주를) 양조하다, 　(커피·차 등을) 달이다	• **brew** the beer ㅣ 맥주를 양조하다 • **brew** tea ㅣ 차를 끓이다
圄 조각하다, 형상[형태]을 만들다	• **sculpt** a figure ㅣ 모양을 만들다 • **sculpt** in ice ㅣ 얼음을 조각하다
圄 교수형에 처하다, 목을 매달다, 　걸다, 매달다	• **hang** the criminal ㅣ 범죄자를 교수형에 처하다 • **hang** herself ㅣ 그녀 스스로 목을 매달다
圄 (과일·동물의) 껍질을 벗기다 圀 피부, 껍질	• **skin** the tomatoes ㅣ 토마토 껍질을 벗기다 • **skin** the knees ㅣ 무릎이 까지다
圄 숨이 막히다, 목을 조르다	• **choke** to death ㅣ 질식사하다 • **choke** in my mouth ㅣ 입을 다물고 있다

0953 weep
위이ㅍ

¹ 슬픈 영화를 보고 weep 했다.
² 마침내 상봉한 가족들이 부둥켜안고 weep 했다.

0954 peer
피어ʳ

¹ 아까부터 저 사람이 날 기분 나쁘게 peer 하고 있어.
² 사진들을 한 장 한 장 꼼꼼히 peer 했다.

0955 signify
쓰이그너파ʰ이

¹ 그녀는 미소로 찬성을 signify 했다.
² 그가 두른 흰 띠는 그가 태권도 초보자임을 signify 한다.

0956 rely on
륄라이

¹ 그가 와줄 거라고 rely on 한다.
² 학비는 부모님께 rely on 하고 있다.

0957 relocate
뤼일로우케이ㅌ

¹ 본사를 서울에서 제주도로 relocate 했다.
² 인건비 때문에 공장을 중국으로 relocate 했다.

0958 authorize
어어떠ᵗʰ롸이ㅈ

¹ 본사에서 authorize 한 공식 대리점.
² 출장 동안 상사가 자신의 권한을 나에게 authorize 했다.

0959 persevere
퍼어ʳ써비ᵛ어ʳ

¹ 남의 평판에 신경 쓰지 않고 persevere 한다.
² 사람들의 만류에도 불구하고 하던 일을 persevere 했다.

0960 perceive
퍼ʳ씨이ㅂᵛ

¹ 그는 자신을 실패자로 perceive 했다.
² 나는 위기를 본능적으로 perceive 했다.

0961 boast
보우ㅅㅌ

¹ 그는 이겼다고 boast 하지 않았다.
² 자기 성공에 대해서 boast 하지 않는다.

0962 collaborate
컬래애버뤠이ㅌ

¹ 오랫동안 우리와 collaborate 해 온 파트너 회사.
² 백신 개발을 위해 서로 collaborate 하는 연구진들.

0963 interact
인터뤠액ㅌ

¹ 항상 고객들과 interact 하겠습니다.
² 팬들과 interact 하기 좋아하는 가수.

0964 renew¹
뤼뉴우

¹ 은퇴했던 그가 활동을 renew 했다.
² 보급품이 오자 그 지역에 공격을 renew 했다.

0965 tramp²
트뤠앰ㅍ

¹ 우리는 tramp 해서 풀밭을 지났다.
² 병사들이 tramp 해서 행진하고 있다.

0966 underestimate
언더뤠스터메이ㅌ

¹ 어린 애라고 underestimate 하지 마라.
² 프로젝트의 예산을 underestimate 했다.

图 개조하다, 전환하다	• convert religion ┃ 종교를 바꾸다 • convert a car into a robot ┃ 자동차를 로봇으로 변형시키다
图 차지하다, 점령하다	• wrongfully occupy ┃ 부당하게 점령하다 • occupy the land ┃ 땅을 점령하다
图 사용하다, 거주하다	• occupy the room ┃ 방을 사용하다 • occupy an office ┃ 사무실을 사용하다
图 예정해 두다, 정해지다	• destine the day ┃ 날짜를 정하다 • destine to become a singer ┃ 가수가 될 운명이다
图 정화하다	• purify air ┃ 공기를 정화하다 • purify water ┃ 물을 정화하다
图 없애다, 제거하다	• eliminate the resistance ┃ 저항 세력을 제거하다 • eliminate from the list ┃ 목록에서 빼다
图 고소하다, 소송을 제기하다	• sue for a divorce ┃ 이혼 소송을 하다 • sue a person ┃ 사람을 고소하다
图 제출하다	• submit a request ┃ 청원서를 제출하다 • submit the resume ┃ 이력서를 제출하다
图 질문[문의]하다, 조사하다	• inquire into a case ┃ 사건을 조사하다 • inquire about the possibility ┃ 가능성에 관해 묻다
图 수사하다, 조사하다	• investigate a case ┃ 사건을 조사하다 • internally investigate ┃ 내사를 하다
图 중재하다, 조정하다	• mediate between the parties ┃ 쌍방 간의 이견을 조율하다 • mediate in the dispute ┃ 분쟁을 조정하다
图 통제[규제]하다, 조절[조정]하다	• regulate the speed ┃ 속도를 조절하다 • regulate the watch ┃ 시계를 맞추다
图 탐닉하다, 빠지다, 　마음껏 즐기다, 충족시키다	• indulge in pleasures ┃ 쾌락에 빠지다 • indulge the passion ┃ 열정을 채우다
图 아주 좋아하다	• adore a coworker ┃ 동료를 아주 좋아하다 • adore pets ┃ 애완동물을 아주 좋아하다

0981 inject
인젝ㅌ

1 간호사가 환자에게 진통제를 inject 했다.
2 부모가 가치관이나 꿈을 자녀에게 inject 해서는 안 된다.

0982 beware
비웨어ㄹ

1 빙판길을 beware 해라.
2 소매치기를 beware 하세요.

0983 comply
컴플라이

1 계약 조건을 comply 해야 한다.
2 사고를 방지하기 위해 안전수칙을 comply 해 주세요

0984 dwindle
드윈들

1 회원 수가 이전 규모의 절반으로 dwindle 했다.
2 이 극장은 관객이 dwindle 하고 있어서 문을 닫을 지경이다.

0985 evaporate
이베ᵛ퍼뤠이ㅌ

1 마지막 남은 희망마저 evaporate 했다.
2 수분이 모두 evaporate 할 때까지 열을 가하라.

0986 rip
륖ㅍ

1 새 옷이 못에 걸려 rip 되었다.
2 화가 나서 편지를 갈기갈기 rip 해 버렸다.

0987 designate
데지그네이ㅌ

1 국립공원으로 designate 된 곳.
2 기관장이 자기 후임자를 designate 했다.

0988 dominate
다아머네이ㅌ

1 그는 압도적인 실력으로 경기를 완전히 dominate 했다.
2 그들이 이 지역 상권을 dominate 하고 있다.

0989 govern
가번ᵛㄹ

1 백성을 잘 govern 하는 성군.
2 대한민국은 법이 govern 하는 법치국가다.

0990 manufacture[2]
매애뉴패ㄹ액춰ㄹ

1 파렴치한 기자가 manufacture 한 기사.
2 변명하려고 이야기를 manufacture 했다.

0991 chirp
춰어ㄹㅍ

1 참새가 chirp 하는 아침.
2 밤이면 귀뚜라미가 chirp 한다.

0992 uphold
어프호울ㄷ

1 이번 대통령 선거에서 나는 1번 후보를 uphold 해.
2 전통을 따르고 uphold 한다.

0993 proceed
프뤄우씨이ㄷ

1 과거는 잊고 proceed 하라.
2 일정대로 proceed 하겠습니다.

0994 devise
디바ᵛ이ㅈ

1 새로운 해결책을 devise 해냈다.
2 다른 전략을 devise 해야만 한다.

图 주입하다, 주사하다	• inject into the skin	피부에 주입하다 • inject an IV	링거를 투여하다	
图 조심하다, 주의하다	• beware of the weather	날씨에 주의하다 • beware of fire	불조심	
图 따르다, 준수하다	• comply with a request	부탁을 들어주다 • comply with requirements	요구사항을 충족하다	
图 점점 줄어들다	• dwindle in the near future	가까운 미래에 줄어들다 • dwindle over time	시간이 가며 점차 감소하다	
图 사라지다, 증발하다	• evaporate the water	물을 증발시키다 • hopes evaporate	희망이 사라지다	
图 찢어지다, 찢다	• rip the paper apart	종이를 찢다 • rip my pants	내 바지를 찢다	
图 지정하다, 지명하다	• designate her	그녀를 지명하다 • designate a guardian	후견인을 지정하다	
图 지배하다	• dominate the game	경기를 지배하다 • dominate the shipping industry	해운업을 지배하다	
图 통치하다, 지배하다	• govern the kingdom	왕국을 다스리다 • govern my feelings	감정을 통제하다	
图 지어내다, 제조하다, 생산하다 图 생산, 상품	• manufacture an article	기사를 지어내다 • manufacture the truth	사실을 지어내다	
图 짹짹 울다, 지저귀다	• birds chirp	새들이 짹짹거리다 • sparrows chirp	참새가 지저귀다	
图 유지하다, 지지하다	• uphold the law	법률을 지키다 • uphold a cause	명분을 지키다	
图 나아가다, 진행하다	• proceed with caution	조심스럽게 전진하다 • proceed on a journey	여행을 떠나다	
图 고안하다, 창안하다	• devise a plan	계획을 세우다 • devise a method	방법을 마련하다	

0995 **adopt**
어다압ㅌ

¹ 위원회가 adopt 한 새로운 정책.
² 시대에 맞게 새로운 법률을 adopt 하다.

0996 **sanitize**
쌔애너타이ㅈ

¹ 사용 전에 기구를 sanitize 하세요.
² 정기적으로 수영장을 sanitize 합니다.

0997 **prescribe**
프뤼스크롸이ㅂ

¹ 의사가 약을 prescribe 했다.
² 의사가 prescribe 한 복용량을 초과하지 마세요.

0998 **exceed**
익씨이ㄷ

¹ 권장량을 exceed 하지 마세요.
² 예상을 exceed 한 성과를 냈다.

0999 **trail**
트뤠이일

¹ 경찰이 도주한 용의자를 trail 했다.
² 반드시 trail 해서 대가를 치르도록 하겠다.

1000 **run**
뤈

¹ 대통령 선거에 두 번째로 run 했다.
² 올해 대통령 후보로 run 하려고 한다.

1001 **smash**²
스매애쉬

¹ 그 차가 나무와 smash 했다.
² 파도가 바위에 smash 하는 소리.

1002 **intrude**
인트루우ㄷ

¹ 남의 사생활을 intrude 하지 마라.
² 식사를 intrude 할 의도는 아니었어요.

1003 **steer**
스티어ㄹ

¹ 보트를 항구 쪽으로 steer 했다.
² 네가 노를 저으면 내가 steer 할게.

1004 **chuckle**
춰클

¹ 재미있는 책을 읽으며 chuckle 했다.
² 우리는 서로 장난치며 chuckle 했다.

1005 **flee**
플ㄹ리이

¹ 전쟁을 피해 flee 하는 난민들.
² 범죄자는 그 나라에서 flee 하려다 붙잡혔다.

1006 **navigate**
내애버ᵛ게이ㅌ

¹ 내가 운전할 테니까 네가 navigate 해 줘.
² 옛날 뱃사람들은 별을 보며 navigate 했다.

1007 **vent**²
벤ᵛㅌ

¹ 쌓인 불만을 마침내 vent 했다.
² 괜히 다른 사람에게 화를 vent 하지 마라.

1008 **digitize**
디쥐타이ㅈ

¹ 서류를 digitize 해서 컴퓨터로 쉽게 관리하세요.
² 손으로 그린 도면을 digitize 하여 컴퓨터로 옮겼다.

图 택하다, 채택하다, 입양하다	• adopt a name ¦ 이름을 택하다 • adopt a religion ¦ 종교를 채택하다
图 위생 처리하다	• sanitize the building ¦ 건물을 소독하다 • sanitize the handle ¦ 손잡이를 소독하다
图 처방하다	• prescribe for a cold ¦ 감기 치료를 위해 약을 처방하다 • prescribe a drug ¦ 약을 처방하다
图 넘다, 초과하다	• exceed expectations ¦ 기대를 능가하다 • exceed in number ¦ 수적으로 넘어서다
图 추적하다 图 흔적[자취], 오솔길	• trail a suspect ¦ 용의자를 추적하다 • the police started to trail ¦ 경찰이 추적을 시작했다
图 출마하다, 흐르다, 순환하다, 운영[개최]하다, 작동하다, 달리다	• run a second time ¦ 두 번째로 출마하다 • run in the election ¦ 선거에 출마하다
图 부딪치다, 충돌하다, 깨부수다, 박살 내다 图 박살 내기	• smash into a streetlight ¦ 가로수를 들이받다 • smash against the rock ¦ 바위에 부딪히다
图 방해하다, 침범하다	• intrude on privacy ¦ 프라이버시를 침해하다 • sorry to intrude ¦ 마음대로 들어와서 죄송하다
图 조종하다, 키를 잡다	• steer a team to victory ¦ 팀을 승리로 이끌다 • steer in the right direction ¦ 바르게 인도하다
图 킬킬[킥킥] 웃다	• chuckle at him ¦ 그를 보고 낄낄거리다 • chuckle at the memory ¦ 그 기억에 웃다
图 달아나다, 탈출하다	• flee for refuge ¦ 피난하다 • flee from the war zone ¦ 전쟁 지역에서 달아나다
图 길을 찾다[방향을 읽다], 항해하다, 탐색하다	• navigate without a compass ¦ 나침반 없이 항해하다 • navigate through results ¦ 결과를 탐색하다
图 (감정을) 터뜨리다 图 환기구, 통풍	• vent the rage ¦ 분노를 터뜨리다 • give vent to the feelings ¦ 감정을 터뜨리다
图 디지털화하다	• digitize the files ¦ 파일을 디지털화하다 • digitize the system ¦ 시스템을 디지털화하다

1009	**brainstorm** 브뤠인스토엄「	1. 이 주제에 대해 다 같이 brainstorm 해 보자. 2. 프로젝트를 시작하기 전에 brainstorm 하는 것이 좋다.
1010	**interpret** 인터어「프뤼트	1. 외국인 관광객을 interpret 하다. 2. 영어를 한국어로 interpret 하다.
1011	**reunify** 뤼유우너파「이	1. 두 나라를 reunify 한 황제. 2. 독일은 1990년에 reunify 했다.
1012	**standardize** 스태앤더「다이ㅈ	1. 1894년 갑오개혁을 통해 도량형이 standardize 되었다. 2. 그 프랜차이즈 기업은 직원들의 복장을 standardize 했다.
1013	**retire** 뤼타이어「	1. 정계에서 retire 했다. 2. 현직에서 retire 했다.
1014	**hitch**[1] 히취	1. 여행 중에 트럭을 hitch 했다. 2. Hitch 하려고 도로변에서 손을 흔들었다.
1015	**assess** 어쎄ㅆ	1. 이 땅의 가격을 assess 하다. 2. 그림의 예술성을 assess 하다.
1016	**embrace** 임브뤠이ㅆ	1. 현실을 직시하고 변화를 embrace 해라. 2. 그는 아이들을 따뜻하게 embrace 해 주었다.
1017	**uncover** 언커버ᵛ「	1. 진실을 uncover 하고야 말겠다는 굳은 의지. 2. 경찰이 사건에 관한 새로운 사실을 uncover 했다.
1018	**paraphrase** 패뤄프「뤠이ㅈ	1. 어려운 말을 쉽게 paraphrase 했다. 2. 이해를 돕기 위해 그의 말을 paraphrase 할게.
1019	**ensure** 인슈어「	1. 성실함이 그의 성공을 ensure 했다. 2. 전원이 켜져 있도록 ensure 하세요.
1020	**fertilize** 퍼「어「털라이ㅈ	1. 정원의 식물들을 fertilize 했다. 2. 척박한 땅을 fertilize 해서 경작할 수 있는 상태로 만든다.
1021	**flatten** 플「래애튼	1. 반죽을 손바닥으로 눌러 flatten 하세요. 2. 흙으로 구멍을 막고 발로 밟아 표면을 flatten 해라.
1022	**perplex** 퍼「플렉ㅅ	1. 그 문제가 모두를 perplex 했다. 2. 그의 반응이 나를 perplex 했다.

톰 브레인스토밍하다	• brainstorm ideas ㅣ 생각을 짜내다 • brainstorm strategies ㅣ 전략을 논의하다
톰 통역하다, 해석하다	• interpret other languages ㅣ 다른 언어를 통역하다 • interpret the sign language ㅣ 수화를 통역하다
톰 재통합[재통일]하다	• reunify a divided country ㅣ 분단된 국가를 재통일하다 • plans to reunify ㅣ 재통일하려는 계획
톰 표준화하다, 통일하다	• standardize the Korean alphabet ㅣ 한글을 표준화하다 • standardize the language ㅣ 언어를 표준화하다
톰 은퇴하다, 퇴직하다	• retire from a company ㅣ 회사에서 은퇴하다 • retire early ㅣ 일찍 은퇴하다
톰 얻어타다, 편승하다	• hitch a lift in his car ㅣ 그의 차를 얻어 타다 • hitch a ride ㅣ 얻어타다
톰 평가하다	• assess the price ㅣ 가격을 매기다 • assess the value ㅣ 가치를 평가하다
톰 수용하다, 포용하다	• embrace each other ㅣ 서로 끌어안다 • embrace the new technology ㅣ 신기술을 받아들이다
톰 밝히다, 폭로하다, 덮개[뚜껑]를 열다	• uncover a secret ㅣ 비밀을 폭로하다 • uncover the truth ㅣ 사실을 폭로하다
톰 다른 말로 바꾸어 표현하다	• paraphrase the poetry ㅣ 시를 의역하다 • paraphrase the question ㅣ 질문을 바꿔 말하다
톰 보장하다, 반드시 …하게 하다	• ensure privacy ㅣ 사생활을 보장하다 • ensure security ㅣ 안전을 보장하다
톰 비료를 주다, 비옥하게 하다	• fertilize the soil ㅣ 밭에 거름을 주다 • fertilize the field ㅣ 밭을 비옥하게 하다
톰 납작하게 하다	• flatten the surface ㅣ 표면을 납작하게 하다 • flatten the dough ㅣ 반죽을 납작하게 만들다
톰 당혹하게 하다, 복잡하게 하다	• perplex others ㅣ 다른 사람들을 당황하게 하다 • perplex problems ㅣ 문제들을 복잡하게 하다

1023	**refresh** 뤼프'뤠쉬	¹ 웹페이지를 refresh 합니다. ² 시원한 샤워로 refresh 했다.
1024	**rouse** 롸우ㅈ	¹ 자는 동생을 흔들어 rouse 했다. ² 군중의 감정을 rouse 하는 연설가.
1025	**lessen** 을레쓴	¹ 긴장을 lessen 하는 따뜻한 차 한 잔. ² 주택가에서는 주행 속도를 lessen 해야 합니다.
1026	**expel** 익스펠	¹ 불량회원을 모임에서 expel 하다. ² 그녀는 15세 때 학교에서 expel 당했다.
1027	**restrict** 뤼스트뤽ㅌ	¹ 시험 시간을 1시간으로 restrict 한다. ² 표현의 자유를 restrict 할 수는 없다.
1028	**allocate** 애앨러케이ㅌ	¹ 부서별로 다른 업무를 allocate 했다. ² 복지에 더 많은 예산을 allocate 해라.
1029	**fire** 파'이어'	¹ 직장에서 부당하게 fire 되었다. ² 회사 사정이 좋지 않아서 많은 직원이 fire 되었다.
1030	**unpin** 언핀	¹ 벽에 붙였던 사진을 unpin 해서 떼어 버렸다. ² 아이템을 삭제하려면 먼저 unpin 해야 합니다.
1031	**clear** 클리어'	¹ 관제탑에서 비행기의 착륙을 clear 했다. ² 사장은 새로운 프로젝트를 최종적으로 clear 했다.
1032	**stumble** 스텀블	¹ 발을 stumble 해서 넘어졌다. ² 계단에서 stumble 해서 굴러떨어졌다.
1033	**innovate** 이너베ᵛ이ㅌ	¹ 낡은 제도를 innovate 하자. ² 기업들은 끊임없이 innovate 해야 한다.
1034	**illustrate**¹ 일러스트뤠이ㅌ	¹ 기사에 컬러 사진을 illustrate 해서 이해를 도왔다. ² 출판사는 아이들을 위해 책을 illustrate 하고 편집했다.
1035	**worsen** 워어'쓴	¹ 요양 중 건강이 오히려 worsen 했다. ² 빈부격차 같은 문제가 worsen 하고 있다.
1036	**magnify** 매애그너파'이	¹ 사람들은 자기 경력을 magnify 하는 경향이 있다. ² 현미경으로 박테리아를 1,000배 magnify 해서 보다.

동 새롭게 하다, 상쾌하게 하다	• **refresh** my memory ᅵ 나의 기억을 새롭게 하다 • **refresh** a page ᅵ 인터넷 페이지를 새로 고치다
동 깨우다, 분발하게 하다	• **rouse** from sleep ᅵ 잠에서 깨우다 • **rouse** with a nudge ᅵ 흔들어 깨우다
동 줄게[적게, 작게] 하다, 줄다	• **lessen** the pain ᅵ 고통을 줄이다 • begin to **lessen** ᅵ 점차 줄어들기 시작하다
동 추방하다, 퇴학시키다	• **expel** a student ᅵ 학생을 퇴학시키다 • **expel** from school ᅵ 퇴학시키다
동 제한하다, 한정하다	• **restrict** movement ᅵ 움직임을 제한[방해]하다 • **restrict** to enter ᅵ 출입을 제한하다
동 배정하다, 할당하다	• **allocate** a budget ᅵ 예산을 할당하다 • **allocate** funds ᅵ 기금을 할당하다
동 해고하다 명 불, 화재	• **fire** employees ᅵ 직원들을 해고하다 • **fire** lazy teachers ᅵ 나태한 선생들을 해고하다
동 핀을 빼다, 고정을 해제하다	• **unpin** the photo ᅵ 사진의 핀을 빼다 • **unpin** the lock ᅵ 잠금을 해제하다
동 승인하다, 허가하다, 치우다 형 분명[확실]한, 깨끗한, 맑은	• **clear** for landing ᅵ 착륙을 허가하다 • **clear** to enter ᅵ 입장을 승인하다
동 발이 걸리다, 헛디디다	• **stumble** over a rock ᅵ 바위에 걸려 넘어지다 • **stumble** and fall ᅵ 발이 걸려서 넘어지다
동 혁신하다	• **innovate** the products ᅵ 제품을 혁신하다 • the pressure to **innovate** ᅵ 혁신해야 한다는 부담감
동 삽화를 넣다	• **illustrate** a book ᅵ 책에 삽화를 넣다 • **illustrate** the script ᅵ 원고에 삽화를 넣다
동 악화하다, 악화시키다	• **worsen** the situation ᅵ 상황을 악화시키다 • **worsen** the crisis ᅵ 위기를 악화시키다
동 과장하다, 확대하다	• **magnify** a picture ᅵ 사진을 확대하다 • **magnify** an area ᅵ 한 부분을 확대하다

1037 affirm
어퍼'엄'

¹ 그가 무죄라고 affirm 할 수 있다.
² 약속을 지킬 것이라고 affirm 했다.

1038 broaden
브뤄어든

¹ 시야를 broaden 하다.
² 활동 무대를 broaden 했다.

1039 glide
글라이드

¹ 스케이터가 빙상 위를 glide 한다.
² 배가 호수 위를 glide 하듯 나아간다.

1040 ape²
에이ㅍ

¹ 장난으로 사투리를 ape 했다.
² 유명한 작가의 스타일을 ape 했다.

1041 flutter
플'러터'

¹ 태극기가 바람에 flutter 합니다.
² 나비가 날개를 flutter 하며 날아다닌다.

1042 rock
롸아ㅋ

¹ 아기를 팔에 안고 살살 rock 했다.
² 배가 물결을 타고 좌우로 rock 했다.

1043 tremble
트뤰블

¹ 무서워서 손이 덜덜 tremble 했다.
² 분노로 입술이 파르르 tremble 했다.

1044 manage
매애니쥐

¹ 네가 manage 할 수 있을지 걱정이다.
² 어렵겠지만 혼자 manage 할 수 있어요.

1045 ought
어어ㅌ

¹ 중요한 일이니까 ought 당장 끝내야 해.
² 그렇게 아프면 약을 ought 사 먹어야지.

1046 pull over
풀 오우버ᵛ·'

¹ 음주 단속 중이니 차를 여기 pull over 해 주세요.
² 차를 길가에 pull over 하고 나와서 기지개를 켰다.

1047 give in
기ㅂᵛ 인

¹ 끈질긴 압박에 give in 하고 서명했다.
² 반란군들은 정부군에 결국 give in 했다.

1048 break ground
브뤠이ㅋ 그롸운ㄷ

¹ Break ground 를 하기 위해 땅을 팠다.
² 언제 신축건물을 위해 break ground 할 건가요?

1049 pass out
패애ㅆ 아우ㅌ

¹ 죽진 않고 pass out 한 거 같아.
² 그는 충격적인 소식을 듣고 pass out 했다.

1050 stem from
스템 ㅍ'뤄엄

¹ 이 사고는 음주운전에서 stem from 했다.
² 이 영어단어는 라틴어에서 stem from 했다.

동 단언하다, 확언하다	• affirm the decision ┃ 결정을 확고히 하다 • fear to affirm ┃ 단언하기 꺼리다
동 넓히다, 확장하다	• broaden his horizons ┃ 그의 시야를 넓히다 • broaden its mind ┃ 정신세계를 넓히다
동 미끄러지듯 가다, 활강하다	• glide in the air ┃ 공중에서 활공하다 • glide over the ice ┃ 얼음 위에서 미끄러지듯 움직이다
동 흉내 내다 명 유인원	• ape a comedian ┃ 개그맨을 흉내 내다 • ape a funny actor ┃ 재미있는 남자배우를 흉내 내다
동 펄럭이다, 흔들리다	• flutter in the air ┃ 공중에서 펄럭이다 • flutter in the breeze ┃ 바람에 펄럭이다
동 흔들다, 흔들리다 명 암석, 바위	• rock a baby to sleep ┃ 아기를 흔들어 잠재우다 • rock back and forth ┃ 앞뒤로 흔들다
동 떨다, 흔들리다	• tremble with fear ┃ 공포로 떨다 • tremble with cold ┃ 추위에 떨다
동 (간신히) 해내다, 경영하다, 관리하다	• manage to succeed ┃ 성공을 가능케 하다 • able to manage ┃ 간신히 해낸
조 …해야 하다, …하는 것이 당연하다	• ought to help people ┃ 다른 사람들을 도와야 하다 • ought to do it ┃ 그것을 해야 하다
동 (차를) 대다[세우다], 길 한쪽으로 차를 갖다 대다	• pull over the car ┃ 차를 대다 • pull over for a traffic violation ┃ 교통위반으로 길옆에 차를 세우다
동 항복하다, 굴복하다	• give in to the enemy ┃ 적에게 항복하다 • ready to give in ┃ 받아들일 준비가 된
동 공사를 시작하다, 착공[기공]하다	• break ground for a building ┃ 건물을 착공하다 • plans to break ground ┃ 착공할 계획
동 의식을 잃다, 기절하다	• pass out on the street ┃ 길에서 기절하다 • pass out with shock ┃ 쇼크로 기절하다
동 비롯하다, 유래하다, 생기다	• stem from Latin ┃ 라틴어에서 유래되다 • stem from small problems ┃ 사소한 문제로 인해 생기다

1051 hand down
해앤ㄷ 다운

¹ 집안 대대로 hand down 된 가보.
² 아들에게 기술들을 hand down 한 아버지.

1052 bring up¹
브륑 어ㅍ

¹ 회의 때 최근 불거진 문제를 bring up 했다.
² 갑자기 그 얘기를 bring up 하는 이유가 뭔데?

1053 bring up²
브륑 어ㅍ

¹ 고아가 된 그를 삼촌이 bring up 했다.
² 남편을 잃고 아이들을 혼자 bring up 했다.

1054 buy off
바이 어어ㅍf

¹ 뇌물을 주어 법정 배심원들을 buy off 하다.
² 저걸 반칙을 안 주다니 심판이 buy off 된 게 분명해.

1055 get in the way
게ㅌ 인 더th 웨이

¹ Get in the way 하지 말고 비켜.
² 쓸데없는 감정은 판단에 get in the way 한다.

1056 stock up
스타아ㅋ 어ㅍ

¹ 냉장고에 음식을 가득 stock up 했다.
² 중간에 주유소가 없어서 연료를 stock up 했다.

1057 cross my mind
크뤄어ㅆ 마이 마인ㄷ

¹ 안 좋은 기억이 cross my mind 했다.
² 아이디어가 불현듯 cross my mind 했다.

1058 let go¹
을레ㅌ 고우

¹ 테러범이 인질을 순순히 let go 할까?
² 네가 원하는 건 나니까, 그녀는 let go 해.

1059 let go²
을레ㅌ 고우

¹ 인제 그만 let go 하고 앞날을 봐라.
² 과거는 let go 하고 현재를 살라니깐!

1060 pile up
파이일 어ㅍ

¹ 할 일이 pile up 해서 아무 데도 못 가.
² 대출을 받자 이자 때문에 빚이 pile up 했다.

1061 map out
매애ㅍ 아우ㅌ

¹ 아직은 전략을 map out 하는 단계야.
² 노후의 삶을 차근차근 map out 한다.

1062 put together¹
푸ㅌ 투게더th,r

¹ 그의 취미는 시계를 분해해서 put together 하는 것이다.
² 이 모형은 어린이가 put together 하기에 지나치게 복잡하다.

1063 take action
테이ㅋ 애액쉬언

¹ 말만 하지 말고 take action 해라.
² 위급한 문제에는 바로 take action 해야 한다.

1064 set aside
쎄ㅌ 어싸이ㄷ

¹ 만약을 대비해 약간의 돈을 set aside 한다.
² 혹시 나중에 필요할지 모르니 창고에 set aside 하자.

물려주다, (결정 · 진술 등을 공식적으로) 내리다	• hand down the ring ┃ 반지를 물려주다 • hand down the verdict ┃ 판결을 내리다
(화제를) 꺼내다	• bring up the issue ┃ 문제를 꺼내다 • bring up the subject ┃ 말을 꺼내다
기르다, 양육하다	• bring up the children alone ┃ 아이들을 혼자 키우다 • bring up alone ┃ 혼자서 키우다
매수하다	• buy off the jury ┃ 배심원단을 매수하다 • buy off voters ┃ 유권자를 매수하다
방해하다, 방해되다	• won't get in the way ┃ 방해하지 않을 것이다 • emotions get in the way ┃ 감정이 방해하다
…을 채우다[비축하다]	• stock up the food ┃ 음식을 비축하다 • stock up with supplies ┃ 저장품으로 비축하다
문득 떠오르다[생각나다]	• ideas cross my mind ┃ 아이디어가 생각나다 • didn't even cross my mind ┃ 내가 생각지도 못했다
풀어주다, 석방하다	• let her go ┃ 그녀를 보내주다 • let go a prisoner ┃ 죄수를 석방하다
(과거 일 등에) 집착하지 않다, 잊다	• let go of the past ┃ 과거를 떠나보내다 • Let go of him. ┃ 그를 잊어.
쌓이다	• pile up debts ┃ 빚이 쌓이다 • start to pile up ┃ 쌓이기 시작하다
(세심히) …을 계획[준비]하다	• map out the strategy ┃ 계획을 준비하다 • map out a trip ┃ 여행을 계획하다
조립하다, (모아) 만들다, 준비하다	• put it together ┃ 그것을 조립하다 • put together a model plane ┃ 모형 비행기를 조립하다
행동에 옮기다, …에 대해 조치를 하다	• take immediate action ┃ 바로 조처를 하다 • need to take action ┃ 행동을 취할 필요성
챙겨두다, …을 한쪽으로 치워 놓다	• set aside some money ┃ 돈을 따로 모으다 • set aside our differences ┃ 우리의 다름을 무시하다

1065 round out
롸운ㄷ 아우ㅌ

¹ 늦지 않게 보고서를 round out 하고 제출했다.
² 마지막에 사진을 붙여서 지원서를 round out 했다.

1066 make up
메이ㅋ 어ㅍ

¹ 그만 티격태격하고 make up 해라.
² 걔랑 make up 하기 위해서 내가 먼저 사과했어.

1067 soak up
쏘우ㅋ 어ㅍ

¹ 걸레는 물을 잘 soak up 한다.
² 똑똑한 학생들은 지식을 빨리 soak up 한다.

1068 spread out
스프뤠ㄷ 아우ㅌ

¹ 지역이 넓으니 spread out 해서 찾죠.
² 순식간에 하늘에 먹구름이 spread out 했다.

1069 tame
테임

¹ 맹수들은 완전히 tame 할 수 없다.
² 일단 tame 된 동물은 사람을 덜 무서워한다.

1070 corrupt
커뤕ㅌ

¹ Corrupt 한 정치인이 파면되었다.
² 돈에 대한 욕심이 그를 corrupt 했다.

1071 erect
이뤡ㅌ

¹ 전쟁에 승리하여 기념비를 erect 하다.
² 오직 인간들만이 erect 한 자세로 설 수 있다.

1072 alternate
어얼터ˊ네이ㅌ

¹ 크림과 빵의 alternate 한 층으로 된 케이크.
² 행복과 슬픔은 우리 인생에서 alternate 한다.

1073 moderate
마아더뭐ㅌ

¹ 적대적이었던 두 국가 간 긴장감이 상당히 moderate 됐다.
² 빠르지도 느리지도 않게 moderate 한 속도로 조깅하고 있어.

1074 approximate
어ㅍ롸악써메이ㅌ

¹ Approximate 한 도착 시각을 알려줘.
² Approximate 한 비용이 어떻게 되나요?

1075 convertible²
컨버ˇ어ˊ터블

¹ 침대로 convertible 한 소파를 샀다.
² 그 채권은 일반 주식으로 convertible 하다.

1076 unvaried
언베ˇ어뤼ㄷ

¹ 의상은 화려했지만 무대 장치는 unvaried 했다.
² Unvaried 한 식단은 지겨울 뿐만 아니라 위험할 수도 있다.

1077 scenic
씨이니ㅋ

¹ 우리는 지름길 대신 scenic 한 산책로를 선택했다.
² 이 바위는 계곡이 내려다보이는 scenic 한 전망으로 유명하다.

1078 upward
어ㅍ워ˊㄷ

¹ 하늘을 바라보는 upward 한 시선.
² 이 길은 upward 한 경사가 심해서 오르기 힘들다.

통 완성하다, 완전하게 하다	• **round out** the resume ㅣ 이력서를 완성하다 • **round out** an idea ㅣ 하나의 사상을 종합하다
통 화해하다, 지어내다, 구성하다[이루다]	• **make up** after the fight ㅣ 싸움 후에 화해하다 • kiss and **make up** ㅣ 화해하다
통 흡수하다	• **soak up** the water ㅣ 물을 흡수하다 • **soak up** knowledge ㅣ 지식을 흡수하다
통 널리 퍼지다, (찾기 위해) 흩어지다	• **spread out** to search ㅣ 흩어져서 찾다 • **spread out** in groups of three ㅣ 세 명씩 그룹을 나눠서 흩어지다
통 길들이다, 다스리다 형 길든	• **tame** wild animals ㅣ 야생 동물들을 길들이다 • **tame** a tiger ㅣ 호랑이를 길들이다
통 부패하게 만들다, 타락시키다 형 부패한, 타락한	• a **corrupt** regime ㅣ 부패한 정권 • a **corrupt** government ㅣ 부패한 정부
통 세우다, 직립시키다 형 똑바로 선, 곤두선	• stand **erect** ㅣ 똑바로 서다 • **erect** a tower ㅣ 탑을 세우다
통 번갈아 나오다 형 번갈아 나오는, 교대의	• an **alternate** device ㅣ 대체 장치 • work on **alternate** Sundays ㅣ 한 주 걸러 일요일마다 일하다
통 완화하다, 조정하다 형 적당한, 보통의, 온건한	• a **moderate** amount ㅣ 적당한 양 • the **moderate** temperature ㅣ 적당한 온도
형 대략의, 가까운	• an **approximate** cost ㅣ 예상[대략적] 비용 • an **approximate** duration ㅣ 대강의 소요 시간
형 전환 가능한 명 오픈카[컨버터블]	• buy a **convertible** sofa ㅣ 변형할 수 있는 소파를 사다 • freely **convertible** ㅣ 자유롭게 바꿀 수 있는
형 단조로운[변화가 없는]	• an **unvaried** life ㅣ 단조로운 삶 • **unvaried** trust ㅣ 변하지 않는 신뢰
형 경치가 좋은	• the **scenic** view ㅣ 멋진 전망 • a **scenic** road ㅣ 경치가 좋은 도로
형 위쪽을 향한, 증가하는	• birds fly **upward** ㅣ 새가 날아오르다 • climb **upward** ㅣ 위로 올라가다

1079 **conscious** 카안쉬어ㅆ	¹ 네가 이 일에 대해 조금만 더 conscious 했다면 그런 실수는 하지 않았을 거야. ² 국민이라면 정치에 대해 어느 정도는 conscious 해야 한다.
1080 **transient** 트뤤앤쉬언ㅌ	¹ 그냥 transient 한 유행일 뿐이야. ² 금방 사그라지는 transient 한 인기.
1081 **intense** 인텐ㅆ	¹ 한여름의 intense 한 더위. ² 부상 부위에 intense 한 통증이 느껴졌다.
1082 **resentful** 뤼젠트펄ˈ	¹ 작품에 쏟아진 악평에 resentful 한 작가. ² 팀에서 제외당한 것에 대해 resentful 했다.
1083 **unfounded** 언파ˈ운디ㄷ	¹ Unfounded 한 소문을 퍼뜨리지 마라. ² 그는 unfounded 한 주장을 굽히지 않았다.
1084 **likely** 을라이클리	¹ 비가 올 likely 하니 우산을 가져가라. ² 성격이 급한 그는 실수할 likely 하다.
1085 **impersonal** 임퍼어ˈ쩌널	¹ 그 사람은 너무 impersonal 해서 친해지기가 어려워. ² Impersonal 한 그의 행동에 모두가 분노했다.
1086 **steady** 스테디	¹ 느리지만, steady 한 성장. ² Steady 한 노력으로 목표에 도달했다.
1087 **unchanging** 언췌인쥥	¹ 영원하고 unchanging 한 진리. ² Unchanging 한 사랑은 없다고 믿는 사람.
1088 **guiltless** 길틀레ㅆ	¹ 언론도 이 사태에 대해 guiltless 하지는 않다. ² 용의자는 자신이 guiltless 하다는 듯이 행동했다.
1089 **athletic** 애뜰ᵗʰ레티ㅋ	¹ 몸도 athletic 하고 실제로 운동을 좋아해. ² 우리 가족은 모두 athletic 한 체격을 가졌어요.
1090 **alert** 얼러어ˈㅌ	¹ 잠이 달아나고 정신이 alert 해졌다. ² 방심하지 말고 alert 한 상태를 유지해라.
1091 **virtuous** 버ˈ어ˈ츄어ㅆ	¹ 종교인은 아니지만, virtuous 한 사람. ² 개인의 정직이 virtuous 한 사회를 만드는 첫걸음이다.
1092 **inclined** 인클라인ㄷ	¹ 공부를 나중으로 미루는 inclined 한 그는 시험을 망치기 일쑤다. ² 시간이 날 때만 운동하는 inclined 한 그녀는 건강이 좋지 않다.

혱 의식하는, 자각하는	• without conscious effort ι 별로 힘들이지 않고 • conscious of the information ι 정보를 인지한
혱 일시적인, 순간적인	• endure the transient pain ι 일시적인 고통을 참다 • a transient fashion ι 일시적인 패션
혱 강렬한	• intense heat ι 극심한 더위 • an intense pain ι 극심한 고통
혱 억울해하는, 분개하는	• resentful about the job ι 직장에 대해 분개하는 • a resentful look ι 억울해하는 표정
혱 사실무근의, 근거 없는	• spread unfounded rumors ι 근거 없는 소문을 퍼뜨리다 • an unfounded claim ι 근거 없는 주장
혱 …할 법한, …할 것 같은	• a likely story ι 그럴싸한 이야기 • hardly likely ι 가능성이 매우 낮은
혱 인간미 없는, 비인격적인	• an impersonal criticism ι 비인격적인 비난 • impersonal staffs ι 인간미 없는 직원들
혱 꾸준한, 한결같은	• a steady seller ι 꾸준히 잘 팔리는 책 • a steady sales volume ι 변동 없는 판매량
혱 불변의, 한결같은	• unchanging principles ι 불변의 신조 • the unchanging fact ι 불변의 사실
혱 죄 없는, 무고[결백]한	• a guiltless prisoner ι 무고한 죄수 • guiltless of any evil intent ι 아무런 악의를 품고 있지 않은
혱 몸이 탄탄한, 활동적인, 경기의	• an athletic figure ι 탄탄한 몸매 • outgoing and athletic ι 외향적이고 활동적인
혱 기민[민첩]한, 경계하는 몡 경보 동 알리다	• mentally alert ι 정신적으로 기민한 • stay in an alert state ι 경계 태세를 유지하다
혱 도덕적인, 고결한	• a virtuous person ι 도덕적인 사람 • a virtuous act ι 고결한 행위
혱 …한 경향이 있는, …하고 싶은	• inclined to accept the offer ι 제안을 수용하고 싶은 • feel inclined ι 할 마음이 있다

4
week

Weekly Planner

Jan · Feb · Mar · Apr · May · Jun · Jul · Aug · Sep · Oct · Nov · Dec

MON	
TUE	
WED	
THU	
FRI	
SAT	
SUN	

To Do List

- ○
- ○
- ○
- ○
- ○
- ○

Notes

1093 nasty
내애스티
¹ 코를 찌르는 nasty 한 냄새.
² Nasty 한 사고로 목숨을 잃은 일가족.

1094 underway
언더「웨이
¹ 신제품 개발이 아직도 underway 하다.
² 촬영이 underway 하며 개봉은 내년입니다.

1095 forthcoming
포「어「ᵗʰ커밍
¹ Forthcoming 할 공연을 위해 열심히 준비 중이다.
² Forthcoming 할 선거에서 꼭 투표에 참여해 주세요.

1096 bald
버얼ㄷ
¹ 그의 bald 한 거짓말에 무척 화가 났다.
² 거두절미하고 bald 하게 물어볼게.

1097 irrelevant
이릴러번ᵛㅌ
¹ 그 일은 나와는 irrelevant 한 사건이다.
² 주제와 irrelevant 한 질문은 자제해 주세요.

1098 optimistic
어업티미스티ㅋ
¹ Optimistic 한 성격이라 걱정을 하지 않는다.
² 온갖 고난에도 불구하고 여전히 optimistic 한 사람.

1099 decent
디이쎈ㅌ
¹ 일은 별로지만 decent 한 급여를 받는다.
² 여러 번 고배를 마시고 decent 한 직장에 취직했다.

1100 devastating
데버ᵛ스테이팅
¹ 그의 죽음은 devastating 한 소식이었다.
² 교통사고로 devastating 한 상처를 입었다.

1101 tremendous
트뤄멘더ㅆ
¹ Tremendous 한 폭발음이 울려 퍼졌다.
² 한때 tremendous 한 인기를 누린 가수.

1102 outgoing
아웃고우잉
¹ Outgoing 하고 매사에 적극적인 사람.
² 활발하고 outgoing 한 성격 덕에 친구가 많다.

1103 verbal
버ᵛ어「벌
¹ 신체적 폭력만큼이나 verbal 의 폭력도 심각하다.
² Verbal 의 약속으로는 모자라니 꼭 문서로 계약해라.

1104 outdated
아웃데이티ㄷ
¹ Outdated 한 가전제품을 바꾸다.
² 그런 outdated 한 장비는 이제는 사용할 수 없다.

1105 permanent
퍼어「머넌ㅌ
¹ 지식은 permanent 한 자산이다.
² 한국에 permanent 한 거주권을 신청한 외국인.

1106 minute
미니ㅌ
¹ 성공한 사업가가 되기 전 minute 한 단칸방에서 거주했다.
² Minute 한 양의 독극물이라도 기형아 출산을 유발할 수 있다.

형 끔찍한, 고약한	• the nasty flu ㅣ심한 독감 • a nasty accident ㅣ끔찍한 사고
형 진행 중인, 움직이고 있는	• underway projects ㅣ진행 중인 계획 • currently underway ㅣ현재 진행 중인
형 다가오는, 곧 있을	• the forthcoming survey ㅣ곧 있을 설문조사 • the forthcoming election ㅣ다가오는 선거
형 단도직입적인, 노골적인, 대머리의	• a bald fact ㅣ노골적인 사실 • a bald statement ㅣ노골적인 진술
형 무관한, 상관없는	• irrelevant to the subject ㅣ주제와 무관한 • irrelevant questions ㅣ무관한 질문들
형 낙관적인	• an optimistic person ㅣ낙관적인 사람 • an optimistic view ㅣ낙관적인 시각
형 제대로 된, 괜찮은	• a decent person ㅣ괜찮은 사람 • a decent funeral ㅣ제대로 된 장례식
형 엄청나게 충격적인, 파괴적인	• have a devastating aftermath ㅣ엄청난 여파가 있다 • devastating affects ㅣ충격적인 영향
형 엄청난, 굉장한	• a tremendous amount of gold ㅣ상당량의 금 • a tremendous explosion ㅣ엄청난 폭발
형 외향적인, 사교적인	• an outgoing personality ㅣ외향적인 성격 • outgoing flights ㅣ출발 항공편
형 말의, 구두의	• verbal instructions ㅣ구두 지시 • a verbal agreement ㅣ구두 합의
형 구식인	• an outdated equipment ㅣ낡은 장비 • outdated clothes ㅣ낡은 옷가지
형 영구적인, 정규적인	• a permanent job ㅣ정규직 • a permanent damage ㅣ영구적인 손상
형 아주 작은, 극소의 명 순간, 분	• a minute amount ㅣ극소량 • minute creatures ㅣ아주 작은 동물들

1107	**forbidden** 포ᶠ어ʳ비든	¹ 출입이 forbidden 된 험한 산. ² 박물관 내 사진 촬영은 forbidden 되어 있다.
1108	**restricted** 뤼스트뤽티ᄃ	¹ 외계인 실험을 한다는 restricted 된 구역. ² 아랍권의 여자들은 restricted 된 삶을 산다.
1109	**awaited** 어웨이티ᄃ	¹ 오랫동안 awaited 한 새 제품이 출시되었다. ² 남북통일은 우리 민족의 오래 awaited 한 염원이었다.
1110	**allergic** 어얼러어ʳ쥐ㅋ	¹ 고양이 털에 allergic 해서 키우지는 못해. ² 견과류에 allergic 해서 먹을 수가 없어요.
1111	**fragile** ㅍᶠ뤠애쥘	¹ 유리는 fragile 하다. ² Fragile 한 물건은 조심히 다뤄주세요.
1112	**unstable** 언스테이블	¹ 그 나라의 정치 상황은 매우 unstable 하다. ² 허약한 몸이 unstable 한 심리상태를 만들 수 있다.
1113	**timid** 티미ᄃ	¹ 너 성격이 timid 한 걸 보니 혈액형이 A형이구나? ² Timid 한 성격 때문에 할 말도 못 해.
1114	**periodic** 피어뤼어디ㅋ	¹ 판매현황에 대한 periodic 한 보고. ² 이 장비에 대한 periodic 한 점검이 이루어진다.
1115	**tense** 텐ᄮ	¹ 그는 면접을 앞두고 tense 해 있었다. ² 9회 말에 게임이 점점 더 tense 해졌다.
1116	**explicit** 익스플리쓰잍	¹ 그가 범인이라는 explicit 한 증거가 있다. ² 이러한 결정이 내려진 explicit 한 이유가 밝혀져야 한다.
1117	**reluctant** 뤼럭턴ᇀ	¹ 대답하기 reluctant 한 눈치였다. ² 자신의 잘못을 인정하기 reluctant 한 듯했다.
1118	**massive** 매애쓰이ᄇᵛ	¹ 교외에 위치한 massive 한 저택을 샀다. ² 헤라클레스는 massive 한 바위를 가볍게 들었다.
1119	**reputed** 뤼퓨우티ᄃ	¹ 땅값이 가장 비싸다고 reputed 된 강남. ² 수술을 잘한다고 reputed 된 정형외과는 어디에 있니?
1120	**numerical** 뉴우메뤼컬	¹ 목록을 numerical 한 순으로 정렬해라. ² 조사한 자료를 numerical 한 도표로 정리했다.

형 금지된	• forbidden to enter	입장이 금지된 • must be forbidden	금지되어야만 한다
형 제한된, 금지된	• a restricted access	제한된 접근 • restricted to the public	일반인의 접근이 제한된
형 기다린	• long-awaited	오래 기다린 • a much-awaited movie	오래 기다린 영화
형 …에 알레르기가 있는, 알레르기성의	• allergic diseases	알레르기성 질환 • allergic to nuts	견과류에 알레르기가 있는
형 깨지기[부서지기] 쉬운	• a fragile glass	깨지기 쉬운 유리 • fragile bones	부러지기 쉬운 뼈
형 불안정한, (마음이) 변하기 쉬운	• an unstable situation	불안정한 상황 • an unstable structure	불안정한 구조물
형 소심한, 용기 없는	• a timid voice	자신감 없는 목소리 • a timid driver	소심한 운전자
형 주기적인	• periodic security control	주기적인 보안 검사 • the periodic table	주기율표
형 긴장한, 긴박한	• tense muscles	긴장한 근육 • getting more tense	점점 긴박해지는
형 분명한, 숨김없는	• make an explicit statement	명확한 진술을 하다 • explicit about the reason	이유에 대해 솔직한
형 주저하는, 꺼리는	• reluctant daughter-in-law	내키지 않는 며느리 • reluctant to go	가기 꺼려지는
형 거대한, 엄청나게 큰	• a massive sculpture	큰 조형물 • a massive crowd	엄청나게 많은 군중
형 알려진, 평판이 나 있는	• reputed to be the best	최고라고 알려진 • reputed as the best	최고라고 이름이 난
형 수의, 수와 관련된 숫자로 나타낸	• in numerical order	번호 순서대로 • an numerical data	숫자로 나타낸 데이터

1121 masculine
매애스큘런

¹ 그녀는 masculine 한 옷을 입고 남자로 변장했다.
² 그는 매우 masculine 한 외모와 달리 성격이 섬세하다.

1122 chilly
췰리

¹ 늦가을의 chilly 한 날씨.
² 범인의 chilly 한 목소리에 등골이 서늘하다.

1123 crumbling
크뤔블링

¹ Crumbling 하는 건물을 재건축하다.
² 어떤 식으로 crumbling 하는 경제를 살릴 수 있을까?

1124 spacious
스페이쉬어ㅆ

¹ 마당이 spacious 한 집.
² 좀 더 spacious 한 사무실이 필요하다.

1125 rusty
뤄스티

¹ Rusty 한 경첩 때문에 문이 삐걱거린다.
² Rusty 한 고물차가 폐차장으로 옮겨졌다.

1126 startling
스타아ㄹ틀링

¹ 오밤중에 startling 한 소리 때문에 잠에서 깼다.
² Startling 한 능력을 갖추고 있는 사람들이 부럽다.

1127 elevated
엘러베ᵛ이티ㄷ

¹ Elevated 한 지위에 있을수록 아랫사람을 살펴야 한다.
² 아버지의 elevated 한 혈압 때문에 걱정이 이만저만 아니다.

1128 indispensable
인디스펜써블

¹ 물은 모든 생명체에게 indispensable 하다.
² 컴퓨터는 이제 우리 생활에 indispensable 하다.

1129 worn
워언ㄹ

¹ 일 끝나고 집에 오면 worn 한 남편.
² 오래 입어서 worn 한 옷은 버리는 게 낫다.

1130 competent
카암퍼턴ㅌ

¹ 아이들을 가르칠 만큼 competent 하다.
² 그는 자기 업무에 매우 competent 하다.

1131 absurd
애앱써어ㄹㄷ

¹ 나보고 사과하라는 건 absurd 해.
² 그런 위험한 일을 하는 건 absurd 하다.

1132 numerous
뉴우머뤄ㅆ

¹ 밤하늘에 떠 있는 numerous 한 별들.
² 파티장에 numerous 한 사람들이 모였다.

1133 charitable
췌애뤄터블

¹ Charitable 한 목적으로 바자회를 열었다.
² 그 돈은 charitable 의 기구에 기부되었다.

1134 uncompromising
언카암ㅍ뤄마이징

¹ Uncompromising 한 태도로 주장을 밀어붙였다.
² 두 팀은 uncompromising 한 한판 대결을 벌였다.

형 남자[사내] 같은	• masculine features	사내다운 특징들 • a masculine appearance	남자다운 외모
형 쌀쌀한, 냉담한	• a chilly weather	쌀쌀한 날씨 • chilly reception	냉랭한 대접
형 허물어지고 있는, 무너지는	• the crumbling building	허물어진 건물 • gradually crumbling	점점 무너지는
형 널찍한	• a spacious room	넓은 방 • a spacious garden	넓은 정원
형 녹슨	• rusty old pipes	녹슨 낡은 파이프들 • a rusty knife	녹슨 나이프
형 놀라운, 깜짝 놀라는	• a startling news	아주 놀라운 소식 • a startling discovery	놀라운 발견물
형 높은	• an elevated blood pressure	높은 혈압 • on an elevated position	높은 지위에서
형 필수적인, 없어서는 안 될	• an indispensable part	필수적인 부분 • indispensable to life	생필품
형 지쳐 보이는, 해진	• worn out	다 닳은 • look worn	지쳐 보이다
형 유능한, 능숙한	• a competent person	적임자 • a competent official	유능한 관리
형 말도 안 되는, 터무니없는	• an absurd rumor	말도 안 되는 소문 • look absurd	우스꽝스럽게 보이다
형 많은, 다수의	• numerous problems	많은 문제 • numerous times	수차례
형 자선의, 자선 단체의	• a charitable organization	자선 단체 • a charitable enterprise	자선사업
형 타협하지 않는, 단호한	• uncompromising views	확고한 견해 • an uncompromising attitude	타협하지 않는 태도

1135 developmental
디벨ᵛ럽멘틀

¹ 자폐증은 정신 developmental 단계에서 생기는 장애이다.
² 그 제품은 아직 developmental 한 단계에 있다.

1136 impatient
임페이쉬언ㅌ

¹ 기다림이 길어질수록 impatient 해 졌다.
² Impatient 해 하지 말고 차분히 기다려라.

1137 perplexed
퍼ʳ플렉ㅅㅌ

¹ 친구가 perplexed 한 상황에 놓여 있어 도와주고 있다.
² 용의자로 긴급체포됐을 때 그가 지었던 perplexed 한 표정.

1138 relative
렐러티ㅂᵛ

¹ 아인슈타인은 시간이 relative 한 개념이라고 주장했다.
² 이 과목의 성적은 절대평가가 아니라 relative 한 성적으로 정해진다.

1139 superior
써어피어뤼어ʳ

¹ Superior 한 기술력을 인정받다.
² 이 차가 내 차보다 superior 하다.

1140 immoral
이모어뤌

¹ 성인군자는 immoral 한 행위를 하지 않는다.
² 돈을 많이 벌고 싶은 마음이 immoral 한 건 아니야.

1141 impulsive
임펄쓰이ㅂᵛ

¹ 기분파들은 impulsive 한 측면이 있다.
² 충분한 고려 없이 impulsive 한 결정을 내리면 안 된다.

1142 affected
어펙ʰ티ㄷ

¹ 그녀의 affected 된 웃음을 혐오한다.
² 네 affected 된 친절함 따윈 필요 없다.

1143 twofold
투우포ʳ울ㄷ

¹ 쌍방에게 이득인 twofold 인 목표를 이뤘다.
² 위험이 두 배지만 수익도 twofold 일 수 있어.

1144 fluffy
플ʳ러피ʰ

¹ 부드럽고 fluffy 한 이불.
² Fluffy 한 작은 새끼고양이.

1145 sculpted
스컬프티ㄷ

¹ 미켈란젤로가 sculpted 한 조각상은 이탈리아에 많다.
² 겨울에는 얼음으로 sculpted 한 조각상들을 볼 수 있다.

1146 tolerable
타알러뤄블

¹ Tolerable 한 소음이라 괜찮아.
² Tolerable 한 수준을 넘어선 온라인 폭력.

1147 crafty
크뤠애프ʰ티

¹ 범행을 잘 숨긴 crafty 한 범인.
² Crafty 한 음모에 넘어가선 안 돼.

1148 sticky
스티키

¹ 운동 후 땀으로 sticky 해진 몸.
² 테이블에 sticky 한 오렌지 주스 자국이 남아있다.

형 발달상의, 발달 중인	• in a developmental stage ㅣ 개발 단계에서 • developmental issues ㅣ 발달 장애
형 조급한, 안달하는	• an impatient patient ㅣ 참을성 없는 환자 • impatient of criticism ㅣ 비판을 못 견디는
형 난처한, 당황한	• perplexed by the situation ㅣ 그 상황에 당혹스러운 • a perplexed expression ㅣ 난처한 표정
형 비교 상의, 상대적인 명 친척	• a relative value ㅣ 상대적 가치 • a relative success ㅣ 상대적 성공
형 우수한, 더 나은	• a superior status ㅣ 우월한 지위 • superior to others ㅣ 남보다 우월하다
형 부도덕한, 비도덕적인	• an immoral behavior ㅣ 비도덕적인 행동 • an immoral act ㅣ 비도덕적인 행위
형 충동적인	• an impulsive action ㅣ 충동적인 행동 • an impulsive decision ㅣ 충동적인 결정
형 가장된, 꾸민, 　영향을 받는, 충격을 받은	• an affected kindness ㅣ 꾸며낸 친절함 • an affected smile ㅣ 꾸며낸 웃음
형 이중적인, 두 배의	• the twofold purpose ㅣ 이중 목적 • a twofold error ㅣ 이중의 오류
형 폭신해 보이는, 솜털로 뒤덮인	• a fluffy dog ㅣ 솜털로 뒤덮인 개 • a soft and fluffy bedding ㅣ 푹신푹신한 침구
형 조각한, 만들어진	• sculpted in clay ㅣ 진흙으로 만들어진 • the sculpted statue ㅣ 조각된 조각상
형 참을[견딜] 만한	• a tolerable pain ㅣ 참을 만한 고통 • with tolerable correctness ㅣ 상당히 정확하게
형 교활한, 술수가 뛰어난	• a crafty trick ㅣ 교묘한 수법 • a crafty fellow ㅣ 능글맞은 녀석
형 끈적거리는, 달라붙는	• a sticky material ㅣ 끈적거리는 물질 • a sticky chewing gum ㅣ 끈적거리는 껌

1149 **oval**
오우벌^{v}

1 작고 oval 한 얼굴.
2 거북이 등껍질은 oval 모양이다.

1150 **rewarding**
뤼워어^{r}딩

1 힘들지만 rewarding 한 일.
2 금전적으로 rewarding 하지는 않지만 즐거워.

1151 **strategic**
스트뤠티이쥐ㅋ

1 Strategic 한 마케팅이 필요하다.
2 Strategic 한 접근이 필요한 사업.

1152 **enterprising**
엔터^{r}프롸이징

1 모험도 서슴지 않는 매우 enterprising 한 사람.
2 계획을 바로 실행에 옮기는 enterprising 한 기업가.

1153 **resistant**
뤼지스턴ㅌ

1 웬만한 해충에는 resistant 한 식물.
2 150 ° 의 열기에도 resistant 한 소재.

1154 **fascinating**
패^{f}애써네이팅

1 그 영화는 아주 fascinating 하다.
2 조사 결과가 매우 fascinating 했다.

1155 **impolite**
임플라이ㅌ

1 다른 이에게 impolite 한 행동을 하지 마라.
2 초면에 나이를 물어보는 것은 impolite 하다.

1156 **extraordinary**
익스트뤄어^{r}더네뤼

1 이번 여행은 extraordinary 한 경험이었다.
2 피아노에 extraordinary 한 재능이 있는 아이.

1157 **captivated**
캐앱티베^{v}이티ㄷ

1 어제 공연에 captivated 됐다.
2 예쁜 여자만 보면 captivated 된다.

1158 **manual**
매애뉴얼

1 자율 주행이 상용화되면 인간이 직접 manual 로 운전할 필요가 없을 거야.
2 기계가 아닌 manual 한 세탁을 권합니다.

1159 **armed**
아암^{r} ㄷ

1 Armed 한 경찰들이 현장을 지키고 있다.
2 Armed 한 강도들이 총으로 위협하며 금품을 요구했다.

1160 **irrational**
이뤠애쉬어널

1 마법을 믿는 것은 irrational 한 것이다.
2 회사의 irrational 한 결정에 직원들이 항의했다.

1161 **widespread**
와잇스프뤠ㄷ

1 태풍이 widespread 한 피해를 몰고 왔다.
2 국민들의 widespread 한 지지를 받는 정부.

1162 **undaunted**
언더언티ㄷ

1 사람들의 반대에도 undaunted 한 주장을 펼쳤다.
2 반복되는 실패에도 undaunted 한 도전을 계속했다.

형 타원형의, 계란형의	• an **oval** shape ı 달걀형 • the **oval** office ı 백악관의 대통령 집무실
형 가치[보람] 있는	• a **rewarding** book ı 읽을 가치가 있는 책 • a **rewarding** career ı 보람 있는 직업
형 전략적인	• a **strategic** point ı 전략적으로 중요한 지점 • a **strategic** retreat ı 전략적 후퇴
형 진취력 있는, 기획력 있는	• an **enterprising** business ı 진취적인 사업 • an **enterprising** spirit ı 진취적인 정신
형 잘 견디는, 저항력 있는	• **resistant** to heat ı 열에 잘 견디는 • **resistant** to diseases ı 질병에 잘 견디는
형 대단히 흥미로운, 매력적인	• a **fascinating** story ı 흥미로운 이야기 • a **fascinating** sight ı 아름다운 광경
형 무례한, 실례되는	• an **impolite** way of speaking ı 무례한 말투 • **impolite** remarks ı 무례한 말
형 대단한, 이례적인	• an **extraordinary** success ı 놀라운 성공 • **extraordinary** measures ı 이례적인 조치
형 매혹된[마음을 사로잡힌]	• **captivated** by the stories ı 이야기에 매료된 • **captivated** by the performance ı 공연에 마음을 사로잡힌
형 수동의, 손으로 하는 명 설명서	• **manual** labor ı 육체 노동 • a **manual** steering ı 수동 핸들
형 무장한, 무기를 가진	• the **armed** criminals ı 무장한 범인들 • the **armed** officers ı 무장한 경찰들
형 비이성적인, 비논리적인	• the **irrational** fears ı 비이성적인 공포 • an **irrational** argument ı 비이성적인 말다툼
형 광범위한, 널리 퍼진	• the **widespread** damage ı 광범위한 피해 • already **widespread** rumor ı 이미 널리 퍼진 루머
형 의연한, 흔들림 없는	• seem **undaunted** ı 기죽지 않은 듯 보이다 • **undaunted** by failure ı 실패에도 의연한

1163	**neutral** 뉴우트뤌	¹ 우리가 싸울 때 항상 neutral 한 친구. ² 언론인은 정치적으로 neutral 해야 한다.
1164	**promising** 프롸아미쓰잉	¹ 장래가 promising 한 학생. ² 그는 promising 한 신인배우로 상을 받았다.
1165	**ambitious** 애앰비쉬어ㅆ	¹ 사업으로 성공하고자 하는 ambitious 한 계획. ² Ambitious 한 목표를 가지고 훈련에 임하는 선수들.
1166	**venerable** 베ᵛ너뤄블	¹ 역사와 함께 한 venerable 한 건축물. ² 이 분야에서 가장 venerable 한 학자.
1167	**notorious** 노우터어뤼어ㅆ	¹ 심각한 대기오염으로 notorious 한 도시. ² 방탕한 사생활로 notorious 한 유명 배우.
1168	**fatal** 페ᶠ이틀	¹ 치료법이 발견되지 않은 fatal 한 질병. ² 프로그램에 fatal 한 오류가 발견되었다.
1169	**tubular** 튜우뷸러ʳ	¹ 좁은 tubular 한 모양의 틈새를 통해 벌레들이 들어올 수 있어요. ² 버스 안에서는 tubular 한 기둥을 잡아야 안전하다.
1170	**ambiguous** 애앰비규어ㅆ	¹ 명확하지 않고 ambiguous 하다. ² Ambiguous 한 말로 헷갈리게 하지 마.
1171	**underprivileged** 언더ʳ프뤼빌ᵛ리쥐ㄷ	¹ 정기적으로 underprivileged 한 어린이들을 돌본다. ² Underprivileged 한 어린 시절을 딛고 자수성가한 사업가.
1172	**ignorant** 이그너뤈ㅌ	¹ 국사는 잘 알지만, 세계사에는 ignorant 하다. ² 책은 많이 읽었지만, 세상 물정에는 ignorant 한 사람.
1173	**premature** 프뤼이메츄어ʳ	¹ 벌써 성공을 말하는 것은 premature 하다. ² Premature 한 판단을 하지 말고 좀 기다려라.
1174	**overdue** 오우버ᵛ·ʳ듀우	¹ Overdue 한 책은 빨리 반납하세요. ² 가스 사용료 지급이 overdue 해서 연체료를 물었다.
1175	**crisp** 크뤼ㅅㅍ	¹ 과육이 crisp 한 햇사과. ² 오븐에 넣고 crisp 해질 때까지 구우세요.
1176	**lame** 을레임	¹ 너의 lame 한 변명은 더는 듣고 싶지 않아. ² 그는 lame 한 다리 때문에 활동적인 일을 하기 어렵다.

형 중립적인	• a neutral territory ι 중립 영토 • the neutral waters ι 중립 수역
형 유망한, 촉망받는	• a promising student ι 장래가 유망한 학생 • a promising clue ι 유망한 단서
형 야심[야망] 있는	• an ambitious businessman ι 야망 있는 사업가 • an ambitious plan ι 야망 있는 계획
형 유서 깊은, 존경할 만한, 덕망 있는	• the venerable institution ι 신망 있는 기관 • a venerable old man ι 덕망 있는 노인
형 악명 높은	• a notorious murderer ι 악명 높은 살인자 • notorious for bad weather ι 나쁜 날씨로 악명 높은
형 치명적인	• a fatal injury ι 치명상 • a fatal accident ι 치명적인 사고
형 관 모양의	• the pink tubular flowers ι 분홍색 대롱꽃 • a tubular stand ι 관 모양의 스탠드
형 모호한	• an ambiguous statement ι 모호한 발언 • take an ambiguous stance ι 모호한 태도를 취하다
형 혜택을 못 받는	• the underprivileged children ι 혜택을 못 받는 아이들 • educationally underprivileged ι 교육적으로 혜택을 못 받는
형 무지한, 무식한	• an ignorant statement ι 무식한 주장 • dislike ignorant people ι 무식한 사람들을 싫어하다
형 시기상조의[너무 이른]	• a premature baby ι 미숙아 • too premature ι 너무 이른
형 기한이 지난, 이미 늦은	• an overdue payment ι 연체된 요금 • long overdue ι 오래 연체된
형 아삭아삭한, 바삭바삭한	• a crisp apple ι 아삭아삭한 사과 • a crisp toast ι 바삭바삭한 토스트
형 궁색한, 변변찮은, 절름발이의	• a lame excuse ι 설득력 없는 변명 • lame in a leg ι 한쪽 다리를 절다

1177 vast
배ᵛ애ㅅㅌ

¹ Vast 한 금액의 건설 비용.
² 가늠할 수 없이 vast 한 우주의 크기.

1178 wanted
워언티ㄷ

¹ 전국적으로 wanted 된 강도.
² 우연히 TV에 나온 wanted 된 범인을 목격하다.

1179 prosperous
프롸아스퍼뤄ㅆ

¹ 아름답고 prosperous 한 도시.
² prosperous 한 새해가 되시길 바랍니다.

1180 corporate
코어ʳ퍼뤄ㅌ

¹ Google은 corporate 문화를 바꿨다.
² Corporate 의 정체성 확립은 브랜드 전략의 기본이다.

1181 bare
베어ʳ

¹ Bare 한 발로 걸을 때 느낌이 좋다.
² 잎이 지고 앙상하게 bare 한 겨울나무.

1182 distinct
디스팅ㅋㅌ

¹ 그 지역의 distinct 한 음식.
² 누구도 따라 할 수 없는 distinct 한 글씨체.

1183 sensible¹
쎈써블

¹ Sensible 한 해석이라고 생각해요.
² 그다지 sensible 하지 못한 방법인 것 같다.

1184 unrivaled
언롸이벌ᵛㄷ

¹ 수학에 있어서만큼은 unrivaled 한 학생.
² 그는 바둑에 있어 unrivaled 한 고수이다.

1185 modest
머어디ㅅㅌ

¹ 많이 가진 사람일수록 modest 해야 한다.
² 엄청난 인기에도 불구하고 modest 한 배우.

1186 improper
임프롸아퍼ʳ

¹ Improper 한 발언으로 물의를 일으킨 유명인.
² Improper 한 사업 행위로 이득을 취하다 적발되었다.

1187 shorthanded
쇼오ʳㅌ해앤디ㄷ

¹ 가게가 shorthanded 해서 직원을 더 뽑는다.
² 요새 시골에서는 농사를 지을 때 shorthanded 하다.

1188 sluggish
슬러기쉬

¹ Sluggish 한 경제 상황으로 서민들 생활이 어렵다.
² Sluggish 한 자동차들로 도로가 꽉 막힌 퇴근 시간.

1189 apparent
어패애뤈ㅌ

¹ 그것은 apparent 한 거짓말이다.
² 아이가 apparent 한 이유 없이 울고 있다.

1190 filthy
필ʳ띠ᵗʰ

¹ 네 filthy 한 옷들 좀 세탁해!
² Filthy 한 옷은 입지 않고 그대로 세탁 바구니에 넣어야 한다.

형 어마어마한, 방대한	• a vast amount ㅣ 어마어마한 양 • a vast area ㅣ 광활한 지역
형 수배 중인	• wanted criminals ㅣ 지명 수배자 • a wanted list ㅣ 수배자 명단
형 번영한, 번창한	• the prosperous future ㅣ 번창한 미래 • a prosperous farmer ㅣ 부유한 농부
형 기업의, 법인의	• a corporate management ㅣ 기업 경영진 • a corporate finance ㅣ 기업 금융
형 벌거벗은, 맨	• bare feet ㅣ 맨발 • a bare mountainside ㅣ 헐벗은 산등성이
형 독특한, 뚜렷이 다른[구별되는]	• a distinct feature ㅣ 독특한 특징 • a distinct difference ㅣ 뚜렷한 차이
형 합리적인, 분별 있는	• a sensible conclusion ㅣ 합리적인 결말 • a sensible man ㅣ 분별력 있는 사람
형 견준 바 없는, 독보적인	• unrivaled in mathematics ㅣ 수학으로는 견줄 사람이 없는 • an unrivaled student ㅣ 독보적인 학생
형 겸손한, 보통의	• modest about the results ㅣ 결과에 대해 겸손한 • the modest boss ㅣ 겸손한 사장
형 부적절한, 부당한	• an improper behavior ㅣ 부적절한 행위 • an improper conduct ㅣ 버릇없는 행동
형 일손이 부족한	• shorthanded at work ㅣ 회사에 일손이 부족한 • a shorthanded store ㅣ 일손이 부족한 가게
형 느릿느릿 움직이는, 부진한	• the sluggish economy ㅣ 침체한 경제 • the sluggish market ㅣ 침체된 시장
형 명백한, 분명한	• for no apparent reason ㅣ 명백한 이유 없이 • apparent to everyone ㅣ 누구에게나 명백한
형 아주 더러운, 불결한	• filthy looking kitchen ㅣ 불결해 보이는 주방 • wash filthy clothes ㅣ 더러운 옷을 빨다

1191 ironic
아이뤄어니ㅋ

¹ 싫은 일을 직업으로 삼다니 ironic 하다.
² 실제 내용에 대해 제목이 ironic 한 소설.

1192 steep
스티이ㅍ

¹ Steep 한 언덕길.
² 계단이 steep 해서 올라가기가 힘들어.

1193 frequent
ㅍ¹뤼이쿠언ㅌ

¹ 지방 출장이 frequent 한 직업.
² Frequent 한 비로 강이 범람했다.

1194 barbaric
바아ㄹ배애뤼ㅋ

¹ 사형제도가 barbaric 하다는 의견.
² 고래의 도살은 barbaric 한 행위이다.

1195 sinister
쓰이니스터ㄹ

¹ 그는 sinister 한 사고로 불구가 되었다.
² 사태가 sinister 한 양상을 띠기 시작했다.

1196 inherited
인헤뤼티ㄷ

¹ 부모님께 inherited 된 건강에 감사한다.
² 이 집은 우리 가문 대대로 inherited 된 집이야.

1197 mundane
먼데인

¹ 틀에 박힌 mundane 한 하루.
² Mundane 한 일들을 즐기고자 하는 태도.

1198 superficial
쓰우퍼ㄹ피¹쉬얼

¹ 깊이 없는 superficial 한 지식.
² 진실성 없는 superficial 한 관계.

1199 avian
에이비ᵛ언

¹ Avian 독감이 인간에게 옮을 가능성은 매우 낮다.
² 축사에서 자라는 가금류는 avian 독감에 집단 감염되기 쉽다.

1200 unconventional
언컨벤ᵛ쉬어널

¹ 새롭고 unconventional 한 사고방식.
² Unconventional 한 제작방식으로 생산된 신제품.

1201 sanitary
쌔애너테뤼

¹ 난민촌은 sanitary 한 상태가 형편없었다.
² 오래된 화장실이지만 sanitary 한 상태를 유지하고 있다.

1202 unsanitary
언쌔애너테뤼

¹ Unsanitary 한 환경이 각종 질병을 유발한다.
² 식사 전에 손을 씻지 않는 것은 unsanitary 한 습관이다.

1203 elective
일렉티ㅂᵛ

¹ Elective 한 민주주의를 채택하는 나라들.
² 공정함을 위해 새 elective 한 기구를 신설했다.

1204 Celsius
쎌쓰이어ㅆ

¹ 화씨온도와 Celsius 온도 표기 변환법.
² 우리나라는 Celsius 온도 단위를 사용해.

형 모순적인, 반어적인, 비꼬는	• an ironic question ǀ 비꼬는 질문 • an ironic expression ǀ 반어적 표현
형 가파른, 비탈진	• a steep hill ǀ 가파른 언덕 • steep slopes ǀ 가파른 비탈길
형 잦은, 빈번한	• a frequent argument ǀ 잦은 말다툼 • the frequent earthquakes ǀ 빈번한 지진
형 야만적인, 사나운	• a barbaric torture ǀ 야만적인 고문 • a barbaric ritual ǀ 야만적 의식
형 불길한, 사악한	• sense something sinister ǀ 사악한 뭔가를 감지하다 • a sinister intent ǀ 사악한 의도
형 유전의, 상속한	• an inherited disease ǀ 유전병 • the inherited fortune ǀ 상속한 재산
형 재미없는, 일상적인	• a mundane work ǀ 재미없는 업무 • my mundane life ǀ 나의 일상적인 삶
형 얄팍한, 피상적인	• a superficial relationship ǀ 피상적인 관계 • a superficial sense ǀ 표면적인 감각
형 새의	• avian dinosaurs ǀ 익룡 • avian influenza ǀ 조류 인플루엔자
형 관습에 얽매이지 않는, 색다른	• unconventional methods ǀ 관습에 얽매이지 않는 방법 • unconventional views ǀ 색다른 견해
형 위생의, 위생적인	• a sanitary inspector ǀ 위생 검사관 • a sanitary towel ǀ 생리대
형 비위생적인	• an unsanitary food ǀ 비위생적인 음식 • seem unsanitary ǀ 비위생적인 것처럼 보이다
형 선거의, 선거를 이용하는, 선거로 선출된	• an elective course ǀ 선택 과정 • an elective democracy ǀ 선거 민주주의
형 섭씨의	• boil at 100 degrees Celsius ǀ 섭씨 100℃에 끓는다 • freeze at 0 degree Celsius ǀ 섭씨 0℃에 언다

1205 renowned
뤼나운ㄷ

¹ 나는 세계적으로 renowned 한 가수가 되고 싶어.
² 엄청난 힘과 체력으로 renowned 한 시베리아 호랑이.

1206 rational
뤠애쉬어널

¹ 인간은 rational 한 동물이다.
² 주장을 뒷받침할 rational 한 근거.

1207 cosmetic²
카아즈메티ㅋ

¹ Cosmetic 수술을 받으면 나도 예뻐질 수 있을까?
² 한국은 얼굴을 고치는 cosmetic 수술로 유명해요.

1208 attached
어태애취ㅌ

¹ 담임 선생님이 특히 attached 하는 모범적인 학생.
² 내 얼굴과 많이 닮아서 특별히 더 attached 하는 조카.

1209 successive
썩쎄쓰이ㅂᵛ

¹ 세 번째 successive 한 승리를 거뒀다.
² 4년간 successive 한 가뭄에 어려움을 겪는 나라.

1210 indestructible
인디스트뤅터블

¹ 강하고 indestructible 한 플라스틱 용기.
² 다이아몬드는 indestructible 할 정도로 단단한 광물이다.

1211 inseparable
인쎄퍼뤄블

¹ Inseparable 한 돈독한 사이.
² 돈과 권력의 inseparable 한 관계.

1212 irresistible
이뤼지스터블

¹ 인간이 irresistible 한 시간의 흐름.
² irresistible 한 식욕에 결국 포기한 다이어트.

1213 unreliable
언륄라이어블

¹ Unreliable 한 일기예보.
² 거짓말을 반복하는 unreliable 한 사람.

1214 unacceptable
어낵쎕터블

¹ 그들이 제시한 조건은 unacceptable 하다.
² 사회적으로 unacceptable 한 행동은 하지 마라.

1215 achievable
어취이버ᵛ블

¹ 허황되기보다는 achievable 한 목표를 세우는 것이 좋다.
² 이번 주까지 마무리하는 정도는 충분히 achievable 할 줄 알았는데.

1216 capable
케이퍼블

¹ 혼자서도 capable 한 일이다.
² 100명의 손님을 수용하는 것이 capable 하다.

1217 viable
바ᵛ이어블

¹ 현실적으로 viable 한 대책이 필요하다.
² 이 회사는 앞으로도 꾸준히 viable 할 가능성이 있다.

1218 conservative
컨써어ㄹ버ᵛ티ㅂᵛ

¹ 고지식하고 conservative 한 사람.
² Conservative 한 정당, 진보적인 정당.

형 유명한, 명성 있는	• a renowned artist ∣ 저명한 예술가 • renowned for his inventions ∣ 그의 발명품으로 유명한
형 합리적인, 이성적인	• a rational decision ∣ 합리적인 결정 • a rational reason ∣ 합리적인 이유
형 성형의 명 화장품	• a cosmetic operation ∣ 성형 수술 • a cosmetic surgery ∣ 성형 수술
형 …에 애정[애착]을 가진, 사랑하는, 소속의*명사 앞에는 안 씀, 부착[첨부]된	• the attached object ∣ 애착이 있는 물건 • attached to his wife ∣ 그의 아내를 사랑하는
형 연이은, 연속적인	• three successive wins ∣ 3연승 • win four successive games ∣ 4경기를 연승하다
형 파괴할 수 없는	• an indestructible material ∣ 파괴할 수 없는 물질 • virtually indestructible ∣ 사실상 파괴할 수 없는
형 분리할 수 없는	• an inseparable couple ∣ 떼어놓을 수 없는 커플 • inseparable from each other ∣ 서로에게서 떼어낼 수 없는
형 거부[저항]할 수 없는	• an irresistible woman ∣ 거부할 수 없는 여인 • an irresistible attraction ∣ 저항할 수 없는 매력
형 신뢰할 수 없는	• the unreliable person ∣ 믿을 수 없는 사람 • notoriously unreliable ∣ 신뢰할 수 없기로 악명 높은
형 받아들일 수 없는	• an unacceptable excuse ∣ 받아들일 수 없는 변명 • totally unacceptable ∣ 전적으로 받아들일 수 없는
형 성취할 수 있는	• an achievable plan ∣ 성취 가능한 계획 • an achievable goal ∣ 성취 가능한 목표
형 …을 할 수 있는	• a capable teacher ∣ 유능한 선생님 • capable of this work ∣ 이 일을 할 수 있는
형 실행 가능한, 성장할 수 있는	• a viable energy ∣ 실용적인 에너지 • a viable option ∣ 실행 가능한 선택 안
형 보수적인	• a conservative thinking ∣ 보수적인 생각 • conservative views ∣ 보수적 견해

1219 vital
바ᵛ이틀

¹ 생명 유지에 vital 한 영양소.
² 어떤 관계에서든 신뢰는 vital 한 요소다.

1220 adorable
어도어뤄블

¹ 저 adorable 한 꼬마 아이는 제 딸이랍니다.
² 아빠가 작고 adorable 한 강아지를 데려왔어.

1221 baffled
배애플ᶠㄷ

¹ 낯선 한국 문화에 baffled 된 외국인.
² 외국인이 다짜고짜 영어로 물어봐서 baffled 되었다.

1222 dramatic
드뤄매애티ㅋ

¹ Dramatic 한 승리를 거두었다.
² 영화 끝에 dramatic 한 반전이 있다.

1223 regrettable
뤼그뤠터블

¹ 그 회사의 파산은 대단히 regrettable 한 일이다.
² 실험이 실패한 것은 상당히 regrettable 한 결과다.

1224 unsettling
언쎄틀링

¹ 외교 관계를 unsettling 하게 만드는 국제 문제.
² 매일 밤 unsettling 하는 꿈 때문에 잠을 잘 수가 없다.

1225 viral
바ᵛ이뤌

¹ 온라인에서 viral 한 동영상.
² Viral 한 감기로 고생 중이다.

1226 prehistoric
프뤼히ㅅ토어뤼ㅋ

¹ Prehistoric 의 유적, 고인돌.
² Prehistoric 의 사람들은 동굴에 살았다.

1227 refreshing
뤼프ᶠ뤠슁

¹ Refreshing 한 아침 공기.
² 아침 식사 때 refreshing 한 오렌지 주스 한 잔이 좋다.

1228 sacred
쎄이크뤼ㄷ

¹ 제사장은 sacred 한 의식을 거행했다.
² 소는 힌두교도들에게 sacred 한 동물이다.

1229 swift
스위ㅍᶠㅌ

¹ Swift 한 동작으로 상대를 제쳤다.
² Swift 한 물살에 휩쓸려 떠내려갔다.

1230 innovative
이너베ᵛ이티ㅂᵛ

¹ 지금까지 세상에 없던 innovative 한 기술을 개발했다.
² 아이폰은 innovative 한 디자인의 선두주자였다.

1231 convinced
컨빈ᵛㅅㅌ

¹ 아이들은 아빠는 뭐든지 할 수 있을 거라 convinced 한다.
² 그는 자신이 건강하다고 convinced 한다.

1232 virtual
버ᵛ어ᶠ츄얼

¹ 이 분야에서 virtual 의 독점권을 쥐고 있는 회사.
² 그 나라는 virtual 의 내전 상태로 빠져들고 있다.

형 필수적인	• a vital information ┃ 필수적인 정보 • vital to pay attention ┃ 집중해야만 하는
형 사랑스러운	• an adorable baby ┃ 사랑스러운 아기 • an adorable little puppy ┃ 사랑스럽고 작은 강아지
형 당혹스러운	• baffled about the situation ┃ 상황에 당황한 • baffled by English ┃ 영어 때문에 당황한
형 극적인, 감격스러운	• a dramatic change ┃ 극적인 변화 • a dramatic entrance ┃ 화려한 입장
형 유감스러운	• highly regrettable ┃ 대단히 유감스러운 • a regrettable mistake ┃ 후회스러운 실수
형 불안하게[동요하게] 만드는, 염려스러운	• an unsettling noise ┃ 염려스러운 소리 • an unsettling news ┃ 불안하게 만드는 소식
형 바이러스처럼 퍼지는, 바이러스성의	• a viral infection ┃ 바이러스성 감염 • a viral video ┃ 널리 퍼지는 영상
형 선사시대의	• prehistoric buildings ┃ 선사시대 건물 • prehistoric tools ┃ 선사시대 도구
형 신선한	• a refreshing air ┃ 맑은 공기 • a refreshing idea ┃ 새로운 생각
형 신성한	• a sacred temple ┃ 신전 • sacred to Muslims ┃ 이슬람교도들에게 신성한
형 빠른, 신속한	• a swift action ┃ 신속한 조치 • a swift ship ┃ 쾌속선
형 혁신적인	• an innovative technology ┃ 혁신적인 기술 • an innovative design ┃ 획기적인 디자인
형 (전적으로) 확신하는	• a convinced jury ┃ 설득된 배심원 • convinced of her innocence ┃ 그녀의 무고함을 확신하는
형 사실상의, 가상의	• a virtual stranger ┃ 사실상 전혀 모르는 사람 • a virtual impossibility ┃ 사실상 불가능한 일

1233 unrealistic
언뤼이얼리스티ㅋ

1. Unrealistic 한 영화는 즐겨보지 않는다.
2. 그 정치인의 공약은 실현 불가능한 unrealistic 한 것들뿐이다.

1234 veritable
베ᵛ뤼터블

1. 오늘 저녁은 veritable 한 잔칫상이구나.
2. 실내가 이렇게 춥다니 veritable 한 냉장고나 다름없어.

1235 earnest
어어ʳ니ㅅㅌ

1. Earnest 한 학생들이 성적이 좋다.
2. 내 earnest 한 충고를 귀담아들어라.

1236 childproof
촤이일드프루우ㅍˑ

1. 약은 childproof 한 용기에 보관하는 것이 좋다.
2. 집에 어린아이가 있으면 childproof 한 물건들을 사야 한다.

1237 overwhelmed
오우버ᵛʳ웨음ㄷ

1. 수많은 인파에 overwhelmed 되었다.
2. 뮤지컬 배우의 연기에 overwhelmed 된 청중들.

1238 imprecise
임프뤼싸이ㅆ

1. Imprecise 한 정보라서 믿기 힘들다.
2. Imprecise 한 번역으로 오해를 했다.

1239 ignoble
이ㄱ노우블

1. 파렴치하고 ignoble 한 사람.
2. 친구를 배신하는 ignoble 한 행위.

1240 imperative
임페뤄티ㅂᵛ

1. 선거의 공정성은 imperative 하다.
2. 우울증에는 빠른 치료가 imperative 하다.

1241 engaged¹
인게이쥐ㄷ

1. 그들은 engaged 한 커플이다.
2. 나는 engaged 한 그녀와 내년에 결혼할 예정이다.

1242 engaged²
인게이쥐ㄷ

1. 그들은 대화에 engaged 하고 있다.
2. 오랫동안 작업에 engaged 하고 있다.

1243 shallow
쉬앨로우

1. Shallow 한 상술에 넘어가지 마.
2. Shallow 한 개울이라 걸어서 건넜다.

1244 gothic
거어띠ᵗʰㅋ

1. 중세시대 gothic 건축물.
2. Gothic 의 특징이 잘 드러나는 교회.

1245 bound
바운ㄷ

1. 그 사람은 성공할 bound 하다.
2. 저 개는 목줄에 단단히 bound 되어 있어.

1246 solemn
싸알럼

1. 진지하고 solemn 한 맹세.
2. Solemn 한 분위기로 진행된 장례식.

형 비현실적인	• an **unrealistic** movie ┃ 비현실적인 영화 • an **unrealistic** story ┃ 비현실적인 이야기
형 진정한, 실제의	• a **veritable** hero ┃ 참된 영웅 • a **veritable** pleasure ┃ 진정한 낙
형 성실한, 진심 어린	• an **earnest** worker ┃ 성실한 직원 • an **earnest** young employee ┃ 어리고 성실한 직원
형 아이들에게 안전한	• a **childproof** drug container ┃ 어린이 보호용 약병 • a **childproof** lock ┃ 아이들이 열 수 없게 만든 자물쇠
형 압도된	• **overwhelmed** by him ┃ 그에 의해 압도된 • **overwhelmed** by the size ┃ 크기로 압도된
형 부정확한, 애매한	• an **imprecise** definition ┃ 애매한 정의 • spread **imprecise** information ┃ 부정확한 정보를 퍼뜨리다
형 비열한, 야비한	• **ignoble** thoughts ┃ 비열한 생각 • an **ignoble** person ┃ 비열한 사람
형 필수적인, 반드시 해야 하는	• an **imperative** sentence ┃ 명령문 • **imperative** for us ┃ 우리에게 필수적인
형 약혼한, 약속된	• get **engaged** ┃ 약혼하다 • **engaged** to her ┃ 그녀와 약혼한
형 열심인, …하느라 바쁜	• **engaged** in a conversation ┃ 대화를 하느라 바쁜 • **engaged** on the novel ┃ 소설을 쓰느라 열심인
형 얕은, 얄팍한	• **shallow** water ┃ 얕은 물 • a **shallow** mind ┃ 얄팍한 생각
형 고딕 양식의	• a **Gothic** architecture ┃ 고딕 건축 • **Gothic** lettering ┃ 고딕체
형 …할 가능성이 큰, 얽매인	• **bound** by law ┃ 법에 구속을 당하는 • **bound** to changes ┃ 변화가 있을 가능성이 큰
형 근엄한, 엄숙한	• a **solemn** ritual ┃ 엄숙한 의식 • a **solemn** voice ┃ 엄숙한 목소리

1247 crashing
크뤠애씽

1 일이 crashing 한 실패로 끝났다.
2 이번에 새로 개봉한 영화가 기대한 만큼 crashing 하게 재미있더라.

1248 profound
프뤄파「운ㄷ

1 삶과 죽음에 대한 profound 한 질문.
2 그의 삶에 profound 한 영향을 끼친 사건.

1249 concrete
카안크뤼이ㅌ

1 Concrete 한 예를 제시해야 한다.
2 Concrete 한 증거도 없이 의심하지 마라.

1250 plausible
플러어저블

1 Plausible 한 변명을 꾸며 내려고 애썼다.
2 Plausible 한 이야기지만 여전히 못 믿겠다.

1251 cornered
코어「너ʳㄷ

1 Cornered 된 쥐가 고양이를 문다.
2 이러지도 못하고 저러지도 못하는 cornered 된 상황이다.

1252 underlying
언더「라이잉

1 우리 사회의 underlying 한 문제부터 해결해야 합니다.
2 병이 발생하게 된 underlying 한 원인을 찾아야 합니다.

1253 freezing
프「뤼이징

1 모든 것이 꽁꽁 언 freezing 한 겨울날.
2 히터가 고장 나서 freezing 해 죽을 것 같아.

1254 versatile
버ᵛ어「써틀

1 다양한 역할을 해 온 versatile 한 배우.
2 달걀은 versatile 한 식자재라 어떻게 요리해도 맛있다.

1255 existing
이그지스팅

1 이미 existing 하는 계정이 있습니다.
2 Existing 하는 학설을 뒤엎는 새로운 가설.

1256 burdensome
버어「든썸

1 Burdensome 한 의무를 지는 직책.
2 Burdensome 한 금액이니 나누어 냈으면 해요.

1257 situated
쓰이츄에이티ㄷ

1 바닷가 근처에 situated 한 별장.
2 도로 끝에 situated 한 정비소에 차를 맡겼다.

1258 notable
노우터블

1 수많은 선수 중에서 가장 notable 한 선수.
2 영화에서 notable 한 연기를 보여 준 신인 배우.

1259 prominent
프롸아머넌ㅌ

1 영화에서 prominent 한 역할을 맡았다.
2 업계에서는 이미 prominent 한 인사가 됐다.

1260 infrequent
인프「뤼이쿠언ㅌ

1 고향이 멀어서 방문이 점점 infrequent 해진다.
2 시간이 늦을수록 버스 배차가 infrequent 해진다.

형 완전한, 엄청난	• a crashing failure ㅣ 완전한 실패 • a crashing headache ㅣ 엄청난 두통
형 심오한, 깊은[엄청난]	• a profound effect ㅣ 엄청난 영향 • a profound grief ㅣ 깊은 슬픔
형 구체적인, 사실에 따른, 콘크리트의 명 콘크리트	• a concrete evidence ㅣ 구체적인 증거 • the concrete plan ㅣ 구체적인 계획
형 그럴듯한, 이치에 맞는	• a plausible excuse ㅣ 그럴듯한 변명 • a plausible lie ㅣ 그럴싸한 거짓말
형 진퇴양난의[궁지에 몰린]	• catch the cornered rat ㅣ 궁지에 몰린 쥐를 잡다 • cornered by the enemy ㅣ 적에 의해 궁지에 몰린
형 (명사 앞에만 씀) 근본적인[근원적인], (다른 것의) 밑에 있는	• an underlying cause ㅣ 근본적인 원인 • an underlying reason ㅣ 근본적인 이유
형 몹시 추운, 영하의	• freezing temperatures ㅣ 영하의 온도 • the freezing point ㅣ 빙점[섭씨 영도]
형 다재다능한, 다용도의	• a versatile performer ㅣ 다재다능한 연주자 • a versatile tool ㅣ 다목적 도구
형 기존의, 현재 사용되는	• an existing law ㅣ 현행법 • existing products ㅣ 기존 제품
형 부담스러운, 힘든	• a burdensome task ㅣ 부담스러운 일 • burdensome duties ㅣ 부담스러운 의무
형 위치한	• badly situated House ㅣ 좋지 않은 위치의 집 • well situated ㅣ 좋은 자리에 위치해 있는
형 주목할 만한, 눈에 띄는, 유명한	• a notable achievement ㅣ 주목할 만한 업적 • a notable example ㅣ 주목할 만한 사례
형 중요한, 현저한, 유명한	• a prominent figure ㅣ 거물 • a prominent politician ㅣ 저명한 정치인
형 잦지 않은, 드문	• an infrequent occasion ㅣ 드문 경우 • infrequent visits ㅣ 잦지 않는 방문

1261 elaborate[1]
일래애버뤄ㅌ

1 이 중세 유적에 새겨진 문양은 꽤 elaborate 하다.
2 귀한 손님들을 위해 elaborate 한 식사를 준비했다.

1262 creditable
크뤠디터블

1 수준 높고 creditable 한 공연이었어.
2 그의 기술은 상당히 creditable 하다.

1263 aimless
에임레ㅆ

1 Aimless 한 상태로 시간만 보냈다.
2 Aimless 한 노력은 아무런 성과가 없다.

1264 supportive
써포어「티ㅂ∨

1 언제나 내가 하는 일에 supportive 한 가족들.
2 Supportive 해 주시는 팬들 덕분에 승리할 수 있었습니다.

1265 sonic
써어니ㅋ

1 스피커는 sonic 의 파동을 내보낸다.
2 Sonic 의 속도를 분석을 통한 통신 성능 향상.

1266 sly
슬라ㅣ

1 Sly 하고 이기적이고 영악한 사람.
2 여우는 sly 한 동물로 알려져 있다.

1267 responsive
뤼스파안쓰이ㅂ∨

1 알코올 성분에 responsive 하는 음주 측정기.
2 소비자의 요구에 responsive 하는 기업이 성공한다.

1268 unconscious
언카안쉬어ㅆ

1 길을 가다 unconscious 한 사람을 발견하다.
2 성숙한 사람도 unconscious 한 욕망을 감추지 못할 때가 있다.

1269 oral
오어뤌

1 필기시험이 아닌 oral 시험을 치렀다.
2 Oral 위생을 위해 양치를 잊지 마세요.

1270 authoritarian
어어또th뤄테어뤼언

1 Authoritarian 한 정권에 맞선 민주화 운동.
2 아버지는 엄격하고 authoritarian 한 분이었다.

1271 engaging
인게이칭

1 소재가 매우 engaging 한 책이라 기대된다.
2 Engaging 한 목소리로 청중을 사로잡는 가수.

1272 backbreaking
배액브뤠이킹

1 막노동은 backbreaking 한 일이다.
2 농사를 짓는 일은 backbreaking 하다.

1273 triple
트뤼플

1 한국보다 triple 이상의 GDP를 가진 일본.
2 작년 2배, 올해 triple 로 해마다 오른 매출.

1274 controversial
카안트뤄버∨어「쉬얼

1 난민 문제는 controversial 한 주제다.
2 일본의 고래잡이는 세계적으로 controversial 한 문제다.

형 정교한, 공을 들인	• an elaborate equipment ㅣ 정교한 장비 • elaborate designs ㅣ 정교한 디자인
형 훌륭한[칭찬할 만한], 믿을 만한	• a creditable man ㅣ 믿을만한 사람 • a creditable business man ㅣ 믿을만한 사업가
형 목적 없는, 방향을 잃은	• an aimless attempt ㅣ 목적 없는 시도 • an aimless effort ㅣ 목적 없는 노력
형 도와주는, 지원하는, 지지하는, 힘을 주는	• supportive of me ㅣ 나를 지지하는 • supportive parents ㅣ 지지해주는 부모님
형 소리의, 음파의	• hear a sonic boom ㅣ 초음속 항공기의 비행 소리를 듣다 • sonic speed ㅣ 음속
형 교활한, 음흉한	• a sly political move ㅣ 교활한 정치적 움직임 • play a sly game ㅣ 간사를 부리다
형 즉각 반응하는, 호응하는	• still responsive ㅣ 아직 반응이 있는 • responsive to influences ㅣ 영향을 받기 쉬운
형 의식이 없는, 무의식의	• an unconscious action ㅣ 무의식적인 행동 • unconscious woman ㅣ 의식을 잃은 여자
형 구두의, 입의	• an oral exam ㅣ 구두시험 • an oral explanation ㅣ 구두 설명
형 독재적인, 권위주의적인	• an authoritarian government ㅣ 권위주의적인 정부 • an authoritarian personality ㅣ 권위적인 성격
형 매력적인, 호감이 가는	• engaging manners ㅣ 사람을 끄는 태도 • an engaging smile ㅣ 매력적인 미소
형 매우 힘이 드는	• a backbreaking work ㅣ 뼈 빠지는 일 • a backbreaking labor ㅣ 매우 힘든 노동
형 3배의, 3자[개]로 이뤄진	• a triple digit number ㅣ 3자리 수 • a triple alliance ㅣ 삼국 동맹
형 논란이 많은	• a controversial topic ㅣ 논란이 많은 주제 • highly controversial ㅣ 논란의 소지가 많은

1275 vacant
베ᵛ이컨트

¹ 버스에 vacant 한 좌석이 별로 없다.
² Vacant 한 땅을 주차장으로 활용한다.

1276 uncanny
어언캐애니

¹ 누군가 쳐다보는 듯한 uncanny 한 기분.
² 그 둘은 정말 uncanny 할 정도로 닮았다.

1277 qualified
콰알러파ⁱ이드

¹ 그는 qualified 된 간호사다.
² Qualified 된 기술자만 이 기계를 만질 수 있다.

1278 biased
바이에ㅅㅌ

¹ Biased 된 정치적 시각으로 쓰인 신문 사설.
² 학생들에게 biased 된 역사의식을 심어주면 안 된다.

1279 willing
윌링

¹ 조건만 맞으면 willing 서명하려 했다.
² 저 친구는 힘든 일도 willing 하려고 해.

1280 anonymous
어나아너머ㅆ

¹ Anonymous 한 제보자.
² 누가 anonymous 한 편지를 보냈을까?

1281 accustomed
어커스텀ㄷ

¹ 해외에 오래 살아서 해외 문화에 accustomed 한 아이.
² 눅눅한 날씨에 accustomed 한 영국인들.

1282 consistent
컨쓰이스턴ㅌ

¹ Consistent 한 서비스 제공을 약속합니다.
² Consistent 한 경제 성장을 이룬 우리나라.

1283 lifelong
을라이플ⁱ로옹

¹ Lifelong 의 한을 풀다.
² 배움은 lifelong 의 과정이다.

1284 unanimous
유우내애너머ㅆ

¹ Unanimous 한 평결에 도달한 배심원단.
² Unanimous 한 표결로 가결을 끌어냈다.

1285 temporary
템퍼뤠뤼

¹ 그것은 temporary 한 방책이다.
² 단기간 일할 temporary 직원을 고용했다.

1286 pregnant
프뤠그너ㄴㅌ

¹ 둘째 아이를 pregnant 한 아내.
² Pregnant 한 그녀는 태교 준비에 한창이다.

1287 unrelenting
언륄렌팅

¹ 한여름의 unrelenting 하는 더위에 모두가 지쳤다.
² Unrelenting 하는 노력을 통해 바라던 바를 이루었다.

1288 cruel
크루우얼

¹ 자신의 개를 발로 차는 cruel 한 사람.
² 유대인을 cruel 한 방법으로 학살한 히틀러.

형 비어 있는, (시선·표정 등이) 멍한	• a vacant seat ı 빈자리 • fill a vacant post ı 결원을 보충하다
형 묘한, 이상한	• an uncanny atmosphere ı 묘한 분위기 • an uncanny feeling ı 묘한 느낌
형 자격이 있는	• a qualified swim instructor ı 자격이 있는 수영 강사 • qualified for the job ı 그 일에 자격이 있는
형 편향된, 선입견이 있는	• a biased reporting ı 편파 보도 • a biased judgment ı 편파 판정
형 기꺼이 …하는	• willing to do ı 기꺼이 하는 • willing to work hard ı 기꺼이 열심히 일하는
형 익명의	• an anonymous donor ı 익명의 기부자 • an anonymous letter ı 익명의 편지
형 익숙한	• accustomed to Korean culture ı 한국 문화에 익숙한 • accustomed to getting up early ı 일찍 일어나는 것에 익숙한
형 변함없는, 일관된	• a consistent effort ı 지속적인 노력 • a consistent approach ı 일관된 접근
형 평생의, 일생의	• a lifelong regret ı 일생의 후회 • the lifelong wish ı 평생의 소원
형 만장일치의	• a unanimous vote ı 만장일치 표결 • a unanimous support ı 만장일치의 지지
형 일시적인, 임시의	• a temporary solution ı 일시적인 해결책 • a temporary measure ı 임시 방책
형 임신한	• pregnant with twins ı 쌍둥이를 임신한 • a pregnant teenager ı 임신한 10대
형 수그러들 줄 모르는, (불쾌한 상황이) 끊임없는	• the unrelenting pressure ı 끊임없는 압박 • an unrelenting struggle ı 끊임없는 투쟁
형 잔혹한, 잔인한	• suffer the cruel torture ı 잔인한 고문으로 고통받다 • in a cruel way ı 잔인한 방법으로

1289 celebrated
쎌러브뤠이티드

¹ 업계에서 celebrated 한 인사.
² Celebrated 한 가수에게 환호하는 관중.

1290 adequate
애디쿠어ㅌ

¹ Adequate 한 휴식을 취하세요.
² 네 명이 먹기에 adequate 한 양.

1291 almighty
어얼마이티

¹ Almighty 한 포효가 숲 전체에 울렸다.
² Almighty 하신 신이여, 자비를 베푸소서!

1292 martial
마아ʳ쉬얼

¹ 호신용으로 배우는 martial 기술들.
² 전투에서 martial 한 음악은 사기를 돋운다.

1293 overall
오우버ᵛ뤄얼

¹ 고객을 위한 overall 한 서비스가 개선됩니다.
² 사소한 문제들이 있지만, overall 한 상황은 좋습니다.

1294 postwar
포우스트워어ʳ

¹ Postwar 한국의 눈부신 발전은 세계의 이목을 끌었다.
² '베이비붐 세대'는 출산율이 급증한 postwar 시기에 태어났다.

1295 cunning
커닝

¹ 여우 같이 cunning 한 거짓말쟁이.
² 적의 cunning 한 술수에 넘어가다.

1296 precise
프뤼싸이ㅆ

¹ 이미지의 precise 한 위치를 지정하세요.
² 그 단어의 precise 한 의미가 무엇인가요?

1297 spiritual
스피어뤼츄얼

¹ Spiritual 한 건강도 중요하다.
² 그녀는 나의 spiritual 한 지주다.

1298 sentimental
쎈티멘틀

¹ 오래된 우리 집에 sentimental 한 애착이 있다.
² 이 반지는 내게 sentimental 한 가치가 매우 크다.

1299 chivalrous
쉬버ᵛ뤄ㅆ

¹ 여자는 남자의 chivalrous 한 행동을 눈여겨본다.
² 남자라고 항상 chivalrous 한 행위를 해야 하는 것은 아니다.

1300 candid
캐앤디ㄷ

¹ Candid 하게 말해서 걔가 해준 음식은 맛이 없더라.
² 나는 항상 candid 하려고 노력한다.

1301 imperial
임피어뤼얼

¹ 진시황이 살았던 imperial 의 궁궐.
² 주변 왕들을 압박한 imperial 의 군사력.

1302 racial
뤠이쉬얼

¹ 유학할 때는 racial 한 편견이 무엇보다 힘들었습니다.
² 아직도 많은 나라에서 racial 한 차별이 행해지고 있다.

형 유명한, 저명한	• a celebrated writer ι 저명한 저자 • celebrated as a painter ι 화가로 유명한
형 충분한, 적당한, 적절한	• an adequate amount ι 적정량 • an adequate time ι 충분한 시간
형 엄청난, 전능한	• the almighty God ι 전능한 신 • the almighty dollar ι 만능의 달러 ⋯▸ 금전만능
형 싸움의, 전쟁의	• under martial law ι 계엄 하에 • the Korean martial art ι 한국 무술
형 전반[종합]적인, 전체의	• an overall opinion ι 종합적인 의견 • an overall responsibility ι 전체적인 책임
형 전후의	• the postwar period ι 전후 시대 • the postwar reconstruction ι 전후 재건
형 교활한, 정교한	• a cunning plan ι 교활한 계획 • a cunning liar ι 교활한 거짓말쟁이
형 정확한, 정밀한	• precise instructions ι 정확한 지침 • precise details ι 정확한 세부 사항
형 정신적인, 정신의	• seek spiritual guidance ι 정신적인 상담을 구하다 • the spiritual mother ι 정신적 어머니
형 정서적인, 감정적인	• sentimental values ι 감상적 가치 • a sentimental movie ι 감상적인 영화
형 기사도에 맞는, 정중한	• a chivalrous man ι 예의 바른 남자 • a chivalrous disposition ι 용감한 기질
형 솔직한, 정직한	• a candid discussion ι 솔직한 논의 • a candid interview ι 솔직한 인터뷰
형 황제의, 제국의	• an imperial family ι 황실 • an imperial palace ι 황제의 궁궐
형 인종[민족]의, 인종[민족] 간의	• a racial bias ι 인종 편견 • a racial animosity ι 인종 간의 적의

1303 intermediate
인터ˈ미이디어ㅌ

¹ 회색은 검은색과 흰색의 intermediate 의 색이다.
² 초급 과정을 이수하고 intermediate 의 과정을 시작했다.

1304 crucial
크루우쉬얼

¹ Crucial 한 순간에 자리에 없었다.
² 범인 검거에 crucial 한 역할을 한 목격자.

1305 medieval
메디이벌ᵛ

¹ Medieval 시대 말에 유행한 고딕 양식.
² 보통 medieval 문학들은 신앙을 배경으로 한다.

1306 Mediterranean
메더터뤠이니언

¹ 세 개의 대륙으로 둘러싸인 Mediterranean 해역.
² 이탈리아에서 Mediterranean 크루즈를 즐기세요.

1307 fierce
피ˈ어ʳㅆ

¹ Fierce 한 식인 상어.
² 양 팀은 fierce 한 경기를 펼쳤다.

1308 industrious
인더ㅅㅌ뤼어ㅆ

¹ 회사에서 가장 industrious 한 직원.
² Industrious 한 학생들의 성적이 좋다.

1309 unsatisfactory
언쌔애티ㅅ패ˈ액터뤼

¹ 소설의 unsatisfactory 한 결말.
² 가격과 비교해서 맛이 unsatisfactory 한 식당.

1310 unsuccessful
언썩쎄스펄ˈ

¹ 아쉽게도 흥행에 unsuccessful 한 영화.
² Unsuccessful 한 사업을 접고 새로운 사업을 시작했다.

1311 inconsistent
인컨ㅆ이스턴ㅌ

¹ 그녀의 진술은 사실과 inconsistent 하다.
² 그 돌발행동은 그의 신념과 inconsistent 하다.

1312 unnoticed
언노우티ㅅㅌ

¹ 실수를 unnoticed 하고 넘어갔다.
² Unnoticed 한 채로 그곳을 떠났다.

1313 unoccupied
어너어큐파이ㄷ

¹ 대부분 테이블이 unoccupied 된 한산한 식당.
² 도서관에 unoccupied 된 자리를 찾기가 어렵다.

1314 unwilling
언윌링

¹ 친구들과 헤어지기를 unwilling 하는 아이.
² 모임에 합류하는 것을 unwilling 하는 사람.

1315 vigilant
비ᵛ쥘런ㅌ

¹ Vigilant 한 개가 밤새 집을 지켰다.
² Vigilant 한 태세로 현장을 지키는 경찰관들.

1316 invalid
인배ᵛ앨리ㄷ

¹ Invalid 한 문자가 입력되었습니다.
² 유효 기간이 지난 invalid 한 면허증.

혱 중간의, 중급의	• an intermediate course ┃ 중급 과정 • an intermediate stage ┃ 중간 단계
혱 결정적인, 중대한	• a crucial moment ┃ 결정적인 순간 • a crucial evidence ┃ 결정적인 증거
혱 중세의	• the medieval times ┃ 중세 시대 • a medieval architecture ┃ 중세시대 건축
혱 지중해의	• the Mediterranean climate ┃ 지중해 기후 • the Mediterranean Sea ┃ 지중해
혱 맹렬한, 사나운, 지독한	• fierce eyes ┃ 매서운 눈초리 • a fierce fight ┃ 격렬한 싸움
혱 근면한, 부지런한	• an industrious employee ┃ 근면한 직원 • industrious bees ┃ 부지런한 벌들
혱 만족스럽지 못한	• an unsatisfactory result ┃ 만족스럽지 못한 결과 • prove unsatisfactory ┃ 마음에 안 차다
혱 성공하지 못한	• an unsuccessful attempt ┃ 실패한 시도 • unsuccessful at finding ┃ 찾는 데 실패한
혱 모순되는, 부합하지 않는	• an inconsistent action ┃ 모순되는 행동 • inconsistent with his story ┃ 그의 얘기와 내용이 다른
혱 간과되는, 눈에 띄지 않는	• walk past unnoticed ┃ 눈에 띄지 않게 지나쳐 걷다 • go unnoticed ┃ 간과하다
혱 비어 있는, 사람이 살지 않는	• an unoccupied building ┃ 비어 있는 건물 • an unoccupied house ┃ 사람이 안 사는 집
혱 꺼리는, 내키지 않는	• unwilling to do ┃ 하기를 꺼리는 • an unwilling hero ┃ 타의에 의한 영웅
혱 바짝 경계하는, 조금도 방심하지 않는	• vigilant about health ┃ 건강에 주의를 기울이는 • vigilant soldiers ┃ 불침번 병사
혱 효력 없는[무효한], 타당하지 않은	• an invalid argument ┃ 근거 없는 주장 • become invalid ┃ 효력을 잃다

1317	**irregular** 이뤠귤러ʳ	1. 부정맥이란 irregular 한 심장 박동을 말한다. 2. Irregular 한 생활을 하는 것은 건강에 해롭다.
1318	**unfavorable** 언페ʲ이버ᵛ뤄블	1. 기자의 unfavorable 한 발언에 분개한 유명인. 2. Unfavorable 한 기상상태 때문에 취소된 행사.
1319	**unsophisticated** 언써피ʲ스터케이티드	1. 누구나 사용하기 쉬운 unsophisticated 한 장비. 2. Unsophisticated 한 업무가 반복되자 지겨워졌다.
1320	**designated** 데지그네이티드	1. 흡연구역으로 designated 된 장소. 2. Designated 된 좌석에 가서 앉아주세요.
1321	**prompt** 프롸암ㅍㅌ	1. Prompt 한 답장 기다리겠습니다. 2. Prompt 한 대처를 해 주셔서 감사합니다.
1322	**genuine** 줴뉴인	1. 인조가 아니라 genuine 한 가죽이야. 2. 이것은 genuine 한 보석임이 틀림없어요.
1323	**serene** 써뤼인	1. 작고 serene 한 마을에서 행복하게 살았다. 2. 조용히 눈을 감은 그녀는 serene 해 보였다.
1324	**partial**[1] 파아ʳ쉬얼	1. 이로 인한 partial 한 손해는 감당해야 한다. 2. 그건 단지 partial 한 해결책일 수밖에 없다.
1325	**deliberate** 딜리버뤄ㅌ	1. 보험금을 노린 deliberate 한 사고. 2. 실수가 아닌 deliberate 한 행동이었어.
1326	**irresponsible** 이뤼스파안써블	1. 자식들을 방치한 irresponsible 한 부모. 2. 목줄 없이 개를 산책시키는 irresponsible 한 견주.
1327	**prescribed** 프뤼스크롸이브드	1. 학생들은 교육청에 의해 prescribed 된 교과서를 사야 한다. 2. 병원에서 prescribed 된 약을 하루 세 번, 식후에 복용하세요.
1328	**initial** 이니쉬얼	1. 운동을 시작한 initial 의 달부터 스쿼트를 했다. 2. 인사 담당자는 내 initial 의 인상이 좋았다는 말을 덧붙였다.
1329	**supreme** 쑤우프뤼임	1. 올해 supreme 챔피언 자리에 오른 선수. 2. Supreme 법원의 최종 판결을 기다리고 있다.
1330	**minimal** 미너멀	1. 그 일은 minimal 한 비용으로 수행되었다. 2. 공사가 빨리 끝나 minimal 한 휴업 기간을 가졌다.

혱 불규칙한, 고르지 않은	• irregular teeth ㅣ 고르지 않은 치아 • an irregular verb ㅣ 불규칙 동사
혱 비판적인, 호의적이 아닌, 순조롭지 않은	• unfavorable for her ㅣ 그녀에게 불리한 • an unfavorable opinion ㅣ 비판적인 의견
혱 단순[소박]한, 순진한, 복잡하지 않은	• an unsophisticated person ㅣ 순진한 사람 • unsophisticated tastes ㅣ 단순한 취향
혱 지정된	• designated seats ㅣ 지정 좌석 • a DD[Designated Driver] ㅣ 지명 운전자
혱 즉각적인, 시간을 지키는	• prompt delivery ㅣ 신속한 발송 • a prompt action ㅣ 즉각적인 조치
혱 진짜의, 진실한	• genuine leather ㅣ 진짜 가죽 • a genuine person ㅣ 진실한 사람
혱 평화로운, 고요한, 침착한[차분한]	• a serene guy ㅣ 침착한 남자 • remain serene ㅣ 침착함을 유지하다
혱 부분적인, 이차적인	• partial knowledge ㅣ 부분적인 지식 • a partial loss ㅣ 부분적인 손해
혱 의도적인[고의의], 신중한[찬찬한]	• a deliberate choice ㅣ 신중한 선택 • a deliberate lie ㅣ 의도적인 거짓말
혱 무책임한	• an irresponsible behavior ㅣ 무책임한 행동 • an irresponsible attitude ㅣ 무책임한 태도
혱 지정된, 처방된	• prescribed drugs ㅣ 처방받은 약 • prescribed to me ㅣ 나에게 처방된
혱 처음의, 초기의 몡 (이름의) 첫 글자	• the initial thought ㅣ 처음 생각 • an initial letter ㅣ 첫 글자
혱 최고의, 최상의	• a supreme work ㅣ 최고의 작품 • the supreme being ㅣ 최고의 존재 …→ 신
혱 아주 적은, 최소의	• the minimal amount ㅣ 최소한의 금액 • a minimal effort ㅣ 최소한의 노력

1331 ultimate
얼터머트

1 평화가 그 모임의 ultimate 한 목표였다.
2 대법원이 ultimate 한 결정권을 가지고 있다.

1332 sufficient
써피ʳ쉬언트

1 범인을 잡을 sufficient 한 증거가 있다.
2 완쾌를 위해 sufficient 한 휴식을 취해라.

1333 lateral
을래애터럴

1 식물은 lateral 의 뿌리로 물을 흡수한다.
2 그 팔걸이는 lateral 의 지지를 위해 설계됐다.

1334 soaring
쏘오링

1 Soaring 하는 외국인 비율 때문에 새로운 정책이 필요하다.
2 Soaring 하는 물가 때문에 소비자들의 우려가 커지고 있다.

1335 painful
페인펄ʳ

1 마취 없이 수술을 받은 것은 매우 painful 한 경험이었다.
2 사업 실패 후 심적으로 매우 painful 한 시간을 보내고 있다.

1336 eternal
이터어ʳ널

1 Eternal 한 젊음이란 없다.
2 돈으로 eternal 한 삶을 살 수는 없다.

1337 everlasting
에버ᵛ·ʳ래애스팅

1 Everlasting 한 삶이란 없다.
2 Everlasting 한 명작을 남기다.

1338 unintentional
어닌텐쉬어널

1 축구 경기 때 unintentional 한 반칙을 범했다.
2 Unintentional 한 상황들이 발생해서 공사가 지연되고 있다.

1339 coarse
코어ʳ쓰

1 Coarse 하고 뻣뻣한 머리카락.
2 고운 소금이 없으면 coarse 한 소금을 써도 돼.

1340 tender
텐더ʳ

1 Tender 하고 맛있는 고기.
2 지금 필요한 것은 tender 한 말 한마디.

1341 significant
쓰이그니피ʳ컨트

1 8월 15일은 한국인에게 significant 한 날이다.
2 이번 달에 significant 한 매출 증가가 있었습니다.

1342 tangled
태앵글드

1 복잡하게 tangled 한 문제라 풀기 쉽지 않다.
2 머리가 너무 tangled 해서 빗질하기가 어렵다.

1343 exclusive
익스클루쓰이브ᵛ

1 우리 회사와 exclusive 한 계약을 맺었다.
2 이 호텔은 exclusive 한 회원제로 운영된다.

1344 exhausted
이그저어스티드

1 축구를 하고 나면 정말 exhausted 하다.
2 아기를 가진 임산부는 항상 exhausted 해 한다.

| 형 궁극적인, 최종의 | • an ultimate challenge ｜ 최후의 도전
• take the ultimate step ｜ 최후 수단을 쓰다 |

| 형 충분한 | • a sufficient proof ｜ 충분한 증거
• a sufficient quantity ｜ 충분한 양 |

| 형 옆의, 측면의 | • the lateral roots of a plant ｜ 식물의 곁뿌리
• the lateral position ｜ 옆으로 누운 자세 |

| 형 급증하는, 치솟는 | • the soaring prices ｜ 오르는 가격
• the soaring temperatures ｜ 오르는 기온 |

| 형 아픈[고통스러운], 골치 아픈 | • a painful life ｜ 고통스러운 삶
• a painful wound ｜ 아픈 상처 |

| 형 영원한, 변치 않는 | • an eternal life ｜ 영원한 삶
• the eternal love ｜ 영원한 사랑 |

| 형 영원한, 변치 않는 | • an everlasting respect ｜ 변치 않는 존경심
• believe in everlasting love ｜ 영원한 사랑을 믿다 |

| 형 고의가 아닌, 의도치 않은 | • an unintentional damage ｜ 고의가 아닌 훼손
• an unintentional mischief ｜ 뜻하지 않은 피해 |

| 형 거친, 굵은 | • coarse hands ｜ 투박한 손
• coarse salt ｜ 굵은 소금 |

| 형 부드러운, 친절한, 상냥한 | • a tender heart ｜ 상냥한 마음
• tender words ｜ 상냥한 말 |

| 형 중요한, 커다란 | • a significant discovery ｜ 중대한 발견
• a significant part ｜ 중요한 부분 |

| 형 뒤엉킨, 헝클어진 | • tangled hair ｜ 엉킨 머리
• tangled wires ｜ 엉킨 선들 |

| 형 독점적인, 배타적인 | • exclusive rights ｜ 독점권
• an exclusive interview ｜ 독점 인터뷰 |

| 형 기진맥진한, 탈진한 | • wake up exhausted ｜ 힘든 상태로 일어나다
• exhausted from housework ｜ 가사에 지친 |

1345	**retiring** 뤼타이어륑	1 Retiring 한 사실을 아내에게도 알리지 못했다. 2 보통 retiring 하는 나이를 다 채우지 못하고 사직서를 낸다.
1346	**especial** 에스페쉬얼	1 이 분야에 especial 한 관심이 있다. 2 배송 시 especial 한 주의가 필요한 물건.
1347	**habitual** 허비츄얼	1 Habitual 한 지각 때문에 벌점을 받았다. 2 Habitual 한 거짓말 때문에 아무도 그를 믿지 않는다.
1348	**disastrous** 디재애스터뤄ㅆ	1 폭발이 disastrous 한 화재로 번질 뻔했다. 2 해마다 홍수로 인해 disastrous 한 피해를 보는 지역.
1349	**enriched** 엔뤼취ㅌ	1 황무지를 enriched 한 땅으로 일구다. 2 Enriched 한 맛과 향을 위해 버터를 첨가하세요.
1350	**insignificant** 인쓰이그니피'컨ㅌ	1 Insignificant 한 실수가 큰 문제로 발전했다. 2 작은 생명이라도 insignificant 하게 여기면 안 된다.
1351	**trivial** 트뤼비ᵛ얼	1 Trivial 한 일로 시간 낭비하지 마. 2 Trivial 한 일에 너무 마음 쓰지 마.
1352	**scarce** 스커ʳㅆ	1 Scarce 한 식량으로 고통받는 난민들. 2 Scarce 한 자원 때문에 수출에 의존하는 나라.
1353	**abundant** 어번던ㅌ	1 abundant 한 천연자원을 가진 나라. 2 그 이론을 뒷받침할 abundant 한 증거가 있다.
1354	**considerable** 컨쓰이더뤄블	1 Considerable 한 양에 비교해서 저렴한 가격. 2 그는 도서관에서 considerable 한 시간을 보낸다.
1355	**choral** 코어륄	1 베토벤 9번 choral 교향곡. 2 성가대가 부르는 choral 음악.
1356	**ongoing** 어언고우잉	1 지난주부터 아직 ongoing 중인 협상. 2 Ongoing 중인 수사의 진행 상황을 지금은 밝힐 수 없습니다.
1357	**admitted** 애드미티ㄷ	1 입학이 admitted 된 학생. 2 자타에 admitted 된 훌륭한 테니스 선수.
1358	**floppy** 플'러어피	1 그 개의 귀는 크고 floppy 하다. 2 챙이 넓고 floppy 한 모자를 쓰고 있다.

형 은퇴하는, 퇴직의	• the retiring age ı 퇴직 연령 • consider retiring ı 은퇴하는 것을 고려하다
형 특별한	• an especial importance ı 특히 중대한 일 • need especial care ı 특별한 돌봄이 필요하다
형 습관적인, 늘 하는, 특유의	• a habitual criminal ı 상습범 • a habitual response ı 습관적 반응
형 처참한, 형편없는	• met a disastrous end ı 비참한 결말을 맞았다 • a disastrous aftermath ı 처참한 여파
형 부유한, 풍부한	• an enriched soil ı 비옥한 토지 • enriched with nutrients ı 영양소로 풍부한
형 사소한, 하찮은	• an insignificant matter ı 사소한 문제 • an insignificant difference ı 사소한 차이
형 사소한, 하찮은	• a trivial offense ı 경범죄 • trivial matters ı 하찮은 문제들
형 부족한, 드문	• scarce food ı 부족한 음식 • scarce of provisions ı 대책이 부족한
형 풍부한, 많은	• abundant reserves ı 풍부한 매장량 • abundant in water ı 물이 풍부한
형 상당한, 주목할 만한	• a considerable damage ı 상당한 피해 • a considerable amount ı 상당한 양
형 합창의	• a choral conductor ı 합창 지휘자 • choral music ı 합창 음악
형 진행 중인	• the ongoing investigation ı 진행 중인 조사 • an ongoing conflict ı 계속되는 충돌
형 공인된, 허가된	• an admitted student ı 입학이 허가된 학생 • the admitted fact ı 명백한[공인된] 사실
형 늘어진, 헐렁한	• wear a floppy hat ı 큰 모자를 쓰다 • a floppy disk ı 플로피디스크

1359 contemporary
컨템퍼뤠뤼

¹ 고전 미술은 contemporary 미술에 영향을 준다.
² 모차르트는 하이든과 contemporary 의 사람이다.

1360 furious
퓨ʳ우뤼어ㅆ

¹ Furious 한 폭풍우가 몰아치고 있다.
² 사람들을 몹시 furious 하게 만든 사건.

1361 Fahrenheit
패ʳ애뤈하이ㅌ

¹ Fahrenheit 온도체계를 쓰는 미국.
² Fahrenheit 온도를 섭씨온도로 바꿔라.

1362 pronounced
프뤄나운ㅅㅌ

¹ Pronounced 한 영국 말투로 이야기한다.
² 이 분야에 매우 pronounced 한 견해를 가진 전문가.

1363 assured
어슈어ʳㄷ

¹ 성공적인 결과를 assured 하다.
² Assured 한 태도로 다른 사람들을 대하다.

1364 convincing
컨빈ᵛ쓰잉

¹ Convincing 한 진술은 알리바이가 된다.
² 항상 convincing 한 논쟁에 설득당한다.

1365 uncertain
언써어ʳ튼

¹ 우리의 uncertain 한 미래를 걱정한다.
² 이 사업의 성공 여부는 uncertain 하다.

1366 animated
애니메이티ㄷ

¹ Animated 한 표정으로 소풍을 나온 아이들.
² 대통령 후보들이 TV에서 animated 한 토론을 한다.

1367 circumstantial
써어ʳ컴ㅅ태앤쉬얼

¹ 확증은 없고 circumstantial 한 증거만 있다.
² Circumstantial 한 증거만으로는 유죄를 선고하기 어렵다.

1368 magnificent
매애그니퍼ʳ쓴ㅌ

¹ 한강으로 magnificent 한 야경을 보러 가다.
² 크고 magnificent 한 옛 건물에 감탄하는 관광객들.

1369 blurred
블러어ʳㄷ

¹ 기억이 blurred 한 오래된 사건.
² 안개 때문에 시야가 blurred 하다.

1370 faint¹
페ʳ인ㅌ

¹ 어디선가 faint 한 향수 냄새가 난다.
² 멀리서 사람들의 faint 한 웃음소리가 들린다.

1371 user-friendly
유우저ʳㅍ뤤들리

¹ User-friendly 한 인터페이스의 스마트폰.
² 배우기 어렵지 않고 user-friendly 한 소프트웨어.

1372 booked up
북ㅌ 어ㅍ

¹ 모든 방이 이미 booked up 된 상태입니다.
² 표가 booked up 된 걸 보면 인기를 알 수 있지.

형 동시대의, 현대의	• contemporary art ᅵ 현대미술 • contemporary dance ᅵ 현대무용
형 맹렬한, 몹시 화가 난	• a furious debate ᅵ 열띤 토론 • furious at the suspect ᅵ 피의자에 매우 화가 난
형 화씨의	• convert Fahrenheit to Celsius ᅵ 화씨를 섭씨로 바꾸다 • a Fahrenheit thermometer ᅵ 화씨 온도계
형 명백[확연]한, 확고한	• pronounced dead ᅵ 사망한 것으로 선고받은 • pronounced views ᅵ 확고한 견해
형 자신 있는, 확실한	• fully assured ᅵ 완전히 보장된 • an assured safety ᅵ 보장된 안전
형 설득력 있는, 확실한	• a convincing story ᅵ 설득력 있는 이야기 • a convincing argument ᅵ 설득력 있는 주장
형 불확실한	• still uncertain ᅵ 아직 불확실한 • the uncertain future ᅵ 불확실한 미래
형 활기찬, 동영상[만화 영화]으로 된	• an animated debate ᅵ 활기찬 논쟁 • an animated discussion ᅵ 활기찬 논의
형 정황적인	• a circumstantial evidence ᅵ 정황적인 증거 • circumstantial reasons ᅵ 상황적 이유
형 웅장한, 훌륭한	• a magnificent art ᅵ 뛰어난 미술 작품 • do a magnificent job ᅵ 훌륭히 해내다
형 흐릿한, 희미한	• a blurred vision ᅵ 흐릿한 시야 • blurred memories ᅵ 희미한 기억들
형 희미한	• a faint scent of rose ᅵ 희미한 장미 향기 • a faint smile ᅵ 옅은 미소
형 사용하기 쉬운	• a user-friendly interface ᅵ 사용하기 쉬운 인터페이스 • a user-friendly program ᅵ 사용하기 쉬운 프로그램
형 예약이 끝난, 매진된	• booked up for tomorrow ᅵ 내일 예약이 끝난 • already booked up ᅵ 벌써 매진된

1373 worn out
워언「 아우ㅌ

¹ 땡볕에서 오래 일해서 **worn out** 된 상태야.
² **Worn out** 된 신발을 버리고 새것으로 한 켤레 샀다.

1374 up to date
어ㅍ 투 데이ㅌ

¹ **Up to date** 의 정보로 업데이트했다.
² 패션쇼에서 **up to date** 의 패션을 확인했다.

1375 nationwide
네이쉬언와이ㄷ

¹ **Nationwide** 한 국민운동이 일어났다.
² 의료보험은 **nationwide** 하게 유효합니다.

1376 wholesale
호울쎄일

¹ **Wholesale** 가격으로 드릴게요.
² 소매가 아닌 **wholesale** 거래만 합니다.

1377 overhead
오우버ᵛ·「헤ㄷ

¹ **Overhead** 킥으로 골을 넣었다.
² 비행기에서 **overhead** 의 짐칸에 가방을 넣었다.

1378 outward
아웃워「ㄷ

¹ **Outward** 의 모습만으로 사람을 판단하지 마.
² **Outward** 의 인상은 부드럽지만, 강단 있는 사람이다.

1379 aboveground
어버브ᵛ그롸운ㄷ

¹ **Aboveground** 의 수영장은 겨울에 춥다.
² 지하철역은 **aboveground** 에도 존재한다.

1380 firsthand
퍼「어「ㅅ트해앤ㄷ

¹ 내가 **firsthand** 로 경험해 본 일이라 잘 알아.
² 내가 그 사람한테 **firsthand** 로 들은 이야기야.

1381 approximately
어ㅍ롸악써머틀리

¹ 신청자 수는 **approximately** 백 명쯤 된다.
² 거기까지 차로 **approximately** 한 시간 정도 걸려요.

1382 respectively
뤼스펙티블ᵛ리

¹ 한국과 태국이 **respectively** 2위와 3위를 기록했다.
² 이번 일은 그 사건과는 **respectively** 따로 생각해야지.

1383 somewhat
썸와아ㅌ

¹ 많이 놀란 건 아니고 **somewhat** 놀랐어.
² 예상에 좀 못 미친 결과라 **somewhat** 실망했다.

1384 barely
베얼「리

¹ **Barely** 하게 흥분을 가라앉혔다.
² 필요한 자금을 **barely** 하게 모았다.

1385 bitterly
비털「리

¹ 그때 내린 결정을 **bitterly** 후회한다.
² 그녀는 한참 동안을 **bitterly** 울었다.

1386 thereupon
데ᵗʰ어뤄파안

¹ 왕이 손을 까딱하자 신하가 **thereupon** 일어섰다.
² 연주가 끝나자 청중들이 **thereupon** 기립박수를 쳤다.

혱 매우 지친, 닳아서 못 쓰게 된	• **worn out** shoes ┃ 다 닳은 신발 • a **worn out** equipment ┃ 닳은 장비
혱 최신의, 최근의	• keep content **up to date** ┃ 콘텐츠를 최신 상태로 유지하다 • **up to date** clothes ┃ 최신 유행의 옷
혱 전국적인 튀 전국적으로	• a **nationwide** issue ┃ 전국적인 주제 • spread **nationwide** ┃ 전국적으로 퍼진
혱 도매의 튀 도매로	• buy **wholesale** ┃ 도매로 사다 • a **wholesale** price ┃ 도매가격
혱 머리 위의 튀 머리 위로	• fly **overhead** ┃ 머리 위로 날아다니다 • **overhead** compartments ┃ 머리 위의 짐칸
혱 겉보기의, 표면상의 튀 밖으로	• **outward** signs ┃ 외형상 징후 • an **outward** movement ┃ 밖으로 향하는 움직임
혱 지상의 튀 지상에, 지상으로	• an **aboveground** bunker ┃ 지상 벙커 • go **aboveground** ┃ 지상으로 가다
혱 직접의 튀 직접(적으로)	• a **firsthand** knowledge ┃ 직접적인 지식 • hear the story **firsthand** ┃ 직접 들은 이야기
튀 거의, 정확하게, 가까이	• **approximately** in an hour ┃ 아마 한 시간 이내에 • for **approximately** a year ┃ 거의 일 년가량
튀 각각	• this and that **respectively** ┃ 이것과 저것 각각 • earn $200 and $300, **respectively** ┃ 각각 200달러와 300달러를 번다
튀 약간, 다소	• **somewhat** surprised ┃ 다소 놀란 • **somewhat** inappropriate ┃ 다소 적절하지 못한
튀 간신히[가까스로], 　거의 …아니게[없이]	• **barely** passed ┃ 간신히 합격했다 • **barely** in time ┃ 간신히 시간에 맞춘
튀 비통하게, 격렬히	• a **bitterly** cold weather ┃ 매섭게 추운 날씨 • fight **bitterly** ┃ 격렬하게 싸우다
튀 그러자 곧, 바로	• **thereupon** went back home ┃ 그러자 곧 집으로 갔다 • **thereupon** the crowd started cheering ┃ 그러자 곧 군중이 환호하기 시작했다

1387 conscientiously
카안쉬엔쉬어쓸리

¹ 그는 conscientiously 하게 직무를 수행한다.
² 나는 conscientiously 하게 맹세할 수가 없었다.

1388 therewith
데th어뤼ㄸth

¹ 그걸 나머지와 therewith 저기에 두세요.
² 사람들이 애완견들과 therewith 기다리고 있다.

1389 openly
오우픈리

¹ 비밀을 openly 하게 말할 수 있는 가까운 친구.
² Openly 하게 의견을 제시할 수 있는 자유로운 분위기.

1390 fearlessly
피'얼'리쓸리

¹ 다윗은 거구의 골리앗을 fearlessly 하게 맞섰다.
² 수적 열세에도 적들과 fearlessly 하게 싸운 스파르탄.

1391 furthermore
퍼'어'더th·'모어'

¹ 그는 노래도 잘하고 furthermore 춤도 잘 춘다.
² 이 도서관은 시설이 좋고 furthermore 집에서 가깝다.

1392 occasionally
어케이쉬어널리

¹ Occasionally 만나서 저녁을 같이 먹는다.
² 술고래는 아니지만, occasionally 한잔합니다.

1393 thus
더thㅆ

¹ 챔피언을 KO시켰고, thus 새 챔피언이 됐다.
² 쓰레기를 줄였고, thus 비용을 아낄 수 있었다.

1394 ashore
어쇼어'

¹ Ashore 로 밀려와 발견된 고래.
² 물에 빠진 사람을 ashore 로 끌어올렸다.

1395 precisely
프뤼싸이쓸리

¹ Precisely 하게 우리가 원하던 결과가 나왔다.
² Precisely 2시 정각에 회의를 시작하겠습니다.

1396 overnight
오우버ᵛ·'나이ㅌ

¹ 일이 overnight 에 달라지는는 않는다.
² 그 사람은 overnight 에 스타가 되었다.

1397 externally
익스터어'널리

¹ Externally 로 사용하는 약이니까 먹으면 안 돼.
² Externally 는 훌륭하지만, 내부는 많이 훼손됐다.

1398 obviously
어업비ᵛ어쓸리

¹ 당신은 미국인이니까 obviously 영어를 잘하겠죠.
² 시험을 그렇게 잘 봤는데 obviously 합격하겠죠.

1399 comparatively
컴패뤄티블ᵛ리

¹ 시험 문제는 comparatively 쉬웠다.
² 이번 여름은 작년에 비해 comparatively 선선하다.

1400 relatively
뤨러티블ᵛ리

¹ 시험이 relatively 하게 쉽다고 느껴졌다.
² 그 직책에는 지원자가 relatively 하게 적었다.

🔲 양심적으로, 공들여	• decide conscientiously ┃ 양심적으로 결정하다 • study conscientiously ┃ 성실히 공부하다
🔲 …과 함께, 그 안에서, 그 즉시	• put it over therewith documents ┃ 그것을 서류들과 같이 두다 • play therewith friends ┃ 친구들과 어울리다
🔲 터놓고, 드러내 놓고	• discuss openly ┃ 터놓고 논의하다 • talk openly ┃ 터놓고 얘기하다
🔲 겁 없이, 대담하게	• confront the enemy fearlessly ┃ 두려움 없이 적과 맞서다 • fight fearlessly ┃ 두려움 없이 싸우다
🔲 뿐만 아니라, 더욱이	• Furthermore, it is not easy to vote. ┃ 더욱이, 투표하기란 쉽지 않다. • furthermore, they failed ┃ 뿐만 아니라, 그들은 실패했다
🔲 가끔, 때때로	• occasionally drop by ┃ 때때로 들르다 • meet only occasionally ┃ 가끔 만나다
🔲 따라서, 그러므로	• thus we became victors ┃ 그러므로 우리는 승리자가 되었다 • thus far ┃ 지금까지
🔲 해안으로, 물가에	• the birds fly ashore ┃ 새들이 해안에서 날다 • go ashore ┃ 해변으로 가다
🔲 정확히, 바로, 꼭	• begin precisely at 2 o'clock ┃ 2시 정각에 시작하다 • precisely the point ┃ 정확한 요점
🔲 밤사이에, 하룻밤 동안	• stay overnight ┃ 하룻밤 묵다 • improve overnight ┃ 하룻밤 사이에 나아지다
🔲 외부적으로, 외부에서	• mount an antenna externally ┃ 외부에 안테나를 설치하다 • install externally ┃ 외부에 설치하다
🔲 당연히, 분명히	• obviously wrong ┃ 분명히 잘못된 • obviously misunderstood ┃ 완전히 오해한
🔲 비교적, 상당히	• comparatively slow ┃ 비교적 느린 • comparatively affordable ┃ 상대적으로 (가격이) 합리적인
🔲 비교적, 상대적	• relatively high/low ┃ 상대적으로 높은/낮은 • relatively speaking ┃ 상대적으로 말하면

1401 seemingly
씨이밍리

¹ Seemingly 에 의심스러운 계약서.
² Seemingly 에 어리석은 듯한 질문.

1402 promptly
프롸암프틀리

¹ 고객에게 문의 전화가 오면 promptly 하게 응답하세요.
² 그가 보낸 편지를 읽자마자 promptly 하게 울음을 터뜨렸다.

1403 modestly
머어디스틀리

¹ 너무 비싸지 않고 modestly 하게 책정된 가격.
² 그런 자리엔 modestly 하게 옷을 입고 가는 게 좋다.

1404 respectfully
뤼스펙트펄ˡ리

¹ Respectfully 하게 거절하겠습니다.
² 어르신들 앞에서는 respectfully 하게 행동해라.

1405 apparently
어패애뤈틀리

¹ Apparently 그 커플이 최근에 헤어졌대.
² Apparently 차에 뭔가 문제가 있는 것 같아.

1406 otherwise
아더ᵗʰˑʳ와이ㅈ

¹ 서둘러, otherwise 버스를 놓칠 거야.
² 창문 닫자. otherwise 방이 너무 추워질 거야.

1407 meanwhile
미인와이일

¹ 나는 야구를 했다. Meanwhile 에, 그는 농구를 했다.
² 그는 붓글씨를 썼다. Meanwhile 에, 그녀는 떡을 썰었다.

1408 wherefore
웨어ʳ포ˡ어ʳ

¹ Wherefore 그렇게 울고 있는가?
² Wherefore 이리도 서두르시는가?

1409 dramatically
드뤄매애티클리

¹ Dramatically 치솟는 물가.
² 이용자 수가 dramatically 늘어났다.

1410 efficiently
이피ˡ쉬언틀리

¹ 일을 efficiently 하게 처리했다.
² 자원을 efficiently 하게 활용하자.

1411 individually
인디비ᵛ쥬얼리

¹ 과자를 쓸데없이 Individually 포장해서 양이 많아 보이게 했네.
² 당첨되신 분들께는 individually 통보를 해 드립니다.

1412 officially
어피ˡ쉬얼리

¹ 새 정부가 officially 하게 출범했다.
² 전쟁은 officially 하게 아직 끝나지 않았다.

1413 secondarily
쎄컨데어뤼리

¹ 단지 secondarily 하게 다뤄질 문제일 뿐이다.
² 그 병은 다른 사람을 통해 secondarily 하게 감염될 수 있다.

1414 vitally
바ᵛ이털리

¹ 암은 조기 발견이 vitally 하게 중요하다.
² 교육은 국가의 미래를 위해 vitally 하게 중요하다.

🔲 겉보기에, 외견상으로	• a seemingly decent person	겉보기에 반듯해 보이는 사람 • seemingly fragile	연약해 보이는
🔲 즉시, 신속하게	• promptly respond	즉시 반응하다 • promptly begin	즉시 시작하다
🔲 적절하게, 얌전하게, 겸손하게	• drop the head modestly	다소곳이 머리를 숙이다 • act modestly	겸손하게 행동하다
🔲 정중하게, 공손하게	• act respectfully	공손하게 행동하다 • behave respectfully	공손하게 굴다
🔲 듣자 하니, 보아하니	• Apparently it's yours.	보아하니 이건 네 것이다. • Apparently it works.	보아하니 그것은 효과가 있다.
🔲 그렇지 않으면[않았다면]	• otherwise you will lose	그렇지 않으면 당신은 잃을 것이다 • unless otherwise agreed	별도의 합의가 없는 한
🔲 그 사이에, 그동안에, 한편	• meanwhile, inside of the room	그 사이, 방 안에서는 • meanwhile, back at home	한편, 집에서는
🔲 왜, 무슨 이유로 *고어	• Wherefore cry like that?	왜 그렇게 우니? • wherefore I stopped	그래서 나는 멈췄다
🔲 극적으로	• dramatically increase	급격하게 증가하다 • dramatically change	급격하게 변화하다
🔲 능률적으로, 효율적으로	• work efficiently	효율적으로 일하다 • efficiently spend money	효율적으로 돈을 쓰다
🔲 각각, 개별적으로	• individually wrapped	개별적으로 포장된 • ask individually	개별적으로 물어보다
🔲 공식적으로	• officially inform	공식적으로 통보하다 • officially announced	공식적으로 발표된
🔲 부차적으로, 이차적으로	• secondarily infected	이차적으로 감염된 • deal secondarily	이차적으로 다뤄지다
🔲 극도로[지극히], 중대하게, 치명적으로	• vitally important	매우 중요한 • vitally affecting	중대한 영향을 끼치는

1415 wholly
호울리

¹ 네 말에 wholly 동의해.
² 그것은 wholly 꾸며낸 이야기다.

1416 definitely
데퍼ˈ너틀리

¹ 올해에는 definitely 살을 뺄 것이다.
² 저 사람은 definitely 한국인일 것이다.

1417 locally
을로우클리

¹ Locally 에서 갓 잡은 싱싱한 물고기.
² 그 문제는 이 지역에서 locally 하게 해결되어야 한다.

1418 reluctantly
륄럭턴틀리

¹ 딸의 결혼을 reluctantly 하게 허락하다.
² 어머니 등쌀에 못 이겨 reluctantly 하게 샐러드를 먹다.

1419 headlong
헤들로옹

¹ 강물에 headlong 하게 뛰어들었다.
² 계단에서 headlong 하게 넘어져서 크게 다쳤다.

1420 particularly
파아ˈ티큘럴ˈ리

¹ 사계절 중에서도 particularly 가을을 가장 좋아해.
² 눈길 운전 시에는 안전에 particularly 유의하세요.

1421 regrettably
뤼그뤠터블리

¹ Regrettably 하게도 한국인은 북한으로 놀러 갈 수가 없다.
² Regrettably 하게도 키우던 강아지가 암으로 세상을 떠났다.

1422 nonetheless
넌덜ᵗʰ레쓰

¹ 너무 어렵지만, nonetheless 유익한 책.
² Nonetheless, 우리는 희망을 잃지 말아야 한다

1423 on top of that
언 타아ㅍ 어ᵇ 대ᵗʰ애ㅌ

¹ 더 싸고, on top of that, 맛도 더 좋아!
² On top of that, 일 처리도 빠르니 완벽해.

1424 every once in a while
에브ᵛ뤼 원쓰 인 어 와이일

¹ Every once in a while 그는 이상한 사람 같아.
² 자주는 아니지만, every once in a while 연락했다.

1425 on the way
언 더ᵗʰ 웨이

¹ 지금 거기로 가는 on the way 예요.
² 학교 가는 on the way 에 친구들을 만났다.

1426 the other way round
더ᵗʰ 아더ᵗʰˑʳ 웨이 롸운ㄷ

¹ 실패한 줄 알았는데 the other way round 이더라.
² 내가 널 떠난 게 아니라, the other way round 지.

1427 in this light
인 디ᵗʰ쓰 을라이ㅌ

¹ In this light 하면 그가 말한 내용도 이해는 가.
² 관점은 다양하겠지만, in this light 하면 내 결정이 옳아.

1428 in the first place
인 더ᵗʰ 퍼ˈ어ʳ 스ㅌ 플레이쓰

¹ In the first place 부터 도와주지 말았어야 했어.
² In the first place 부터 거기 가지 말았어야 했어.

🔳 완전히, 전적으로	• wholly agree with you ㅣ 전적으로 너에게 동의한다 • wholly inappropriate ㅣ 전적으로 부적절한
🔳 분명히, 틀림없이, 절대로	• definitely failed ㅣ 완전히 실패한 • definitely misunderstood ㅣ 완전히 오해받는
🔳 현지에서, 가까이에, 지방적으로, 지방주의로	• locally grown food ㅣ 현지에서 재배한 식량 • locally caught fish ㅣ 근처에서 잡은 물고기
🔳 마지못해	• reluctantly agree ㅣ 마지못해 동의하다 • do reluctantly ㅣ 마지못해서 하다
🔳 저돌적으로, 곤두박질쳐서	• fall headlong ㅣ 거꾸로 떨어지다 • plunge headlong ㅣ 거꾸로 뛰어들다
🔳 특히, 특별히	• particularly in the summer ㅣ 특히 여름에 • particularly for me ㅣ 특별히 나를 위해
🔳 유감스럽게도, 애석하게도	• regrettably true ㅣ 유감스럽게도 사실인 • regrettably to say ㅣ 말하기 유감스럽게도
🔳 그럼에도 불구하고, 그렇기는 하지만	• Nonetheless, we love him. ㅣ 그럼에도, 우리는 그를 사랑한다. • happened nonetheless ㅣ 그럼에도 불구하고 발생했다
🔳 뿐만 아니라, 게다가	• On top of that, it's tasty. ㅣ 게다가, 이것은 맛있다. • On top of that, you need money. ㅣ 게다가, 너는 돈이 필요하다.
🔳 가끔, 이따금, 간혹	• lose every once in a while ㅣ 가끔 지기도 하다 • Every once in a while, I feel alone. ㅣ 이따금 나는 혼자라고 느낀다.
🔳 …하는 중[길]에, 도중에	• The cops are on the way. ㅣ 경찰이 오는 중이다. • felt sick on the way ㅣ 오는 길에 속이 안 좋았다
🔳 반대로, 반대 상황인	• It was the other way round. ㅣ 그 반대였어. • Turn the other way round. ㅣ 반대로 돌려 봐.
🔳 이렇게 생각해 보면, 이러한 관점에서 볼 때	• in this light of the story ㅣ 이야기를 이러한 관점에서 볼 때 • seen in this light ㅣ 이렇게 생각해 보면
🔳 애초에	• In the first place, I don't love you. ㅣ 애초에, 나는 널 사랑하지 않아. • Why lie in the first place? ㅣ 왜 처음부터 거짓말을 했니?

1429 at hand
에ㅌ 해앤ㄷ

1 지하철역이 건물 at hand 라서 편해요.
2 결승전이 at hand 에 다가옴에 따라 긴장한 선수.

1430 once and for all
원ㅆ 애앤ㄷ 포f,r 어얼

1 오랜 분쟁을 once and for all 하게 해결했다.
2 질질 끌지 말고 지금 once and for all 하게 정리하자.

1431 up close
어ㅍ 클로우ㅈ

1 난시라서 up close 에 있는 건 잘 안 보여요.
2 VIP석이라 공연을 up close 에서 볼 수 있어요.

1432 far more
파f아r 모어r

1 남들보다 far more 많은 돈을 벌어 유명해졌다.
2 이게 그것보다 far more 좋으니 비교할 필요도 없어.

1433 regarding
뤼가아r딩

1 개인정보 이용에 regarding 된 사항에 동의해주세요.
2 공지사항에 regarding 하면 이런 경우엔 보상이 가능합니다.

1434 circa
써어r카

1 Circa 기원전 5세기에 형성된 지형.
2 Circa 기원전 1세기에 바다에 가라앉은 유적.

1435 given
기븐v

1 그의 신체 능력은 그의 나이를 given 하면 우수한 편이다.
2 불투명한 미래를 given 하면 보험에 가입해두는 것은 필수적이다.

1436 alongside
얼로옹싸이ㄷ

1 그의 alongside에 평생 함께 걷고 싶어요.
2 경찰차가 내 차의 alongside 에 나란히 정지했다.

1437 overlap
오우벌v,r래애ㅍ

1 우리는 중학교 동창이라서, 알고 지내는 친구들이 overlap 한다.
2 네가 제출한 과제는 작년에 그가 제출했던 것과 overlap 해.

1438 darling
다알륑

1 나의 darling . 날 떠나지 말아요.
2 Darling 하는 아들, 아빠는 널 언제나 사랑한단다.

1439 dependence
디펜던ㅆ

1 원자력 에너지에 대한 dependence 를 점차 줄여나가야 한다.
2 알코올에 대한 당신의 dependence 는 매우 심각한 수준입니다.

1440 pin
핀

1 저는 머리숱이 많은 편이라 항상 머리 pin 을 갖고 다녀요.
2 그는 커다란 배지를 재킷에 pin 했다.

1441 sack
쌔애ㅋ

1 그는 힘이 세서 쌀이 담긴 sack 를 한 손으로 들 수 있다.
2 찢어진 sack 사이로 팥이 쏟아져 나왔다.

1442 etc.
엣세터러

1 피자, 파스타, 샐러드, etc. 다양한 메뉴가 준비되어 있습니다.
2 당신의 학창 시절 수학, 과학, 영어, etc. 중 어떤 과목을 좋아했나요?

튀 (시간·거리상으로) 가까이에 (있는)	• close at hand ㅣ 가까운 곳에 • the issue at hand ㅣ 가까이 있는 문제
튀 최종적으로, 완전히	• finish it once and for all ㅣ 최종적으로 끝을 맺다 • settle this once and for all ㅣ 최종적으로 결정짓다
튀 바로 가까이에(서)	• have a look up close ㅣ 가까이에서 보다 • look funny up close ㅣ 가까이에서 보니 우스꽝스럽다
튀 훨씬 더	• far more important ㅣ 훨씬 더 중요한 • became far more complicated ㅣ 훨씬 더 복잡해진
젠 …에 대한[관련된]	• regarding the request ㅣ 그 요청에 대해 • regarding him ㅣ 그에 관해
젠 약, …경	• circa at 12 o'clock ㅣ 약 12시 정도에 • earn circa 2,000 US dollars ㅣ 미화 약 2,000달러 정도를 벌다
젠 …을 고려하면 졩 준, 주어진, 정해진[한정된]	• given the situation ㅣ 상황을 고려하면 • given the facts ㅣ 사실들을 고려하면
젠 …의 옆에, 나란히, …와 함께	• alongside the river ㅣ 강을 따라 • walk alongside the path ㅣ 길을 따라 걷다
됭 겹치다, 겹쳐지다	• overlap each other ㅣ 서로 겹치다 • overlaps with Neptune ㅣ 해왕성과 겹치다
뗭 여보, 자기 졩 사랑하는	• my darling daughter ㅣ 나의 사랑하는 딸 • Don't cry, My darling. ㅣ 울지 마, 내 사랑.
뗭 의존, 의지	• a dependence on alcohol ㅣ 알코올에 대한 의존 • reduce our dependence ㅣ 우리의 의존을 줄이다
뗭 핀 됭 핀으로 꽂다[고정시키다]	• wear a diamond pin ㅣ 다이아몬드 핀을 꽂다 • pin up the paper ㅣ 종이를 핀으로 고정하다
뗭 부대, 마대, 자루	• lift the sack ㅣ 자루를 들어 올리다 • a sack of apples ㅣ 사과 한 자루
튀 기타, … 따위, … 등등	• a table, row, column, etc. ㅣ 표, 행, 열 등 • a bracelet/ring/watch, etc. ㅣ 팔찌/반지/시계 등

1443 nanny
내애니

¹ 궁예의 nanny 는 어린 궁예를 안고 담을 넘다 궁예의 눈을 찔렀다.
² 어머니가 아이를 돌봐주지 못하겠다고 하셔서 nanny 를 고용했다.

1444 put together²
푸ㅌ 투게더th.r

¹ 아시아는 유럽과 아프리카를 put together 한 것보다 크다.
² 저 차는 내 재산 전부를 put together 한 것보다 비싸.

1445 go off
고우 어어ㅍf

¹ 방아쇠를 당기기도 전에 총이 go off 했다.
² 조악한 설계 탓에 폭탄이 go off 하지 않았다.

1446 clear away
클리어r 어웨이

¹ 네가 사용한 그릇은 네가 clear away 해야지.
² 네가 걷는 길에 장애물이 있다면, 내가 그걸 다 clear away 해 줄게.

1447 put together³
푸ㅌ 투게더th.r

¹ 여러 정보를 모아 기획안을 put together 했다.
² 구단주는 막대한 자금력으로 최고의 팀을 put together 했다.

1448 ask for
애ㅅㅋ 포f.r

¹ 그의 무사안일한 생각이 결국 화를 ask for 했다.
² 너의 끝없는 욕심이 결국 화를 ask for 하는구나.

1449 break out
ㅂ뤠이ㅋ 아우ㅌ

¹ 1950년에 한국전쟁이 break out 했다.
² 화재가 break out 하여 수십 명이 숨졌다.

1450 sum up
썸 어ㅍ

¹ 그의 논지를 sum up 하면, 다음과 같다.
² 지금까지 우리가 회의한 내용을 sum up 해 주시죠.

1451 go for¹
고우 포f.r

¹ 짜장면이냐 짬뽕이냐, 나는 주저 없이 짬짜면을 go for 하겠어.
² 수많은 기회를 버리고 이 직업을 go for 한 것에 후회는 없습니다.

1452 make up for
메이ㅋ 어ㅍ 포f.r

¹ 제가 허비한 시간을 이렇게라도 make up for 하고 싶어요.
² 내가 어떻게 해야 네게 잘못했던 일들을 make up for 해줄 수 있을까?

1453 have one's own way
해애ㅂv 원ㅈ 오운 웨이

¹ 그는 이기적인 사람이라 항상 have his own way 해.
² 그 부부는 늦둥이 딸이 have her own ways 하도록 내버려 둔다.

1454 cut in
커ㅌ 인

¹ 그는 종종 눈치 없이 우리의 대화에 cut in 한다.
² 뒤에 오던 택시가 cut in 해서 하마터면 사고가 날 뻔했다.

1455 free from
ㅍf뤼이 ㅍf뤔엄

¹ 그는 잘못이 free from 합니다. 모두 제 잘못입니다.
² 그는 매우 낙천적인 성격이어서 걱정이 free from 하다.

1456 count on
카운ㅌ 언

¹ 궁궐에 왕이 count on 할 수 있는 사람은 아무도 없었다.
² 나는 너를 count on 했지만, 너는 나를 끝없이 의심했어.

명 유모	• hire a nanny ι 유모를 고용하다 • need a nanny ι 유모가 필요하다
통 합하다, 협력하다, 작성하다, 조직하다, 조립하다	• all the rest put together ι 나머지 모두를 합치다 • put together for this project ι 이 프로젝트를 위해 합치다[협력하다]
통 폭발하다, (소리 등이) 울리다, 자리를 뜨다, 떠나다	• the bomb go off near the entrance ι 입구 근처에서 폭탄이 터지다 • go off by accident ι 실수로 발사되다
통 치우다, 제거하다	• clear away the dishes ι 그릇들을 치우다 • clear away bacteria ι 박테리아를 제거하다
통 작성하다, 조직하다, 조립하다	• put together a report ι 보고서를 작성하다 • put together a team ι 팀을 조직하다
통 자초하다	• ask for trouble ι 화를 자초하다 • ask for it yourself ι 그것을 자초하다
통 발발하다, 발생하다	• break out a war ι 전쟁이 발발하다 • break out simultaneously ι 동시에 발발하다
통 요약하다, 압축해서 보여주다[설명하다]	• sum up the whole life ι 일생을 요약하다 • Sum up this situation. ι 이 상황을 짧게 설명해봐.
통 선택하다	• go for the simple look ι 심플한 패션을 선택하다 • go for a walk ι 산책을 선택하다
통 만회[벌충]하다, …을 보상하다	• make up for lost time ι 잃어버린 시간을 만회하다 • make up for the deficit ι 적자를 보상하다
통 뜻대로[마음대로] 하다	• always have his own way ι 항상 그의 마음대로 하다 • have their own ways of survival ι 그들 나름의 생존 방법을 가지고 있다
통 끼어들다, 방해하다	• cut in on the conversation ι 대화에 끼어들다 • cut in between us ι 우리 사이에 끼어들다
형 …이 없는	• free from prejudice ι 편견이 없는 • free from mistakes ι 잘못이 없는
통 …을 믿다[확신하다], …을 기대하다	• count on her ι 그녀를 믿다 • count on his help ι 그의 도움을 기대하다

5
week

Weekly Planner

Jan · Feb · Mar · Apr · May · Jun · Jul · Aug · Sep · Oct · Nov · Dec

___ **MON**	
___ **TUE**	
___ **WED**	
___ **THU**	
___ **FRI**	
___ **SAT**	
___ **SUN**	

To Do List

○
○
○
○
○
○

Notes

1457 look down on
을루ㅋ 다운 언

¹ 그가 가난하다고 look down 하지 마.
² 진짜 어른은 자신보다 어린 사람들을 look down 하지 않는다.

1458 go through
고우 ㄸᵗʰ루우

¹ 신입사원은 수습 기간을 go through 한 뒤 정규 채용됩니다.
² 딸과 아들이 모두 사춘기를 go through 하고 있다.

1459 acquainted¹
어쿠에인티ㄷ

¹ 저는 그와 개인적으로는 be acquainted with 하지 않아요.
² 바로 옆집이라 그의 가족에 대해 잘 be acquainted with 해요.

1460 concerned
비 컨써언ʳㄷ 위ㄸᵗʰ

¹ 이것은 우리의 생존과 concerned 된 중요한 문제입니다.
² 제가 요즘 concerned 하는 분야는 청소년의 인권 문제입니다.

1461 add up
애ㄷ 어ㅍ

¹ 그를 믿고 싶지만, 그의 이야기는 전혀 add up 하지 않아.
² 여러 사람의 의견을 마구잡이로 인용한 논문이라 add up 하지 않다.

1462 come up¹
컴 어ㅍ

¹ 갑자기 일이 come up 해서 퇴근이 늦어졌어.
² 급한 일이 come up 해서 친구와의 약속을 취소했다.

1463 come up²
컴 어ㅍ

¹ 이 문제가 거듭 (come up) 했지만, 어떤 조치도 이루어지지 않았다.
² 그 문제가 come up 될 때마다, 알 수 없는 힘으로 흐지부지됐다.

1464 break away
브뤠이ㅋ 어웨이

¹ 그들은 집단으로 당을 break away 해서 새로운 정당을 만들었다.
² 영국은 유럽연합으로부터 break away 했다.

1465 keep to
키이ㅍ 투

¹ 무형의 전통을 keep to 하기 위해 인간문화재를 지정한다.
² 글을 쓸 때는 주제를 keep to 하도록 유의해야 한다.

1466 hang around
해앵 어롸운ㄷ

¹ 경고한다, 이 근처에는 hang around 하지 마.
² 그 아이는 성격이 이상하니까 같이 hang around 하지 마.

1467 give away
기ㅂᵛ 어웨이

¹ 그는 내부 정보를 적국에 give away 했다.
² 나 그 영화 내일 볼 거니까, 결말을 give away 하지 마.

1468 act on
애액ㅌ 언

¹ 정부는 이 문제에 대해 신속하게 act on 해야 합니다.
² 앞으로는 너의 충고에 따라 act on 할게.

1469 act up
애액ㅌ 어ㅍ

¹ 정신 좀 차려, 너는 지금 마치 어린아이처럼 act up 하고 있잖아.
² 술은 됐습니다, 요즘 제 간이 act up 하고 있거든요.

1470 twig
트위ㄱ

¹ 나무에 거추장스러운 twig 들을 정리해라.
² Twig 를 정리하고 크리스마스트리로 쓰자.

동 …을 낮춰보다, 경시하다	• look down on people ı 사람들을 깔보다 • look down on the poor ı 가난한 사람들을 깔보다
동 …을 겪다[거치다]	• go through hell ı 지옥을 거치다 ⋯→ 끔찍한 일을 겪다 • go through many tests ı 많은 실험을 거치다
형 …와 친분이 있는, 정통한, 알고 있는	• acquainted with each other ı 서로 친분이 있는 • acquainted with the gentleman ı 그 신사와 친분이 있는
형 …와 관계가 있는, …에 관심이 있는	• concerned with the matter ı 그 문제와 관계가 있는 • concerned with the future ı 미래에 관심이 있는
동 (특히 부정문에서) 말이 되다, 앞뒤가 맞다	• It doesn't add up. ı 그건 앞뒤가 안 맞아. • seem to add up ı 말이 되는 것처럼 보인다
동 (일이) 생기다 (문제가) 제기[거론]되다, (행사 · 날 등이) 다가오다	• something has come up ı 일이 생기다 • something urgent has come up ı 급한 일이 생기다
동 (문제가) 제기[거론]되다, (행사 · 날 등이) 다가오다	• come up at the meeting ı 회의에서 거론되다 • come up in the congress ı 의회에 제기되다
동 (무리에서) 벗어나다[탈퇴하다], (정당 · 국가 등에서) 독립하다, …에서 달아나다	• break away from the group ı 무리에서 벗어나다 • break away from the party ı 정당에서 탈퇴하다
동 (…에서) 벗어나지 않다, (합의 등을) 지키다[따르다]	• keep to the plan ı 계획대로 하다 • keep to my decision ı 내 결정을 고수하다
동 (…에서) 기다리다[서성거리다], 어울려 다니다	• hang around here ı 여기서 서성거리다 • hang around with him ı 그와 어울려 다니다
동 발설하다, (무료로) 나눠 주다	• give away a secret ı 비밀을 발설하다 • give away the ending ı 결말을 발설하다
동 …에 따라 행동하다 [조치를 취하다]	• act on his advice ı 그의 충고에 따라 행동하다 • act on Global Warming ı 지구 온난화에 대한 조치를 취하다
동 (사람이) 말을 안 듣다, (무엇이) 제 기능을 못 하다	• act up again ı 또다시 제멋대로 행동하다 • start to act up ı 말을 듣지 않기 시작하다
명 (나무의) 잔가지	• break a twig ı 잔가지를 부러뜨리다 • perch on a twig ı 가지에 내려앉다

1471 scruple
스크뤄어플
1. Scruple 이라고는 없는 교활한 사기꾼들.
2. 거짓말하는 데 아무런 scruple 이 없는 사람.

1472 octagon
어억터거언
1. Octagon 의 내각은 모두 합쳐서 1080도이다.
2. Octagon 모양의 지붕을 가진 정자를 '팔각정'이라고 한다.

1473 cylinder
쓰일린더ʳ
1. 측우기는 cylinder 형태다.
2. Cylinder 형태로 지어진 피사의 사탑.

1474 respiration
뤠스퍼뤠이쉬언
1. 인공 respiration 으로 목숨을 구했다.
2. 다행히 환자의 respiration 은 정상입니다.

1475 sentiment
쎈터먼트
1. 민족주의 sentiment 의 확산으로 인한 사태.
2. 대중들의 sentiment 는 법률 개정에 반대한다.

1476 instructor
인스트뤅터ʳ
1. 대학교에서 instructor 로 가르쳐왔다.
2. 그는 친절한 스쿠버 instructor 로 유명하다.

1477 renewal¹
뤼뉴우얼
1. 예전 패션에 대한 관심의 renewal.
2. 오래된 레스토랑의 renewal 공사가 시작되었다.

1478 renewal²
뤼뉴우얼
1. 자격증의 renewal 과정은 어렵지 않다.
2. Renewal 날짜가 지나서 기존 회원권의 사용은 불가능합니다.

1479 synopsis
쓰이너업쓰이ㅅ
1. 감독이 새 영화의 synopsis 를 간단히 소개했다.
2. 이번 행사의 synopsis 를 먼저 말씀드리겠습니다.

1480 tycoon
타이쿠운
1. 자수성가한 재계의 tycoon.
2. 부동산계의 tycoon 급 인사.

1481 skyscraper
스카이스크뤠이퍼ʳ
1. Skyscraper 가 즐비한 도시.
2. 무려 100층짜리 skyscraper 가 들어설 계획이다.

1482 piety
파이어티
1. 신을 향한 piety 가 깊은 종교인.
2. 중세에 종교적 piety 는 중요한 덕목이었다.

1483 revision
뤼비ᵛ쥔
1. 전면적인 revision 이 필요한 정책.
2. 인쇄하기 전에 약간의 revision 이 있었다.

1484 certificate
써ʳ티피ᶠ커트
1. 의사에게 받은 건강 certificate.
2. 신혼부부가 혼인 certificate 를 발급받았다.

명 양심, (양심의) 가책	• scruples for not helping ㅣ 돕지 않았다는 가책 • without scruple ㅣ 거리낌 없이
명 8각형	• a pattern of octagons ㅣ 팔각형 패턴 • the octagon shape of the space ㅣ 그 공간의 8각형 모양
명 원통, 원기둥	• a metal cylinder ㅣ 금속 원통 • a cylinder shape ㅣ 원통 모양
명 호흡	• an artificial respiration ㅣ 인공호흡 • help respiration ㅣ 호흡을 돕다
명 정서, 감정	• show sentiment ㅣ 감정을 드러내다 • a public sentiment ㅣ 민심
명 (전임) 강사	• a diving instructor ㅣ 스쿠버 강사 • a drill instructor ㅣ 훈련 교관
명 부활, 재개발	• an urban renewal ㅣ 도시 재개발 • go through renewal ㅣ 재개발을 거치다
명 갱신, 연장	• the renewal date ㅣ 갱신 일자 • the urban renewal ㅣ 도시 재개발
명 개요	• write a synopsis ㅣ 개요를 작성하다 • make a synopsis ㅣ 개요를 작성하다
명 거물	• a tycoon in real estate ㅣ 부동산 거물 • a business tycoon ㅣ 거물 기업가
명 고층 건물	• a city with great skyscrapers ㅣ 멋진 고층 빌딩이 있는 도시 • a new skyscraper ㅣ 새로운 고층 건물
명 독실함, 경건함	• the Confucian filial piety ㅣ 유교의 효도 • a veneer of piety ㅣ 허울뿐인 독실함
명 수정[정정], 검토	• go through revision ㅣ 검토를 받다 • make some revisions ㅣ 몇 가지를 정정하다
명 증명서, 자격증	• a birth certificate ㅣ 출생증명서 • a health certificate ㅣ 건강증명서

1485	**gulf** 걸프ˈ	1 이상과 현실의 gulf. 2 빈부의 gulf 가 점점 더 커지고 있다.
1486	**stateroom** 스테이트루움	1 1등 stateroom 으로 크루즈 예약했어. 2 귀한 분이라 stateroom 으로 모시겠습니다.
1487	**ruling** 루울링	1 상소 법원에서 ruling 이 뒤집어졌다. 2 판사가 다음 주에 ruling 을 내릴 것이다.
1488	**ply**[1] 플라이	1 이 화장지는 세 ply 로 되어 있어요. 2 수많은 ply 로 이루어진 페이스트리.
1489	**whaler** 웨일러ˈ	1 고래를 포획하고 있는 whaler. 2 고래용 작살을 발사한 whaler 들.
1490	**staircase** 스테어ˈ케이ㅆ	1 현관을 열면 2층으로 향하는 staircase 가 있다. 2 나선형 staircase 는 공간을 많이 차지하지 않는다.
1491	**threshold** ㄸth뤠쉬호울ㄷ	1 Threshold 를 밟으면 재수가 없다는 미신. 2 그는 threshold 에 서서 들어오길 꺼렸다.
1492	**patron** 페이트뤄언	1 예술품 수집가이자 예술가들의 patron. 2 그는 가난한 예술가들의 patron 으로 유명했다.
1493	**isolation** 아이썰레이쉬언	1 전염병 환자가 isolation 병동에 수용되었다. 2 소란을 피운 재소자가 isolation 감방으로 옮겨졌다.
1494	**plateau** 플래애토우	1 개마 plateau 를 '한반도의 지붕'이라고 부르기도 한다. 2 티베트 plateau 는 종종 '세계의 지붕'이라고도 불린다.
1495	**agony** 애거니	1 실연의 agony. 2 병으로 agony 속에서 죽어 간 사람.
1496	**trailer** 트뤠일러ˈ	1 영화의 첫 번째 trailer 가 드디어 공개되었다. 2 그들은 밴에 연결된 trailer 에서 숙식을 해결한다.
1497	**housing** 하우징	1 서울의 housing 가격은 높아도 너무 높아. 2 Housing 시장의 거품이 좀처럼 가라앉지 않고 있다.
1498	**odds** 아ㅈ	1 우리가 이길 odds 가 크다. 2 그가 성공할 odds 가 매우 낮다.

명 만, (사회적) 격차	• the financial gulf ㅣ경제 격차 • the gulf between Koreas ㅣ남북한의 격차
명 특등실, 접견실	• an expensive stateroom ㅣ값비싼 특등실 • book a stateroom ㅣ특등실을 예약하다
명 판결, 결정 **형** 지배하는	• an unfair ruling ㅣ부당한 판결 • the ruling of refusal ㅣ거절 판결
명 가닥[겹/층]	• four-ply wool ㅣ네 가닥 털 • three-ply tissue ㅣ세 겹 화장지
명 고래 잡는 사람, 포경선	• an illegal whaler ㅣ불법 포경선 • cast out the whalers ㅣ고래잡이들을 몰아내다
명 (주로 건물 내부의) 계단	• a spiral staircase ㅣ나선형 계단 • a marble staircase ㅣ대리석 계단
명 문지방[문턱], 한계점	• a high threshold ㅣ높은 한계치 • sit on the threshold ㅣ문턱에 앉다
명 후원자, 고객	• crowded with patrons ㅣ고객들로 붐비는 • a generous patron ㅣ관대한 후원자
명 분리, 격리, 고립	• feeling of isolation ㅣ고립감 • live in isolation ㅣ격리돼서 살다
명 고원	• reach a plateau ㅣ고원에 다다르다 • a high plateau ㅣ고원
명 극도의 고통	• die in agony ㅣ고통스럽게 죽다 • scream in agony ㅣ고통으로 소리를 지르다
명 (자동차 등의) 트레일러, (영화) 예고편	• a movie trailer ㅣ영화 예고편 • hook the trailer ㅣ트레일러를 연결하다
명 (주택 형태 · 가격 · 상태와 관련하여) 주택, 주택 공급	• a housing market ㅣ주택 시장 • housing affordability ㅣ주택을 살 능력
명 가능성, 공산	• odds of winning the lottery ㅣ복권에 당첨될 가능성 • the odds are high ㅣ가망이 꽤 있다

1499 coeducation
코우에쥬케이쉬언

1 난 coeducation 중학교를 나왔어.
2 남녀가 같이 공부하는 coeducation 고등학교.

1500 cape²
케이ㅍ

1 배가 cape 를 돌아서 반대쪽에 정박했다.
2 바다로 돌출해 있는 지형을 cape 라 한다.

1501 sin
쓰인

1 살인은 가장 큰 sin 이다.
2 거짓말은 영혼의 sin 이라고 한다.

1502 heavy drinking
헤비ᵛ 드륑킹

1 지나친 heavy drinking 은 간암 발생률을 높입니다.
2 Heavy drinking 을 한 다음날 숙취 해소에 좋은 음식.

1503 surplus
써어ʳ플러ㅆ

1 무역수지가 surplus 로 돌아섰다.
2 Surplus 곡물들은 창고에 쌓여 있다.

1504 exaggeration
이그재애줘뤠이쉬언

1 그의 이야기를 믿지 마, exaggeration 이 있을 수 있어.
2 엄마 친구 아들 소식에는 늘 약간의 exaggeration 이 있다.

1505 plumber
플러머ʳ

1 하수구를 수리하고 있는 plumber.
2 싱크대가 막혀서 plumber 를 불렀어.

1506 locomotive
을로우커모우티ㅂᵛ

1 증기로 달리는 locomotive.
2 연기를 내뿜으며 달리는 locomotive.

1507 sheen
쉬인

1 건강하게 sheen 이 흐르는 머리카락.
2 세차 후 왁스로 마무리해서 sheen 을 냈다.

1508 creed
크뤼이ㄷ

1 우리는 서로 다른 정치적 creed 를 가지고 있다.
2 기독교의 creed 에 대해 공부하기 위해 신학원에 다니고 있어.

1509 invoice
인보ᵛ이ㅆ

1 돈을 지급하기 전에 invoice 를 확인해야 합니다.
2 숙박비에 대한 invoice 를 주시면 계좌이체 해 드리겠습니다.

1510 alibi
애앨러바이

1 그의 alibi 가 확실했기 때문에 경찰은 그를 구속하지 않았다.
2 그의 alibi 가 거짓일지라도 그를 범인으로 단정할 수는 없다.

1511 sanctuary
쌔앵ㅋ츄에뤼

1 유럽은 난민들의 sanctuary 가 되었다.
2 이 sanctuary 안에는 수백 마리의 야생동물들이 산다.

1512 troop
트루우ㅍ

1 10만의 troop 들이 파병된 분쟁 지역.
2 대통령은 전쟁 지역으로 troop 를 파병하기로 했다.

명 남녀공학	• the coeducation school ┃ 남녀공학 학교 • support the coeducation ┃ 남녀공학을 지지하다
명 곶, 갑, 망토	• round a cape ┃ 곶을 돌아가다 • on the cape ┃ 갑 위에서
명 (종교 · 도덕상의) 죄, 죄악, 과실	• forgive the sin ┃ 죄를 용서하다 • a terrible sin ┃ 끔찍한 죄
명 과음	• refrain from heavy drinking ┃ 과음을 자제하다 • indulge in heavy drinking ┃ 과음을 자주하다
명 흑자, 과잉	• a trade surplus ┃ 무역 수지 흑자 • a budget surplus ┃ 초과 예산
명 과장	• without exaggeration ┃ 과장 없이 • slight exaggeration ┃ 약간의 과장
명 배관공	• call in a plumber ┃ 배관공을 부르다 • work as a plumber ┃ 배관공으로 일하다
명 기관차	• a locomotive engine ┃ 기관차 엔진 • an electric locomotive ┃ 전기 기관차
명 윤, 광택	• a sheen of the paint ┃ 페인트 광택 • a healthy sheen ┃ 건강한 윤기
명 신념[신조], 교리	• a religious creed ┃ 종교적 신념 • adhere to a creed ┃ 신조를 지키다
명 청구서	• send an invoice ┃ 청구서를 보내다 • request the invoice ┃ 청구서를 요청하다
명 알리바이, 변명[구실]	• have a perfect alibi ┃ 완벽한 알리바이를 가지고 있다 • fabricate an alibi ┃ 알리바이를 조작하다
명 피난처, 보호구역	• the refugee's sanctuary ┃ 난민들의 피난처 • a wildlife sanctuary ┃ 야생 동물 보호구역
명 병력, 군대	• send troops to a war zone ┃ 전쟁 지역에 병력을 파견하다 • the enemy troops ┃ 적군

1513 monarch
머어너ʳㅋ

1. 입헌 monarch 제도를 채택한 영국.
2. 폭압적인 monarch 에 반기를 든 농민들.

1514 mob
마아ㅂ

1. 반역의 mob 를 선동하다.
2. 한 mob 의 소매치기들이 붙잡혔다.

1515 symmetry
쓰이머트뤼

1. 좌우 symmetry 가 완벽한 얼굴.
2. 건축학적인 symmetry 가 완벽한 디자인.

1516 subordinate[1]
써보어ʳ더너ㅌ

1. Subordinate 직원들로부터 존경받는 상사.
2. Subordinate 직원에게 서류 정리를 지시했다.

1517 irritability
이뤄터빌러티

1. 스트레스는 irritability 로 이어진다.
2. 그는 irritability 로 인해 결국 일을 그르쳤다.

1518 duration
듀우뤠이쉬언

1. 행사 duration 동안 이 도로가 통제됩니다.
2. 회사 다니는 2년 duration 동안 힘든 점이 많았다.

1519 spell
스펠

1. 나는 우체국에서 짧은 spell 동안 일했다.
2. 폭설 때문에 경기가 spell 동안 중지되었다.

1520 mower
모우어ʳ

1. 정원이 넓어져서 더 강력한 mower 를 구매했다.
2. Mower 로 잔디를 깎아주지 않으면 잔디가 금방 자란다.

1521 apparatus
애퍼뤠애터ㅆ

1. 무선 apparatus 로 조명을 켜고 끈다.
2. 호흡 apparatus 로 산소를 공급받는 환자.

1522 fraud
프ʳ뤄어ㄷ

1. 돌팔이 의사가 의료 fraud 행위로 검거되었다
2. 그는 마을 사람들을 속이고 fraud 죄로 잡혀갔다.

1523 plume[1]
플루움

1. 공장 굴뚝에서 연기 plume 이 생겼다.
2. 덤불에서 불이 나서 plume 이 피어올랐다.

1524 virtuosity
버ᵛ어ʳ츄아써티

1. 주목할 만한 virtuosity 를 갖춘 기타 연주자.
2. 뛰어난 virtuosity 와 예술성을 모두 갖춘 연주자.

1525 credit record
크뤠디ㅌ 뤠커어ʳㄷ

1. 체납명세는 credit record 에 다 남게 되어 있다.
2. Credit record 로 신용불량 여부를 판단하는 은행.

1526 momentum
모우멘텀

1. 내리막에서 차에 momentum 이 붙었다.
2. 그들의 투쟁에 나날이 momentum 이 붙고 있다.

명 군주	• oppose the monarch ┃ 군주에 반기를 들다 • the reigning monarch ┃ 현 군주
명 무리, 떼, 군중	• a mob of sheep ┃ 양 떼 • an angry mob ┃ 성난 군중
명 대칭, 균형	• a perfect facial symmetry ┃ 완벽한 대칭의 얼굴 • the center of symmetry ┃ 대칭 중심
명 부하, 하급자	• subordinate employees ┃ 부하 직원 • subordinate officers ┃ 부하 장교
명 화를 잘 냄, 성급함	• a terrible irritability ┃ 심각한 과민성 • an increased irritability ┃ 더 심해진 짜증
명 지속 (기간)	• the duration of the speech ┃ 연설 시간 • a long duration ┃ 장기간
명 (특정한 날씨 등이 지속되는) 한동안, (잠깐의) 기간, 주문, 마법 동 철자를 말하다[쓰다]	• a cold spell ┃ (평소보다 기온이 낮은) 한동안의 추위 • a brief spell ┃ 한동안
명 잔디 깎는 기계	• a lawn mower ┃ 잔디 깎는 기계 • turn on the mower ┃ 잔디깎이 기계를 켜다
명 장치, 기구	• a heating apparatus ┃ 난방 장치 • a breathing apparatus ┃ 산소 호흡기
명 사기(죄), 사기꾼	• a credit card fraud ┃ 신용카드 사기 • a wire fraud ┃ 텔레뱅킹 사기
명 (연기·수증기 등이 피어오르는) 기둥	• plumes of smoke ┃ 굴뚝의 연기 • an ash plume ┃ 재 기둥
명 기교, 기량	• a musical virtuosity ┃ 음악적 기교 • a technical virtuosity ┃ 기술적 기교
명 신용 기록	• a good credit record ┃ 좋은 신용 기록 • a consumer's credit record ┃ 고객의 신용 기록
명 탄력[가속도], 운동량, 힘[기세]	• carry momentum ┃ 여세를 몰다 • gather momentum ┃ 추진력[힘]을 모으다

1527 boarding
보어ˈ딩

¹ 집이 멀어 boarding 학교에 다닌다.
² 우리 학교의 boarding 비용은 그리 비싸지 않다.

1528 cyclone
싸이클로운

¹ Cyclone 이 나무와 집들을 부쉈다.
² 강력한 cyclone 이 상륙한다는 일기예보 들었어?

1529 quill
쿠일

¹ 새의 quill 을 펜에 꽂아 사용한 귀족들.
² 만년필 발명 전까지 주된 필기구였던 quill 펜.

1530 cynicism
쓰이니쓰이즘

¹ 정치인들에 대한 cynicism 이 만연하고 있다.
² 비평가들이 cynicism 을 보낸 작품이 비싸게 팔렸다.

1531 affectation
애펙ˈ테이쉬언

¹ Affectation 없이 수수한 사람.
² 침착한 듯 affectation 했지만 떨고 있었다.

1532 whisker
위스커ˈ

¹ 잠자는 사자의 whisker 를 건드리지 마라.
² 고양이 입 주변의 긴 whisker 는 매우 예민하다.

1533 handbook
해앤드부ㅋ

¹ 관광 안내 handbook 에 지도가 들어 있어요.
² 박물관 안내 handbook 는 저쪽에 비치되어 있습니다.

1534 anomie
애너미

¹ 도덕적 가치가 매몰된 anomie 현상.
² 전쟁으로 혼란과 anomie 가 계속되고 있다.

1535 density
덴써티

¹ 인구 density 가 매우 높은 도시.
² 뼈의 density 가 낮으면 골다공증이 생긴다.

1536 tact
태액ㅌ

¹ Tact 로 문제를 해결했다.
² Tact 를 발휘해 위기를 모면했다.

1537 rib
뤼ㅂ

¹ 너무 말라서 rib 가 만져진다.
² 부러진 rib 가 폐를 망가뜨렸다.

1538 incapability
인케이퍼빌러티

¹ 사장의 incapability 때문에 떨어진 매출.
² 실패로 우리의 incapability 를 깨닫게 됐다.

1539 strife
스트롸이프ˈ

¹ 이견으로 strife 가 생겼다.
² Strife 로 인해 분열된 나라.

1540 discourse
디스코어ˈ쓰

¹ 정치 상황에 대한 시민들의 공개 discourse 가 이루어졌다.
² Discourse 의 내용을 청중의 수준에 맞추었다.

명 기숙, 승선, 탑승	• a boarding school	기숙 학교 • boarding expenses	기숙사 비용	
명 사이클론, 회오리, 열대성 저기압	• the cyclone season	열대성 저기압의 계절 • the tropical cyclone	열대 저기압	
명 깃, 깃펜	• write with a quill	깃펜으로 글을 쓰다 • a quill pen	깃펜	
명 냉소, 비꼬기	• the cynicism about politics	정치에 대한 냉소 • a growing cynicism	늘어가는 냉소주의	
명 가장, 가식, 꾸밈	• treat with affectation	가식으로 대하다 • a stupid affectation	멍청한 가식	
명 (쥐·고양이 등의) 수염, 구레나룻	• miss by a whisker	간발의 차이로 놓치다 • a dashing whisker	멋진 턱수염	
명 편람[안내서]	• a handbook of France	프랑스 여행 안내서 • a medical handbook	의학 참고서	
명 무질서[아노미]	• a complete anomie	완전한 무질서 • outbreak of anomie	무질서의 발발	
명 밀도, 농도	• a high population density	높은 인구 밀도 • a low density forest	저밀도 수림	
명 재치[요령], 눈치	• a sense of tact	재치에 대한 감각 • a man of tact	눈치 있는 사람	
명 갈비뼈[늑골]	• a broken rib	부서진 갈비뼈 • crack the rib	갈비뼈에 금이 가다	
명 무능, 무능력	• the incapability to understand	이해 불능 • the incapability to reign	통치에 무능한	
명 갈등, 불화[다툼]	• an internal strife	내분 • a civil strife	사회적인 갈등	
명 담론[담화]	• a public discourse	공개적 토론 • hold discourse	담론하다	

1541 receptionist
뤼쎕쉬어니ㅅㅌ

¹ 병원 receptionist 에게 먼저 접수했다.
² Receptionist 가 전화를 담당자에게 돌려주었다.

1542 abundance
어번던ㅆ

¹ 봄은 abundance 의 계절이다.
² 노동력의 abundance 로 인건비가 저렴하다.

1543 stead
스테ㄷ

¹ 그는 오늘 휴가라 그의 업무 stead 로 내가 일했어.
² 기존 제도의 stead 로 새 제도가 시행될 것이다.

1544 landlord
을래앤들로어ㄷ

¹ Landlord 가 월세를 올렸다.
² 중개인 없이 landlord 와 직접 계약했다.

1545 borrowing
바아뤄우잉

¹ Borrowing 규제로 인해 집을 사기가 매우 어렵게 되었다.
² 학자금 borrowing 을 다 갚으려면 얼마나 걸릴 지 모르겠다.

1546 cannon
캐애넌

¹ Cannon 을 발사하다.
² Cannon 을 쏘며 반격한 아군.

1547 rag
뤠애ㄱ

¹ 기름 묻은 장갑을 rag 에 닦았다.
² 바닥에 엎지른 우유를 rag 로 닦았다.

1548 rubble
뤄블

¹ 무너진 건물의 rubble 속에 생존자가 있다.
² 아름답던 건물이 무너져 rubble 만 남았다.

1549 canopy
캐애너피

¹ 침대에 기둥을 세우고 canopy 를 달았다.
² 등나무 canopy 가 벤치 위를 덮고 있는 정원.

1550 underpass
언더ㄷ패애ㅆ

¹ Underpass 가 침수 때문에 폐쇄되었다.
² 도로를 건너는 육교 대신 underpass 가 설치되었다.

1551 guru
구우루우

¹ 그는 패션 guru 이자 모델이다.
² 그는 친구들 사이에서 컴퓨터 guru 로 통한다.

1552 liquor
을리커ㄷ

¹ Liquor 를 사려면 법정 연령이 되어야 한다.
² Liquor 를 너무 많이 마시면 간에 손상이 간다.

1553 gale
게이일

¹ Gale 에 휘말린 비행기가 추락했다.
² Gale 이 불어 수십 그루의 나무들이 쓰러졌다.

1554 workforce
워어ㄷㅋ포ㄷ어ㄷㅆ

¹ Workforce 의 4분의 1이 실직 상태이다.
² 이 분야는 대부분의 workforce 가 여성이다.

명 접수 담당자	• talk to **receptionist** first ∣ 접수 담당자와 얘기하다 • the **receptionist** of the hotel ∣ 호텔의 접수 담당자
명 풍요[풍부], 대량	• an **abundance** of rain ∣ 엄청난 강우량 • in **abundance** ∣ 많은 양의
명 대신, 대리	• in your **stead** ∣ 너 대신에 • serve in his **stead** ∣ 그 대신에 하다
명 집주인, 임대주	• an apartment **landlord** ∣ 아파트 주인 • a greedy **landlord** ∣ 욕심 많은 집주인
명 대출	• the dangerous aspects of **borrowing** ∣ 대출의 위험성 • bank **borrowings** ∣ 은행 대출
명 대포	• fire the **cannon** ∣ 대포를 발사하다 • a water **cannon** ∣ 물대포
명 걸레, 누더기	• put on a **rag** ∣ 누더기를 입다 • an oily **rag** ∣ 기름때가 묻은 걸레
명 잔해, 돌무더기	• buried under the **rubble** ∣ 잔해 속에 묻힌 • a pile of **rubble** ∣ 잔해 한 무더기
명 (침대 위에 지붕처럼 늘어뜨린) 덮개	• a **canopy** of leaves ∣ 무성한 잎 • sit on the **canopy** ∣ 천막 위에 앉다
명 지하도, 아래쪽 도로	• close the **underpass** ∣ 지하도를 폐쇄하다 • go through **underpass** ∣ 지하도를 통해 가다
명 전문가, 권위자, 종교 지도자	• a computer **guru** ∣ 컴퓨터 도사 • a **guru** guy ∣ 전문가
명 술, 독주	• a hard **liquor** ∣ 독한 술 • the smell of **liquor** ∣ 술 냄새
명 강풍, 돌풍	• blow a **gale** ∣ 강풍이 불다 • **gales** of laughter ∣ 폭소
명 노동자, 노동인구, 노동력	• the total **workforce** ∣ 전체 인력 • an uneducated **workforce** ∣ 교육받지 않은 인력

1555 carnivore
카아「너보ᵛ어「

¹ 초식동물과 carnivore 의 차이점.
² Carnivore 는 고기를 먹는 동물을 말한다.

1556 mammal
매애멀

¹ 고래는 mammal 이고 상어는 어류다.
² Mammal 의 새끼는 젖을 먹고 자란다.

1557 vertebrate
버ᵛ어「터브뤄트

¹ Vertebrate 와 무척추동물의 비교.
² 사람은 vertebrate 중에서 정온동물에 속한다.

1558 boar
보어「

¹ Boar 는 가축화되지 않은 돼지이다 .
² 굶주린 boar 들이 산에서 내려와 밭을 파헤쳐 놓았다.

1559 commune¹
커어뮤운

¹ 인터넷에서 형성한 가상 commune.
² 소유물과 책임을 함께 나누는 commune 안에서의 삶.

1560 snout
스나우트

¹ 개는 snout 속에 냄새에 민감한 털을 가지고 있다.
² 바다표범의 snout 에는 신경 세포가 몰려 있는 콧수염이 있다.

1561 wildfire
와일드파「이어「

¹ 소문은 wildfire 처럼 삽시간에 퍼져 나갔다.
² Wildfire 가 나무를 다 태워버려서, 숲속 생태계가 무너졌다.

1562 irrigation
이뤄게이쉬언

¹ 농작물 irrigation 을 위해 쓰이는 호숫물.
² 구릉이 많아 irrigation 시설이 열악한 농경지.

1563 antenna
애앤테나

¹ 곤충의 antenna 는 감각 기관이다.
² 개미는 antenna 로 냄새를 맡는다.

1564 dragonfly
드뤠애건플「라이

¹ 여름방학 숙제로 dragonfly 를 채집했어.
² 고추 dragonfly 는 빨간 빛이 도는 곤충이다.

1565 cockroach
카아크뤄우취

¹ 생명력이 끈질긴 사람더러 cockroach 같다고 해.
² Cockroach 박멸을 위해 퇴치 약을 잔뜩 사 왔어.

1566 disapproval
디써프루우벌ᵛ

¹ 말투에서 disapproval 이 드러났다.
² 그들이 내 계획에 disapproval 을 표시했다.

1567 gross
그뤄ㅆ

¹ 빌딩 부지의 gross 바닥 면적.
² 올해 들어 지난달의 gross 판매액이 가장 높았다.

1568 grandstand
그뤠앤드스태앤드

¹ 운이 좋아 grandstand 표를 얻었어.
² Grandstand 에 앉아 경기를 관람했어.

명 육식동물	• a big carnivore ┃ 큰 육식동물 • the largest carnivore ┃ 가장 큰 육식동물
명 포유동물	• marine mammals ┃ 해양 포유동물 • the fastest mammal ┃ 가장 빠른 포유동물
명 척추동물	• the vertebrate evolution ┃ 척추동물의 진화 • a vertebrate with 4 legs ┃ 다리가 4개인 척추동물
명 야생돼지, 멧돼지	• feed like a boar ┃ (멧돼지처럼) 게걸스럽게 먹다 • a very large wild boar ┃ 매우 거대한 야생 멧돼지
명 공동체	• a virtual commune ┃ 가상 공동체 • live in a commune ┃ 공동체에 살다
명 (흔히 동물의) 코, 주둥이	• the snout of a pig ┃ 돼지 코 • a pointy snout ┃ 뾰족한 코
명 들불	• spread like wildfire ┃ (들불처럼) 삽시간에 퍼지다 • a defense against wildfires ┃ 산불에 대한 방어
명 관개, 물을 끌어들임	• an irrigation system ┃ 관개 시스템 • the wound irrigation ┃ 상처 세척
명 (곤충의) 더듬이, 안테나	• the use of antennas ┃ 더듬이의 쓰임새 • use antenna to smell ┃ 더듬이로 냄새를 맡는다
명 잠자리	• the wings of a dragonfly ┃ 잠자리의 날개 • the largest known dragonfly ┃ 가장 크다고 알려진 잠자리
명 바퀴벌레	• get rid of cockroaches ┃ 바퀴벌레를 제거하다 • hate cockroaches ┃ 바퀴벌레를 싫어하다
명 반감, 못마땅함	• express disapproval ┃ 탐탁지 않음을 드러내다 • a strong disapproval ┃ 강력한 반대
명 총 °양에 대해 말할 때	• a gross income ┃ 총수입 • a gross profit ┃ 총수익
명 특별관람석	• a packed grandstand ┃ 만원을 이룬 관람석 • the view from the grandstand ┃ 특별관람석의 전망

1569 **rash**
뤠애쉬
1 햇빛 때문에 rash 가 나서 가려웠다.
2 나는 조개를 먹으면 몸에 rash 가 난다.

1570 **reel**
뤼일
1 바늘은 실 reel 에 꽂아둬라.
2 나는 재빨리 낚싯대의 reel 을 감았다.

1571 **incentive**
인쎈티ㅂ^{v}
1 목표를 달성한 직원에게 incentive 를 주었다.
2 업무 성적이 좋은 팀에 incentive 가 지급되었다.

1572 **pilgrim**
필그륌
1 Pilgrim 들이 찾는 성지.
2 메카로 향하는 이슬람교 pilgrim 들.

1573 **monotony**
머나아터니
1 쳇바퀴처럼 돌아가는 일상의 monotony.
2 같은 작업의 monotony 가 사고를 불러왔다.

1574 **apostrophe**
어파아스트뤄피^{f}
1 Apostrophe 를 사용하여 소유격을 표시할 수 있다.
2 Apostrophe 는 하나 이상의 문자가 생략되었음을 나타낸다.

1575 **alien**[1]
에일리언
1 정부는 불법 alien 의 증가로 골머리를 앓고 있다.
2 고용주에게 임금 체납을 당하는 불법 alien 의 수가 늘고 있다.

1576 **drowsiness**
드롸우지니ㅆ
1 식사 후에 자주 drowsiness 가 온다.
2 공부할 때 drowsiness 를 효과적으로 참아내는 방법이 있을까?

1577 **preface**
프뤠페^{f}ㅆ
1 작가는 preface 에서 감사 인사를 했다.
2 책의 preface 에 주제가 언급되어 있다.

1578 **portfolio**
포어^{r}트포^{f}울리오우
1 이력서와 portfolio 를 제출해 주세요.
2 예술가는 사진들을 portfolio 에 넣었다.

1579 **janitor**
줴애너터^{r}
1 건물 janitor 에게 내 우편물을 부탁했다.
2 우리 아버지는 아파트의 janitor 로 근무하셔.

1580 **victor**
빅^{v}터^{r}
1 Victor 에게 트로피를 수여했다.
2 최후에 이기는 사람이 진짜 victor 이다.

1581 **silhouette**
쓰일루에트
1 이 옷은 아름다운 silhouette 를 지니고 있다.
2 어둠 속에서 사람의 silhouette 가 희미하게 보였다.

1582 **landfill**
을래앤드필^{f}
1 Landfill 에서의 메탄가스 배출 문제.
2 쓰레기를 landfill 에 묻을 것인지 소각할 것인지의 문제.

명 발진, 두드러기	• a heat rash ǀ 땀띠 • itchy rashes ǀ 간지러운 발진
명 얼레, 릴	• a film reel ǀ 필름 한 통 • a cotton reel ǀ 무명을 감는 실패
명 장려금[인센티브], 장려책	• an incentive pay ǀ 장려금 • give an incentive ǀ 장려책을 적용하다
명 순례자	• a place for pilgrims ǀ 순례자들의 장소 • a pilgrim life ǀ 순례자의 삶
명 단조로움	• break the monotony ǀ 단조로움을 깨다 • the monotony of everyday life ǀ 일상생활의 단조로움
명 아포스트로피	• use apostrophe correctly ǀ 아포스트로피를 정확히 사용하다 • the apostrophe mark ǀ 아포스트로피 표시
명 외국인 체류자, 외계인	• an illegal alien ǀ 불법 외국인 체류자 • deport undocumented aliens ǀ 불법 체류자를 강제 추방하다
명 졸림, 께느른함	• drowsiness after eating ǀ 식사 후 나른함 • fight off drowsiness ǀ 졸림과 싸우다
명 서문[머리말]	• write a preface ǀ 서문을 쓰다 • skip the preface ǀ 서문을 건너뛰다
명 작품집[포트폴리오]	• a product portfolio ǀ 제품 포트폴리오 • a portfolio of wines ǀ 와인 목록
명 수위, 관리인	• the janitor of the school ǀ 학교 관리인 • work as a janitor ǀ 관리인으로 일하다
명 승리자	• the victor of the game ǀ 경기의 승리자 • the victor in a contest ǀ 대회 우승자
명 윤곽, 그림자	• the silhouette of the model ǀ 모델의 실루엣 • the profile in silhouette ǀ 실루엣으로 나타낸 옆모습
명 쓰레기 매립지	• the problems of the landfill ǀ 쓰레기 매립지의 문제점 • the sanitary landfill ǀ 위생적인 쓰레기 매립지

1583	**louse** 을라우ㅆ	¹ 아이가 어디선가 louse 를 옮아 왔다. ² 머리를 얼마나 안 감았으면 louse 가 있니?
1584	**wart** 워어ㄹㅌ	¹ 바이러스가 wart 발생의 원인이야. ² 피부에 난 wart 를 어떻게 제거하죠?
1585	**wear and tear** 웨어ㄹ 애앤드 티어ㄹ	¹ 오래 쓴 타이어는 wear and tear 를 피할 수 없어요. ² 본 제품은 특수처리되어 부식이나 wear and tear 에 강합니다.
1586	**mischief** 미스취이ㅍㄹ	¹ Mischief 가 가득한 눈빛의 어린아이. ² 어린아이의 mischief 가 큰불을 낼 수도 있다.
1587	**oblivion** 어블리비ᵛ언	¹ Oblivion 이 될 때까지 술을 마시다. ² 그는 oblivion 속에 한 행동임을 이유로 감형을 주장했다.
1588	**monopoly** 머나아펄리	¹ 중국 업체와 monopoly 계약을 맺었다. ² 담배 사업은 정부가 monopoly 를 가진다.
1589	**tradesman** 트뤠이즈먼	¹ 마트에 물건을 납품하는 tradesman. ² 나는 보험 tradesman 이라 많은 사람을 만나는 것이 일이다.
1590	**closure** 클로우줘ㄹ	¹ 행사로 인한 도로의 closure. ² 그 공장은 closure 가 결정되었다.
1591	**downfall** 다운퍼ㄹ얼	¹ 잘 나가던 연예인의 downfall 은 참혹했다. ² 로마 제국의 downfall 은 누구도 예상하지 못했다.
1592	**transparency** 트뤤앤스패어뤈쓰이	¹ Transparency 가 높은 유리로 창문을 바꿨다. ² 경영의 transparency 를 높여 노사 간 신뢰를 쌓았다.
1593	**organism** 오어ㄹ거니즘	¹ 바이러스는 아주 작은 organism 입니다. ² 맨눈으로 볼 수 없는 organism 을 현미경으로 본다.
1594	**clam** 클래앰	¹ 두 장의 껍데기로 몸을 둘러싼 clam. ² 해변에서 clam 껍질을 주워 목걸이를 만들었다.
1595	**armament** 아ㄹ머먼ㅌ	¹ 완전 armament 상태로 대기했다. ² 전쟁을 수행할 armament 가 부족했다.
1596	**swarm** 스워엄ㄹ	¹ 메뚜기 swarm 이 농작물을 먹어치웠다. ² 벌집을 건드리자 벌 swarm 이 공격했다.

명 이[머릿니]	• find a louse ㅣ 이를 발견하다 • exterminate the louse ㅣ 이를 전멸시키다
명 사마귀	• remove a wart ㅣ 사마귀를 없애다 • get a wart ㅣ 사마귀가 나다
명 (일상적 사용에 의한) 마모, 마손	• wear and tear of cars ㅣ 차의 마모 • wear and tear expenses ㅣ 소모비
명 장난, 말썽	• keep out of mischief ㅣ 장난을 치지 않다 • get into mischief ㅣ 못된 짓을 꾸미다
명 의식하지 못하는 상태, 망각	• fade into oblivion ㅣ 망각하게 되다 • buried in oblivion ㅣ 잊혀지다
명 독점[전매], 독점[전매]권	• the monopoly on steel industry ㅣ 철강 산업의 독점 • prevent the monopoly ㅣ 독점을 막다
명 상인, 판매원	• prevent a tradesman from coming ㅣ 판매원이 오는 걸 막다 • a traveling tradesman ㅣ 행상인
명 폐쇄, 종료, 끝맺음	• factory closures ㅣ 공장의 폐쇄 • find the closure ㅣ 끝을 맺다
명 몰락, 멸망	• the downfall of the dynasty ㅣ 왕조의 몰락 • the Roman Empire's downfall ㅣ 로마 제국의 몰락
명 투명도, 투명성	• the government transparency ㅣ 정권의 청렴도 • the transparency of the glass ㅣ 유리의 투명도
명 유기체, 작은 생명체	• an alien organism ㅣ 외계 생명체 • a living organism ㅣ 생물체
명 조개	• close as a clam ㅣ 인색한, (조개처럼 꽉 쥐고) 내놓지 않는 • a stone in the clam ㅣ 조개 속에 든 돌
명 군비 (확충), 무장, 무기	• an atomic armament ㅣ 핵 무장 • an insufficient armament ㅣ 부족한 무기
명 떼, 무리	• a swarm of insects ㅣ 한 무리의 곤충들 • swarms of pests ㅣ 해충 떼들

| 1597 | **treasury** 트뤠줘뤼 | 1. 오바마 정부 시절 treasury 장관을 지냈다.
 2. 세금을 징수하고 재정을 관리하는 treasury. |

| 1598 | **contempt** 컨템ㅍㅌ | 1. 그는 법정 contempt 죄로 구속되었다.
 2. 그런 짓을 하면 contempt 를 받을 것이 뻔하다. |

| 1599 | **bureau** 뷰뤄우 | 1. 기상 bureau 는 날씨를 예보해준다.
 2. 출입국 관리 bureau 에 의해 입국을 거부당했다. |

| 1600 | **warrior** 워어뤼어ʳ | 1. 그는 전쟁터에서 용맹한 warrior 였다.
 2. Warrior 는 전장에서 죽는 것을 영광으로 여긴다. |

| 1601 | **antibiotic** 애앤타이바이어어티ㅋ | 1. Antibiotic 를 남용하여 내성이 생긴 환자.
 2. 페니실린은 인류 역사상 최초로 발견된 antibiotic 이다. |

| 1602 | **foliage** 포ˈ울리쥐 | 1. 이번 주말에는 설악산의 가을 foliage 를 보러 갈 거야.
 2. 봄이 오면 이 앙상한 나무에도 새 foliage 가 돋아날 것이다. |

| 1603 | **ghetto** 게토우 | 1. 많은 래퍼들이 ghetto 에서부터 랩을 시작하였다.
 2. Ghetto 에서 자랐다고 성공하지 말라는 법은 없다. |

| 1604 | **populace** 파아퓰러ㅆ | 1. Populace 의 절대적인 지지를 받는 후보자.
 2. 정부에 대한 불만이 populace 사이에 퍼졌다. |

| 1605 | **attachment** 어태애취먼ㅌ | 1. 엄마에 대한 아이의 강한 attachment.
 2. 그는 자기 개에게 엄청난 attachment 를 갖고 있다. |

| 1606 | **fishhook** 피ˈ쉬후ㅋ | 1. 꿀벌들의 침에는 fishhook 처럼 생긴 가시가 있다.
 2. 지렁이를 fishhook 에 꽂은 뒤 낚싯대를 강으로 던졌다. |

| 1607 | **antipathy** 애앤티퍼띠ᵗʰ | 1. 그 연예인에 대한 대중들의 antipathy 가 극에 달했다.
 2. 서로에 대한 antipathy 에도 불구하고 성사된 협상. |

| 1608 | **counterattack** 카운터뤄태ㅋ | 1. 적군은 아군의 counterattack 에 후퇴했다.
 2. Counterattack 를 허용하지 않고 승리를 굳혔다. |

| 1609 | **economy class** 이카아너미 클래애ㅆ | 1. 비행기 좌석을 economy class 로 예약했어.
 2. 비즈니스석보다 economy class 가 저렴하다. |

| 1610 | **footing** 푸ˈ팅 | 1. 튼튼한 재정적 footing 위에 서 있는 회사.
 2. 이 지역에 footing 을 마련해 새로 시작한다. |

명 재무부
- the Treasury Ministry | 재무부
- the government's treasury | 정부 재무부

명 모독, 경멸, 멸시[무시]
- hold in contempt | 업신여기다
- look at me with contempt | 경멸의 눈초리로 나를 보다

명 부서, 단체, 사무실
- a travel bureau | 여행 안내소
- an employment bureau | 취업 정보 센터

명 전사, 무인
- a fierce warrior | 맹렬한 전사
- a brave warrior | 용감한 무인

명 항생제, 항생물질
- take an antibiotic | 항생제를 복용하다
- discover an antibiotic | 항생제를 발견하다

명 나뭇잎
- the beautiful fall foliage | 아름다운 가을 나뭇잎
- a dense green foliage | 울창한 녹색 나뭇잎

명 빈민가
- live in a ghetto | 빈민가에 살다
- a ghetto area | 빈민가

명 대중들, 서민들
- a sophisticated populace | 교양 있는 대중들
- the local populace | 지역 주민들

명 애착, 믿음, 부착[부착물], 첨부물
- the children's attachment | 아이들의 애착
- the popular attachment | 대중의 지지

명 낚싯바늘
- put a worm on a fishhook | 낚싯바늘에 벌레를 끼우다
- the cruelty of using a fishhook | 낚싯바늘 사용의 잔인함

명 반감
- a natural antipathy | 천성적 반감
- feel antipathy | 반감을 품다

명 역습, 반격
- prepare a counterattack | 역습을 준비하다
- a chance to counterattack | 역습할 기회

명 (여객기의) 일반석
- fly economy class | 일반석에 타다
- an economy class ticket | 일반석 항공권

명 기반, 발판
- a firm financial footing | 튼튼한 재정적 기반
- miss my footing | 발을 잘못 디디다

1611 cell
셀

¹ 창문도 없는 cell 에 갇혀 있다.
² 죄수가 자기 cell 의 창살을 자르고 탈출했다.

1612 shipping¹
쉬이핑

¹ 5만 원 이상 제품 구매 시 무료 shipping 을 제공합니다.
² Shipping 비용은 세금에 포함되지 않습니다.

1613 shipping²
쉬이핑

¹ 조선소에서 shipping 을 짓고 있다.
² 그 운하는 shipping 이 다니도록 개방됐다.

1614 betrayal
비트뤠이얼

¹ 비밀을 누설하는 것은 betrayal 이다.
² 팀에 대한 betrayal 행위는 절대 용서할 수 없다.

1615 realm
뤠음

¹ 인간 지식의 범위를 넘어서는 realm.
² 그 realm 에서 상당한 진보가 있었다.

1616 scope
스코우ㅍ

¹ 아직 개선할 수 있는 scope 가 많다.
² 이 주제는 우리가 조사한 scope 를 벗어난다.

1617 lawbreaker
을러어브뤠이커ʳ

¹ Lawbreaker 에 대한 형량이 가볍다.
² 법을 어긴 lawbreaker 들을 처벌했다.

1618 lavatory
을래애버ᵛ토어뤼

¹ 근처에 공중 lavatory 가 어디 있나요?
² 위층에 욕실과 lavatory 가 하나씩 있다.

1619 variability
베ᵛ어뤼어빌러티

¹ 기후의 variability 가 심한 지역.
² 환율의 variability 를 계속 확인한다.

1620 spokesman
스폭쓰맨

¹ 정당 spokesman 은 당의 얼굴이다.
² 청와대의 spokesman 은 더 이상의 언급을 거절했다.

1621 mutation
뮤우테이쉬언

¹ 방사능이 mutation 을 발생시킬 수 있다.
² 세포 내 DNA의 mutation 으로 암이 발생한다.

1622 coverage
커버ᵛ뤼쥐

¹ 그 사건에 대한 밀착 coverage 가 오늘 방송된다.
² 모든 방송사가 이번 지진에 대한 긴급 coverage 를 내보냈다.

1623 bellboy
벨보이

¹ 친절한 호텔 bellboy 에게 팁을 주었다.
² 가방은 bellboy 가 가져다드릴 것입니다.

1624 warranty
워어뤈티

¹ 정품을 인정하는 warranty 가 동봉되어 있다.
² 아직 warranty 기간 중이라 무상 수리가 가능합니다.

명 작은 방[칸], 세포	• a prison cell ㅣ유치장 • a detention cell ㅣ유치장
명 배송, 배달	• a shipping charge ㅣ운송비 • an exact shipping date ㅣ정확한 배송일
명 선박	• a shipping company ㅣ선박 회사 • open to shipping ㅣ배가 다니도록 개방하다
명 배반, 배신	• a sense of betrayal ㅣ배신감 • the feeling of betrayal ㅣ배신감
명 영역, 범위	• rule the realm ㅣ영역을 지배하다 • the realm of nature ㅣ자연계
명 기회, 범위	• the scope for improvement ㅣ개선의 여지 • plenty of scope ㅣ많은 기회
명 범법자	• chase the lawbreaker ㅣ범법자를 추적하다 • prosecute lawbreakers ㅣ범법자를 고발하다
명 화장실, 변기	• a communal lavatory ㅣ공중화장실 • find a lavatory ㅣ화장실을 찾다
명 변동성, 가변성	• consider the variability ㅣ변동성을 고려하다 • a climatic variability ㅣ기후의 변동성
명 대변인	• a company spokesman ㅣ회사의 대변인 • a voluble spokesman ㅣ입담이 좋은 대변인
명 돌연변이, 변형	• chromosome mutation ㅣ염색체 돌연변이 • affected by mutation ㅣ돌연변이 영향을 받은
명 (신문·방송 등의) 보도	• World Cup coverage ㅣ월드컵 방송 • medical insurance coverage ㅣ의료 보험 보장
명 객실 안내원[벨보이]	• tip the bellboy ㅣ객실 안내원에게 팁을 주다 • send up the bellboy ㅣ객실 안내원을 올려보내다
명 품질보증서, 보증	• a warranty period ㅣ보증 기간 • under warranty ㅣ아직 보증 기간 내인

1625	**passageway** 패애쓰이줘웨이	¹ 건물은 passageway 가 좁게 설계됐다. ² 도면을 보면 passageway 끝에 계단이 있다.
1626	**garment** 가아ᵣ먼ᴛ	¹ 옷 위에 입는 작업용 garment. ² 줄지 않는 원단으로 만들어진 garment.
1627	**overdose** 오우버ᵛ·ᵣ도우ㅆ	¹ 약물 overdose 로 사망했다. ² Overdose 에 주의하고 정량만 복용하세요.
1628	**outfit** 아웃피ᶠᴛ	¹ 겨울용 outfit 를 몇 벌 장만했어요. ² 가장 좋아하는 outfit 를 입고 외출했다.
1629	**beak** 비이ㅋ	¹ 갈매기가 beak 로 물고기를 물었다. ² 독수리의 beak 는 매우 강한 갈고리와 같다.
1630	**newlywed** 뉴울리웨ㄷ	¹ Newlywed 처럼 늘 사이좋은 노부부. ² Newlywed 에게 인기 좋은 신혼여행지.
1631	**ego** 이이고우	¹ 건강한 ego 는 자신감으로 나타난다. ² 그의 말이 내 ego 에 상처를 입혔다.
1632	**millionaire** 밀리어네어ᵣ	¹ 그는 오직 자수성가하여 millionaire 가 되었다. ² 그는 복권에 당첨되어 단숨에 millionaire 가 되었다.
1633	**anatomy** 어내애터미	¹ 부검관은 인체의 anatomy 를 잘 알아야 한다. ² 경기침체에 대한 세밀한 anatomy 가 필요하다.
1634	**province** 프롸아빈ᵛ쓰	¹ 나는 이 province 토박이다. ² 경상북 province 의 특산물은 사과이다.
1635	**branch** 브뤠앤취	¹ 다른 지역 branch 로 전근했어요. ² 그 매장은 전국에 branch 를 두고 있다.
1636	**jet** 줴ᴛ	¹ 가스 jet 로 인해 화상을 입을 수 있으니 조심해. ² 문어는 물줄기의 jet 를 이용해 수영한다.
1637	**indigestion** 인디줴스춴	¹ 음식을 너무 빨리 먹으면 indigestion 이 생길 수 있다. ² Indigestion 이 있어서 지금은 아무것도 먹고 싶지 않아.
1638	**dissatisfaction** 디쌔애티스패ᶠ액쉬언	¹ 고객들의 dissatisfaction 을 신속하게 해결해라. ² 그는 상사에 대한 dissatisfaction 으로 회사를 나갔다.

명 복도	• a narrow passageway ㅣ 좁은 복도 • the end of the passageway ㅣ 복도 끝
명 의복, 옷	• design a garment ㅣ 옷을 디자인하다 • the wedding garment ㅣ 결혼식 예복
명 과다 복용	• a drug overdose ㅣ 약물 과다복용 • have an overdose ㅣ 약물을 과다 복용하다
명 옷, 복장	• a summer outfit ㅣ 여름옷 • a Batman outfit ㅣ 배트맨 복장
명 (새의) 부리	• the beak of a bird ㅣ 새의 부리 • a very long beak ㅣ 아주 긴 부리
명 신혼부부	• a newlywed couple ㅣ 신혼부부 • life as a newlywed ㅣ 신혼의 삶
명 자아, 자존심, 자부심	• boost her ego ㅣ 그녀의 자부심을 북돋우다 • a huge ego ㅣ 자아 과잉
명 백만장자, 굉장한 부자	• an oil millionaire ㅣ 석유 부호 • pose as a millionaire ㅣ 백만장자인 체하다
명 해부학, 해부학적 구조, 분석	• the human anatomy ㅣ 인체 해부학 • the anatomy of a horse ㅣ 말의 해부학적 구조
명 지방, 도, 분야	• the Gyeonggi Province ㅣ 경기도 • the provinces of South Korea ㅣ 한국의 도들
명 지사, 분점, 나뭇가지	• a new branch ㅣ 새로운 지점 • establish a branch ㅣ 지점을 열다
명 분출, 제트기	• a liquid jet ㅣ 액체 분출 • a jet of water ㅣ 물 분출
명 소화불량	• have indigestion ㅣ 소화불량을 앓다 • a chronic indigestion ㅣ 만성 소화불량
명 불만	• express your dissatisfaction ㅣ 너의 불만을 나타내다 • a strong dissatisfaction ㅣ 강한 불만

1639 elegy
엘러쥐

¹ Elegy 를 부르며 무덤까지 갔다.
² 장례식장에서 죽은 이의 친구가 elegy 를 불렀다.

1640 day off
데이 어어ㅍ

¹ 그 직원은 오늘 day off 라 출근하지 않았습니다.
² 내일은 day off 니까 집에서 아무것도 안 하고 쉴 거야.

1641 lyricist
을리뤼쓰이ㅅ트

¹ 시 같은 노랫말을 쓰는 lyricist.
² 인기 있는 가수이지만 실력 있는 lyricist 이기도 하다.

1642 robbery
롸아버뤼

¹ 경찰이 robbery 를 수사 중이다.
² 은행 무장 robbery 로 높은 형을 선고받았다.

1643 mishap
미스해애ㅍ

¹ 부주의 때문에 mishap 가 일어났다.
² 우리는 아무 mishap 없이 무사히 목적지에 도착했다.

1644 examiner
이그재애미너

¹ 의료 examiner 가 피해자의 부검을 시행했다.
² Examiner 가 학생들에게 답안지를 나눠주고 있다.

1645 acquaintance
어쿠에인턴ㅆ

¹ 얼굴만 아는 acquaintance.
² 친구가 아니라 사업상 acquaintance 야.

1646 fanatic
퍼내애티ㅋ

¹ 그는 운동에 미친 스포츠 fanatic 이다.
² 나는 매일 축구를 하는 축구 fanatic 야.

1647 outcast
아웃캐애ㅅ트

¹ 학교에서 친구도 없고 outcast 인 학생.
² 사회적 약자와 outcast 를 위해 헌신했다.

1648 recipient
뤼쓰이피언ㅌ

¹ 토마스 씨가 그 상의 recipient 였다.
² 택배를 받을 recipient 의 성함을 써주세요.

1649 skeptic
스켑티ㅋ

¹ 매사에 의심이 많은 skeptic.
² 그는 skeptic 이라 같이 일하고 싶지 않아.

1650 outsider
아웃싸이더

¹ 이곳은 outsider 의 출입이 허용되지 않습니다.
² 그는 주류가 되기를 거부했던 우리 사회의 outsider 였다.

1651 amnesty
애앰너스티

¹ 광복절 특별 amnesty 로 출소했다.
² 그는 대통령 특별 amnesty 로 풀려났다.

1652 radiation
뤠이디에이쉬언

¹ 핵발전소로부터의 radiation 누출.
² Radiation 노출과 소아암 사이의 관련성.

명 애가, 비가	• sing a funeral elegy ㅣ 장례식에서 애가를 부르다 • an elegy on her father ㅣ 그녀의 아버지를 애도하는 노래
명 (근무 · 일을) 쉬는 날, 비번	• on my day off ㅣ 내가 쉬는 날에 • have a day off ㅣ 하루의 휴가를 얻다
명 작사가	• the lyricist of the song ㅣ 그 곡의 작사가 • a top lyricist ㅣ 최고의 작사가
명 강도, 도둑, 강도사건	• a bank robbery ㅣ 은행 강도 • report a robbery ㅣ 강도를 신고하다
명 불상사, 작은 사고	• prevent any mishaps ㅣ 작은 사고를 예방하다 • a series of mishaps ㅣ 일련의 작은 불행들
명 심사 위원, 시험관, 검사관	• a medical examiner ㅣ 의료 검시관 • the polygraph examiner ㅣ 거짓말 탐지기 검사관
명 지인[아는 사람]	• a business acquaintance ㅣ 사업상 아는 사람 • introduce an acquaintance ㅣ 지인을 소개하다
명 ···에 광적인 사람	• a religious fanatic ㅣ 광신도 • a sports fanatic ㅣ 스포츠 광팬
명 따돌림받는 사람, 버림받은 사람	• a social outcast ㅣ 사회의 낙오자 • an outcast in school ㅣ 학교에서 따돌림당하는 사람
명 수령인[받는 사람]	• a degree recipient ㅣ 학위 취득자 • the recipient of the package ㅣ 소포의 수령인
명 회의론자[의심 많은 사람]	• a religious skeptic ㅣ 종교 회의론자 • an ingrained skeptic ㅣ 태생적으로 의심이 많은 사람
명 국외자, 외부인, 고립된 사람	• a complete outsider ㅣ 완전한 외부인 • befriend an outsider ㅣ 아웃사이더와 친구가 되다
명 사면	• the Amnesty International ㅣ 국제 사면 위원회 • a special amnesty ㅣ 특별 사면
명 방사선	• high doses of radiation ㅣ 다량의 방사능 • the dangers of radiation ㅣ 방사능의 위험성

1653	**utility**[1] 유우틸러티	[1] 이번 달 utility 요금이 너무 많이 나왔어. [2] Utility 요금을 매달 잊지 않고 내다.
1654	**vice president** 바ᵛ이ㅆ 프뤠지던ㅌ	[1] 사퇴한 사장의 업무를 대행한 vice president. [2] 대통령 유고 시 vice president 가 직무를 승계한다.
1655	**preview** 프뤼이뷰ᵛ우	[1] Preview 에 주연 배우가 참석해 인사했다. [2] Preview 를 통해 영화를 미리 볼 수 있었다.
1656	**property right** 프롸아퍼ʳ티 롸이ㅌ	[1] 저작권은 지적 property right 에 포함된다. [2] 국민의 property right 를 보장하는 헌법 23조.
1657	**byproduct** 바이프롸덕ㅌ	[1] 깃털은 가금류 가공 시에 생기는 byproduct 이다. [2] 플라스틱을 불에 태우면 위험한 byproduct 가 발생한다.
1658	**coral** 코어뤌	[1] Coral 은 나무처럼 생긴 동물이다. [2] Coral 은 보석을 만드는 데 주로 사용된다.
1659	**genocide** �줴너싸이ㄷ	[1] 유대인 genocide 에 동조한 독일인들. [2] 독일은 세계 2차 대전 때 끔찍한 genocide 를 저질렀다.
1660	**ivory** 아이버ᵛ뤼	[1] 코끼리 ivory 무역 금지령. [2] Ivory 때문에 밀렵당하는 코끼리들.
1661	**bondage** 바안디쥐	[1] 침입자의 bondage 로부터 원주민을 구해 냈다. [2] 사회적 관습의 bondage 로부터 해방되고 싶었다.
1662	**output** 아웃푸ㅌ	[1] 이 공장의 하루 output 가 얼마나 되나요? [2] 내년에는 output 가 두 배로 증가할 것이다.
1663	**advance** 애드배ᵛ앤ㅆ	[1] 계약금을 advance 로 지급했다. [2] 목돈이 필요해서 월급을 advance 로 받았다.
1664	**propaganda** 프롸아퍼개앤다	[1] 날조된 과대 propaganda. [2] 선거가 근거 없는 propaganda 로 과열되었다.
1665	**snowfall** 스노우퍼ᶠ얼	[1] 크리스마스에 많은 snowfall 이 내렸다. [2] 심한 snowfall 로 기차 운행이 중단되었다.
1666	**manhood** 매앤후ㄷ	[1] 내 아들은 이제 청년기를 지나 manhood 에 접어들었다. [2] Manhood 에 접어든 아들을 여전히 아이처럼 대하는 부모.

몡 (수도 · 전기 등의) 공익사업	• no utilities included ı 공과금 별도 • the utility bills ı 공과금
몡 부통령, 부사장	• the vice president of the company ı 회사의 부회장 • the vice president of sales ı 영업 부사장
몡 시사회, 시사평	• a preview party ı 시사회 파티 • a preview of the movie ı 영화의 예고편
몡 재산권	• a legal property right ı 법적 재산권 • a real property right ı 토지 소유권
몡 부산물	• a byproduct of war ı 전쟁의 부산물 • a byproduct of coal combustion ı 석탄연소의 부산물
몡 산호	• a coral reef ı 산호초 • a coral necklace ı 코랄 목걸이
몡 학살, 살육	• prevent the genocide ı 학살을 막다 • the horrible genocide ı 끔찍한 학살
몡 상아	• an illegal ivory trade ı 불법 상아 무역 • made of ivory ı 상아로 만든
몡 속박[구속], 구속된 상태	• free of social bondage ı 사회적 구속에서 자유로운 • free myself from bondage ı 나 자신이 구속에서 벗어나다
몡 산출량, 산출[생산]	• a daily output ı 일일 생산량 • the output of the year ı 그해 생산량
몡 선불, 선금, 전진[진군], 진전[발전], 상승 몡 나아가다, 진격하다	• pay in advance ı 선금으로 내다 • an advance on the salary ı 월급 가불
몡 허위[과장된] 선전	• propaganda films ı 선전 영화 • a propaganda effect ı 선전 효과
몡 강설, 강설량	• a heavy snowfall ı 폭설 • the average snowfall ı 평균 강설량
몡 (남자의) 성년, 남성성	• reach manhood ı 어른이 되다 • express his manhood ı 그의 남자다움을 발산하다

1667 revenue
뤠버ᵛ뉴우

¹ 회사의 revenue 가 감소하는 추세다.
² 관광사업은 이 도시 revenue 의 주 원천이다.

1668 gunfire
건파ᶠ이어ʳ

¹ 근처에 사격장이 있어서 하루 종일 gunfire 소리가 들린다.
² 대낮에 도시 한복판에서 들려 온 gunfire 소리.

1669 depletion
디플리이쉬언

¹ 천연자원의 depletion 은 심각한 문제이다.
² 칼슘의 depletion 은 골다공증의 원인이 될 수 있다.

1670 overconsumption
오우버ᵛʳ컨섬프쉬언

¹ 음식의 overconsumption 은 비만으로 이어질 수 있다.
² 절약 정신이 느슨해지고 overconsumption 이 늘고 있다.

1671 suit
쑤우ㅌ

¹ 그는 아내를 상대로 이혼 suit 를 제기했다.
² 의료사고 피해자의 가족들이 병원을 상대로 suit 를 제기했다.

1672 rifle
롸이플ᶠ

¹ 병사들이 rifle 로 사격 연습을 했다.
² 명중 사거리가 긴 편에 속하는 rifle.

1673 interface
인터ʳ페ᶠ이ㅆ

¹ 이 스마트폰은 직관적 interface 로 대중의 관심을 끌었다.
² 게임 interface 는 사용자가 게임과 상호작용하도록 해 준다.

1674 velocity
벌ᵛ라아쎠티

¹ 위험하니 너무 빠른 velocity 로 운전하지 마.
² 초당 velocity 가 15m인 바람이 불고 있다.

1675 bulletin
불러튼

¹ 합격자 명단이 bulletin 판에 공고되었다.
² 뉴스 bulletin 으로 정규방송이 결방되었다.

1676 undergarment
언더ʳ가아ʳ먼ㅌ

¹ 상의가 너무 짧아서 마치 undergarment 같다.
² 겉옷보다 undergarment 에 더 관심이 많은 사람.

1677 spoilage
스포일리쥐

¹ 대부분 식품은 냄새로 spoilage 여부를 판단할 수 있다.
² 식초는 천연 방부제로써 음식의 spoilage 를 막을 수 있다.

1678 gain and loss
게인 애앤ㄷ 을러어ㅆ

¹ 정치적 gain and loss 만 계산하는 여야 의원들.
² 이해의 gain and loss 를 따져 결정하는 실용주의.

1679 snowflake
스노우플ᶠ레이ㅋ

¹ Snowflake 는 얼음결정체들로 이루어져 있다.
² Snowflake 를 확대해 보면 정육각형 모양이다.

1680 outlet
아웃레ㅌ

¹ 노래는 마음속 감정을 표현하는 outlet 입니다.
² 아이들은 넘치는 에너지의 outlet 가 필요하다.

명 수익, 세입	• the main source of **revenue** ㅣ 주 수입원 • the tax **revenue** ㅣ 세수입
명 발포, 총격, 총소리	• killed in **gunfire** ㅣ 총격으로 사망한 • hear a **gunfire** ㅣ 총격 소리를 듣다
명 고갈, 소모	• a **depletion** of resources ㅣ 자원의 고갈 • a severe **depletion** ㅣ 극심한 소모
명 과식, 과소비	• an **overconsumption** of food ㅣ 과한 음식 섭취 • induce the **overconsumption** ㅣ 과소비를 유도하다
명 소송, 정장, (어떤 목적의) 옷 동 맞다, 맞추다	• file a **suit** ㅣ 고소하다 • bring a **suit** ㅣ 소송을 제기하다
명 소총	• an automatic **rifle** ㅣ 자동소총 • fire the **rifle** ㅣ 소총을 쏘다
명 (컴퓨터) 인터페이스, 접속기	• a user **interface** ㅣ 사용자 인터페이스 • a user-friendly **interface** ㅣ 사용하기 쉬운 인터페이스
명 속도	• the **velocity** of sound ㅣ 음속 • the **velocity** of light ㅣ 빛의 속도
명 공고, 뉴스 단신[속보]	• a news **bulletin** ㅣ 뉴스 단신 • an alumni **bulletin** ㅣ 동창회 공고
명 속옷	• wear no **undergarment** ㅣ 속옷을 안 입다 • a showy **undergarment** ㅣ 야한 속옷
명 부패, 손상	• stop food **spoilage** ㅣ 음식의 부패를 막는다 • the signs of **spoilage** ㅣ 부패의 징후
명 득실, 손익	• calculate **gain and loss** ㅣ 득실을 계산하다 • operating **gain and loss** ㅣ 영업 손익
명 눈송이	• **snowflake** patterns ㅣ 눈송이 무늬 • unique **snowflakes** ㅣ 독특한 눈송이들
명 발산[배출] 수단, 할인점[아웃렛]	• a sewage **outlet** ㅣ 하수 배출구 • an **outlet** of the talent ㅣ 재능을 발산할 수단

1681 terrorism
테러리즘

¹ 사이버 terrorism 은 PC 통신망을 이용한 범죄 행위이다.
² 911 terrorism 은 미국의 대외정책에 막대한 영향을 미쳤다.

1682 slumber
슬럼버ʳ

¹ 녹초가 되어 slumber 에 빠졌다.
² 깊은 slumber 속으로 빠져들었다.

1683 forethought
포ʳ어ʳ떠ᵗʰ어ᴛ

¹ Forethought 없이 일을 진행해서 문제가 발생했다.
² 정보를 삭제하기 전에 forethought 단계를 거치세요.

1684 aging
에이칭

¹ 흡연은 피부의 aging 을 촉진한다.
² 참나무통 안에서 와인의 aging 이 이루어진다.

1685 pilgrimage
필그뤼미줘

¹ Pilgrimage 는 신앙심을 고취하려는 여행이다.
² 사우디아라비아의 메카는 이슬람 최고의 pilgrimage 장소다.

1686 impurity
임퓨어뤄티

¹ Impurity 를 제거하기 위해 석유를 정제한다.
² 필터가 물속에서 발생하는 대부분의 impurity 를 제거한다.

1687 blockbuster
블라아크버스터ʳ

¹ 최고의 흥행을 기록한 blockbuster 영화.
² 할리우드 blockbuster 에 출연한 유명 배우.

1688 resemblance
뤼젬블런ㅆ

¹ 원작 소설과의 resemblance 가 거의 없는 영화.
² 겉모습의 resemblance 를 보니 둘은 형제인 것 같다.

1689 lapse¹
을래앺ㅆ

¹ 두 사건 사이에는 몇 달의 lapse 가 있었다.
² 일 년의 lapse 동안 성실히 일한 보람이 있다.

1690 lapse²
을래앺ㅆ

¹ 잠깐의 lapse 가 사고로 이어졌다.
² 시계 수리는 작은 lapse 조차 용납되지 않는 정밀한 작업이다.

1691 workweek
워어ʳ크위이ㅋ

¹ Workweek 의 출퇴근 시간에는 교통이 혼잡하다.
² 5일제 workweek 는 모든 회사에 적용되어야 한다.

1692 brook
브루ㅋ

¹ 집 앞으로 작은 brook 가 흐른다.
² Brook 들이 한데로 모여 큰 강을 이룬다.

1693 epoch
에페ㅋ

¹ 의학계에 epoch 를 연 연구.
² 인터넷은 epoch 를 여는 기술이었다.

1694 exchange rate
익스췌인줘 뤠이ᴛ

¹ 환전소에서 exchange rate 를 확인했다.
² 달러를 원화로 바꾸기 전에 exchange rate 를 알아보자.

몡 테러리즘, 테러 행위[수단]	• the war on terrorism ˌ 테러리즘과의 전쟁 • a vile act of terrorism ˌ 테러라는 용납할 수 없는 행위
몡 잠, 수면	• a slumber party ˌ 잠옷 파티 • a peaceful slumber ˌ 평화로운 수면
몡 사전 숙고	• forethought for the project ˌ 프로젝트를 위한 사전 숙고 • lack of forethought ˌ 닥치는 대로
몡 노화, 숙성	• the signs of aging ˌ 노화의 징후 • the aging process ˌ 노화 과정
몡 성지 참배, 순례	• a site of pilgrimage ˌ 성지 참배 장소 • go on a pilgrimage ˌ 순례를 하다
몡 불순물	• filter out the impurity ˌ 불순물을 걸러 내다 • remove the impurity ˌ 불순물을 제거하다
몡 대 히트작[블록버스터]	• a blockbuster movie ˌ 블록버스터 영화 • appear on a blockbuster ˌ 블록버스터에 출현하다
몡 유사함, 닮음[비슷함]	• resemblance between twins ˌ 쌍둥이 간의 유사성 • in resemblance with my father ˌ 내 아버지를 닮은
몡 기간, 시간	• a lapse of two months ˌ 2개월의 시간 • the lapse of time ˌ 세월
몡 (부주의로 인한) 실수[과실], 깜빡함	• a lapse of concentration ˌ 흐트러진 집중 • a momentary lapse ˌ 순간적인 실수
몡 주 노동 시간	• during the workweek ˌ 1주의 노동 시간 동안 • a five-day workweek ˌ 주 5일 근무제
몡 개울, 시내	• cross a brook ˌ 개울을 건너다 • a brook streams ˌ 개울이 흐르다
몡 신기원, 시대	• mankind's new epoch ˌ 인류의 새로운 시대 • end of an epoch ˌ 한 시대의 종결
몡 환율[외환 시세]	• won's exchange rate ˌ 원화의 환율 • a rapidly changing exchange rate ˌ 빠르게 변화하는 환율

1695 fringe
프'륀쥐

¹ 학사모에 달린 fringe 가 떨어지지 않도록 조심해.
² Fringe 는 눈썹을 덮는 길이로 잘라주세요.

1696 haven
헤이븐ᵛ

¹ 전쟁으로부터 안전한 haven.
² 종교가 사람들에게 심리적 haven 이 되기도 한다.

1697 tabloid
태애블로이드

¹ 이 tabloid 신문은 무료로 배포된다.
² Tabloid 신문들은 스캔들 들추기를 좋아한다.

1698 penicillin
페니쓰일린

¹ 인류 최초의 항생제인 penicillin.
² Penicillin 발견으로 노벨상을 받은 플레밍.

1699 integrity
인테그뤼티

¹ 그는 integrity 있게 행동해서 믿을 만하다.
² 하소연하는 그에게서 integrity 가 느껴졌다.

1700 flint
플'린ㅌ

¹ Flint 를 강철과 부딪혀 불을 켜다.
² 원시인들은 flint 를 이용해 불을 지폈다.

1701 correspondence
코어뤄스파안던ㅆ

¹ 오랫동안 correspondence 를 나눈 두 사람.
² 우리의 correspondence 는 우편에서 이메일로 바뀌었다.

1702 philharmonic
필'하아'머어니ㅋ

¹ 그는 philharmonic 에 소속되어 콘트라베이스를 연주한다.
² 베를린 philharmonic 의 내한공연.

1703 villain
비ᵛ일런

¹ 주인공이 villain 을 물리쳤다.
² 그는 영웅이 아니라 villain 이다.

1704 agenda
어쥅다

¹ 회의의 첫 번째 agenda 는 판매실적입니다.
² 교육과 국방은 국정의 중요한 agenda 들이다.

1705 dissimilarity
디쓰이멀래애뤄티

¹ 성격의 dissimilarity 로 인해 늘 다투는 부부.
² 두 상품은 매우 유사하지만, 분명히 dissimilarity 는 있다.

1706 hindrance
힌드뤈ㅆ

¹ 도움은커녕 hindrance 가 된다.
² 높은 석윳값이 경제 회복에 hindrance 가 된다.

1707 sociopath
쏘우쓰이오우패애ㄸᵗʰ

¹ 공감 능력과 죄책감이 없는 sociopath.
² 그런 sociopath 는 사회에서 영원히 격리해야 해.

1708 trifle
트뤼플'

¹ 그런 trifle 에 너무 낙심하지 마.
² 그 부자에게 그런 푼돈이야 trifle 이다.

명 앞머리, 술(장식)	• cut the fringe ı 앞머리를 자르다 • the fringe on a uniform ı 유니폼에 달린 술
명 피난처, 안식처	• a safe haven ı 안전한 피난처 • the haven for abandoned pets ı 버려진 애완동물들의 피난처
명 타블로이드판 신문	• a tabloid newspaper ı 타블로이드 신문 • a tabloid company ı 타블로이드 신문사
명 페니실린	• the discovery of penicillin ı 페니실린의 발견 • a mixed penicillin ı 혼합 페니실린
명 진실성	• question his integrity ı 그의 진실성에 의문을 품다 • behave with integrity ı 진실하게 행동하다
명 부싯돌	• ignite fire with flint ı 부싯돌로 불을 지피다 • strike a spark from flint ı 부싯돌로 쳐서 불을 내다
명 편지[서신], 편지쓰기	• a recent correspondence ı 최근의 편지 • send correspondence ı 편지를 보내다
명 교향악단	• a philharmonic orchestra ı 교향악단 • the Seoul Philharmonic ı 서울 교향악단
명 악인, 악한	• play a villain ı 악당을 연기하다 • a notorious villain ı 희대의 악당
명 의도, 의제, 안건	• the agenda for the meeting ı 회의의 주제 • the hidden agenda ı 숨은 의도
명 차이, 비슷하지 않음	• have much dissimilarity ı 많은 차이점이 있다 • a dissimilarity in character ı 성격 차이
명 방해[저해], 장애물	• the hindrance of the business ı 사업의 장애물 • without any hindrance ı 방해받지 않고
명 반사회적 인격 장애자	• the characteristics of a sociopath ı 소시오패스의 특징 • a cold-blooded sociopath ı 냉혈한 소시오패스
명 하찮은 것, 약간	• a trifle of salt ı 약간의 소금 • a trifle anxious ı 약간 불안한

1709	**spice** 스파이ㅆ	¹ 다양한 spice 가 들어간 음식. ² 더 끌리는 맛을 내기 위해 개발한 spice.
1710	**suppression** 써프뤠쉬언	¹ 언론 suppression 에 반대하는 기자들. ² 소수 민족에 대한 강압적인 suppression.
1711	**deterrence** 디터어뤈ㅆ	¹ 범죄의 deterrence 를 위한 정책 마련. ² 핵의 deterrence 는 세계적으로 중요한 사안이다.
1712	**will** 월	¹ 자녀들을 위해 그는 죽기 전에 will 을 썼다. ² 불우이웃에게 전 재산을 기부하겠다는 백만장자의 will.
1713	**workload** 워어ㄹ클로우ㄷ	¹ 이번 달 workload 가 너무 많아서 걱정이다. ² 두 사람의 workload 를 혼자서 거뜬히 해낸다.
1714	**unemployment** 어님플로이먼ㅌ	¹ Unemployment 수당을 신청하다. ² 청년들의 장기 unemployment 문제.
1715	**soviet** 쏘우비ᵛ에ㅌ	¹ 미국과 soviet 연합의 냉전 시대. ² 최초로 위성을 쏘아 올린 soviet 의 기술.
1716	**plight** 플라이ㅌ	¹ 혼자 생존해야 하는 plight 에 처했다. ² 환경파괴로 동물들이 plight 에 처해 있다.
1717	**collaboration** 컬래애버뤠이쉬언	¹ 공급업체와의 collaboration 이 사업 성공에 필수다. ² 정부와 기업의 collaboration 이 행사를 성공으로 이끌었다.
1718	**fieldwork** 피ᶠ일드워어ㄹㅋ	¹ 연구실을 벗어나 fieldwork 에 나선 연구원들. ² 학기가 끝나고 학생들이 fieldwork 를 나갔다.
1719	**lotus** 을로우터ㅆ	¹ 연못에 가득 핀 lotus. ² Lotus 는 불교를 상징하는 꽃이다.
1720	**continuation** 컨티뉴에이쉬언	¹ 매출 증가의 continuation 을 위한 방안 모색. ² 이민 생활은 도전과 시련의 continuation 이었다.
1721	**succession** 썩쎄쉬언	¹ 두 번 succession 으로 결승에 오른 팀. ² 살인사건의 succession 으로 충격에 빠졌다.
1722	**censorship** 쎈써ㄹ쉬ㅍ	¹ 영화 산업에 적용되던 censorship 법이 완화되었다. ² Censorship 때문에 그 소설의 핵심 내용이 누락되었다.

명 향신료[양념]	• all sorts of spices ┃ 갖은 양념 • add some spice ┃ 양념을 조금 넣다
명 탄압, 억압	• the suppression of the press ┃ 언론의 탄압 • the suppression of emotion ┃ 감정 억제
명 제지, 억제	• a nuclear deterrence ┃ 핵의 억제 • a refugee deterrence ┃ 난민 억제
명 유언장, 의지	• leave a will ┃ 유언장을 남기다 • make a will ┃ 유언장을 작성하다
명 업무량, 작업량	• complete the workload ┃ 업무량을 소화해 내다 • a heavy workload ┃ 과중한 업무량
명 실업 (상태), 실업률	• an unemployment rate ┃ 실업률 • an high unemployment ┃ 높은 실업률
명 구소련[소비에트]	• the Soviet Union ┃ 소비에트 연방 • Soviet Russia ┃ 구소련
명 곤경, 역경	• relieve the plight ┃ 어려움을 덜어주다 • the plight of the homeless ┃ 노숙자들의 곤경
명 협력, 공동 작업, 공동 연구	• in collaboration with him ┃ 그와 공동으로 • work in collaboration ┃ 공동으로 작업하다
명 현장 연구	• do fieldworks for the study ┃ 연구를 위해 현지 조사를 하다 • a residential fieldwork ┃ 주택지 현장 작업
명 연, 연꽃	• a lotus flower ┃ 연꽃 • a pond full of lotus flowers ┃ 연꽃이 가득한 연못
명 계속, 지속, 연속	• a continuation of operations ┃ 작전의 지속 • the continuation of the story ┃ 이야기의 지속
명 연속	• a succession of murder ┃ 연쇄살인 • a succession of visitors ┃ 잇따라 오는 방문객들
명 검열, 검열관	• a strict censorship ┃ 엄격한 검열 • pass censorship ┃ 검열을 통과하다

1. 소리 내어 읽어보세요. ▶ ▶		2. 의미를 맞혀보세요. ▶ ▶ ▶ ▶ ▶ ▶ ▶ ▶ ▶ ▶ ▶ ▶ ▶ ▶ ▶ ▶ ▶
1723	**aspiration** 애스퍼뤠이쉬언	1 성공에 대한 나의 aspiration. 2 배우가 되고 싶은 그의 aspiration.
1724	**naught** 너어ㅌ	1 모든 일이 naught 로 돌아갔다. 2 모든 시도가 naught 가 되고 말았다.
1725	**dominion** 더미니언	1 왕은 허수아비일 뿐 실질적 dominion 은 총리에게 있었다. 2 인간이 자연에 대한 dominion 을 가졌다는 생각은 오만이다.
1726	**motion picture** 모우쉬언 픽춰^r	1 블록버스터 motion picture 만 찍은 감독. 2 팝콘을 먹으면서 motion picture 를 봤다.
1727	**preconception** 프뤼이컨셉쉬언	1 시골 생활은 지루하다는 preconception. 2 지금까지의 preconception 을 깨는 신제품.
1728	**prophecy** 프롸아퍼^{f}쓰이	1 그 prophecy 가 적중한 것은 우연이야. 2 노스트라다무스는 많은 prophecy 를 남겼다.
1729	**etiquette** 에티쿠이ㅌ	1 전화 etiquette 를 지켜주세요. 2 나라마다 식사 etiquette 가 다를 수 있습니다.
1730	**luncheon** 을런춴	1 신임 회장을 환영하는 luncheon 회동이 열린다. 2 사업 상대와 고급 식당에서 luncheon 을 가졌다.
1731	**relaxation** 륄래액쎄이쉬언	1 잠깐의 relaxation 은 머리를 맑게 한다. 2 무역 규제의 relaxation 으로 해외 거래가 활발해졌다.
1732	**suburb** 써버어^{r}ㅂ	1 그는 도심을 벗어나 suburb 로 이사했다. 2 그는 suburb 에 살면서 매일 시내로 통근한다.
1733	**nuts and bolts** 너ㅊ 애앤ㄷ 보울ㅊ	1 회계의 nuts and bolts 도 모르면서 회계사라니! 2 광고를 찍기 전에 마케팅의 nuts and bolts 부터 이해해라.
1734	**royalty**^{2} 뤄이얼티	1 이 앨범에서 나오는 royalty 를 전부 기부하겠습니다. 2 저서에서 나오는 royalty 만으로는 생계를 유지할 수 없어요.
1735	**valor** 배^{v}앨러^r	1 신중할 줄 아는 것이 진정한 valor 이다. 2 Valor 를 보여 준 병사에게 명예 훈장이 수여되었다.
1736	**cosmos** 카아즈머ㅆ	1 광활한 cosmos 의 수많은 행성. 2 Cosmos 는 정말 빅뱅으로 탄생했을까?

명 열망, 포부, 염원	• a big aspiration ı 커다란 포부 • speak my aspiration ı 내 포부를 밝히다
명 무, 무가치, 영[0]	• all for naught ı 헛되이 • get a naught ı 0점을 받다
명 지배, 지배[통치]권, 영토[영지]	• have dominion over the earth ı 지구에 대한 지배권을 가지다 • despoil the dominion ı 통치권을 빼앗다
명 영화	• a motion picture actor ı 영화배우 • a major motion picture ı 메이저 영화
명 선입관, 예상	• the preconceptions of taste ı 맛에 대한 편견 • blast away the preconception ı 고정관념을 깨뜨리다
명 예언	• an ancient prophecy ı 고대 예언 • believe in the prophecy ı 예언을 믿다
명 예절, 예의	• a common etiquette ı 일반적인 예의 • take etiquette lessons ı 예절교육을 받다
명 오찬	• a business luncheon ı 비즈니스 오찬 • hold a luncheon ı 오찬을 열다
명 휴식, 완화	• a brief relaxation ı 짧은 휴식 • the relaxation of restrictions ı 제한 완화
명 교외, 외곽	• the suburbs of Seoul ı 서울의 외곽 지역 • live in the suburbs ı 교외 지역에 살다
명 기본[기초적인 사실], 요점	• understand nuts and bolts ı 기초를 이해하다 • the nuts and bolts of accounting ı 회계의 기본
명 특허권[저작권] 사용료, 왕족	• pay the royalty ı 저작권료를 지급하다 • receive the royalty ı 로열티를 받다
명 용기, 용맹	• display valor ı 용기를 보이다 • demonstrate valor in war ı 전쟁에서 용맹함을 발휘하다
명 (질서 정연한 체계로서의) 우주	• the mysteries of the cosmos ı 우주의 미스터리 • the infinite cosmos ı 무한한 우주

1737 approximation
어프롹악써메이쉬언

1 실제값에 가장 가까운 approximation.
2 이 숫자는 단지 대략의 approximation 일 뿐.

1738 filth
필ｆ ㄸth

1 그 귀족 부인은 천민들을 filth 보듯 했다.
2 바닥이 filth 로 뒤덮여 있어서 청소해야 한다.

1739 carriage
캐뤼쥐

1 말이 끄는 4륜 carriage.
2 급히 carriage 에 오른 귀부인.

1740 conveyance
컨베ｖ이언ㅆ

1 철도를 이용한 화물 conveyance.
2 물의 conveyance 에 쓰이는 파이프.

1741 hygiene
하이쥐인

1 식품 hygiene 을 철저히 해야 한다.
2 백화점 화장실의 hygiene 관리는 잘 되어있다.

1742 pane
페인

1 창문 pane 에 생긴 비 자국을 닦았다.
2 이 창문은 두 장의 pane 이 겹쳐진 이중창입니다.

1743 artifact
아ｒ티패ｆ액트

1 역사적, 문화적 가치가 높은 artifact.
2 보존상태가 좋은 artifact 가 새로 발견되었다.

1744 basin
베이슨

1 Basin 에 물을 받아 발을 씻었다.
2 산으로 둘러싸인 basin 에 있는 마을.

1745 relic
뤨리ㅋ

1 고대의 relic 를 전시하는 박물관.
2 농부가 선사시대의 relic 를 발견했다.

1746 mule
뮤울

1 Mule 은 말과 당나귀 사이에서 태어난다.
2 돈키호테의 애마 로시난테는 mule 이었다.

1747 vogue
보ｖ우ㄱ

1 짧은 머리가 vogue 를 타고 있다.
2 Vogue 라고 다 따라 하기보단 너의 취향을 파악해봐.

1748 outing
아우팅

1 김밥 싸서 outing 가자!
2 주말에 가까운 교외로 outing 을 다녀왔다.

1749 gymnasium
쥠네이지엄

1 실내 gymnasium 에서 배드민턴을 쳤다.
2 Gymnasium 양쪽 끝에 농구 골대가 달려 있다.

1750 syllable
쓰일러블

1 이 영어단어의 강세는 첫 syllable 에 있어.
2 모음은 단독으로 한 syllable 이 될 수 있다.

명 근사치, 가까운 것	• a rough **approximation**	대충의 어림짐작 • an **approximation** to the truth	진실에 가까운 것
명 오물, 더러운 것	• wash the **filth** away	오물을 씻어버리다 • covered in **filth**	더러워진
명 마차, 운반	• a one-horse **carriage**	말 한 필이 끄는 마차 • a horse-drawn **carriage**	마차
명 수송, 운송	• ready for **conveyance**	수송이 준비된 • **conveyance** of goods	화물 수송
명 위생	• a dental **hygiene**	치아 위생 • a food **hygiene**	식품 위생
명 판유리	• a glass **pane**	판 유리 • fit a **pane**	창틀에 유리를 끼우다
명 공예품, 인공 유물	• an ancient **artifact**	고대 유물 • a newly discovered **artifact**	새로 발견된 유물
명 대야, 분지, 강 유역	• put water in the **basin**	대야에 물을 담다 • a brass **basin**	양동이
명 유물[유적]	• excavated **relics**	발굴한 유물 • the only remaining **relic**	유일하게 남아있는 유물
명 노새	• as stubborn as a **mule**	노새처럼 고집이 센 • a pack **mule**	짐 나르는 노새
명 유행	• out of **vogue**	유행이 지나서 • back in **vogue**	다시 유행인
명 (당일로 하는) 여행, 소풍, 야유회	• go on an **outing**	소풍[견학]을 하러 가다 • a company **outing**	회사 야유회
명 체육관	• play soccer in a **gymnasium**	체육관에서 축구를 하다 • the tennis court in a **gymnasium**	체육관 테니스 코트
명 음절	• a 2-syllable word	2음절 단어 • the emphasis on the **syllable**	음절의 강세

1751 reception
뤼쎕쉬언

¹ 새 팀원을 위한 reception 은 미루기로 했다.
² 신임 교장 선생님을 위한 reception 이 열렸다.

1752 herd
허어「ㄷ

¹ 한 herd 의 들소들이 이동 중이다.
² 야생마 한 herd 가 광활한 초원을 질주했다.

1753 veterinarian
베ᵛ터뤄네어뤼언

¹ Veterinarian 을 불러 아픈 소를 치료했다.
² 강아지가 다쳐서 veterinarian 에게 데리고 갔다.

1754 vegan
비ᵛ이건

¹ Vegan 들은 철분 결핍에 시달릴 수 있다.
² Vegan 은 고기와 생선은 물론 달걀이나 우유도 먹지 않는다.

1755 disposition
디스퍼지쉬언

¹ 변덕스러운 disposition 을 가진 사람.
² 예술적인 disposition 을 타고 난 사람.

1756 nursery
너어「써뤼

¹ 일하는 동안 아이를 nursery 에 맡기다.
² 이곳은 만 2세 이하의 아기들을 위한 nursery 이다.

1757 head start
헤ㄷ 스타아「ㅌ

¹ 넌 느리니까 10초 먼저 출발하는 head start 를 줄게.
² 남들보다 먼저 뛰어든 덕에 head start 를 톡톡히 누렸다.

1758 feeder
피「이더「

¹ 고래들은 플랑크톤 feeder 입니다.
² 우리 개를 위해 하루 두 번 feeder 에 먹이를 넣어줘.

1759 manpower
매앤파우어「

¹ 중소기업들은 manpower 부족에 시달린다.
² 소방 관련 manpower 를 더 채용하기로 했다.

1760 suction
썩쉬언

¹ Suction 펌프로 고인 물을 퍼냈다.
² 강한 suction 을 자랑하는 진공청소기.

1761 migraine
마이그뤠인

¹ 두통이나 migraine 에 좋은 약 주세요.
² 머리가 깨질 것 같은 migraine 의 원인.

1762 presidency
프뤠저던쓰이

¹ 한국 대통령의 presidency 는 5년이다.
² 그는 군부 세력에게 presidency 를 내려놓도록 강요받았다.

1763 stance
스태앤ㅆ

¹ 골프를 칠 때마다 stance 가 좋아진다.
² 우리는 그 주제에 대한 서로의 stance 를 이해하지 못했다.

1764 gravel
그뤠애벌ᵛ

¹ 기차 철로 근처의 수많은 gravel 들.
² 울퉁불퉁한 gravel 길을 달리는 트럭.

명 환영회, 응접, (라디오 · 텔레비전 · 전화의) 수신 상태	• a wedding reception	결혼 피로연 • hold a reception	환영회를 열다
명 (가축의) 떼	• a herd of animals	한 무리의 동물들 • herds of horses	말 떼
명 수의사	• call the veterinarian	수의사를 부르다 • become a veterinarian	수의사가 되다
명 엄격한 채식주의자	• a vegan diet	엄격한 채식 • a vegan jelly	채식주의자를 위한 젤리
명 기질, 성격[성향], 의향	• at your disposition	네 마음대로 • a cheerful disposition	쾌활한 성격
명 유아원, 아이들 놀이방	• decorate the new nursery	새 놀이방을 꾸미다 • a day nursery	주간 탁아시설
명 (남보다 일찍 시작해서 갖게 되는) 유리함, 이점	• give a head start	이점을 주다 • have a head start	유리하게 출발하다
명 …을 먹는 동물[식물, 사람], 먹이통	• a bird feeder	새 모이통 • plankton feeders	플랑크톤을 먹는 동물
명 인력	• a shortage of manpower	인력 부족 • the manpower resources	인적 자원
명 흡입, 흡인력	• a suction equipment	흡입기 • use suction for surgery	수술에 사용하는 흡입기
명 편두통	• causes of migraine	편두통의 원인 • the migraine medication	편두통약
명 대통령 직[임기], 회장 직[임기]	• run for presidency	대권에 도전하다 • nominate for the presidency	대통령 후보로 지명하다
명 자세, 태도, 입장	• take a stance	태도를 보이다 • batting stance	공 치는 자세
명 자갈	• a gravel road	자갈길 • a gravel pit	자갈 채취장

1765	**verge** 버ˇ어ˈ쥐	¹ 이 회사는 파산 verge 에 있다. ² 시민들의 분노는 폭발 verge 에 있었다.
1766	**bearing** 베어륑	¹ 군대식 bearing 을 지닌 남자. ² 늘 예의 바른 그의 bearing 에 반했다.
1767	**acronym** 애크뤄님	¹ 뉴욕의 acronym 은 N.Y. 이다. ² 100 B.C. 는 무엇을 나타내는 acronym 일까?
1768	**parting** 파아ˈ팅	¹ 공항에서 눈물의 parting 을 했다. ² Parting 의 순간이 다가옴을 직감했다.
1769	**balance** 배앨런ㅆ	¹ 내 통장 balance 는 0원. ² 통장 balance 를 확인하다.
1770	**whaling** 웨일링	¹ 일본의 whaling 은 국제사회에서 비난받고 있다. ² Whaling 으로 인해 고래의 수가 급격히 감소했다.
1771	**suspense** 써스펜ㅆ	¹ 상상력과 suspense 로 가득한 책. ² 숨 막히는 suspense 속에서 영화를 관람했다.
1772	**prank** 프뤠앵ㅋ	¹ 자꾸 prank 전화가 와서 발신 번호 표시 서비스를 신청했다. ² 우리 학교에서는 반 표지판을 바꾸는 만우절 prank 를 쳤다.
1773	**primate** 프롸이메이ㅌ	¹ 고릴라는 생존하는 가장 큰 primate 이다. ² Primate 는 인간, 원숭이, 유인원을 포함한다.
1774	**hitch**² 히춰	¹ 행사가 아무 hitch 없이 끝났다. ² 계약을 아무 hitch 없이 성사시켰다.
1775	**blacksmith** 블래액쓰미ㄸth	¹ Blacksmith 가 달구어진 쇠를 망치로 두드렸다. ² 옛날 blacksmith 들은 말발굽이나 무기를 만들었다.
1776	**firewood** 파f이어ˈ우우ㄷ	¹ 벽난로에 넣을 firewood 가 필요하다. ² Firewood 는 바짝 말라야 불붙기가 쉽다.
1777	**gadget** 개애줴ㅌ	¹ 못을 뽑는데 편리한 gadget 가 필요하다. ² 칼과 병따개 등 다용도로 쓸 수 있는 gadget.
1778	**mechanism** 메커니즘	¹ 시계의 정교한 mechanism. ² 복잡한 mechanism 으로 돌아가는 국제 관계.

명 직전, 가장자리	• on the **verge** ı 직전에 • the **verge** of a desert ı 사막의 가장자리
명 태도, 자세	• a lofty **bearing** ı 태도가 당당한 사람 • **bearing** and behavior ı 태도와 행동
명 두문자어	• an **acronym** of European Union ı 유럽연합의 머리글자 • an **acronym** of the United States ı 미국의 머리글자
명 이별, 작별	• a **parting** gift ı 작별 선물 • the moment of **parting** ı 작별의 시간
명 잔고[잔액], 균형[평형], 조화	• check the **balance** ı 잔액을 확인하다 • zero **balance** ı 재고 고갈
명 포경업[고래잡이]	• a **whaling** ship ı 포경선 • prohibit **whaling** ı 포경을 금지하다
명 박진감, 긴장감	• enjoy the **suspense** ı 긴장감을 즐기다 • an increasing **suspense** ı 고조되는 긴장감
명 (농담으로 하는) 장난	• a childish **prank** ı 어린애 같은 장난 • make a **prank** call ı 장난 전화를 걸다
명 영장류	• **primate** species ı 영장류의 종 • the biggest **primate** ı 가장 큰 영장류
명 문제, 장애 동 얻어타다, 편승하다	• a technical **hitch** ı 기술적 문제 • without a **hitch** ı 아무 문제 없이
명 대장장이	• a **blacksmith** hammers the iron ı 대장장이가 철에 망치질하다 • a **blacksmith** shop ı 대장간
명 장작	• throw in the **firewood** ı 장작을 넣다 • stack **firewood** ı 장작을 쟁여놓다
명 (작고 유용한) 도구[장치]	• a new electronic **gadget** ı 새 전자 장치 • a handy **gadget** ı 유용한 도구
명 구조[구성], 기제[매커니즘], 기계 장치	• the **mechanism** of a watch ı 손목시계의 구조 • a defense **mechanism** ı 방어 기제

1779	**calamity** 컬래애머티	¹ 지진은 엄청난 calamity 였다. ² 재빠른 대처로 calamity 의 피해를 면했다.
1780	**dictator** 딕테이터「	¹ 국민의 자유를 억압한 dictator. ² 히틀러는 무자비한 dictator 였다.
1781	**intermediary** 인터「미이디에뤼	¹ 직접 주인에게 사지 않고 intermediary 를 통해 샀다. ² 금융기관이 채권자와 채무자 간 intermediary 역할을 한다.
1782	**tyrant** 타이어뤈ㅌ	¹ Tyrant 의 지배하에 착취당한 사람들. ² Tyrant 같은 고용주가 노동자들을 억눌렀다.
1783	**malice** 매앨리ㅆ	¹ 그는 처음부터 malice 를 품고 접근했다. ² Malice 로 가득 찬 근거 없는 비난.
1784	**eligibility** 엘리줘빌러티	¹ 대회에 참가할 eligibility 를 갖추어야 한다. ² 현재 한국의 투표 eligibility 는 만 19세부터 시작된다.
1785	**predecessor** 프뤠더쎄써「	¹ Predecessor 에게 인수인계를 받다. ² Predecessor 가 만든 많은 규칙을 바꾼 새 관리자.
1786	**static electricity** 스태애티ㅋ 일렉트뤼쓰이티	¹ 옷에서 찌릿한 static electricity 를 느꼈다. ² 건조한 겨울철 머리 static electricity 예방법.
1787	**miser** 마이저「	¹ 그는 돈만 아는 miser 이다. ² 밥 먹는 돈도 아까운 miser.
1788	**torch** 토어「취	¹ 올림픽 torch 를 봉송하다. ² Torch 를 든 자유의 여신상.
1789	**projection** 프뤄젝쉬언	¹ 매출이 우리의 projection 을 넘어섰다. ² 과거의 자료를 이용한 미래의 인구수 projection.
1790	**tactic** 태액티ㅋ	¹ 감독이 선수들과 tactic 를 의논했다. ² 목표에 실패했으니 새 tactic 를 짜야 한다.
1791	**folklore** 포「우클로어「	¹ 중국 folklore 에서 박쥐는 행운의 상징이다. ² 산타클로스는 네덜란드의 folklore 에서 유래되었다.
1792	**telegram** 텔리그뤠앰	¹ 국제 telegram 을 치고 싶습니다. ² 다음 내용을 telegram 으로 보내주세요.

명 재앙, 재난	• a grave calamity ı 대참사 • the calamity of losing a child ı 아이를 잃는 참사
명 독재자	• the fall of a dictator ı 독재자의 몰락 • a cruel dictator ı 잔인한 독재자
명 중개인, 중재자	• through an intermediary ı 중개인을 통해서 • act as intermediary ı 중재자 역할을 하다
명 폭군, 독재자	• ruled by a tyrant ı 폭군의 통치를 받는 • a cold hearted tyrant ı 냉담한 독재자
명 악의, 적의	• bear no malice ı 악의를 품지 않다 • without malice ı 악의 없는
명 적격, 적임	• his eligibility for office ı 그의 공직자 자격 여부 • question his eligibility ı 그의 적격성에 대해 의문을 품다
명 전임자, 이전 것	• learn from the predecessor ı 전임자에게 배우다 • look up at the predecessor ı 전임자를 우러러보다
명 정전기	• prevent static electricity ı 정전기를 방지하다 • a static electricity spark ı 정전기 불꽃
명 구두쇠[수전노]	• such a miser ı 이런 구두쇠 • Don't be a miser. ı 구두쇠가 되지 말아라.
명 횃불, 손전등	• light a torch ı 횃불을 밝히다 • shine the torch ı 손전등을 비추다
명 예상, 추정, 전망	• make a projection ı 예측하다 • exceed our projection ı 우리의 예측을 뛰어넘다
명 작전, 전략, 전술	• discuss tactics ı 전술을 논하다 • change tactics ı 작전을 바꾸다
명 전통문화, 민속, 민간전승	• the Oriental folklore ı 동양 전통문화 • a part of folklore ı 민간설화의 일부
명 전보, 전신	• send a telegram ı 전보를 치다 • an overseas telegram ı 국제 전보

1793 proceeding
프뤄우씨이딩

¹ 사기꾼을 상대로 proceeding 을 밟다.
² 이혼 proceeding 이 생각보다 까다로웠다.

1794 negotiation
니고우쉬에이쉬언

¹ 남과 북의 평화 negotiation.
² 노동자와 경영진의 임금 negotiation.

1795 mole¹
모울

¹ 눈 밑에 난 mole 을 빼고 싶어.
² 뺨이 mole 과 주근깨로 뒤덮인 소녀.

1796 mole²
모울

¹ 땅속에서 굴을 파고 다니는 mole.
² 땅속에 사는 mole 은 눈이 거의 보이지 않는다.

1797 mole³
모울

¹ 우리 내부에 mole 이 숨어있는 것 같습니다.
² 기밀 정보가 유출되다니, 우리 회사에 mole 이 있는 거 아냐?

1798 saucer
쏘오써ʳ

¹ 컵을 saucer 위에 조심스레 놓았다.
² 고양이가 먹도록 saucer 위에 우유를 따랐다.

1799 conquest
카앙쿠에ㅅㅌ

¹ 내 꿈은 세계 conquest 이다.
² 잉카 제국의 스페인 conquest.

1800 administrator
어드미니스트뤠이터ʳ

¹ 회사에서 서류를 관리하는 administrator.
² 도움이 필요하면 네트워크 administrator 에게 문의하세요.

1801 pavilion
퍼빌ᵛ리언

¹ 일식 pavilion 에서 초밥을 시식했다.
² 무역박람회에서 삼성 pavilion 을 찾으세요.

1802 funding
펀ᶠ딩

¹ 정부의 학술 연구 funding 이 삭감되었다.
² 정부가 이 프로그램에 funding 을 검토하기로 했다.

1803 bank
배앵ㅋ

¹ 강 bank 에 보트를 댔다.
² 홍수로 bank 가 무너졌다.

1804 refinery
뤼파ᶠ이너뤼

¹ 소금을 제련하는 refinery.
² 유류 refinery 에서 원유를 정제한다.

1805 proposition
프롸아퍼지쉬언

¹ Proposition 을 뒷받침할 근거를 대라.
² 사업상의 proposition 을 상의하고 싶습니다.

1806 segment
쎄그먼ㅌ

¹ 유전자는 DNA의 짤막한 segment 이다.
² 뉴스의 한 segment 에서 그 문제를 심도 있게 다뤘다.

명 소송 절차	• resume the proceeding ι 소송을 재개하다 • an interrupted proceeding ι 방해받은 소송 절차
명 협상, 교섭, 절충	• peace negotiations ι 평화협상 • a negotiation with the enemy ι 적과의 협상
명 점	• remove a mole ι 점을 빼다 • take out a mole ι 점을 빼다
명 두더지	• moles live on insects ι 두더지는 해충을 먹고 산다 • a mole tunnel ι 두더지 굴
명 스파이	• discover a mole ι 간첩을 발견하다 • plant a mole ι 간첩을 심다
명 받침 (접시)	• a cup and saucer ι 컵과 받침 • a flying saucer ι 비행접시
명 정복	• the world conquest ι 세계 정복 • embark on world conquest ι 세계 정복에 착수하다
명 관리자, 행정인	• a file administrator ι 파일 관리자 • a system administrator ι 시스템 관리자
명 간이건물, 정자	• a Korean style pavilion ι 한국풍의 정자 • an octagonal pavilion ι 팔각정
명 재정 지원, 자금 제공	• cut off funding ι 지원금을 끊다 • state funding ι 국가 지원금
명 둑, 제방, 은행 통 거래하다, 예금하다	• a river bank ι 강둑 • break down the bank ι 둑이 무너지다
명 정제소	• an oil refinery ι 정유 공장 • a sugar refinery ι 제당 공장
명 (특히 사업상의) 제의, 　문제[과제], 명제[진술]	• a business proposition ι 사업 제의 • offer a proposition ι 제의하다
명 부분, 한 조각	• a segment of DNA ι DNA의 한 가닥 • a small segment ι 작은 한 부분

1807	**courtier** 코어「티어「	1 Courtier 들은 임금의 명령에 복종했다. 2 Courtier 들이 옆에서 공주를 보필했다.
1808	**accordance** 어코어「던ㅆ	1 말과 행동의 accordance 를 위해 노력한다. 2 설계도와 건축 과정의 accordance 를 점검하다.
1809	**disharmony** 디쓰하아「머니	1 상사와의 disharmony 때문에 해고되었다. 2 가족 간의 disharmony 는 대화단절이 원인이다.
1810	**mismatch** 미쓰매애취	1 그 옷과 그 신발은 아무래도 mismatch 인 것 같아. 2 주소와 우편번호의 mismatch 로 우편물이 되돌아왔다.
1811	**deficit** 데피「쓰이트	1 Deficit 가 계속되어 부도 위기에 처한 회사. 2 이 매장은 이번 달에 간신히 deficit 를 면했다.
1812	**stroke²** 스트뤄우크	1 나이가 들면 stroke 를 조심해야 한다. 2 아는 분이 어제 갑자기 stroke 로 쓰러지셨어.
1813	**pleat** 플리이트	1 이 바지의 앞쪽에 pleat 를 잡고 싶습니다. 2 그 군인은 매일같이 군복에 칼 pleat 를 잡는다.
1814	**publicity** 퍼블리쓰이티	1 그 재판에 대한 publicity 는 뜨거웠다. 2 흥행 영화에 출연한 이후 publicity 를 얻게 된 무명 배우.
1815	**capitalism** 캐애퍼털리즘	1 과거 공산주의와 capitalism 의 대립. 2 Capitalism 은 사적 소유권을 기반으로 한다.
1816	**humanism** 휴우머니즘	1 인류애와 humanism 에 바탕을 둔 작품. 2 신이 아닌 인간을 중심으로 하는 humanism.
1817	**materialism** 머티어뤼얼리즘	1 현시대에는 materialism 이 성행하고 있습니다. 2 돈으로 무엇이든 할 수 있게 만드는 materialism 이 싫다.
1818	**oversight** 오우버ᵛ「싸이트	1 Oversight 로 소금을 상 위에 엎질렀다. 2 한 사람의 oversight 로 모두가 곤경에 처했다.
1819	**nationalism** 내애쉬어널리즘	1 한국의 nationalism 정신은 항일투쟁과 결부되었다. 2 극단적인 nationalism 은 전체주의로 이어질 수 있다.
1820	**thesis** 띠ᵗʰ이쓰이ㅅ	1 이 thesis 에는 참조문헌이 많다. 2 공들여 쓴 thesis 로 학위를 받았다.

명 신하, 조신	• an obedient courtier ː 순종적인 신하 • courtiers fawn ː 신하들이 아첨하다
명 일치, 합치, 조화	• work in accordance ː 준거하여 일하다 • in accordance with formalities ː 형식을 갖추어
명 불화, 부조화	• racial disharmony ː 인종 간의 불화 • disharmony between friends ː 친구 간의 불화
명 어울리지 않는 조합, 부조화	• mismatch between foods ː 음식 간의 어울리지 않는 조합 • determine a mismatch ː 부조합을 찾아내다
명 적자, 부족액	• heavy deficit ː 큰 적자 • cover a deficit ː 적자를 메우다
명 뇌졸중, 타격[타법]	• have a stroke ː 뇌졸중을 겪다 • prevent strokes ː 뇌졸중을 예방하다
명 (옷 등에 잡은) 주름	• a knife pleat ː 칼 주름 • wide pleats ː 넓은 주름
명 대중의 관심, 언론의 주목	• receive nationwide publicity ː 전국의 관심을 받다 • the worldwide publicity ː 세계의 관심
명 자본주의	• the ideology of capitalism ː 자본주의의 이념 • the crisis of capitalism ː 자본주의의 위기
명 인본주의, 인문주의	• define humanism ː 인본주의를 정의하다 • harmony and humanism ː 화합과 인류애
명 물질만능주의	• the Western materialism ː 서구 물질만능주의 • the age of materialism ː 물질만능의 시대
명 실수[간과], 부주의	• by an oversight ː 부주의해서, 실수로 • make an oversight ː 못 보다
명 민족주의	• the father of nationalism ː 민족주의의 아버지 • instigate nationalism ː 민족주의를 선동하다
명 학위 논문, 논제, 주장	• write the thesis ː 논문을 쓰다 • a doctoral thesis ː 박사 논문

6
week

Weekly Planner

Jan · Feb · Mar · Apr · May · Jun · Jul · Aug · Sep · Oct · Nov · Dec

Day	
MON	
TUE	
WED	
THU	
FRI	
SAT	
SUN	

To Do List

- ○
- ○
- ○
- ○
- ○
- ○

Notes

1821 motif¹
모우티이ㅍ f

¹ 꿈을 motif 로 삼은 소설.
² 역사적 사건이 motif 가 된 영화.

1822 motif²
모우티이ㅍ f

¹ 벽에 꽃 motif 의 벽지를 발랐다.
² 격자 motif 의 테이블보를 깔았다.

1823 stockholder
스타악호울더 f

¹ 회사의 stockholder 들이 모여 정기적으로 회의를 연다.
² 그 가수는 자신이 속한 기획사의 최대 stockholder 이다.

1824 doom
두움

¹ 그의 불길한 doom 을 예견했다.
² 그 왕은 결국 비참한 doom 을 맞이했다.

1825 shaft¹
쉬애ㅍ f ㅌ

¹ 달빛의 shaft 가 호수 위에 비쳤다.
² 문틈으로 한 shaft 의 햇살이 들어왔다.

1826 shaft²
쉬애ㅍ f ㅌ

¹ 엘리베이터 shaft 를 타고 지붕까지 번진 불.
² 이 광산의 shaft 는 지하 50m까지 뚫려 있다.

1827 abortion
어보어 f 쉬언

¹ Abortion 합법화 논쟁.
² '자궁 외 임신'으로 abortion 수술을 받아야 했다.

1828 frontier¹
ㅍ f 뤈티어 f

¹ 난민들이 frontier 를 넘고 있다.
² 국가는 frontier 에 경비병을 배치했다.

1829 frontier²
ㅍ f 뤈티어 f

¹ 언어의 frontier 를 뛰어넘은 두 사람의 우정.
² 인류의 frontier 를 넘어서 화성에 우주정거장을 건설합시다.

1830 governor
가버 v 너 f

¹ 공화당 소속의 캘리포니아 governor.
² 메릴랜드 governor 선거가 큰 관심을 받았다.

1831 tract
트뤠액ㅌ

¹ 개발될 준비가 끝난 넓은 tract.
² 사막 tract 는 농부들에게 거의 가치가 없다.

1832 behalf
비해애ㅍ f

¹ 노숙자들의 behalf 를 위해 일하다.
² 회사의 behalf 로서 행사에 참석하다.

1833 annual expenditure
애뉴얼 익스펜디춰 f

¹ 올해 지방자치단체의 annual expenditure 예산.
² Annual expenditure 가 연 소득보다 높아 적자다.

1834 indicator
인디케이터 f

¹ 차량 indicator 상으로 과속은 아니었다.
² 다양한 경제 indicator 를 통해 향후 경제 상황을 예측해볼 수 있다.

명 동기[모티프], 주제	• the motif of this art ㅣ 이 예술 작품의 주제 • the motif of his work ㅣ 그의 작품의 주제
명 디자인, 무늬	• a flower motif ㅣ 꽃무늬 • use Hangul as motif ㅣ 한글을 무늬로 사용하다
명 주주	• a major stockholder ㅣ 대주주 • the stockholder meeting ㅣ 주주 총회
명 파멸, 비운, 죽음	• meet the doom ㅣ 죽음을 맞다 • the doomsday ㅣ 최후 심판의 날
명 (빛 · 햇살 등의) 줄기	• a shaft of moonlight ㅣ 한 줄기의 달빛 • a shaft of inspiration ㅣ 한 줄기의 영감
명 수직 통로	• a ventilation shaft ㅣ 환기 통로 • an elevator shaft ㅣ 엘리베이터 통로
명 낙태, 임신 중절	• legalize the abortion ㅣ 낙태를 합법화하다 • support abortion ㅣ 낙태를 지지하다
명 국경선, 국경 지방	• pioneer a frontier ㅣ 개척하다 • cross a frontier ㅣ 국경을 넘다
명 한계	• the frontier of my ability ㅣ 내 능력의 한계 • to the frontier ㅣ 한계치 까지
명 미국 주지사	• the governor of California ㅣ 캘리포니아 주지사 • the former governor ㅣ 전 주지사
명 (넓은) 지대, 지역	• a vast tract of desert ㅣ 넓은 사막 지대 • a wooded tract ㅣ 삼림 지대
명 이익, 원조, 자기편, 지지	• on behalf of our government ㅣ 우리 정부를 대표하여 • on behalf of all ㅣ 모두를 대표하여
명 세출, 연간 지출	• the increase of annual expenditure ㅣ 연간 지출의 증가 • cut off the annual expenditure ㅣ 연간 지출을 줄이다
명 표시기, 지표	• an indicator of development ㅣ 발전의 지표 • economic indicators ㅣ 경제지표

1835	**jeep** 쥐이ㅍ	¹ 거친 땅을 달리기에 적합한 jeep. ² 선글라스 낀 2성 장군이 군용 jeep 에 탔다.
1836	**orientation** 오어뤼엔테이쉬언	¹ 초기에 올바른 orientation 을 설정하는 것이 중요해. ² 초면에 정치적 orientation 을 묻는 것은 실례다.
1837	**resignation** 뤠지그네이쉬언	¹ 상사의 resignation 은 뜻밖의 일이었다. ² 회사를 그만두려고 resignation 을 제출했다.
1838	**personnel** 퍼어ㄹ써넬	¹ 숙련된 personnel 만 사용 가능. ² 허가받은 personnel 만 출입 가능합니다.
1839	**retiree** 뤼타이어뤼이	¹ 그는 retiree 가 된 후 귀농했다. ² Retiree 가 동료들에게 작별을 고하고 떠났다.
1840	**elevation** 엘러베ᵛ이쉬언	¹ 능력 있는 직원의 빠른 elevation 은 당연하다. ² 대통령으로의 elevation 전에 다양한 정치 경험을 거쳤다.
1841	**driving force** 드롸이빙ᵛ 포ㄹ어ㄹ 쓰	¹ 강한 driving-force 로 개혁을 몰아붙인 정치인. ² 성공에 대한 강한 갈망이 그에게 driving-force 로 작용했다.
1842	**nightfall** 나이트퍼ㄹ얼	¹ 겨울에는 nightfall 이 빨리 찾아온다. ² 아이들은 보통 nightfall 전에 집으로 돌아간다.
1843	**malady** 매앨러디	¹ 희귀한 malady 로 고생하는 환자. ² 폭력 범죄는 현대 사회의 malady 중 하나다.
1844	**obsession** 업쎄쉬언	¹ 돈에 대한 obsession 이 강한 사람. ² 다이어트에 대한 obsession 은 심각한 문제다.
1845	**hint** 힌ㅌ	¹ 공기 속에 희미하게 봄의 hint 가 느껴졌다. ² 췌장암은 병의 hint 가 잘 나타나지 않아 조기 발견이 어렵다.
1846	**off-road vehicle** 어어ㅍ뤄우ㄷ 비ᵛ이히클	¹ Off-road vehicle 들이 사막에서 경주했다. ² 비포장도로를 달리기에 적합한 off-road vehicle.
1847	**crossroad** 크뤄어쓰뤄우ㄷ	¹ 직진하다가 crossroad 에서 우회전하세요. ² 신호 없는 crossroad 에서 차 사고가 잘 난다.
1848	**tenant** 테넌ㅌ	¹ 도배는 이전 tenant 가 했다. ² 월세를 안 내서 쫓겨난 tenant.

명 지프	• hop on the jeep ｜ 지프에 타다 • an army jeep ｜ 미군 지프
명 방향, 성향[지향]	• an orientation course ｜ 오리엔테이션 과정 • a sexual orientation ｜ 성적 성향
명 사직, 사직서	• a letter of resignation ｜ 사직서 • submit a resignation ｜ 사직서를 내다
명 인원, 직원	• a skilled personnel ｜ 숙련된 직원들 • a personnel department ｜ 인사과
명 은퇴자, 퇴직자	• an early retiree ｜ 조기 퇴직자 • a male retiree ｜ 남성 은퇴자
명 승진[진급]	• the elevation to the cabinet ｜ 각료로의 승격 • a social elevation ｜ 사회적 승격
명 추진력	• a driving force behind the study ｜ 연구의 추진력 • the driving force of the rocket ｜ 로켓의 추진력
명 해 질 녘	• after nightfall ｜ 해가 진 뒤 • before nightfall ｜ 땅거미가 지기 전
명 병, 병폐[심각한 문제], 고질병	• the incurable malady ｜ 치료할 수 없는 고질병 • a social malady ｜ 사회적 병폐
명 강박, 집착	• an obsession over a woman ｜ 한 여자에 대한 집착 • bordering on obsession ｜ 거의 강박 수준이다
명 기미[힌트], 징후	• receive a hint ｜ 힌트를 받다 • a broad hint ｜ 노골적인 암시
명 도로가 아닌 곳을 달릴 수 있는 차량	• ride on an off-road vehicle ｜ 오프로드 차량을 타고 가다 • an illegal off-road vehicle ｜ 불법 오프로드 차량
명 교차로	• cross at the crossroad ｜ 교차로에서 건너다 • a dangerous crossroad ｜ 위험한 교차로
명 세입자, 임차인	• the present tenants ｜ 현 세입자 • evict the tenant ｜ 세입자를 퇴거시키다

1849 prosecutor
프라아쓰이큐우터ʳ

¹ Prosecutor 가 법정에서 새로운 증거물을 제시했다.
² 그는 prosecutor 에 의해 피의자 신분으로 소환되었다.

1850 trench
트뤤취

¹ 적군을 감시하기 위한 trench 를 팠다.
² 수도관을 묻기 위한 trench 를 파고 있다.

1851 heyday
헤이데이

¹ Heyday 에도 자만하지 않고 겸손한 자만이 오래갈 수 있다.
² 제2의 heyday 를 맞이한 배우.

1852 sewer
쑤우어ʳ

¹ 이 거리의 물이 sewer 로 빠져나간다.
² 도시 아래에는 복잡한 sewer 시스템이 지나간다.

1853 scheme
스키임

¹ 탈세를 위한 교묘한 scheme.
² 문서를 위조할 scheme 을 세웠다.

1854 directory
디뤡터뤼

¹ 내 전화번호는 directory 에 나와 있다.
² 책자 뒤쪽에 주요 연락처의 directory 가 있습니다.

1855 penalty
페널티

¹ 무임승차로 penalty 를 물었다.
² 피고는 사형 penalty 를 받았다.

1856 barometer
버롸아미터ʳ

¹ 신문은 여론의 barometer 가 된다.
² 교육은 그 나라 문화의 barometer 이다.

1857 hierarchy
하이어롸아ʳ키

¹ 이 회사에는 엄격한 hierarchy 체계가 존재한다.
² 인도에는 카스트 제도라는 hierarchy 가 여전히 살아 있다.

1858 regime
뤠이쥐임

¹ 독재 regime 이 오랫동안 계속되었다.
² 그 regime 에서 여왕이 실권을 잡았다.

1859 rod
뤄어ㄷ

¹ 휘어 있는 금속 rod.
² 낚시 rod 를 챙겨서 강으로 간다.

1860 pasture
패애스춰ʳ

¹ Pasture 에서 풀을 뜯는 소들.
² 유목민족은 pasture 를 찾아 이동한다.

1861 hypothesis
하이퍼떠ᵗʰ쓰이ㅅ

¹ Hypothesis 를 뒷받침하는 증거.
² 자신의 hypothesis 를 증명한 과학자.

1862 accumulation
어큐우뮬레이쉬언

¹ 지방의 과잉 accumulation 은 비만으로 이어진다.
² 장기간 피로의 accumulation 은 집중력을 떨어뜨린다.

명 검사, 검찰관	• a criminal prosecutor ı 형사법 전문 검사 • a public prosecutor ı 검사
명 도랑, 참호	• fall into trench ı 도랑에 빠지다 • life in the trenches ı 참호 속의 삶
명 전성기, 한창때	• in its heyday ı 전성기에 • heyday of life ı 한창때
명 하수관, 수채통	• a sanitary sewer system ı 위생적인 하수 시스템 • stink like a sewer ı 하수도처럼 고약한 냄새가 나다
명 계획, 책략	• an evil scheme ı 사악한 계획 • lay a scheme ı 계획을 세우다
명 전화번호부, 주소록, 안내 책자	• a telephone directory ı 전화번호부 • consult the phone directory ı 전화번호부를 찾다
명 벌금, 처벌	• pay a penalty ı 벌금을 물다 • the maximum penalty ı 법정 최고형
명 지표, 척도	• a reliable barometer ı 믿을만한 지표 • an economic barometer ı 경제지표
명 계급[계층], 서열, 분류 체계	• the hierarchy of animals ı 동물들의 서열 • the social hierarchy ı 사회적 계층
명 정권, 체제	• a corrupt regime ı 부패 정권 • a military regime ı 군사 정권
명 막대, 대, 회초리	• a fishing rod ı 낚싯대 • an iron rod ı 쇠막대
명 목초지, 초원	• put cattle out to pasture ı 소를 목초지에 풀어주다 • a rich pasture ı 비옥한 초원
명 가설, 추측	• make a hypothesis ı 가설을 세우다 • on the hypothesis ı 그 가설을 근거로
명 축적, 누적, 축재	• an accumulation of debts ı 빚의 누적 • an accumulation of fat ı 지방의 축적

1863 **reservoir**
뤠절부^{v}아^{r}

1 가뭄으로 reservoir 가 말라붙었다.
2 물을 공급하기 위해 reservoir 를 만들었다.

1864 **beeper**
비이퍼^{r}

1 많은 의사가 여전히 beeper 를 사용한다.
2 핸드폰이 나오기 전에는 beeper 를 사용했다.

1865 **admittance**
애ㄷ미튼ㅆ

1 티켓이 있어야만 admittance 가 가능합니다.
2 경비원들로부터 건물 admittance 를 저지당했다.

1866 **acquisition**
애쿠이지쉬언

1 재산 acquisition 경로를 조사하다.
2 아동들의 언어 acquisition 에 관한 연구.

1867 **withdrawal**[1]
위ㄸthㄷ뤄얼

1 이 지역에 주둔하던 군대가 withdrawal 을 결정했다.
2 큰 계약 건의 withdrawal 은 회사에 큰 타격을 주었다.

1868 **withdrawal**[2]
위ㄸthㄷ뤄얼

1 한 회당 현금 withdrawal 한도는 얼마인가요?
2 간단한 입금이나 withdrawal 은 ATM으로 가능합니다.

1869 **pickpocket**
피ㅋ파아키ㅌ

1 외국 여행 시에는 pickpocket 를 주의해야 한다.
2 신용카드 이용률이 늘면서 pickpocket 의 수가 줄고 있다.

1870 **dormitory**
도어^{r}메토어뤼

1 대학 dormitory 에서 살고 있다.
2 우리 dormitory 방에는 네 명이 함께 생활한다.

1871 **coma**
코우마

1 10년 동안 지속된 coma 에서 기적적으로 깨어나다.
2 수술 전 환자에게 약물을 투여해서 coma 상태로 만든다.

1872 **quilt**
쿠일ㅌ

1 조각보처럼 끼워 만든 quilt 이불.
2 겨울을 맞이해 오리털 quilt 를 꺼냈다.

1873 **corruption**
커뤕쉬언

1 Corruption 을 척결하기 위한 새 정부의 노력.
2 Corruption 및 권력 남용 혐의로 체포된 고위공직자.

1874 **ellipse**
일립ㅆ

1 지구는 ellipse 를 그리며 태양을 돈다.
2 원을 살짝 눌러서 ellipse 를 만들었다.

1875 **plea**
플리이

1 도와 달라는 간절한 plea.
2 산업체들에 대한 공해 중단 plea.

1876 **defection**
디펙^{f}쉬언

1 나는 그의 defection 에 배신감을 느꼈다.
2 16명의 국회의원이 defection 후 새 정당을 창당했다.

명 저수지, 급수장, 비축, 축적	• a dried up reservoir ˌ 말라버린 저수지 • a reservoir of information ˌ 정보의 저장소
명 삐삐[무선 호출기]	• use a beeper ˌ 호출기를 사용하다 • the beeper went off ˌ 삐삐가 울렸다
명 입장, 출입	• get admittance to stage ˌ 무대에 입장하다 • limit the admittance ˌ 입장을 제한하다
명 습득, 취득	• the latest acquisition ˌ 가장 최근의 습득 • an acquisition of wealth ˌ 부의 획득
명 철수, 철회[취소]	• a withdrawal of support ˌ 지지 철회 • a withdrawal of a product ˌ 상품 회수
명 출금, 인출	• make a withdrawal ˌ 예금을 찾다 • a withdrawal from ATM ˌ 현금인출기에서의 인출
명 소매치기	• a habitual pickpocket ˌ 소매치기 상습범 • swear at pickpocket ˌ 소매치기에게 욕을 하다
명 기숙사, 공동 침실	• a student dormitory ˌ 학생 기숙사 • live in a dormitory ˌ 기숙사에서 살다
명 혼수상태[코마]	• wake up from coma ˌ 혼수상태에서 깨어나다 • go into a coma ˌ 혼수상태에 빠지다
명 누비이불[퀼트]	• patch a quilt ˌ 천 조각을 끼워 맞춰 이불을 만들다 • a down quilt ˌ 오리털 이불
명 부패, 타락	• investigate the corruption ˌ 부패를 조사하다 • a political corruption ˌ 정치적 부패
명 타원	• the shape of an ellipse ˌ 타원 모양 • orbit in an ellipse ˌ 타원형으로 돌다
명 애원[간청], 탄원	• the plea for mercy ˌ 선처에 대한 호소 • a plea of guilt ˌ 유죄 인정
명 변절, 배반, 탈퇴[탈당]	• a defection to the US ˌ 미국으로 망명 • a defection from the party ˌ 탈당

1877 tax evasion
태액ㅅ 이베ᵛ이줜

1. Tax evasion 및 횡령으로 유죄 판결을 받은 기업인.
2. Tax evasion 혐의를 포착하고 세무조사에 나선 국세청.

1878 takeover
테이코우버ᵛˑʳ

1. 어마어마한 자금을 들여 그 회사를 takeover 한 기업.
2. 회사의 경영권 takeover 로 많은 이들이 직장을 잃었다.

1879 quest
쿠에ㅅㅌ

1. 진리에 대한 quest.
2. 끈질긴 quest 끝에 원하는 바를 얻었다.

1880 mindset
마인드쎄ㅌ

1. 내 mindset 를 영원히 바꾼 사건.
2. 긍정적인 mindset 를 갖고 항상 임하다.

1881 Confucianism
컨퓨ˈ우쉬어니즘

1. 공자의 가르침을 기본으로 삼는 Confucianism.
2. 정도전 역시 대표적인 Confucianism 중 하나였다.

1882 stand
스태앤ㄷ

1. 안보 문제에 대한 그의 stand 는 대단히 강경하다.
2. 그 정치인은 복지 문제에 관해 확고한 stand 를 취하곤 했다.

1883 testosterone
테스터어스터뤄운

1. 남성 호르몬 testosterone.
2. 주로 생식선에서 분비되는 testosterone.

1884 transit
트뤠앤지ㅌ

1. 총비용에 transit 비용도 포함돼 있습니다.
2. Transit 중 파손된 상품은 환급 가능합니다.

1885 mastery
매애스터뤼

1. 그 분야에서 mastery 의 경지에 오른 장인.
2. 아이들보다 성인들의 외국어의 mastery 가 어렵다.

1886 heavy traffic
헤비ᵛ 트뤠애피ˈㅋ

1. Heavy traffic 때문에 정체된 구간.
2. 휴가철 차량이 몰리면서 heavy traffic 가 예상됩니다.

1887 telecommunication
텔러커뮤우너케이쉬언

1. 한국의 telecommunication 사업은 세계 최고 수준이다.
2. 라디오, 전화, 위성 등은 telecommunication 에 해당한다.

1888 bankbook
배앵크부ㅋ

1. 주민등록증과 bankbook 사본을 준비해 주세요.
2. 인터넷 뱅킹 활성화로 종이 bankbook 의 입지는 줄어들었다.

1889 currency
커어뤈쓰이

1. 유럽의 단일 currency 는 유로다.
2. 1원짜리 동전은 이제는 currency 로 사용되지 않는다.

1890 suite
스위이ㅌ

1. Suite 에서 비즈니스 계약을 체결했다.
2. 휴가 때 온 가족을 위해 suite 를 예약했다.

명 탈세	• discover **tax evasion** ┃ 탈세를 발견하다 • accused of **tax evasion** ┃ 탈세로 고발당한
명 기업[경영권] 인수, 　　(권위·지배 등의) 탈취	• a hostile **takeover** ┃ 적대적 기업 인수 • a smooth **takeover** ┃ 순조로운 기업 인수
명 탐구, 탐색	• a **quest** for truth ┃ 진실 탐구 • on a **quest** ┃ 탐색 중인
명 사고방식, 태도	• a progressive **mindset** ┃ 진보적인 사고방식 • a positive **mindset** ┃ 긍정적인 사고방식
명 유교, 유학자	• based on **Confucianism** ┃ 유교 사상을 바탕으로 한 • the founder of **Confucianism** ┃ 유교의 창시자
명 태도, 판매대 동 견디다, 서다, 세우다	• take a firm **stand** ┃ 단호한 태도 • my **stand** on the topic ┃ 그 주제에 대한 나의 입장
명 테스토스테론	• the **testosterone** secretion ┃ 테스토스테론 분비 • the **testosterone** level ┃ 테스토스테론 수치
명 수송, 통과	• damage luggage in **transit** ┃ 운송 중 수화물을 훼손하다 • the **transit** lounge ┃ 환승 라운지
명 숙달, 통달	• the **mastery** of the skills ┃ 기술의 통달 • the **mastery** of the air ┃ 제공권
명 혼잡한 교통상황, 극심한 교통량	• anticipate **heavy traffic** ┃ 극심한 교통량을 예상하다 • avoid the **heavy traffic** ┃ 극심한 교통량을 피하다
명 통신	• a **telecommunication** industry ┃ 이동통신 산업 • **telecommunication** engineering ┃ 통신 공학
명 통장	• keep the **bankbook** safe ┃ 통장을 안전하게 보관하다 • update the **bankbook** ┃ 통장을 정리하다
명 통화	• the **currency** exchange ┃ 환전 • the universal **currency** ┃ 세계 공용 통화
명 (호텔) 스위트룸	• an executive **suite** ┃ 고급 스위트룸 • reserve a hotel **suite** ┃ 호텔 스위트룸을 예약하다

1891 blemish
블레미쉬

¹ 피부의 blemish 를 감춰 주는 화장품.
² 깨끗한 경력에 blemish 를 남기고 싶지 않다.

1892 breakthrough
브뤠익뜨th루우

¹ 에어백은 안전에 있어 커다란 breakthrough 였다.
² 이번에 개발된 신약이 암 치료에 breakthrough 가 될 것이다.

1893 bankruptcy
배앵크뤕쓰이

¹ 그 회사는 작년에 bankruptcy 신청을 했다.
² 엄청난 병원비 때문에 bankruptcy 직전이다.

1894 wavelength
웨이블v렝뜨th

¹ 빛의 wavelength 가 짧을수록 굴절이 커진다.
² Wavelength 를 맞추고 라디오에 귀 기울였다.

1895 correspondent
코어뤄ㅅ파안던ㅌ

¹ 국내 신문사의 해외 correspondent.
² 파리에 있는 correspondent 를 연결해 보겠습니다.

1896 debris
더브뤼이

¹ 구조대가 debris 속에서 시신을 발견했다.
² 비행기 사고 후의 debris 를 여전히 청소 중이다.

1897 finding
파ⁱ인딩

¹ 용의자에 대한 조사 finding 이 곧 발표된다.
² 판사는 용의자의 혐의에 대해서 유죄 finding 을 내렸다.

1898 salesman
쎄일즈먼

¹ 그는 대동강 물도 팔 수 있는 유능한 salesman 이다.
² 중고차 salesman 이 내게 결함이 있는 자동차를 팔았다.

1899 plank
플래앵ㅋ

¹ 드릴로 나무 plank 에 구멍을 냈다.
² 부서진 문에 plank 를 대어 임시로 고정했다.

1900 mold²
모울ㄷ

¹ 오래된 식빵에 mold 가 피었다.
² 벽지에 핀 mold 를 제거하는 방법.

1901 patch¹
패애취

¹ 금연 patch 는 담배를 끊는 데 도움을 준다.
² 이마 한가운데 여드름이 나서 patch 를 붙여야 했다.

1902 enthusiast
인뜌th우지애ㅅㅌ

¹ 그는 열광적인 축구 enthusiast 이다.
² 겨울에 스키장에 살다시피 하는 스키 enthusiast.

1903 formality
포ⁱ어ⁱ매앨러티

¹ Formality 있는 자리에선 예의범절을 지키는 것이 중요하다.
² 내정자가 따로 정해진 면접은 그저 formality 에 불과했다.

1904 ferry
페ⁱ뤼

¹ 승객을 수송해 바다를 건너는 ferry.
² 국민들을 안타깝게 한 ferry 침몰 참사.

명 티, 흠	• remove the blemish ㅣ 티를 없애다 • cover blemishes ㅣ 잡티를 감추다
명 획기적 발전, 돌파구	• a medical breakthrough ㅣ 획기적인 의학적 발전 • the major breakthrough ㅣ 주요한 돌파구
명 파산	• file for bankruptcy ㅣ 파산 신청을 하다 • go bankruptcy ㅣ 파산하다
명 파장, 주파수	• on the same wavelength ㅣ 생각이 비슷하고 서로 잘 이해하는 • the dominant wavelength ㅣ 주파장
명 통신원, 특파원	• a foreign correspondent ㅣ 외신 기자 • a correspondent of the newspaper ㅣ 신문사의 특파원
명 잔해, 파편	• stuck in debris ㅣ 잔해 속에 갇힌 • clear debris ㅣ 파편을 치우다
명 결과, 판결	• an important finding ㅣ 중요한 발견 • report the finding ㅣ 결과를 보고하다
명 판매원[외판원]	• an insurance salesman ㅣ 보험설계사 • a door-to-door salesman ㅣ 방문 판매원
명 널빤지, 나무판자	• a wood plank ㅣ 나무 널빤지 • walk the plank ㅣ 널빤지 위를 걷다
명 곰팡이, 틀, 유형 동 (틀에 넣어) 만들다	• covered with mold ㅣ 곰팡이로 뒤덮인 • remove the mold ㅣ 곰팡이를 제거하다
명 (금연을 위해 몸에 붙이는) 패치	• a nicotine patch ㅣ 금연용 반창고 • apply a patch ㅣ 패치를 붙이다
명 열광적인 팬, 광	• a soccer enthusiast ㅣ 축구광 • a sports enthusiast ㅣ 열광적인 스포츠 팬
명 형식상의 절차, 격식	• stick to formality ㅣ 격식을 따지다 • without formality ㅣ 격식을 따지지 않고
명 연락선[페리]	• embark a ferry ㅣ 연락선에 승선하다 • cross by ferry ㅣ 여객선을 타고 건너다

1905	**credit rating** 크뤠디트 뤠이팅	1. 한국의 credit rating 이 상향 조정되었습니다. 2. Credit rating 이 낮은 사람은 대출을 받기 힘들다.
1906	**valuation** 배ᵛ앨류에이쉬언	1. 전문가들이 높은 valuation 을 매긴 그림. 2. 시간에 쫓겨 집을 낮은 valuation 으로 처분했다.
1907	**regard** 뤼가아ʳ드	1. 당신의 배려하는 마음에 높은 regard 를 표합니다. 2. 나는 그녀의 올곧음에 대해 큰 regard 를 갖고 있다.
1908	**commoner** 카아머너ʳ	1. 양반도 노예도 아닌 commoner 계층. 2. 과거 commoner 는 귀족과 결혼할 수 없었다.
1909	**crossfire** 크뤄어스파ʳ이어ʳ	1. Crossfire 에 무고한 시민이 총을 맞았다. 2. 부상자를 수색하던 구급대원이 crossfire 속에서 크게 다쳤다.
1910	**coup** 쿠우	1. 그 군인은 군사 coup 를 통해 정권을 장악했다. 2. 고려시대 위화도 회군 역시 일종의 군사 coup 였다.
1911	**tyranny** 티뤄니	1. 히틀러의 tyranny 정치. 2. Tyranny 에 희생된 국민들.
1912	**sponsor** 스퍼언써ʳ	1. 아프리카 난민들을 지원하는 sponsor. 2. 그 기업은 올림픽의 공식 sponsor 이다.
1913	**default** 디퍼ʳ얼트	1. 이 옵션은 default 로 선택되어 있습니다. 2. Default 로 지정된 프린터로 작업물을 보내다.
1914	**indication** 인디케이쉬언	1. 인플레이션은 경기 과열의 indication 이다. 2. 경제가 개선되고 있다는 indication 이 있다.
1915	**turnout** 터어ʳ나우트	1. 올해 축제는 기록적인 turnout 를 끌어모았다. 2. 대통령 선거의 turnout 가 역대 최고치를 기록했다.
1916	**recital** 뤼싸이틀	1. 내일 바이올린 recital 에 가지 않을래? 2. 내일은 제 아이의 발레 recital 에 가야 합니다.
1917	**voucher** 바ᵛ우춰ʳ	1. 신제품 50% 할인 voucher. 2. 새로 개업한 식당에서 무료 식사 voucher 를 받아 왔다.
1918	**vista** 비ᵛ스타	1. Vista 가 밝은 사업에 투자했다. 2. 이 건물 꼭대기 층은 vista 가 좋다.

뜻	예문
명 신용 등급 (평가)	• a low credit rating ㅣ낮은 신용 등급 • a satisfactory credit rating ㅣ만족스러운 신용 등급
명 가치, 평가	• the valuation process ㅣ평가 절차 • go through a valuation process ㅣ평가 절차를 거치다
명 존경, 높은 평가 동 여기다, 간주하다	• have regard for her ㅣ그녀에 대한 존경심을 가지다 • high regard ㅣ높은 평가
명 평민	• a poor commoner ㅣ가난한 평민 • born a commoner ㅣ평민으로 태어난
명 총격 세례	• shot in the crossfire ㅣ십자포화 속에서 총을 맞은 • a crossfire between gangs ㅣ갱들 사이에 십자포화
명 쿠데타	• a military coup ㅣ군사 쿠데타 • the coup took place in 1961 ㅣ1961년에 쿠데타가 일어났다
명 독재, 압제, 폭정	• a tyranny of dictators ㅣ독재자의 횡포 • a victim of tyranny ㅣ압제의 희생자
명 광고주[스폰서]	• the official sponsor ㅣ공식 스폰서 • an Olympic sponsor ㅣ올림픽 스폰서
명 초기 설정[디폴트]	• the default set up ㅣ기본 설정 • the default setting ㅣ초기 설정
명 징후, 표시	• the first indication ㅣ최초의 징후 • clear indications ㅣ분명한 조짐
명 투표자[참가자]의 수, 투표율	• a poor turnout ㅣ저조한 투표율 • a record turnout ㅣ기록적인 투표율
명 연주회, 발표회	• a piano recital ㅣ피아노 연주회 • a solo recital ㅣ독주회
명 할인권, 쿠폰, 상품권	• a meal voucher ㅣ식권 • a hotel voucher ㅣ숙박권
명 전망, 경치, 풍경	• a pleasant vista ㅣ유쾌한 풍경 • a business with bright vista ㅣ전망이 밝은 사업

1919 windmill
윈드밀

1 네덜란드의 windmill 마을.
2 풍력 발전을 위해 만든 windmill.

1920 scholarship
스카알러'쉬ㅍ

1 성적이 우수해서 scholarship 를 받았다.
2 우수한 학생들에게 scholarship 혜택을 제공하는 대학.

1921 faculty
패'애컬티

1 학생들과 faculty 의 만남.
2 그 대학은 faculty 가 우수하다.

1922 spike¹
스파이크

1 담장 위에 한 줄로 박혀 있는 spike 들.
2 미끄러지지 않도록 바닥에 spike 가 달린 신발.

1923 deterrent
디터어뤈ㅌ

1 범죄 deterrent 로써 사형제 효력에 관한 논의.
2 경찰은 범죄의 deterrent 로써의 기능을 수행한다.

1924 casualty
캐애쥬얼티

1 교통사고 casualty 의 증가.
2 단 한 명의 casualty 도 없는 사고.

1925 seabed
씨이베ㄷ

1 오랫동안 seabed 에 가라앉아 있었던 배.
2 Seabed 에 사는 해양생물의 샘플을 채취했다.

1926 offense²
어펜'ㅆ

1 가장 효과적인 방어는 offense 이다.
2 우리 팀은 수비보다는 offense 에 강하다.

1927 misbehavior
미쓰비헤이비ᵛ어'

1 아이의 misbehavior 를 혼내는 엄마.
2 끊임없는 misbehavior 로 퇴학당한 학생.

1928 toll
토울

1 고속도로에서 toll 을 부과했다.
2 이 다리를 건너려면 toll 을 내야 한다.

1929 commemoration
커메머뤠이쉬언

1 회사 창립 1주년 commemoration 으로 장기자랑을 하라니!
2 창사 70주년 commemoration 으로 특집극을 제작한 방송사.

1930 rudder
뤄더'

1 비버의 꼬리는 헤엄칠 때 rudder 역할을 한다.
2 선박 충돌을 피하려고 rudder 를 빨리 돌렸다.

1931 clearance
클리어뤈ㅆ

1 착륙 clearance 를 받다.
2 아내에게 외박 clearance 를 받다.

1932 memoir
메무아'

1 그 책은 타국에서의 삶을 적은 memoir 이다.
2 생전에 쓴 memoir 가 사후에 베스트셀러가 되었다.

명 풍차	• generate energy by windmill ㅣ 풍차로 에너지를 만들다 • a Dutch windmill ㅣ 네덜란드형 풍차
명 장학금	• receive scholarship ㅣ 장학금을 받다 • apply for the scholarship ㅣ 장학금 신청하다
명 교수단, (대학의) 학부, 능력, 기능	• faculty members ㅣ 교수진 인원들 • the Arts Faculty ㅣ 인문학부
명 못, 뾰족한 것	• impaled by a metal spike ㅣ 금속 못으로 고정된 • an iron spike ㅣ 쇠못
명 제지하는 것, 방해물	• a deterrent to crime ㅣ 범죄를 저지하는 것 • act as a deterrent ㅣ 제지하는 역할을 하다
명 사상자, 피해자	• suffer the casualty ㅣ 인명 피해가 생기다 • a road casualty ㅣ 교통사고 사상자
명 해저	• examine the seabed ㅣ 해저를 조사하다 • deep seabed ㅣ 심해저
명 공격, 감정을 해침, 위법 행위, 범죄	• mean no offense ㅣ 기분을 상하게 할 마음이 없다 • weapons of offense ㅣ 공격용 무기
명 비행[잘못된 행동]	• scold the misbehavior ㅣ 못된 짓을 꾸짖다 • punish for the misbehavior ㅣ 잘못된 행동에 대해 벌을 주다
명 통행료	• a toll-free number ㅣ 수신자 부담 전화번호 • a toll collection ㅣ 통행료 수금
명 (중요 인물 · 사건의) 기념[기념행사]	• in commemoration of him ㅣ 그를 기리며 • a commemoration service ㅣ 기념 예배
명 (선박의) 방향키	• hold the rudder ㅣ 키를 잡다 • the steering rudder ㅣ 조종 키
명 승인, 허락	• get the clearance to fly ㅣ 비행 승인을 받다 • the clearance to enter ㅣ 입장 승인
명 회고록, 체험기	• publish her memoirs ㅣ 그녀의 회고록을 출판하다 • a secret memoir ㅣ 비밀스러운 기록

1933 porch
포어ˈ취

1. 배달부가 신문을 porch 로 던져 넣었다.
2. 누군가 문을 두드리고 porch 에서 기다리고 있다.

1934 guild
기일ㄷ

1. 상인들은 그들의 이익을 위해 guild 를 만들었다.
2. 모든 학생이 학생 guild 에 가입해야 하는 것은 아니다.

1935 stake
스테이ㅋ

1. 밧줄을 저 stake 에 단단히 묶어라.
2. 텐트를 설치하기 위해 땅에 stake 를 박았다.

1936 flurry
플ˈ뤄어뤼

1. 태풍으로 인한 flurry 에 창문이 깨졌다.
2. 갑작스러운 flurry 에 작은 돛단배가 뒤집혔다.

1937 pollen
파알런

1. 꿀벌들은 꿀을 만들기 위해 꽃에서 pollen 을 모은다.
2. 그는 pollen 알레르기가 있어서 봄이 되면 마스크를 착용한다.

1938 extension¹
익스텐쉬언

1. 2년 추가 extension 계약에 서명했다.
2. 지하철 노선 extension 공사가 진행 중이다.

1939 extension²
익스텐쉬언

1. 회사 내에서의 연락 업무에는 extension 번호를 사용한다.
2. 병원은 신관 extension 을 위해 주변 부지를 사들이고 있다.

1940 verification
베ˇ뤄피ˈ케이쉬언

1. 실험을 통한 가설의 verification 이 필요하다.
2. 본인 verification 절차를 거친 후 이용이 가능합니다.

1941 expansion
익스패앤쉬언

1. 집이 작아 expansion 공사를 시작했다.
2. 칭기즈칸은 영토 expansion 을 위해 싸웠다.

1942 ventilation
벤ˇ틸레이쉬언

1. 완벽한 ventilation 장치를 갖춘 주방.
2. Ventilation 이 제대로 되지 않아 공기가 탁하다.

1943 rite
롸이ㅌ

1. 요즘 제사 rite 는 많이 간소화됐다.
2. 그들은 제물을 바치는 rite 를 거행했다.

1944 logo / logotype
을로우고우/을로우고우타이ㅍ

1. Logo 는 기업의 얼굴이다.
2. 우리 회사의 logo 는 너무 촌스러워서 바꾸어야 합니다.

1945 empress
엠프뤼ㅆ

1. 명성 Empress 가 시해된 장소.
2. 제국을 안정적으로 통치한 empress.

1946 congress
카앙그뤠ㅆ

1. 각 당의 대표들이 참석한 congress.
2. 국제 과학 congress 가 이 건물에서 열린다.

명 현관	• sit out on the porch । 현관에 나와 앉다 • sun porch । 햇빛이 잘 드는 베란다
명 조합, 협회	• form a guild । 길드를 형성하다 • a guild of clerks । 사무직들의 조합
명 말뚝, 화형대	• drive in a stake । 말뚝을 박다 • pull up a stake । 말뚝을 뽑다
명 강풍[돌풍], 눈보라, 소동[혼란]	• a flurry of snow । 눈보라 • a brief flurry । 한바탕 소란
명 꽃가루[화분]	• pollen allergies । 꽃가루 알레르기 • blow away the pollen । 꽃가루를 날리다
명 연장, 확장, 확대	• the extension of holidays । 휴가의 연장 • add an extension । 확장하다
명 증축(된 건물), 내선[구내전화]	• the extension number । 내선 번호 • build an extension । 증축 건물을 짓다
명 입증, 검증, 확인	• a verification code । 인증번호 • a verification process । 검증 과정
명 확장	• a building expansion । 건물 확장 • an expansion work । 확장 공사
명 통풍, 환기	• a ventilation system । 환기 시설 • a ventilation apparatus । 환기장치
명 의례, 의식	• a rite of passage । 통과의례 • the funeral rite । 장례식
명 상표[심벌마크], 합자 활자	• put a logo । 상표를 부착하다 • emboss the logo । 로고를 도드라지게 새기다
명 황후, 여자 황제	• the last empress of Korea । 한국의 마지막 황후 • an empress on the throne । 왕위에 있는 황후
명 회의	• the international congress । 국제회의 • the world congress । 세계회의

1947 council
카운썰

1 UN 안전보장 council.
2 지방 council 의 정기 회의가 열린다.

1948 availability
어베ᵛ일러빌러티

1 객실 availability 문의는 호텔 프런트로 해 주세요.
2 제품마다 가격과 구매 availability 가 다를 수 있습니다.

1949 validity
벌ᵛ리더티

1 Validity 가 의심되는 주장.
2 이 티켓은 기한이 지나 validity 를 상실했다.

1950 posterity
퍼어스테뤄티

1 내 이야기를 posterity 에 전달하겠다.
2 Posterity 에 많은 문화유산을 남긴 왕.

1951 Buddhist
부디ㅅㅌ

1 석가모니의 가르침을 따르는 Buddhist.
2 저 종은 Buddhist 들의 시주를 받아 만든 것이다.

1952 afterworld
애프「터「워얼「ㄷ

1 현세의 뒤에는 afterworld 가 있을까?
2 많은 종교인이 afterworld 가 있다고 믿는다.

1953 offspring
어업「스프륑

1 부모들은 offspring 에게 DNA를 전달한다.
2 그 부부 사이에 offspring 은 아들 하나뿐이었다.

1954 descendant
디쎈던ㅌ

1 왕가의 직계 descendant 라고 주장하는 사람.
2 우리의 descendant 를 위해 자연을 보호하자.

1955 hoop
후우ㅍ

1 훌라 hoop 를 돌려서 뱃살을 뺐어.
2 서울올림픽 때 hoop 를 굴렸던 소년.

1956 bust
버ㅅㅌ

1 숨을 들이쉬어 bust 를 부풀리다.
2 재단사가 재킷을 만들기 위해 bust 를 쟀다.

1957 sunspot
썬스파아ㅌ

1 Sunspot 란 태양 표면의 검은 점을 말한다.
2 Sunspot 는 태양 표면에서 상대적으로 온도가 낮은 지역이다.

1958 inhalation
인헐레이쉬언

1 산소 inhalation 기구가 필요한 환자.
2 연탄가스의 inhalation 에 의한 사망.

1959 sloth
슬러어ㄸth

1 Sloth 는 게으름뱅이의 대명사로 여겨진다.
2 '나무'와 '느림보'를 합쳐 sloth 라고 부른다.

1960 agitation¹
애쥐테이쉬언

1 그녀는 agitation 속에서 방을 서성댔다.
2 마음의 agitation 을 감추려고 괜히 웃어 보였다.

뜻	예문
명 이사회, 위원회, 의회, 회의	• the city council | 시 의회 • the international council | 국제 의회
명 이용 가능 여부, 유효성, 효용	• check the availability | 이용 가능성을 살피다 • hotel room availability | 객실 이용 가능 여부
명 타당성, 유효함	• have validity | 타당성이 있다 • the period of validity | 유효 기간
명 후세[후대]	• preserve for posterity | 후대를 위해 보존하다 • go down to posterity | 후손에게 전하다
명 불교도	• Buddhist books | 불교 경전 • a Buddhist monk | 불교 수도승
명 내세, 후세	• prepare the afterworld | 후세를 준비하다 • believe in the afterworld | 후세를 믿다
명 자식, 후손	• teenage offspring | 10대 자녀 • produce offspring | 아이를 낳다
명 자손, 후손[후예]	• the descendants of Dangun | 단군의 후예 • a direct descendant | 직계 후손
명 둥근 테[후프]	• a hula hoop | 훌라후프 • jump through hoops | 후프를 뛰어넘다 ⋯▸ 고생하다
명 가슴(둘레), 흉상	• measure the bust | 가슴둘레를 재다 • the bust size | 가슴둘레
명 태양의 흑점	• observe the sunspot | 태양의 흑점을 관측하다 • the sunspot theory | 태양 흑점설
명 흡입	• the asphyxia through inhalation | 흡입을 통한 질식 • the inhalation of oxygen | 산소 호흡
명 나무늘보, 나태[태만]	• sloths that live in laboratories | 연구실에 사는 나무늘보 • be such a sloth | (나무늘보처럼) 게을러터지다
명 불안, 동요[흥분]	• calm the agitation | 흥분을 가라앉히다 • in a state of agitation | 불안한 상태인

1961 **agitation**²
애쥐테이쉬언

¹ 그 제도에 대해서 반대 agitation 이 일어났다.
² 임금 인상을 위한 agitation 을 시작한 노동자들.

1962 **overtime**
오우버ᵛ·ᵣ타임

¹ 계속되는 overtime 으로 피로가 극에 달했다.
² 마감 때문에 모든 직원이 늦게까지 overtime 중이다.

1963 **kick start**
키ㅋ 스타아ᵣㅌ

¹ Kick start 를 밟자 엔진이 작동했다.
² '부릉부릉'하며 오토바이 kick start 를 밟았다.

1964 **excerpt**
엑써어ᵣㅍㅌ

¹ 책에서 한 구절을 excerpt 했다.
² 다음은 강연의 일부 내용을 excerpt 한 것입니다.

1965 **grease**
그뤼이ㅆ

¹ 머리를 감지 않으면 grease 가 생긴다.
² 기계의 연결부에 grease 를 칠해 부드럽게 한다.

1966 **wax**²
웨액ㅅ

¹ 광택제로 차에 wax 했다.
² 나무 바닥에 wax 를 발라 광택을 냈다.

1967 **plume**²
플루움

¹ 타조 plume 이 달린 화려한 모자.
² 공작이 아름다운 plume 을 펼쳐 보였다.

1968 **patch**²
패애취

¹ 지붕에 난 구멍을 patch 했다.
² 가죽 patch 로 찢어진 부분을 메웠다.

1969 **spike**²
스파이ㅋ

¹ 유가 spike 에 따른 대책 마련.
² 미 달러가 3달 만에 최고치로 spike 했다.

1970 **rake**
뤠이ㅋ

¹ 떨어진 나뭇잎들을 rake 로 긁어모았다.
² 여기저기 버려진 쓰레기들을 rake 했다.

1971 **sparkle**
스파아ᵣ클

¹ 두 눈이 기대감으로 sparkle 했다.
² 에메랄드가 sparkle 해서 눈이 부셨다.

1972 **tread**
트뤠ㄷ

¹ 계단에 울려 퍼지는 그의 tread.
² 한눈을 팔다가 물웅덩이에 tread 했다.

1973 **salute**
썰루우ㅌ

¹ 일병이 차렷 자세로 salute 했다.
² 경기장을 나서며 팬들에게 salute 를 표했다.

1974 **torture**
토어ᵣ춰ᵣ

¹ 지독한 악취가 torture 그 자체였다.
² 적국의 민간인을 torture 하는 것은 전쟁범죄이다.

명 (정치적) 소요, 시위	• an agitation for a raise ㅣ 임금 인상을 요구하는 시위 • an anti-nationalism agitation ㅣ 반민족주의 시위
명 잔업[초과근무]	• work overtime ㅣ 초과 근무하다 • an overtime pay ㅣ 초과근무 수당
명 (오토바이처럼 발로 힘껏 밟는) 　 시동 페달 동 시동을 걸다, 촉진시키다	• kick start a motorcycle ㅣ 오토바이의 시동 페달을 밟다 • kick start my bike ㅣ 오토바이의 시동을 걸다
명 발췌, 인용 동 발췌하다, 인용하다	• quote an excerpt ㅣ 인용하다 • excerpt a passage ㅣ 한 구절을 발췌하다
명 기름, 윤활유 동 윤활유를 바르다	• grease the brake pad ㅣ 브레이크 페달에 기름을 바르다 • stained with grease ㅣ 기름이 묻은
명 밀랍, 왁스, 귀지 동 광을 내다, 왁스를 바르다	• a wax candle ㅣ 양초 • wax the paper ㅣ 종이에 왁스를 바르다
명 깃털, 깃털 장식, (연기·수증기 　 등이 피어오르는) 기둥 동 (새가 깃을) 가다듬다	• a peacock plume ㅣ 공작새 깃털 • plume feather ㅣ 깃을 가다듬다
명 천 조각, 작은 부분, 금연 패치 동 덧대다, 때우다, 연결하다	• patch through ㅣ 연결해주다 • patch jeans ㅣ 청바지에 덧대다
명 급등, 못, 뾰족한 것 동 급등하다	• the values spike ㅣ 가치가 급상승하다 • spike in prices ㅣ 가격 급등
명 갈퀴 동 갈퀴질 하다	• rake the leaves ㅣ 낙엽을 갈퀴로 모으다 • rake the yard ㅣ 마당에 낙엽 청소를 하다
명 반짝거림 동 반짝이다	• sparkle in the dark ㅣ 어둠 속에서 반짝이다 • the sparkle of glass ㅣ 반짝거리는 유리
명 발소리, 걸음걸이 동 밟다[디디다], 밟아서 뭉개다	• a familiar tread ㅣ 익숙한 발소리 • tread out a cigarette ㅣ 담배를 밟아서 끄다
명 인사, 경례 동 경례하다	• salute like a soldier ㅣ 군인처럼 경례하다 • the sergeant salutes ㅣ 병장이 거수경례를 하다
명 고문 동 고문하다	• torture instruments ㅣ 고문 도구 • an inhumane torture ㅣ 비인간적인 고문

1975 archive
아ʳ카이ㅂᵛ

¹ 박물관의 archive 에서 자료를 찾았다.
² 완료된 문서만 archive 할 수 있습니다.

1976 swap
스워ㅍ

¹ 나랑 자리 swap 할래?
² 같은 디자인의 다른 색깔로 swap 가 가능할까요?

1977 yoke
요우ㅋ

¹ 식민주의의 yoke 아래에서 고통받은 민족.
² 농부가 yoke 를 씌운 한 쌍의 소를 몰고 있다.

1978 surrender
써뤤더ʳ

¹ Surrender 의 표시로 백기를 흔들었다.
² 반란군들은 어쩔 수 없이 surrender 했다.

1979 bulk
벌ㅋ

¹ 총인구의 bulk 가 도시에 산다.
² Bulk 로 구매하는 것이 더 저렴하다.

1980 recess
뤼쎄ㅆ

¹ 재판은 recess 되고 3일 후 다시 열립니다.
² 분위기가 과열되어 잠시 recess 를 선언했다.

1981 glimmer
글리머ʳ

¹ 촛불이 glimmer 하다 꺼졌다.
² 오랜 재활 끝에 그가 회복할 glimmer 가 보인다.

1982 charge
촤아ʳ쉬

¹ 그는 살인죄로 charge 되었다.
² 그들은 charge 를 취하하고 합의했다.

1983 bribe
ㅂ롸이ㅂ

¹ Bribe 수수 혐의로 체포되었다.
² 교사에게 bribe 하려고 시도한 학부모.

1984 stitch
스티취

¹ 사고로 머리에 다섯 stitch 를 꿰맸다.
² 손으로 직접 stitch 해서 만든 드레스.

1985 herald
헤뤌ㄷ

¹ 개나리는 봄의 herald 이다.
² 양국의 회담은 평화의 시대를 herald 하고 있다.

1986 shift 2
쉬이ㅍ̣ㅌ

¹ 바람의 방향이 서쪽으로 shift 되었다.
² 공장의 가동률을 높이기 위해 야간 shift 를 편성했다.

1987 clump
클럼ㅍ

¹ 풀 한 clump 를 뽑았다.
² 나무들이 clump 해서 자라고 있다.

1988 slaughter
슬러어터ʳ

¹ Slaughter 되기 전에 발버둥 치는 소들.
² 무고한 사람들의 slaughter 를 불러온 전쟁.

명 기록 보관소 동 기록을 보관하다	• a data archive ι 데이터 보관소 • archive materials ι 보관 자료
명 바꾸기, 교환 동 맞바꾸다, 교환하다	• swap seats ι 자리를 바꾸다 • swap stories ι 이야기를 나누다
명 멍에, 굴레 동 멍에를 씌우다	• yoke of tyranny ι 폭압의 굴레 • yoke an ox ι 소에게 멍에를 메우다
명 항복[굴복] 동 항복[굴복]하다	• surrender to the police ι 경찰에 투항하다 • forced to surrender ι 강요에 못 이겨 항복하다
명 …의 대부분, 큰 규모 동 부피를 크게 하다	• a bulk order ι 대량주문 • bulk up ι 용량[무게/부피] 등을 늘리다
명 휴회[기간] 동 휴회하다	• ask for recess ι 휴회를 요청하다 • a short recess ι 짧은 휴회
명 희미한 빛, 기미 동 (희미하게) 깜빡이다	• a glimmer of the moonlight ι 희미하게 빛나는 달빛 • the glimmer of hope ι 희망의 불빛
명 고소, 기소, 요금, 책임 동 고소하다, 기소하다, 청구하다	• charge the perpetrator ι 가해자를 기소하다 • charge with murder ι 살인죄로 기소하다
명 뇌물 동 매수하다, 뇌물을 주다	• bribe the jury ι 배심원단에게 뇌물을 주다 • receive the bribe ι 뇌물을 받다
명 바늘, 바느질 동 바느질하다, 꿰매다	• stitch up the wound ι 상처를 꿰매다 • put some stitches ι 몇 바늘 꿰매다
명 전조, 전달자 동 예고하다, 알리다	• herald the doomsday ι 지구의 멸망을 예고하다 • herald news ι 뉴스를 전달하다
명 교대 근무, 교대 조, (위치·입장·방향 등의) 변화 동 이동하다, 옮기다, 교체하다	• a night shift ι 야간 교대 근무 • a day shift ι 주간 교대 근무
명 무리[무더기] 동 무리를 이루다	• a clump of bushes ι 덤불 무더기 • a turf clump ι 잔디 무더기
명 학살, 도살 동 도살하다, 학살하다	• slaughter innocent people ι 무고한 사람들을 대량 학살하다 • slaughter civilians ι 시민들을 대량 학살하다

1989 swirl
스워얼ʳ

¹ 물이 swirl 을 만들며 배수구로 빠졌다.
² 적군이 쳐들어온다는 소문이 온 마을에 swirl 했다.

1990 hog
허어ㄱ

¹ 욕실을 hog 하며 오랫동안 목욕했다.
² 동생이 혼자 컴퓨터를 hog 하고 있어.

1991 slap
슬래애ㅍ

¹ 바닷물이 해변에 부드럽게 slap 하는 소리.
² 친구를 보고 반가워서 등을 slap 했는데 모르는 사람이었다.

1992 raft
뤠애ㅍʳㅌ

¹ 우리는 간신히 강을 raft 했다.
² 다리가 폭파되자 피난민들은 작은 raft 를 타고 강을 건넜다.

1993 poop
푸우ㅍ

¹ 재수 없게 길에서 poop 를 밟았다.
² 강아지가 카펫 위에 poop 해 버렸어.

1994 drizzle
드뤼즐

¹ 이슬비가 drizzle 해서 땅을 적시고 있다.
² 샐러드 위에 올리브유를 drizzle 하면 완성입니다.

1995 ally
애앨라이

¹ 두 나라는 군사적 ally 이다.
² 두 국가가 ally 하여 서로 돕는다.

1996 remedy
뤠머디

¹ 실업 문제에는 간단한 remedy 가 없다.
² 피로 해소의 remedy 는 충분한 수면이다.

1997 swipe
스와이ㅍ

¹ 야구방망이로 공을 swipe 했다.
² 괴한에게 우산을 swipe 해서 쫓아냈다.

1998 flock
플ʳ러어ㅋ

¹ 한 flock 의 새가 날아간다.
² 날이 더워지자 수많은 사람이 해변으로 flock 했다.

1999 gasp
개애ㅅㅍ

¹ 헤어진 전 애인과 마주치자 gasp 했다.
² 그 장면을 본 순간 놀라서 gasp 했다.

2000 heap
히이ㅍ

¹ 방바닥에 한 heap 의 옷들이 쌓여 있다.
² 많이 먹으려고 접시에 음식을 heap 했다.

2001 register
뤠쥐스터ʳ

¹ 참가자 register 에 서명해 주세요.
² 태어난 아이의 출생을 register 했다.

2002 intrigue¹
인트뤼이ㄱ

¹ 비밀리에 intrigue 를 꾸미다.
² 반란을 intrigue 하던 자들을 모두 색출해내었다.

명 소용돌이 동 빠르게 돌다, 소용돌이치다	• the clouds begin to swirl ㅣ 구름이 소용돌이치기 시작하다 • the swirl of urban life ㅣ 도시 생활의 소용돌이
명 (식용) 돼지 동 독차지하다	• hog all to myself ㅣ 나 혼자 독차지하다 • hog the ice cream ㅣ 아이스크림을 독차지하다
명 찰싹 때림 동 부딪치다, 찰싹 때리다	• a slap in the face ㅣ (고의적) 모욕 • slap his face ㅣ 그의 뺨을 때리다
명 뗏목 동 뗏목으로 건너다	• launch a raft ㅣ 뗏목을 띄우다 • cling to a raft ㅣ 뗏목에 매달리다
명 똥 동 똥을 싸다	• have to poop ㅣ 대변이 마렵다 • poop on the floor ㅣ 바닥에 대변을 보다
명 이슬비, 가랑비 동 보슬보슬 내리다, 뿌리다	• a morning drizzle ㅣ 아침 이슬비 • a fine drizzle ㅣ 고운 가랑비
명 동맹국, 협력자 동 동맹하다, 지지하다	• a trustworthy ally ㅣ 믿을 만한 동맹국 • ally myself with a club ㅣ 클럽에 가입하다
명 해결책, 처리 방안, 치료 약 동 치료하다, 해결하다	• a home remedy ㅣ 민간요법 • apply a remedy ㅣ 치료법을 적용하다
명 후려치기, 휘두르기 동 후려치다, 휘둘러 치다	• take a swipe at the ball ㅣ 공을 후려치다 • take a swipe at him ㅣ 그를 후려치다
명 (양·새 등의) 무리, 떼 동 떼 지어 가다	• a flock of sheep ㅣ 한 떼의 양 • fly in a flock ㅣ 무리 지어 날아가다
명 (공포·놀람 등으로 인한) 숨 막힘 동 숨이 턱 막히다, 헉하고 숨을 쉬다	• gasp after the workout ㅣ 운동 후 숨이 턱 막히다 • gasp for air ㅣ 거칠게 숨을 쉬다
명 더미[무더기], 많음 동 수북이 담다, 쌓아 올리다	• a trash heap ㅣ 쓰레기 더미 • heap the leaves ㅣ 나뭇잎을 쌓다
명 등록부, 명부 동 등록[기록]하다	• register a product ㅣ 제품을 등록하다 • register the birth ㅣ 출생 신고하다
명 음모, 모의 동 음모를 꾸미다, 흥미를 끌다	• intrigue against the king ㅣ 왕에 대항해 음모를 꾸미다 • intrigue against the regime ㅣ 정권에 반해 음모를 꾸미다

2003 reproach
뤼프뤄우취
1 너 자신을 reproach 할 필요 없어.
2 그 연예인의 음주운전 소식에 대중들의 reproach 가 쏟아졌다.

2004 implant
임플래앤ㅌ
1 수술로 몸에 실리콘을 implant 했다.
2 편견은 사람 마음속에 쉽게 implant 될 수 있다.

2005 muse
뮤우ㅈ
1 로마 신화에서 예술을 관장하는 여신 Muse.
2 그녀는 음악 창작에 영감을 주는 muse 였다.

2006 spur
스퍼어ʳ
1 이 책이 나를 변하게 한 spur 였다.
2 그 사건이 그녀를 spur 하여 성공으로 이끌었다.

2007 tether
테더th.ʳ
1 애완견과 산책을 나갈때 tether 는 필수다.
2 똥오줌 못 가리는 개를 현관에 tether 했다.

2008 rerun
뤼이뤈
1 어제 있었던 축구 경기의 rerun 이 방송 중이다.
2 그 수목 드라마는 매주 일요일 아침에 rerun 된다.

2009 shield
쉬일ㄷ
1 햇살이 너무 강해서 눈을 shield 했다.
2 테러범들은 인질을 shield 로 이용했다.

2010 advocate
애드버ᵛ케이ㅌ
1 폭력 사용을 advocate 하지 않는 단체.
2 그 나라의 새 지도자는 평화 advocate 였다.

2011 swing
스윙
1 너의 감정 swing 에 이젠 나도 지쳤어.
2 이 경기는 너무 팽팽해서 어느 쪽으로든 swing 할 수 있다.

2012 guarantee
개애뤈티이
1 3년간 무상 수리를 guarantee 하겠습니다.
2 확실한 배송 일자에 대한 guarantee 는 어렵다.

2013 clash
클래애쉬
1 두 사람의 의견이 clash 했다.
2 경찰과 시위대 사이에 clash 가 발생했다.

2014 partition
파아ʳ티쉬언
1 방을 세 구획으로 partition 했다.
2 책상마다 partition 이 쳐져 있는 독서실.

2015 draw[1]
드뤄어
1 이번 월드컵 조 draw 가 TV를 통해 중계되고 있다.
2 복권 당첨 번호를 위한 마지막 공을 draw 하겠습니다.

2016 draw[2]
드뤄어
1 중국과 일본은 일 대 일로 draw 했다.
2 양 팀이 점수를 내지 못하면서 시합은 draw 로 끝났다.

명 비난[책망], 나무람 동 비난하다, 책망하다	• listen to wife's reproach ㅣ 아내의 책망을 듣다 • full of reproach ㅣ 비난이 가득 찬
명 주입 물질 동 심다, 주입하다	• breast implants ㅣ 가슴 주입 물질 • implant hair ㅣ 머리카락을 심다
명 (그리스 신화의) 뮤즈, (영감을 주는) 뮤즈 동 골똘히 생각하다	• muse over his problems ㅣ 그의 문제에 대해 골똘히 생각하다 • muse on today's incident ㅣ 오늘 일에 대해서 골똘히 생각하다
명 자극제, 원동력, 박차 동 자극하다, 박차를 가하다	• spur into action ㅣ 자극을 주어 행동하게 하다 • a powerful spur ㅣ 강력한 원동력
명 밧줄 동 묶다	• tether the dog ㅣ 개를 줄로 묶다 • a chain tether ㅣ 쇠밧줄
명 반복, (TV 프로의) 재방송 동 (같은방식으로) 반복하다, 재방송하다	• watch the reruns ㅣ 재방송을 보다 • rerun the experiment ㅣ 실험을 반복하다
명 방패 동 가리다, 보호하다	• shield eyes ㅣ 눈을 보호하다 • a human shield ㅣ 인간 방패
명 지지자, 옹호자, 대변인 동 옹호하다, 지지하다	• a consumer advocate ㅣ 소비자 대변인 • advocate a plan ㅣ 계획을 지지하다
명 선회, 변화, 그네, 흔들기 동 (감정 등이) 바뀌다, 팔을 휘두르다, 흔들다[흔들리다]	• swing between emotions ㅣ 감정이 교차하다 • mood swings ㅣ 감정의 기복
명 보장, 확약, 품질보증 동 보장하다, 약속하다	• a guarantee period ㅣ 보증기간 • guarantee anonymity ㅣ 익명을 보장하다
명 충돌, 분규 동 충돌하다, 맞붙다	• a clash of opinions ㅣ 의견의 충돌 • a clash of cymbals ㅣ 심벌즈가 부딪히는 소리
명 칸막이, 분할 동 나누다, 불안하다	• build a partition wall ㅣ 칸막이벽을 설치하다 • a glass partition ㅣ 유리 칸막이
명 추첨, 제비뽑기, 끌어당김, 인기를 끄는 사람[것] 동 뽑다, 꺼내다, 끌다, 그리다	• draw a card ㅣ 카드 하나를 뽑다 • draw from the pocket ㅣ 주머니에서 꺼내다
명 무승부, 비기기 동 비기다	• draw the match ㅣ 경기에서 비기다 • a draw in a game ㅣ 무승부

2017 incline
인클라인

¹ 그 의견에 마음이 incline 하고 있다.
² 가파른 incline 때문에 오르기 힘든 길.

2018 appeal
어피일

¹ 법원의 판결에 appeal 하다.
² 판매 금지 처분에 대한 appeal.

2019 squawk
스쿼어크

¹ 여우가 나타나자 닭들이 squawk 했다.
² 갈매기들이 squawk 하는 소리가 들리는 바다.

2020 squeak
스퀴이크

¹ 문 열 때 squeak 해서 기름을 발랐어.
² 녹슨 바퀴라 구를 때 듣기 싫게 squeak 했다.

2021 tinkle
팅클

¹ 풍경이 바람에 흔들리며 tinkle 하고 있다.
² 문이 열릴 때마다 종이 tinkle 을 내며 울린다.

2022 rustle
뤄쓸

¹ 덤불 속에서 rustle 이 들려왔다.
² 바람이 불자 나뭇잎들이 rustle 하며 흔들린다.

2023 beep
비이ㅍ

¹ 뒤에 오던 차가 우리에게 beep 하기 시작했다.
² 전자레인지는 작동이 끝나면 beep 소리를 낸다.

2024 whiz
위ㅈ

¹ 화살이 whiz 하며 날아갔다.
² 자동차들이 whiz 소리를 내며 지나간다.

2025 rumble
룀블

¹ 멀리서 천둥이 rumble 한다.
² 종일 굶었더니 배에서 rumble 했다.

2026 refit
뤼이피ᶠㅌ

¹ 이 기계는 분해해서 refit 해야 한다.
² 이 선박은 refit 하면 몇 년은 더 사용할 수 있다.

2027 repose
뤼포우ㅈ

¹ 그분 영혼의 repose 를 빕니다.
² 이제 하늘나라에서 편히 repose 하세요.

2028 raid
뤠이ㄷ

¹ 경찰이 용의자의 집을 raid 했다.
² 적군 기지에 대한 raid 를 지시했다.

2029 essay
에쎄이

¹ 그는 정계로 진출하려고 essay 했다.
² 해외로 시장을 넓히려던 essay 는 좌절됐다.

2030 harbor
하아ᶠ버ᶠ

¹ 그는 범죄자를 경찰들로부터 harbor 해주었다는 의심을 받고 있다.
² 집은 세상으로부터의 harbor.

명 경사, 기울기, 경사면 동 기울다, 경사지다	• incline to agree ǀ 동의하는 쪽으로 기울다 • a steep incline ǀ 급경사
명 항소[상고], 매력, 호소 동 항소[상고]하다, 흥미를 끌다, 호소[간청]하다	• file an appeal ǀ 항소하다 • an appeals court ǀ 항소심 법정
명 꽥꽥 우는 소리 동 꽥꽥 울다	• hear a squawk ǀ 꽥꽥 우는 소리를 듣다 • parrots squawk ǀ 앵무새들이 꽥꽥 울다
명 끽끽하는 소리 동 끽끽하는 소리를 내다	• shoes squeak ǀ 신발이 끽끽하는 소리를 내다 • a loud squeak ǀ 크게 끽하는 소리
명 딸랑하는 소리 동 딸랑 소리가 나다	• the sharp tinkle ǀ 날카로운 소리 • the tinkle of glass breaking ǀ 유리 깨지는 소리
명 바스락거리는 소리 동 바스락거리다	• the trees rustle ǀ 나무들이 바스락거리다 • rustle in the breeze ǀ 산들바람에 바스락거리다
명 '삐'하는 소리 동 '삐'하는 소리를 내다	• hear the beep ǀ '삐' 소리를 듣다 • after the beep ǀ '삐' 소리가 난 뒤
명 '씽[윙/쉿/핏]'하는 소리 동 '씽[윙/쉿/핏]'하는 소리를 내다	• hear a whiz ǀ '윙'하는 소리를 듣다 • supersonic jets whiz ǀ 초음속 제트기가 '윙'하는 소리를 내다
명 우르릉[윙윙]거리는 소리 동 우르릉[윙윙]거리는 소리를 내다	• the rumble of thunder ǀ 천둥의 우르릉거리는 소리 • the machine rumbles ǀ 기계가 윙윙거리는 소리를 내다
명 수리 동 수리하다, 재정비하다	• refit a fleet ǀ 함대를 재정비하다 • an expensive refit ǀ 대대적인 수리
명 휴식, 수면 동 휴식하다, 쉬다	• repose on the couch ǀ 소파에 누워서 쉬다 • seek repose ǀ 휴식하다
명 급습[습격] 동 급습[습격]하다	• a drug raid ǀ 마약 불시 단속 • make a raid ǀ 불시 단속을 하다
명 시도, 수필[에세이], (논문식) 과제물 동 시도하다	• an essay to expand the market ǀ 시장을 넓히려던 시도 • first essay in politics ǀ 첫 번째 정계 진출 시도
명 피난처, 은신처, 항구 동 숨겨주다	• harbor for criminals ǀ 범인 은신처 • a harbor from the world ǀ 세상으로부터의 피난처

2031 misuse
미쓰유우ㅈ

1 권력을 misuse 하다 기소된 행정관.
2 약물 misuse 로 사망에 이를 수도 있다.

2032 stain
스테인

1 피가 그녀의 옷을 stain 했다.
2 아무리 세탁해도 stain 이 안 빠진다.

2033 sympathy
쓰임퍼띠th

1 날 그런 sympathy 의 눈으로 보지 마.
2 희생자들에게 깊은 sympathy 를 느꼈다.

2034 address
어드뤠ㅆ

1 대통령의 address 가 TV로 생중계되었다.
2 졸업생을 대표하여 전교생 앞에서 address 했다.

2035 drill
드륄

1 아버지는 동생에게 예절을 drill 했다.
2 군사 drill 은 언제 일어날지 모르는 전쟁을 대비하는 행위다.

2036 censor
쎈써ʳ

1 중국 정부는 인터넷을 censor 한다.
2 Censor 가 기사 중 두 문장을 삭제 조치했다.

2037 sway
스웨이

1 나뭇가지들이 바람에 sway 하고 있다.
2 그녀는 외모나 말솜씨에 sway 되지 않는다.

2038 taint
테인ㅌ

1 나쁜 친구들이 그를 taint 했다.
2 심사 절차에는 taint 가 없어야 한다.

2039 complement
카암플러먼ㅌ

1 서로 부족한 점을 complement 해 주는 한 팀의 선수들.
2 서로에게 complement 가 되는 완벽한 사업 동료.

2040 supplement
써플먼ㅌ

1 이번 호에 특별 supplement 가 끼워져 있다.
2 부족한 비타민을 supplement 해 주는 영양제.

2041 import
임포어ʳㅌ

1 그의 고백은 우리 관계의 변화를 import 했다.
2 그 사람이 뭘 어떻게 하든 제게 전혀 import 하지 않아요.

2042 lust
을러ㅅㅌ

1 일확천금을 lust 하다.
2 권력을 향한 그의 끝없는 lust.

2043 boycott
보이카아ㅌ

1 일본 제품을 boycott 하는 중국인들.
2 악덕 회사에 대한 boycott 가 일어났다.

2044 lounge
을라운쥐

1 꼭대기 층에 스카이 lounge 가 있습니다.
2 자기 전 거실에서 lounge 하며 TV를 봤다.

몡 남용, 악용 통 남용하다, 악용하다	• misuse power ㅣ권력을 남용하다 • misuse medicines ㅣ약을 남용하다
몡 얼룩 통 더럽히다, 얼룩지게 하다	• a blood stain ㅣ핏자국 • an ink stain ㅣ잉크 얼룩
몡 동정, 연민 통 동정하다	• sympathy for the poor ㅣ가난한 사람에 대한 동정심 • feel sympathy ㅣ연민을 느끼다
몡 연설, 주소 통 연설하다, 　주소를 쓰다, (우편물을) 보내다	• address a crowd ㅣ관중을 향해 연설하다 • a presidential address ㅣ대통령 연설
몡 훈련, 반복 연습, 드릴 통 훈련시키다, 　(드릴로) 구멍을 뚫다	• an emergency drill ㅣ비상훈련 • a fire drill ㅣ소방훈련
몡 검열관 통 검열하다	• censor the press ㅣ언론을 검열하다 • censor bad language ㅣ나쁜 말을 검열하다
몡 지배, 영향 통 흔들다, 흔들리다	• the sway of a dictator ㅣ독재자의 지배 • sway slowly ㅣ천천히 흔들리다
몡 오점, 오명 통 더럽히다, 오염시키다	• a taint in his career ㅣ그의 경력의 오점 • a moral taint ㅣ도덕적 부패
몡 보완, 보완물 통 보완하다, 덧붙이다	• complement each other ㅣ서로를 보완하다 • a necessary complement ㅣ필요한 보충물
몡 부록, 추가 요금 통 보충하다, 추가하다	• vitamin supplements ㅣ비타민 보충제 • dietary supplements ㅣ식이보충제
몡 의미, 중요성, 수입, 수입품 통 의미하다, 중요하다, 수입하다	• the import of the saying ㅣ속담의 의미 • it imports us to know ㅣ아는 것이 우리에게 중요하다
몡 강한 욕망 통 갈망하다	• the lust for power ㅣ권력욕 • suppress the lust ㅣ욕망을 누르다
몡 불매운동 통 불매 동맹을 맺다, 배척하다	• boycott a meeting ㅣ회의를 거부하다 • boycott Olympic Games ㅣ올림픽을 거부하다
몡 휴게실[라운지] 통 빈둥거리다, 느긋하게 보내다	• a VIP lounge ㅣVIP 라운지 • an employee lounge ㅣ직원 휴게실

2045	**tie**¹ 타이	¹ 오랫동안 반목해 온 양국의 tie 를 개선해야 합니다. ² 제품의 생산비용 상승은 인플레이션과 tie 되어 있다.
2046	**tie**² 타이	¹ 두 팀은 이번 시합에서 2-2 로 tie 했다. ² 그 시합은 양 팀 모두 득점 없이 tie 로 끝났다.
2047	**flourish** 플ˈ러어뤄쉬	¹ 그녀의 새 사업이 flourish 하고 있다. ² 이 식물은 습한 기후에서 flourish 한다.
2048	**pool** 푸울	¹ 인사부에서 인재 정보를 pool 한다. ² 주차장의 pool 차 중 하나를 골라 쓰세요.
2049	**throng** 뜨ᵗʰ뤄엉	¹ 학생들이 강당 안으로 throng 했다. ² Throng 사이를 뚫고 앞으로 나아갔다.
2050	**loan** 을로운	¹ 금리가 비교적 낮은 은행 loan. ² 친구가 내게 급한 돈을 loan 해 주었다.
2051	**weed** 위이드	¹ Weed 같은 강인한 생명력. ² 정원을 weed 하려고 제초제를 썼다.
2052	**safeguard** 쎄이프ˈ가아ˈㄷ	¹ 바이러스에 대비한 safeguard 가 필요하다. ² 개인의 사생활을 safeguard 하기 위한 법률.
2053	**mortgage** 모어ˈ기쥐	¹ 주택 mortgage 금리가 올랐다. ² 돈을 빌리기 위해 집을 mortgage 했다.
2054	**telegraph** 텔리그뤠애ㅍˈ	¹ 빨리 복귀하라고 그에게 telegraph 했다. ² 전화 이전엔 telegraph 로 메시지를 보냈다.
2055	**flake** 플ˈ레이ㅋ	¹ 하늘에서 눈 flake 가 내려온다. ² 칠한 지 오래된 페인트가 갈라지고 flake 한다.
2056	**scan** 스캐앤	¹ 척추의 scan 결과가 나왔다. ² 병의 진행 상황을 알기 위해 뇌를 scan 했다.
2057	**quake** 쿠에이ㅋ	¹ 두려움에 몸을 quake 했다. ² 진도 5.5의 quake 가 발생했다.
2058	**scramble** 스크뤠앰블	¹ 모두 앞다투어 출구 쪽으로 scramble 했다. ² 좋은 자리를 차지하려는 scramble 이 있었다.

명 관계, 유대, 끈, 넥타이 동 연결 짓다, 결부시키다, 묶다	• **family ties** ㅣ 가족 간의 유대 • **economic ties** ㅣ 경제적 유대
명 동점 동 동점을 이루다, 비기다	• **break a tie** ㅣ 동점을 깨다 • **end in a tie** ㅣ 무승부로 끝나다
명 번영, 융성 동 번창하다, 잘 자라다	• **flourish for a while** ㅣ 한때 번창하다 • **with a flourish** ㅣ 화려하게
명 공용 물자[자금, 인력], 수영장 동 (공용 목적으로) 모으다	• **pool ideas** ㅣ 아이디어를 모으다 • **pool resources** ㅣ 자원을 모으다
명 군중[인파] 동 모여 있다, 모여들다	• **throngs of screaming fans** ㅣ 환호성을 지르는 수많은 팬 • **push through the throng** ㅣ 인파를 뚫고 가다
명 대출, 융자(금) 동 (돈을) 빌려주다, 대출하다	• **a student loan** ㅣ 학자금 대출 • **pay back the loan** ㅣ 대출을 상환하다
명 잡초 동 잡초를 뽑다	• **weed the garden** ㅣ 정원의 잡초를 뽑다 • **overgrown with weeds** ㅣ 잡초가 무성한
명 안전장치 동 보호하다, 지키다	• **safeguard the company** ㅣ 회사를 보호하다 • **safeguard the health** ㅣ 건강을 지키다
명 대출, 담보[저당] 동 저당 잡히다	• **pay off a mortgage** ㅣ 대출을 갚다 • **apply for a mortgage** ㅣ 대출을 신청하다
명 전신[전보] 동 전보를 보내다	• **telegraph the good news** ㅣ 좋은 소식을 알리다 • **invent the telegraph** ㅣ 전신을 발명하다
명 (떨어져 나온 얇은) 조각 동 조각으로 떨어지다, 벗겨지다	• **tuna flakes** ㅣ 참치 조각 • **flakes of snow** ㅣ 눈송이
명 정밀 검사, 자세한 조사 동 정밀 검사하다, 자세히 조사하다, (유심히) 살피다	• **a security scan** ㅣ 보안 점검 • **scan the market** ㅣ 시장을 조사하다
명 지진 동 떨다, 진동하다	• **the ground quakes** ㅣ 땅이 흔들리다 • **quake with fear** ㅣ 두려움에 몸을 떨다
명 재빠른 움직임 동 재빨리 움직이다, 뒤섞다	• **scramble over rocks** ㅣ 재빨리 바위를 타고 넘다 • **scramble into the bus** ㅣ 재빨리 버스를 타다

2059 gallop
개앨러ㅍ

¹ 말들이 들판을 gallop 한다.
² 경주마들이 경마장을 gallop 한다.

2060 cluster
클러스터「

¹ 개미는 cluster 를 이루어 사는 습성이 있다.
² 고층 빌딩들이 cluster 를 이루고 있는 도심.

2061 rally
뤠앨리

¹ 농민들이 항의하기 위해 rally 했다.
² 그 rally 는 경찰의 저지로 해산되었다.

2062 spear
스피어「

¹ 적군을 spear 로 찔렀다.
² 작살로 spear 해서 물고기를 잡았다.

2063 whip
위ㅍ

¹ 나귀를 whip 로 찰싹 때리다.
² 나뭇가지가 바람에 창문을 whip 한다.

2064 premiere
프뤼미어「

¹ 이 영화는 오는 30일에 premiere 합니다.
² 오늘이 이번 연극의 premiere 라서 우리가 첫 관람객이야.

2065 cushion
쿠쉬언

¹ 푹신한 cushion 을 등에 대고 앉았다.
² 신발에 푹신한 깔창을 깔아 cushion 한다.

2066 wail
웨이일

¹ 그녀는 죽은 아들을 보고 목놓아 wail 했다.
² 가족들의 wail 소리가 장례식장에 울려 퍼졌다.

2067 commute
커뮤우ㅌ

¹ 회사까지 버스로 commute 한다.
² 이사 후 commute 시간이 반으로 줄었다.

2068 dispatch
디스패애춰

¹ 군이 그 지역에 부대를 dispatch 했다.
² 주문하시면 하루 이내에 dispatch 합니다.

2069 wreck
뤠ㅋ

¹ 불규칙한 생활로 건강을 wreck 했다.
² 사고 차량의 wreck 속에 아직 사람이 있어요.

2070 grasp²
그뤠애ㅅㅍ

¹ 나는 이 개념을 정확하게 grasp 했어.
² 이 시를 통해 작가가 말하려는 게 무엇인지 grasp 해 봐.

2071 fragment
ㅍ「뤠애그먼ㅌ

¹ 떨어뜨린 유리병이 산산이 fragment 했다.
² 부서진 꽃병의 fragment 가 바닥에 널려 있다.

2072 delegate
델러게ㅌ

¹ 10개 회사의 delegate 들이 참석한 회의.
² 휴가 동안 내 업무를 부하에게 delegate 했다.

명 전속력 질주 동 (말 등이) 전속력으로 달리다 [질주하다]	• gallop across the field ǀ 들판을 가로질러 질주하다 • go for a gallop ǀ 전속력으로 달리다
명 무리, 집단 동 무리를 이루다	• move in clusters ǀ 무리 지어 다니다 • cluster around a fire ǀ 불을 중심으로 무리를 짓다
명 집회 동 집결하다	• hold a rally ǀ 집회를 열다 • attend a rally ǀ 집회에 참석하다
명 창 동 찌르다	• spear the fish ǀ 물고기를 작살로 잡다 • spear fruits with a fork ǀ 포크로 과일을 찍다
명 채찍 동 채찍질하다	• punish by the whip ǀ 채찍으로 처벌하다 • crack the whip ǀ 채찍을 갈기다
명 (영화의) 개봉, (연극의) 초연 동 개봉하다, 초연하다	• will premiere in November ǀ 11월에 개봉할 것이다 • a premiere showing ǀ 시사회
명 방석[쿠션] 동 충격을 완화하다	• a sofa cushion ǀ 소파 쿠션 • sit on the cushion ǀ 쿠션에 앉다
명 울부짖음, 통곡 동 울부짖다, 통곡하다	• wail in grief ǀ 슬픔에 울부짖다 • a wail of despair ǀ 절망의 울부짖음
명 통근, 통학 동 통근하다, 통학하다	• commute to work ǀ 직장까지 통근하다 • commute between two cities ǀ 두 도시 사이를 통근하다
명 발송, 파견 동 파견하다, 발송하다	• dispatch a unit ǀ 부대를 파견하다 • dispatch a fleet ǀ 함대를 파견하다
명 사고, 만신창이, 잔해, 난파선 동 망가뜨리다, 엉망으로 만들다	• a train wreck ǀ 철도 사고 • the accident wrecks cars ǀ 사고로 인해 차들이 망가지다
명 이해, 파악 동 완전히 이해하다, 파악하다, 꽉 잡다, 움켜쥐다	• beyond my grasp ǀ 나의 이해를 넘어서는 • grasp the concept ǀ 개념을 이해하다
명 조각[파편] 동 산산이 부서지다, 해체하다, 분열하다	• fragments of information ǀ 정보의 조각들 • fragment into pieces ǀ 산산조각이 나다
명 대표(자) 동 위임하다, 대표를 뽑다	• delegate to an assistant ǀ 조수에게 위임하다 • delegate authority ǀ 권한을 위임하다

2073 coauthor
커우어어떠th.r

¹ 이분이 저와 함께 책을 쓴 coauthor 입니다.
² 그녀는 남편과 함께 새 책을 coauthor 했다.

2074 treat
트뤼이ㅌ

¹ 어릴 때는 초콜릿이 특별한 treat 였어.
² 승진 기념으로 오늘은 내가 treat 할게.

2075 consent
컨쎈ㅌ

¹ 부모님의 consent 가 필요합니다.
² 딸의 결혼에 마지못해 consent 했다.

2076 compound
카암파운ㄷ

¹ 소금은 나트륨과 염소의 compound 이다.
² DNA는 많은 분자로 compound 되어 있다.

2077 sanction¹
쌔앵쉬언

¹ 국회의 sanction 이 필요한 조약.
² 시청은 도서관을 짓는 것을 sanction 했다.

2078 sanction²
쌔앵쉬언

¹ 위원회는 sanction 을 완화하기로 했다.
² 북한에 대한 경제 sanction 이 해제되었다.

2079 sentence
쎈턴ㅆ

¹ 판사가 결국 피고인에게 무기징역을 sentence 했다.
² 징역 sentence 를 선고받았다.

2080 escort
에스코어ʳㅌ

¹ 밤이 늦었으니 집까지 escort 해 줄게.
² 경호원들의 escort 를 받으며 도착한 대통령.

2081 overwork
오우버ᵛ·ʳ워어ㅋ

¹ 장기간 overwork 하면 건강에 해롭다.
² Overwork 에 의한 스트레스에 시달리고 있다.

2082 fuse
퓨ʲ우ㅈ

¹ 정전은 아니고 그냥 fuse 가 나간 거 같아.
² 전류가 너무 많이 흐르면 녹아버리는 fuse.

2083 lobby
을라아비

¹ 총기협회의 lobby 로 무산된 법안.
² 정부에 lobby 해 온 단체들의 명단.

2084 boom
부움

¹ 한류 boom 은 한국 경제에 도움을 준다.
² 곧 부동산 시장이 다시 boom 할 것이다.

2085 whirl
워얼ʳ

¹ 팽이가 whirl 하고 있다.
² 부드러워질 때까지 소스를 whirl 하세요.

2086 maiden
메이든

¹ 이번이 maiden 비행이라 떨려요.
² 멋진 청년과 아름다운 maiden 의 약혼.

명 공저자, 공동 집필자 동 공동 집필하다	• the **coauthor** of the book	그 책의 공동 저자 • without a **coauthor**	공동 저자 없이
명 특별 선물, 한턱 동 대접하다, 한턱내다, 대하다, 다루다	• **treat** to lunch	점심을 대접하다 • **treat** to Korean beef	한우를 대접하다
명 허락, 동의[합의] 동 허락하다, 동의하다	• **consent** a procedure	절차에 동의하다 • **consent** to answer	답하기로 동의하다
명 복합체 동 구성되다	• a **compound** of water and clay	물과 찰흙의 혼합물 • a chemical **compound**	화합물
명 승인[허가] 동 승인[허가]하다	• require the **sanction**	허가가 필요하다 • the **sanction** of the court	법원의 허가
명 제재 동 제재를 가하다	• approve the **sanction**	제재를 승인하다 • **sanction** North Korea	북한에 제재를 가하다
명 형, 형벌, 문장 동 형을 선고하다	• a soft **sentence**	관대한 판결 • **sentence** to life in prison	무기징역을 선고하다
명 호위[호송] 동 호위[호송]하다, 데려다주다	• **escort** her to home	그녀를 집까지 데려다주다 • **escort** a prisoner	죄수를 호송하다
명 과로, 혹사 동 과로하다, 혹사하다	• die from **overwork**	과로로 사망하다 • **overwork** myself	스스로를 혹사시키다
명 퓨즈, 도화선 동 융합[결합]되다	• **fuse** together	합치다 • **fuse** into helium	헬륨으로 융합되다
명 로비 활동, 로비 동 로비 활동을 하다	• **lobby** congress	의회에 로비하다 • **lobby** politicians	정치인들을 로비하다
명 호황[붐] 동 호황을 맞다, 번창하다	• the years of the baby **boom**	베이비 붐 시대 • **boom** in car sales	자동차 판매의 호황
명 빙빙 돌기, 회전[선회] 동 빙그르르 돌다, 소용돌이치게 하다	• the **whirl** of life	삶의 연속 • **whirl** around	빙빙 돌다
명 처녀, 아가씨 형 (같은 종류로) 최초의, 처녀의	• a **maiden** battle	첫 출전 • **maiden** innocence	소녀다운 순수함

2087 commonplace
카아먼플레이ㅆ
1 비행기 여행은 이제 commonplace 가 되었다.
2 이 지역의 차량 정체는 commonplace 한 일이다.

2088 prestige
프뤠스티이쥐
1 누구나 부러워하는 prestige 한 직장.
2 그 정치인은 자신의 사회적 prestige 를 지키기에만 급급하다.

2089 confederate
컨페ˈ더뤄ㅌ
1 두 나라는 전쟁에서 confederate 했다.
2 Confederate 들을 밀고하면 당신의 형량은 줄여주겠다.

2090 elastic
일래애스티ㅋ
1 Elastic 로 머리를 올려 묶었다.
2 허리 부분이 elastic 한 편한 잠옷 바지.

2091 variable
베ᵛ어뤼어블
1 물가는 환율에 따라 variable 하다.
2 Variable 이 너무 많아서 비용을 계산하기가 어렵다.

2092 mutant
뮤우턴ㅌ
1 알비노 또한 mutant 증상 중 한 가지다.
2 머리가 둘 달린 mutant 의 동물에 대한 영화.

2093 melancholy
멜런카알리
1 비 오는 날은 melancholy 한 기분이 든다.
2 이유 없는 melancholy 가 계속되면 위험하다.

2094 antecedent
애앤테쓰이던ㅌ
1 그녀의 antecedent 들은 영국에서 건너왔다.
2 '기원전'은 예수의 탄생보다 antecedent 하는 시간이다.

2095 taboo
터부우
1 아랍 문화권에서 taboo 인 음식들.
2 그 얘기는 아직도 우리 집에서 taboo 이다.

2096 acid
애쓰이ㄷ
1 금속은 acid 에 의해 부식된다.
2 Acid 한 비는 대기오염의 결과이다.

2097 retail
뤼이테이일
1 도매상점과 retail 상점의 배송 차이.
2 이 제품의 권장 retail 가격은 10달러다.

2098 epidemic
에퍼데미ㅋ
1 Epidemic 이 빠르게 인근 마을까지 퍼져나갔다.
2 Epidemic 독감이 순식간에 전교에 퍼졌다.

2099 exterior
익스티어뤼어ˈ
1 건물 exterior 의 벽에 날씨에 강한 페인트를 칠했다.
2 이 건물의 exterior 는 멋지지만, 내부는 매우 낡았다.

2100 subconscious
썹카안쉬어ㅆ
1 Subconscious 속의 욕망을 다스리는 것은 어려운 일이다.
2 꿈은 subconscious 의 발현이라는 주장이 있다.

뗑 다반사[흔히 있는 일] 廖 아주 흔한, 상투적인	• a **commonplace** topic ｜ 평범한 화제 • a **commonplace** affair ｜ 흔한 일
뗑 위신, 명망 廖 명망 있는	• bring money and **prestige** ｜ 돈과 명성을 가져다주다 • the personal **prestige** ｜ 개인의 위신
뗑 공범, 공모자 廖 연합[동맹]한	• a **confederate** in a killing ｜ 살해 공범 • his **confederate** in crime ｜ 그의 공범
뗑 고무밴드 廖 고무로 된, 신축성 있는	• an **elastic** band ｜ 고무 밴드 • a knicker **elastic** ｜ 속바지 허리 고무줄
뗑 변수 廖 가변적인, 변동이 심한	• highly **variable** drugs ｜ 가변적인 약물 • a **variable** temperature ｜ 변동이 심한 기온
뗑 돌연변이 廖 돌연변이의	• a **mutant** gene ｜ 돌연변이 유전자 • **mutant** animals ｜ 돌연변이 동물들
뗑 우울감, 비애 廖 우울한, 슬픈	• in a **melancholy** mood ｜ 울적한 기분 • a **melancholy** face ｜ 어두운 얼굴
뗑 선조, 선행사건 廖 선행된, 앞서는	• an **antecedent** case ｜ 선행 사건의 경우, (문법의) 선행어 격 • **antecedent** events ｜ 선행 사건들
뗑 금기 (사항) 廖 금기의, 금단의	• a **taboo** word ｜ 금기어 • a **taboo** in Korean society ｜ 한국 사회의 금기
뗑 산, 산성 廖 산성의, (맛이) 신	• **acid** fruits ｜ 신 과일 • an **acid** rain ｜ 산성비
뗑 소매 廖 소매의	• a **retail** price ｜ 소매가 • a **retail** store ｜ 소매점
뗑 유행병, 유행성 전염병 廖 유행병인, 유행성 전염병인	• a severe **epidemic** ｜ 심각한 유행병 • a worldwide **epidemic** ｜ 세계적인 유행병
뗑 외부, 겉모습[외면] 廖 외부[겉]의, 옥외의	• the **exterior** of a building ｜ 건물 외부 • an **exterior** space ｜ 외부공간
뗑 잠재의식 廖 잠재의식의	• the **subconscious** mind ｜ 잠재의식 • in the **subconscious** ｜ 잠재의식 속의

2101 liberal
올리버뤌

1 그는 개혁을 원하는 liberal 이다.
2 중국과 liberal 한 무역 관계를 원하는 정치인들.

2102 adversary
애드버ᵛ·ㄹ써뤼

1 친구이면서도 adversary 인 관계.
2 Adversary 에 맹렬히 맞서는 복서.

2103 sovereign
싸아버ᵛ뤼ㄴ

1 대한민국의 sovereign 은 국민에게 있다.
2 영국으로부터 sovereign 된 국가가 된 호주.

2104 latter
을래애터ㄹ

1 나는 전자보다 latter 가 더 마음에 든다.
2 이 책은 latter 의 부분으로 가며 중심을 잃는다.

2105 centennial
쎈테니얼

1 개관한 지 99년째이니 내년은 centennial 인 해다.
2 설립한 지 100년이 지나 centennial 축제가 열렸어.

2106 rogue
뤄우ㄱ

1 술에 취하면 rogue 가 되는 사람.
2 Rogue 한 정치인이 공금을 횡령했다.

2107 preliminary
프륄리머네뤼

1 본격적인 연구에 앞선 preliminary 의 실험.
2 우리 팀은 운 좋게 preliminary 를 통과했다.

2108 patent
패애튼ㅌ

1 발명품에 대한 patent 를 획득했다.
2 그 발명품은 patent 의 보호를 받았다.

2109 utility²
유우틸러티

1 Utility 가 매우 낮은 쓸모없는 물건.
2 어디에나 쓸 수 있는 utility 한 나이프.

2110 premium
프뤼이미엄

1 혜택을 받으려면 premium 구독권으로 업그레이드하세요.
2 Premium 을 얹어 주고 그 물건을 살 수 있었다.

2111 underneath¹
언더ㄹ니이ㄸth

1 떨어진 동전. (underneath 가구)
2 그는 상자의 underneath 까지 자세히 살펴 보았다.

2112 recollect
뤠컬렉ㅌ

1 자세한 내용은 더 recollect 할 수 없다.
2 오래전 일이라 이제는 recollect 할 수 없는 기억.

2113 implore
임플로어ㄹ

1 한 번만 도와달라고 implore 했다.
2 그녀는 그에게 가지 말라고 implore 했다.

2114 plead
플리이ㄷ

1 자비를 베풀어 달라고 plead 했다.
2 자식을 한 번 더 보게 해달라고 plead 했다.

명 자유주의자, 진보주의자 형 자유로운, 진보적인	• a liberal university ι 진보적인 대학교 • a liberal politician ι 진보적인 정치인
명 상대방[적수] 형 상대방[적수]인	• a strong adversary ι 강한 상대 • knock down the adversary ι 상대방을 때려눕히다
명 주권 형 독립된, 자주적인	• a sovereign country ι 주권 국가 • a sovereign ruler ι 최고 통치자
명 후자, 마지막 형 마지막의, 후자의	• the latter of the two ι 둘 중에 후자 • the latter picture ι 후자의 그림
명 100주년 기념일[축제] 형 100년째의, 100년간의	• a centennial anniversary ι 100주년 • a centennial celebration ι 100주년 기념행사
명 악당, 불한당 형 나쁜, 범죄의, 독자적으로 행동하는	• find a rogue agent ι 독자적으로 행동하는 요원을 찾다 • a lovable rogue ι 정이 가는 악당
명 예선전, 예비 행위 형 예비의	• preliminary remarks ι 사전 발언 • preliminary results ι 예비 결과
명 특허권 형 특허의	• obtain a patent ι 특허를 획득하다 • apply for a patent ι 특허를 신청하다
명 유용성, (수도 · 전기 등의) 공익사업 형 다용도[다목적]의	• a utility player ι 다용도의 선수 • a utility box ι 다용도 상자
명 할증료[프리미엄], 보험료 형 상급의	• a monthly premium ι 월 보험료 • pay a premium ι 추가금을 내다
명 밑면 전 …의 밑[아래]에	• underneath the bed ι 침대 밑에 • look underneath ι 밑을 보다
통 기억해[생각해] 내다	• recollect that time ι 그때를 생각해 내다 • recollect the details ι 자세한 내용을 생각해내다
통 애원하다, 간청하다	• implore her to stay ι 그녀에게 떠나지 말라 애원하다 • implore financial aid ι 학비 지원을 간청하다
통 애원하다, 간청하다	• plead not to go ι 가지 말라고 애원하다 • plead for mercy ι 자비를 간청하다

2115 deplete
디플리이트
¹ 천연자원이 거의 deplete 된 나라.
² 오존층을 deplete 하는 물질의 사용을 줄여야 한다.

2116 imprison
임프뤼즌
¹ 철창에 imprison 된 범죄자들.
² 경찰이 무고한 사람을 imprison 했다.

2117 oversee
오우버ᵛ·ʳ씨이
¹ 사업을 oversee 할 관리자를 임명했다.
² 현장 소장이 건설 현장을 oversee 한다.

2118 enforce¹
인포ᵗ어ʳㅆ
¹ 법률을 공평하게 enforce 한다.
² 경찰은 법의 제정이 아닌 법을 enforce 하는 일을 한다.

2119 enforce²
인포ᵗ어ʳㅆ
¹ 협조를 enforce 할 수는 없다.
² 누구에게도 복종을 enforce 할 수 없다.

2120 compel
컴펠
¹ 대답을 compel 하지 마세요.
² 아무도 남에게 복종을 compel 할 수 없다.

2121 snatch
스내애취
¹ 고양이가 병아리를 snatch 하고 달아났다.
² 소매치기범이 그녀의 핸드백을 snatch 했다.

2122 clip
클리ㅍ
¹ 새가 날 수 없게 날개를 clip 한 악어.
² 그의 추악한 과거가 그의 날개를 clip 했다.

2123 initiate
이니쉬에이트
¹ 이제 막 새 프로젝트를 initiate 했다.
² 정부가 개혁에 initiate 하기 시작했다.

2124 transact
트뤠앤재액트
¹ 전국의 점포들과 transact 하고 있습니다.
² 업체와 직접 transact 해서 수익을 챙겼다.

2125 irritate
이뤄테이트
¹ 연기가 내 눈을 irritate 한다.
² 자는데 모기가 날 irritate 했다.

2126 reside
뤼자이ㄷ
¹ 나는 10년 동안 미국에서 reside 했다.
² 이 아파트에 reside 하는 사람들만의 혜택.

2127 commune²
커어뮤운
¹ 자연과 commune 하기 위해 시골로 갔다.
² 처음 보는 사람들과 하나의 주제로 commune 했다.

2128 withstand
위ᵗʰ스태앤ㄷ
¹ 가혹한 시련을 withstand 했다.
² 강풍을 withstand 하도록 튼튼하게 지어진 건물.

동 대폭 감소[고갈]시키다	• deplete the food supply ı 식량 공급을 격감시키다 • deplete resources ı 자원을 고갈시키다
동 투옥하다, 감금하다	• imprison criminals ı 죄수를 감금하다 • imprison the offender ı 범인을 감옥에 잡아넣다
동 감독하다, 감시하다	• oversee students ı 학생들을 감독[감시]하다 • oversee a test ı 시험을 감독하다
동 집행하다, 시행하다	• enforce a law ı 법을 시행하다 • enforce restrictions ı 규제를 시행하다
동 강요하다	• enforce the cooperation ı 협조를 강요하다 • enforce to come ı 오라고 강요하다
동 강요하다, 강제하다	• compel people to pay ı 사람들에게 돈을 내도록 하다 • compel him to confess ı 그에게 자백을 강요하다
동 잡아채다, 강탈하다	• snatch a ball ı 공을 잡아채다 • snatch a chicken ı 닭을 잡아채다
동 (날개를) 꺾다 명 (잘라서 보여주는) 짧은 영상, 핀[클립]	• clip angel's wings ı 천사의 날개를 꺾다 • clip the hedge ı 울타리를 깎다
동 착수하다, 개시하다	• initiate a project ı 프로젝트를 시작하다 • initiate an attack ı 공격을 개시하다
동 거래하다	• transact directly ı 직거래하다 • transact by the agency ı 중간상인을 통해 거래하다
동 자극하다, 짜증 나게 하다, 거슬리다	• irritate the others ı 다른 사람들을 짜증 나게 하다 • irritate greatly ı 몹시 성가시게 하다
동 살다, 거주하다	• reside permanently in Seoul ı 영구적으로 서울에 거주하다 • reside in the forest ı 숲에서 거주하다
동 교감하다, 친하게 사귀다 명 공동체	• commune with nature ı 자연과 교감하다 • commune with animals ı 동물들과 교감하다
동 이겨내다, 견뎌내다	• withstand hardships ı 고난을 견디다 • withstand high temperatures ı 고온을 견디다

2129 **subordinate**[2] 써보어[r]더너ㅌ	1 그들은 돈을 벌기 위해 안전을 subordinate 했다. 2 이상에 심취하여 현실을 subordinate 하면 안 된다.
2130 **linger** 을링거[r]	1 오랫동안 머릿속에 linger 하는 기억. 2 그녀의 향수 냄새가 방에 linger 했다.
2131 **profess** 프뤄페[f]ㅆ	1 나는 전문가라고 profess 한 적이 없다. 2 그는 아직도 자신의 무죄를 profess 했다.
2132 **persist** 퍼[r]씨이ㅅㅌ	1 오류가 persist 하면 고객센터에 문의하세요. 2 만약 증상이 persist 하면 의사와 상담하세요.
2133 **exaggerate** 이ㄱ재애줘뤠이ㅌ	1 Exaggerate 하지 말고 사실만 말해. 2 자신의 업적을 exaggerate 해서 말하는 사람.
2134 **inflate**[1] 인플[f]레이ㅌ	1 끈을 당기면 튜브가 inflate 합니다. 2 비상시 구명조끼를 inflate 해서 사용하세요.
2135 **inflate**[2] 인플[f]레이ㅌ	1 식료품 가격이 inflate 되는 것을 막아야 한다. 2 제품에 대한 높은 수요가 가격을 inflate 했다.
2136 **overdo** 오우버[v,r]두우	1 음식에 소금을 overdo 하지 마라. 2 다이어트도 overdo 하면 건강에 무리가 온다.
2137 **overstate** 오우버[v,r]스테이ㅌ	1 그의 재능은 다소 overstate 되어 있다. 2 사실을 overstate 하지 말고 있는 그대로 말해라.
2138 **negotiate** 니고우쉬에이ㅌ	1 정부는 테러범들과 negotiate 하지 않을 것이다. 2 노동자들이 임금 인상을 위해 경영진과 negotiate 한다.
2139 **stoop** 스투우ㅍ	1 상자를 들어 올리기 위해서 몸을 stoop 했다. 2 문이 너무 낮아서 몸을 stoop 해서 들어갔다.
2140 **assort** 어쏘어[r]ㅌ	1 상자를 크기별로 assort 하세요. 2 성인용과 아동용을 따로 assort 했다.
2141 **condemn** 컨뎀	1 증거도 없이 condemn 할 수 없다. 2 무분별하게 condemn 하기보단 논리적인 비판을 해라.
2142 **forsake** 포[f,r]쎄이ㅋ	1 나쁜 습관을 forsake 해야 한다. 2 그는 도시의 화려함을 forsake 하고 시골로 내려갔다.

통 경시하다 명 부하, 하급자	• subordinate to profit ǀ 이익보다 경시하다 • subordinate work to private life ǀ 일보다 사생활을 더 중요시하다
통 남다, 머물다, 계속되다	• linger in a place ǀ 한 자리에 오래 머물다 • eyes linger ǀ 시선이 오래 머물다
통 자처하다, 주장하다, 고백하다	• profess my love for him ǀ 그에 대한 내 사랑을 고백하다 • profess the innocence ǀ 무죄를 주장하다
통 지속하다, 고집하다	• persist in fighting ǀ 투쟁을 계속하다 • persist with questioning ǀ 집요하게 계속 질문하다
통 과장하다	• exaggerate a rumor ǀ 소문을 과장해서 말하다 • exaggerate about a fact ǀ 사실에 대해 과장하다
통 부풀다, 부풀리다, 과장하다	• inflate the truth ǀ 사실을 과장하다 • inflate tires ǀ 타이어에 바람을 넣다
통 (가격을) 올리다	• inflate the market price ǀ 시세를 올리다 • inflate the price ǀ 가격을 올리다
통 지나치게 하다, 과장하다	• overdo a steak ǀ 스테이크를 너무 오래 굽다 • overdo a workout ǀ 운동을 지나치게 하다
통 과장하다	• overstate an argument ǀ 주장을 과장하다 • overstate his experience ǀ 그의 경험담을 과장하다
통 협상하다, 교섭하다	• negotiate with terrorists ǀ 테러범과 협상하다 • deny to negotiate ǀ 협상하길 거부하다
통 몸을 굽히다[구부리다]	• stoop down to tie shoes ǀ 신발 끈을 묶으려고 몸을 굽히다 • tend to stoop ǀ 구부정하게 걷는 경향이 있다
통 분류하다, 구분하다	• assort documents ǀ 서류를 분류하다 • assort in categories ǀ 카테고리별로 분류하다
통 비난하다, 규탄하다	• condemn the crimes ǀ 범죄를 규탄하다 • condemned to death ǀ 사형 선고를 받은
통 버리다, 그만두다	• forsake my principles ǀ 자신의 원칙을 저버리다 • forsake a cause ǀ 대의를 저버리다

2143	**resign** 뤼자인	¹ 불명예스럽게 resign 한 교수. ² 회사 상관이 마음에 안 들어서 자진해서 resign 했다.
2144	**dabble** 대애블	¹ 계곡물이 차가워서 발만 dabble 했다. ² 어렸을 때 부모님의 권유로 피아노를 dabble 했다.
2145	**skyrocket** 스카이롸아키ㅌ	¹ 물가가 skyrocket 하여 서민들의 생활이 힘들어졌다. ² 기업 수익은 skyrocket 했지만, 고용률은 늘지 않고 있다.
2146	**disconnect** 디스커넥ㅌ	¹ 갑자기 통화가 disconnect 되었다. ² 요금을 내지 않으면 전기가 disconnect 될 수도 있다.
2147	**commemorate** 커메머뤠이ㅌ	¹ 창립 5주년을 commemorate 하는 행사가 열린다. ² 8월 15일에 한국의 광복을 commemorate 한다.
2148	**faint**² 페ᶠ인ㅌ	¹ 너무 배고파서 faint 할 것 같아. ² 심한 경우 정신을 잃고 faint 할 수도 있습니다.
2149	**mow** 모우	¹ 잔디를 mow 할 정원사를 고용했다. ² 잔디를 mow 하고 마당 좀 청소해라.
2150	**abstract** 애앱스트뤠액ㅌ	¹ 지하에서 물을 abstract 했다. ² 그의 주장에서 주된 요지만 abstract 해 봐.
2151	**evoke** 이보ᵛ우ㅋ	¹ 젊은 날의 추억을 evoke 하는 음악. ² 기득권층의 거센 반발을 evoke 한 세금 인상 정책.
2152	**tuck** 터ㅋ	¹ 봉투의 접는 부분을 안으로 tuck 하세요. ² 단추를 잠근 후 셔츠를 바지 속으로 tuck 했다.
2153	**disclose** 디스클로우ㅈ	¹ 숨기고 있던 신분을 disclose 했다. ² 개인정보를 아무에게나 disclose 하지 마세요.
2154	**dispense**¹ 디스펜ㅆ	¹ 이재민들에게 구호물자를 dispense 하다. ² 어려운 사람들에게 무료 서비스를 dispense 하다.
2155	**dispense**² 디스펜ㅆ	¹ 약사는 의사의 처방에 따라 약을 dispense 한다. ² 약사는 약을 dispense 하기 전 처방전을 검토한다.
2156	**surpass** 써ʳ패애ㅆ	¹ 세계 기록을 surpass 했다. ² 나의 한계를 surpass 할 것이다.

통 사직하다, 그만두다	• **resign** from the firm ∣ 기업에서 사퇴하다 • **resign** in protest ∣ 항의의 표시로 사임하다
통 잠깐 담그다, 조금 해보다	• **dabble** in politics ∣ 정치에 잠깐 발을 담그다 • **dabble** in the stock market ∣ 증권을 조금 해보다
통 급등하다	• continue to **skyrocket** ∣ 급등하기 시작하다 • the prices **skyrocket** ∣ 가격이 급등하다
통 연결[접속]을 끊다, 공급을 끊다	• **disconnect** electricity ∣ 전기를 차단하다 • **disconnect** from the computer ∣ 컴퓨터 연결을 해제하다
통 (중요 인물 · 사건 등을) 기념하다	• **commemorate** the victory ∣ 승리를 기념하다 • **commemorate** the anniversary ∣ 기념일을 기념하다
통 기절하다 형 희미한	• **faint** from the shock ∣ 충격으로 기절하다 • fall in a **faint** ∣ 기절하여 쓰러지다
통 (잔디를) 깎다[베다]	• **mow** the lawn every week ∣ 매주 잔디를 깎다 • **mow** once a month ∣ 한 달에 한 번 잔디를 깎다
통 추출하다, 끌어내다 형 추상적인	• **abstract** the main points ∣ 주된 요소들을 추출하다 • **abstract** water ∣ 물을 추출하다
통 환기하다, 끌어내다	• **evoke** pleasant memories ∣ 즐거운 기억들이 떠오르다 • **evoke** a smile ∣ 미소를 자아내다
통 밀어[끼워] 넣다	• **tuck** in the shirt ∣ 셔츠를 집어넣다 • **tuck** in a child ∣ 아이를 재우다
통 드러내다, 폭로하다, 누설하다	• **disclose** details ∣ 세부적인 정보를 공개하다 • **disclose** a secret ∣ 비밀을 폭로하다
통 제공하다, 나누어주다	• **dispense** the daily necessity ∣ 생필품을 나누어 주다 • **dispense** foods ∣ 음식을 나누어 주다
통 (약사가 약을) 조제하다	• **dispense** a medicine ∣ 약을 짓다 • **dispense** a prescription ∣ 처방된 약을 짓다
통 뛰어넘다, 능가하다	• **surpass** expectations ∣ 기대를 능가하다 • **surpass** all imagination ∣ 상상 이상의 결과를 내다

2157 pierce
피어「ㅆ

1. 화살이 그의 어깨를 pierce 했다.
2. 밤의 적막을 pierce 하는 사이렌 소리.

2158 inflict
인플「릭ㅌ

1. 남에게 심한 상처를 inflict 하지 마라.
2. 홈 팀에게 치욕스러운 패배를 inflict 했다.

2159 liken
을라이큰

1. 흔히 인생을 여행에 liken 한다.
2. 자신을 동물에 liken 한다면 어떤 동물일까요?

2160 reprove
뤼ㅍ루우ㅂ^V

1. 실례를 범한 아이를 reprove 했다.
2. 농땡이를 피우는 직원을 reprove 했다.

2161 soothe
수우ㄸ^th

1. 통증을 soothe 하는 진통제.
2. 엄마가 우는 아이를 soothe 한다.

2162 overturn
오우버^v·「터언「

1. 거친 파도에 보트가 overturn 했다.
2. 판결이 항소 법정에서 overturn 했다.

2163 postpone
포우ㅅㅌ포운

1. 사정상 회의가 1시간 postpone 됐다.
2. 부족한 자재 때문에 공사를 postpone 했다.

2164 dedicate
데디케이ㅌ

1. 일생을 우주 연구에 dedicate 했다.
2. 평생 사회 복지에 dedicate 한 사람.

2165 unwrap
언뤠애ㅍ

1. 리본을 풀고 상자의 포장을 unwrap 했다.
2. 온 가족 앞에서 생일 선물을 unwrap 했다.

2166 affix
어픽「ㅅ

1. 소포에 항공우편 라벨을 affix 했다.
2. 표시된 부분에 스티커를 affix 해 주세요.

2167 despoil
디ㅅ포이일

1. 왕의 무덤을 despoil 한 도적들.
2. 과학이 자연을 despoil 하고 있을까?

2168 economize
이카아너마이ㅈ

1. 식품비보다는 유흥비를 economize 해야겠다.
2. 연료비를 economize 하려다가 감기 걸리겠어.

2169 clench
클렌취

1. 화가 나서 주먹을 clench 했다.
2. 고통을 참기 위해 이를 clench 했다.

2170 acquaint
어쿠에인ㅌ

1. 신입사원에게 매뉴얼을 acquaint 하라.
2. 나에게 새로운 소식을 acquaint 해 주는 친구.

툉 뚫다, 가르다	• pierce the ears ¦ 귀를 뚫다 • pierce armor ¦ 갑옷을 관통하다
툉 (고통을) 주다[가하다]	• inflict damage ¦ 피해를 주다 • inflict a defeat ¦ 패배를 안겨주다
툉 비유하다, 견주다	• liken Korea to Japan ¦ 한국을 일본에 비유하다 • liken life to a journey ¦ 여행에 인생을 비유하다
툉 나무라다, 꾸짖다	• reprove for being late ¦ 늦는다고 나무라다 • sharply reprove ¦ 심하게 꾸중하다
툉 진정시키다, 달래다	• soothe the crying baby ¦ 우는 아이를 달래다 • soothe the anger ¦ 화를 가라앉히다
툉 뒤집히다, 뒤집다	• overturn a decision ¦ 결정을 뒤집다 • overturn a situation ¦ 양상을 뒤엎다
툉 연기하다, 미루다	• postpone a meeting ¦ 회의를 연기하다 • postpone a visit ¦ 방문을 연기하다
툉 헌신하다, 바치다	• dedicate to the company ¦ 회사에 헌신하다 • dedicate a song to her ¦ 그녀에게 노래를 바치다
툉 풀다, 뜯다, 벗기다	• unwrap packages ¦ 상자의 포장을 뜯다 • unwrap a bandage ¦ 붕대를 풀다
툉 부착하다, 붙이다	• affix the label ¦ 라벨을 붙이다 • affix to the package ¦ 상자에 붙이다
툉 훼손하다, 빼앗다	• despoil the dominion ¦ 통치권을 빼앗다 • despoil the nature ¦ 자연을 훼손하다
툉 절약하다, 아끼다	• economize on energy ¦ 에너지를 절약하다 • economize on heating ¦ 난방비를 아끼다
툉 꽉 쥐다, 악물다	• clench my teeth ¦ 이를 악물다 • clench the fists ¦ 주먹을 꽉 쥐다
툉 익히다, 숙지하게 하다, 알리다	• acquaint myself with the rules ¦ 규칙을 숙지하다 • acquaint him with the facts ¦ 그에게 그 사실들을 알리다

2171	**precede** 프뤼이씨이ㄷ	¹ 그해 전쟁보다 precede 했던 사건. ² 그녀는 내가 precede 하도록 배려해 줬다.
2172	**escalate** 에스컬레이ㅌ	¹ 우리는 전쟁이 escalate 되는 것을 원치 않습니다. ² Escalate 하는 물가 때문에 서민들의 생활이 몹시 어려워졌다.
2173	**throb** ㄸth뤄어ㅂ	¹ 갑자기 머리가 throb 하며 아팠다. ² 너무 오래 걸으니 발바닥이 throb 했다.
2174	**conquer** 카앙커ʳ	¹ 두려움을 conquer 해야 한다. ² 3일 만에 고지를 conquer 했다.
2175	**swipe²** 스와이ㅍ	¹ 직원이 내 신용카드를 리더기에 swipe 했다. ² 직원 카드를 swipe 해야만 출입할 수 있는 건물.
2176	**forgo** 포ʳ어ʳ고우	¹ 파티를 forgo 하고 시험공부를 해야 한다. ² 요새는 대중교통이 잘 되어있어서 차 없이 forgo 하는 것도 괜찮아.
2177	**insure** 인슈어ʳ	¹ 질병이나 상해에 대비하여 insure 하는 사람들. ² 창문 잠금장치가 없는 건물은 insure 되지 않았다.
2178	**rattle** 뤠애틀	¹ 바람에 창문이 rattle 하는 소리에 밤새 잠을 못 잤다. ² 수레가 rattle 하며 지나갔다.
2179	**befall** 비퍼ˈ얼	¹ 앞으로 befall 할 시련을 잘 이겨내자. ² 무슨 재앙이라도 befall 할지 몰라 걱정된다.
2180	**sever** 쎄버ᵛ·ʳ	¹ 연결고리를 sever 하다. ² 부자지간의 연을 sever 했다.
2181	**slam** 슬래앰	¹ 문을 slam 하지 마라. ² 책을 책상 위에 slam 했다.
2182	**bug** 버ㄱ	¹ 그는 상대 후보의 사무실을 bug 한 혐의로 체포되었다. ² 닉슨 대통령은 민주당 전국위원회 사무실을 bug 하려 했다.
2183	**storm** 스토엄ʳ	¹ 성난 군중이 시청을 storm 했다. ² 경찰은 도박장을 storm 해서 도박꾼 전원을 검거했다.
2184	**enclose** 인클로우ㅈ	¹ 텃밭을 울타리로 enclose 했다. ² 편지에 필요한 서류를 enclose 했다.

뜻	예문
통 선행하다, 앞서다	• precede the project ㅣ 그 프로젝트 이전에 오다 • precede all the others ㅣ 다른 사람들에 앞서다
통 확대되다, 오르다	• escalate the fight ㅣ 싸움이 번지다 • escalate into a big one ㅣ 더 큰 것으로 확대되다
통 지끈[욱신]거리다, 고동치다, 울리다	• throb painfully ㅣ 지끈거리며 아프다 • start to throb ㅣ 욱신거리기 시작한다
통 정복하다, 이기다	• conquer a new territory ㅣ 새로운 영토를 정복하다 • conquer a foreign country ㅣ 다른 나라를 정복하다
통 (신용카드 등을 전자기기에) 대다, 읽히다, 후려치다, 휘둘러 치다 명 후려치기, 휘두르기	• swipe the card ㅣ 카드를 긁다 • swipe mother's card ㅣ 어머니의 카드를 긁다
통 포기하다, …없이 하다 [가다, 지내다]	• forgo a pleasure ㅣ 유희를 삼가다 • forgo the party ㅣ 파티를 포기하다
통 보험에 들다, 보험을 팔다, 지키다	• insure the safety ㅣ 안전을 보증하다 • insure against fire ㅣ 화재 보험에 들다
통 달가닥거리다	• windows rattle ㅣ 창문들이 달가닥거리다 • a rattle snake ㅣ 방울뱀
통 닥치다	• a natural disasters befall ㅣ 자연재해가 닥치다 • befall our country ㅣ 우리나라에 닥치다
통 끊다[자르다], 절단하다, 단절하다	• sever the artery ㅣ 동맥을 절단하다 • sever contact ㅣ 연락을 끊다
통 쾅 닫다, 내동댕이치다	• slam the door ㅣ 문을 쾅 닫다 • slam shut ㅣ 쾅 닫다
통 도청하다 명 곤충, 벌레	• bug the office ㅣ 사무실을 도청하다 • bug suspect's car ㅣ 용의자의 차를 도청하다
통 기습하다, 돌격하다 명 폭풍, 폭풍우	• storm into the building ㅣ 건물 안으로 돌진하다 • storm into the enemy ㅣ 적군을 기습하다
통 둘러싸다, 에워싸다, 동봉하다	• enclose a check ㅣ 수표를 동봉하다 • enclose the letter ㅣ 편지를 동봉하다

7
week

Weekly Planner

Jan · Feb · Mar · Apr · May · Jun · Jul · Aug · Sep · Oct · Nov · Dec

MON	
TUE	
WED	
THU	
FRI	
SAT	
SUN	

To Do List

- ○
- ○
- ○
- ○
- ○
- ○

Notes

2185 resume²
뤼쥬움

¹ 중단된 회의를 resume 했다.
² 은퇴했던 가수가 활동을 resume 했다.

2186 humanize
휴우머나이ㅈ

¹ 로봇을 완벽히 humanize 할 수 있을까?
² 감옥을 humanize 하는 장소로 만들려는 조치.

2187 reawaken
뤼어웨이큰

¹ 어린 시절 추억을 reawaken 하는 장소.
² 군 개혁에 대한 요구를 reawaken 한 사건.

2188 befriend
비프ᵣ뤤ᴄ

¹ 새로 전학 온 친구와 befriend 했다.
² 학교에 적응하지 못하는 친구에게 먼저 다가가 befriend 했다.

2189 station
스테이쉬언

¹ 현재 2만 명이 넘는 미군이 한국에 station 되어 있다.
² 미군은 독일 · 벨기에 · 이탈리아 등에도 station 되어 있다.

2190 quantify
쿠언터파ᵣ이

¹ 사랑의 기쁨을 quantify 할 수 없다.
² 놀이기구의 위험성을 quantify 하여 보여 드리겠습니다.

2191 enslave
인슬레이ㅂᵛ

¹ 돈이 사람들을 enslave 하기도 한다.
² 원주민들을 enslave 하고 박해했던 백인들.

2192 wiggle
위글

¹ 강아지가 꼬리를 살짝 wiggle 했다.
² 만약 발가락을 wiggle 할 수 없으면 신발이 너무 작은 거야.

2193 spank
스패앵ㅋ

¹ 계속 말 안 들으면 엄마가 spank 할 거야!
² 부모나 교사가 아이를 spank 하는 것이 금지된 곳도 있다.

2194 err
에어ʳ

¹ 사람은 누구나 err 할 수 있다.
² 그렇게 결정한 건 err 한 것 같다.

2195 unveil
언베ᵛ이일

¹ 신제품을 공식적으로 unveil 하다.
² 비밀에 싸였던 사실을 드디어 unveil 하다.

2196 hail²
헤이일

¹ 거리에서 친구가 hail 했어.
² 손을 흔들어 택시를 hail 했다.

2197 hail³
헤이일

¹ 노동자들은 대체공휴일 도입을 대단히 hail 했다.
² 광장에 모인 수많은 사람이 대통령 당선인을 hail 했다.

2198 kneel
니일

¹ 그가 kneel 하고 그녀에게 청혼했다.
² 교회당 안에서 kneel 하고 기도하는 사람.

图 재개하다, 다시 작동시키다 图 이력서, 요약[개요]	• resume the video ㅣ 비디오를 다시 틀다 • resume negotiations ㅣ 협상을 재개하다
图 인간답게 만들다, 인도적이 되게 하다	• humanize criminals ㅣ 범죄자들을 인간답게 만들다 • humanize the prison ㅣ 교도소를 인도적으로 만들다
图 다시 깨우다, 되살리다	• reawaken bad memories ㅣ 나쁜 기억을 되살리다 • reawaken childhood memories ㅣ 어린 시절의 추억을 되살리다
图 친구가 되다, 친구가 되어주다	• befriend an outsider ㅣ 아웃사이더와 친구가 되다 • befriend with a boy ㅣ 소년과 친구가 되다
图 주둔시키다 图 정거장, 역	• station a troop abroad ㅣ 해외에 군대를 주둔시키다 • station in Japan ㅣ 일본에 주둔하다
图 수량화하다	• can't quantify love ㅣ 사랑을 수량화할 수 없다 • impossible to quantify ㅣ 수량화하기 불가능한
图 노예로 만들다	• enslave the prisoners ㅣ 포로들을 노예로 만들다 • enslave a nation ㅣ 한 국가를 노예로 만들다
图 꿈틀[꼼지락/씰룩]거리다	• wiggle his toes ㅣ 그의 발가락을 꼼지락거리다 • wiggle the bottom ㅣ 엉덩이를 씰룩씰룩 움직이다
图 (아이에게 벌로써) 엉덩이를 때리다	• spank children ㅣ 아이들의 엉덩이를 때리다 • spank as a punishment ㅣ 벌로 엉덩이를 때리다
图 실수를 범하다	• err from the truth ㅣ 진리에서 벗어나다 • liable to err ㅣ 잘못을 저지르기 쉬운
图 발표하다, 덮개를 벗기다	• unveil a secret ㅣ 비밀을 밝히다 • unveil the plan ㅣ 계획을 밝히다
图 부르다, 신호를 보내다 图 우박	• hail a taxi ㅣ 택시를 부르다 • hail him as king ㅣ 그를 왕이라 부르다
图 반갑게[환호성으로] 맞이하다	• hail him on the street ㅣ 거리에서 그를 반갑게 맞이하다 • hail the hero ㅣ 영웅을 환호성으로 맞이하다
图 무릎을 꿇다	• kneel before the king ㅣ 왕 앞에서 무릎 꿇다 • kneel in prayer ㅣ 무릎 꿇고 기도하다

2199 recall²
뤼이커얼

¹ 회사는 불량품들을 모두 recall 했다.
² 배터리 폭발로 휴대폰을 recall 했다.

2200 isolate
아이썰레이ㅌ

¹ 전염병 환자를 isolate 했다.
² 사회와 isolate 된 채 살아왔다.

2201 interlock
인터ʳ라아ㅋ

¹ 톱니바퀴가 잘 interlock 해서 돌아간다.
² 양손의 손가락을 interlock 해서 깍지를 끼세요.

2202 enchant
인췌앤ㅌ

¹ 우리를 enchant 한 아름다운 풍경.
² 아름다운 목소리로 사람들을 enchant 하는 가수.

2203 evade
이베ᵛ이ㄷ

¹ 그의 도움 덕분에 곤란한 상황을 겨우 evade 했다.
² 경찰의 체포를 교묘히 evade 했다.

2204 propel
프뤄펠

¹ 로켓을 propel 하는 고성능 엔진.
² 회사를 성장으로 propel 하는 수출 전략.

2205 disregard
디쓰뤼가아ʳㄷ

¹ 안전 규칙을 disregard 하면 안 된다.
² 그들은 내 제안을 완전히 disregard 했다.

2206 scrub
스크뤄ㅂ

¹ 스펀지로 접시를 scrub 해서 닦아라.
² 때수건으로 몸을 scrub 해서 씻었다.

2207 smear
스미어ʳ

¹ 그의 얼굴은 진흙과 땀으로 smear 되어 있었다.
² 아이들이 진흙을 벽에 마구 smear 해 놓은 상태였다.

2208 withdraw¹
위ㄸᵗʰㄷ뤄어

¹ 아군은 어쩔 수 없이 withdraw 해야 했다.
² 그 법안을 withdraw 해 달라고 정부에 진정했다.

2209 withdraw²
위ㄸᵗʰㄷ뤄어

¹ 그녀는 ATM 에서 돈을 withdraw 했다.
² 어제 10만 원을 withdraw 했는데, 지갑이 텅 비다니!

2210 deprive
디프롸이ㅂᵛ

¹ 과중한 업무가 여가를 deprive 했다.
² 군사 독재는 국민의 자유를 deprive 했다.

2211 defy
디파ʳ이

¹ 아버지에게 defy 하는 것은 이번이 처음이야.
² 노조는 경영진에 defy 하여 파업을 계속했다.

2212 transmit¹
트뤠앤쓰미ㅌ

¹ 위성에서 transmit 한 신호가 잡혔다.
² 데이터를 transmit 하는 중이니 기다리세요.

통 회수[리콜]하다, 기억해내다 명 기억력	• recall defective products ı 불량품을 회수하다 • recall the faulty car ı 결함이 있는 자동차를 회수하다	
통 격리하다, 고립시키다	• isolate an area ı 지역을 고립시키다 • isolate from the society ı 사회에서 고립시키다	
통 서로 맞물리다	• interlock fingers ı 손깍지 끼다 • interlock pieces ı 서로 맞물리는 조각들	
통 넋을 잃게 하다, 매혹하다	• enchant with magic ı 마법으로 황홀하게 하다 • enchant tourists ı 관광객들을 매혹하다	
통 회피하다, 모면하다	• evade the issue ı 사안을 회피하다 • evade taxes ı 탈세하다	
통 나아가게 하다, 추진하다, 몰고 가다	• propel a vehicle ı 차량을 몰고 가다 • propel the growth ı 성장을 추진하다	
통 무시하다	• disregard his comments ı 그의 발언을 무시하다 • disregard my recommendation ı 내 제안을 무시하다	
통 빡빡 문지르다	• scrub hands ı 손을 문질러 씻다 • scrub the dirt off ı 먼지를 문질러 씻다	
통 처바르다, 문지르다, 더럽히다, 중상[비방]하다	• threaten to smear ı 비방하겠다고 위협하다 • smear with honey ı 꿀을 바르다	
통 철수하다, 철회하다, 물러나다	• withdraw from the battle ı 싸움에서 철수하다 • withdraw an appeal ı 상소를 철회하다	
통 (계좌에서 돈을) 인출하다	• withdraw money from the bank ı 은행에서 돈을 인출하다 • withdraw $200 ı 200달러를 인출하다	
통 빼앗다, 박탈하다	• deprive basic rights ı 기본적인 인권도 빼앗다 • deprive of the property ı 재산을 빼앗다	
통 거역하다, 반항하다	• defy the law ı 법을 위반하다 • defy authority ı 권력에 도전하다	
통 전송하다, 전달하다, 발신하다	• transmit a signal ı 신호를 발신하다 • transmit live ı 생중계하다	

2213	**transmit**[2] 트뤤쓰미ㅌ	¹ 말라리아는 모기를 통해 transmit 된다. ² 광견병은 너구리나 늑대에 의해서도 transmit 될 수 있다.
2214	**rove** 뤄우ㅂ^v	¹ 숲속에서 길을 잃고 rove 했다. ² 낯선 도시에서 길을 몰라 rove 했다.
2215	**radiate** 뤠이디에이ㅌ	¹ 난로가 열을 radiate 하고 있다. ² 표정에서 자신감을 radiate 하고 있다.
2216	**hinder** 힌더ʳ	¹ 금리 인상이 투자 심리를 hinder 하고 있다. ² 역풍이 항공기들의 진로를 hinder 한다.
2217	**interfere** 인터ʳ피ʳ어ʳ	¹ 남의 사생활에 interfere 하지 마라. ² 우리 엄마는 항상 내 일에 interfere 한다.
2218	**obstruct** 업스트뤅ㅌ	¹ 기둥이 시야를 obstruct 했다. ² 태풍에 쓰러진 나무들이 도로를 obstruct 한다.
2219	**banish** 배애니쉬	¹ 근심을 banish 하기 위해 노력했다. ² 왕이 반역자를 나라 밖으로 banish 했다.
2220	**dispose** 디스포우ㅈ	¹ 물건을 각자 올바른 위치에 dispose 해 두세요. ² 폐기물을 이 장소에 dispose 하세요.
2221	**revise** 뤼바ʳ이ㅈ	¹ 내용이 다소 revise 되어 나온 수정판. ² 시대에 따라 법률은 revise 되어야 한다.
2222	**renovate** 뤠너베ʳ이ㅌ	¹ 낡은 집을 renovate 해서 새집처럼 만들었다. ² 시설을 renovate 하느라 일시적으로 영업을 중지했다.
2223	**conserve** 컨써어ʳㅂ^v	¹ 에너지를 conserve 하자. ² 야생 동물들을 conserve 하다.
2224	**reestablish** 뤼이스태애블리쉬	¹ 기울어 가던 회사를 reestablish 했다. ² 무너진 관계를 reestablish 해야 한다.
2225	**avenge** 어벤ʳ쥐	¹ 원수를 찾아가 avenge 할 것이다. ² 용서하는 것이 가장 잘 avenge 하는 것이다.
2226	**submit**[2] 썹미ㅌ	¹ 그는 약자에게는 강했고, 강자에게는 submit 했다. ² 그는 신의 뜻에 반드시 submit 해야 한다고 말했다.

图 전염시키다	• transmit diseases I 병을 전염시키다 • transmit fears I 두려움을 전염시키다
图 배회하다, 방랑하다	• rove about the area I 그 지역을 방랑하다 • rove around the world I 세계를 방랑하다
图 내뿜다, 방출하다	• radiate energy I 에너지를 방출하다 • radiate heat I 열을 발산하다
图 저해하다, 방해하다	• hinder the economic growth I 경제 성장을 방해하다 • hinder from studying I 공부하는 것을 방해하다
图 간섭하다, 방해하다	• interfere in her life I 그의 생활에 개입하다 • interfere with his work I 그의 일을 방해하다
图 막다, 방해하다	• obstruct a road I 길을 막다 • obstruct the view I 시야를 가로막다
图 사라지게 하다, 제거하다, 추방하다, 유배 보내다	• Banish her from your mind. I 그녀를 네 마음에서 떨쳐내어라. • banish to Germany I 독일로 추방하다
图 처리하다, 배열[배치]하다	• dispose of the body I 시체를 처리하다 • dispose books alphabetically I 알파벳순으로 책을 정리하다
图 개정하다, 변경하다	• revise a policy I 정책을 변경하다 • revise laws I 법을 개정하다
图 개조하다, 보수하다	• renovate the building I 건물을 보수하다 • renovate the old cathedral I 낡은 대성당을 보수하다
图 아끼다, 보존하다	• conserve energy I 에너지를 아끼다 • conserve strength I 힘을 아끼다
图 재건하다, 복구하다	• reestablish the usual routine I 일상을 회복하다 • reestablish the relationship I 관계를 복구하다
图 복수하다	• avenge his father's death I 그의 아버지의 죽음을 복수하다 • avenge my family I 내 가족의 원수에 복수하다
图 복종하다, 제출하다	• submit to threats I 위협에 굴복하다 • submit to punishment I 처벌을 달게 받다

| 2227 | **shatter** 쉬애터ʳ | ¹ 신제품의 낮은 성능이 공개되자 사람들의 기대가 shatter 되었다. |
| | | ² 폭발은 건물의 유리창을 모두 shatter 했다. |

| 2228 | **rot** 롸아ᴇ | ¹ 설탕을 너무 많이 먹으면 이가 rot 한다. |
| | | ² 땅에 떨어진 낙엽들이 rot 해서 거름이 된다. |

| 2229 | **refute** 뤼퓨ʰ우ᴇ | ¹ 변호사가 피고에게 씌워진 혐의를 refute 했다. |
| | | ² 상대의 주장에 대해 적당한 근거를 들어 refute 했다. |

| 2230 | **segregate** 쎄그뤼게이ᴇ | ¹ 인종적으로 segregate 하는 사회. |
| | | ² 흡연과 비흡연 구역을 segregate 하는 카페. |

| 2231 | **secrete** 쓰이크뤼이ᴇ | ¹ 웃을 때 몸에서 엔도르핀이 secrete 된다. |
| | | ² 성장기가 끝나도 성장호르몬은 secrete 된다. |

| 2232 | **stimulate** 스티뮬레이ᴇ | ¹ 말초 신경을 stimulate 한다. |
| | | ² 전시회가 작가에 대한 관심을 stimulate 했다. |

| 2233 | **erupt** 이뤕ᴇ | ¹ 휴화산이 갑자기 erupt 했다. |
| | | ² 백두산은 erupt 할 가능성이 있는 활화산이다. |

| 2234 | **ignite** 이그나이ᴇ | ¹ 성냥으로 나뭇조각을 ignite 했다. |
| | | ² 격렬한 논쟁을 ignite 한 말 한마디. |

| 2235 | **saturate¹** 쌔애츄어뤠이ᴇ | ¹ 계속 내린 비가 땅을 saturate 했다. |
| | | ² 붕대가 이미 피로 saturate 되어 있었다. |

| 2236 | **saturate²** 쌔애츄어뤠이ᴇ | ¹ Saturate 된 지방을 적게 섭취하는 것이 좋습니다. |
| | | ² 그 시장은 이미 saturate 된 상태라 경쟁이 심하다. |

| 2237 | **eradicate** 이뤠애디케이ᴇ | ¹ 교내 폭력을 eradicate 하기 위한 교육. |
| | | ² 사회에서 인종차별주의를 eradicate 해야 한다. |

| 2238 | **overuse** 오우버ᵛ·ʳ유우ㅈ | ¹ 권력을 overuse 하지 말아야 한다. |
| | | ² 신용카드를 overuse 하지 않도록 조심해야 한다. |

| 2239 | **domesticate** 더메스티케이ᴇ | ¹ 야생동물을 domesticate 하다. |
| | | ² 개와 고양이는 domesticate 된 동물이다. |

| 2240 | **dismiss** 디쓰미ㅆ | ¹ 내 충고를 dismiss 하지 말아 줘. |
| | | ² 비리를 저지른 직원을 dismiss 하다. |

통 산산조각내다, 산산이 부서지다	• shatter a vase ㅣ 꽃병을 산산조각내다 • shatter the hopes ㅣ 희망이 산산조각 나다
통 썩다, 부식하다	• left to rot ㅣ 썩게 방치한 • rot in hell ㅣ 지옥에서 썩다
통 반박하다, 부인하다	• refute a theory ㅣ 이론을 반박하다 • refute an allegation ㅣ 혐의를 반박하다
통 차별하다, 분리하다	• segregate women from men ㅣ 남자들에게서 여자들을 분리하다 • racially segregate ㅣ 인종별로 분리하다
통 분비하다	• secrete growth hormone ㅣ 성장호르몬을 분비하다 • secrete saliva ㅣ 타액을 분비하다
통 자극[격려]하다, 활발하게 하다, 흥분시키다	• stimulate the brain ㅣ 두뇌를 활발하게 하다 • stimulate the interest ㅣ 관심을 자극하다
통 분출하다	• Mt. Baekdu may erupt ㅣ 백두산 화산이 폭발할지 모른다 • volcanos could erupt ㅣ 화산은 분출할 수도 있다
통 점화하다, 불이 붙다	• ignite a fire ㅣ 불을 붙이다 • ignite gas ㅣ 가스에 불을 붙이다
통 흠뻑 적시다	• saturate the soil ㅣ 땅을 흠뻑 적시다 • saturate with rain ㅣ 비로 흠뻑 적시다
통 포화시키다, 포화 상태를 만들다	• saturate with competitors ㅣ 경쟁상대로 포화 상태가 되다 • saturate with franchises ㅣ 체인점으로 포화상태가 되다
통 근절하다, 뿌리 뽑다	• eradicate cancer cells ㅣ 암세포를 없애다 • eradicate corruption ㅣ 부정부패를 근절하다
통 남용하다, 혹사시키다	• overuse the credit card ㅣ 신용카드를 남용하다 • overuse muscles ㅣ 근육을 혹사시키다
통 길들이다, 사육하다	• domesticate a wild animal ㅣ 야생동물을 길들이다 • domesticate snakes ㅣ 뱀들을 길들이다
통 무시하다, 해고하다, 해산시키다	• dismiss objections ㅣ 반대 의견을 무시하다 • dismiss doubts ㅣ 의혹을 풀다

2241	**computerize** 컴퓨우터롸이ㅈ	¹ 종이 서류를 computerize 하다. ² 예약 시스템을 computerize 해서 관리가 쉬워졌다.
2242	**persecute** 퍼어「쓰이큐우ㅌ	¹ 나치 정권은 유대인들을 persecute 했다. ² 자신을 persecute 한 방송 매체를 고소한 사람.
2243	**tiptoe** 팁토우	¹ Tiptoe 해서 몰래 창문 쪽으로 갔다. ² 모두 잠든 시간이라 tiptoe 해서 들어갔다.
2244	**cripple** 크뤼플	¹ 차 사고가 그를 cripple 했다. ² 심한 눈보라가 도시 전체를 cripple 했다.
2245	**yield** 이일ㄷ	¹ 닭이 달걀을 yield 한다. ² 이 상품에 가입만 하시면 수익을 쉽게 yield 할 수 있습니다.
2246	**inhabit** 인해애비ㅌ	¹ 많은 사슴이 inhabit 하는 숲. ² 희귀 조류들이 그 지역에 inhabit 하고 있다.
2247	**agitate** 애쥐테이ㅌ	¹ 병을 agitate 해서 가루를 녹이세요. ² 아버지의 병환 소식에 매우 agitate 되었다.
2248	**sift** 쓰이ㅍ「ㅌ	¹ 그릇을 대고 밀가루를 sift 하세요. ² 흙을 sift 해서 덩어리들을 걸러 내라.
2249	**induce**¹ 인듀우ㅆ	¹ 그는 내가 이 길로 가도록 induce 했다. ² 소비자들이 구매하도록 induce 하는 광고.
2250	**induce**² 인듀우ㅆ	¹ 운전하기 전 졸음을 induce 하는 약물 복용은 주의해야 한다. ² 잠깐의 실수가 큰 위험을 induce 하게 될 수 있다.
2251	**constitute** 카안스터튜우ㅌ	¹ 여성은 사회의 절반을 constitute 한다. ² 공익에 이바지하겠다는 의도로 그 단체가 constitute 되었다.
2252	**elaborate**² 일래애버뤄ㅌ	¹ 어려운 단어를 아이들에게 elaborate 해 주다. ² 무슨 일인지 하나도 빼놓지 말고 elaborate 해 봐.
2253	**cohere** 코우히어「	¹ 그 발언은 평소 그의 신념과도 cohere 하다. ² 세부적인 내용이 cohere 하게 전체를 이룬다.
2254	**revitalize** 뤼이바ᵛ이털라이ㅈ	¹ 건조한 모발을 revitalize 하는 샴푸. ² 구도심을 revitalize 하려는 시의 계획.

图 전산화하다	• computerize the system ι 시스템을 전산화하다 • computerize the library system ι 도서관 시스템을 전산화하다
图 박해하다, 못살게 굴다	• persecute refugees ι 난민들을 박해하다 • persecute a religion ι 종교를 박해하다
图 발끝으로 살금살금 걷다	• tiptoe in the night ι 밤에 조심조심 걷다 • tiptoe around her ι 그녀 주변에서는 주의하다
图 불구로 만들다, 손상을 주다	• cripple the entire town ι 도시 전체를 마비시키다 • diseases cripple people ι 병이 사람들을 불구로 만든다
图 산출하다, 생산하다, 항복하다, 양보하다	• yield returns ι 이윤을 창출하다 • yield fruit ι 열매를 맺다
图 살다[거주하다], 서식하다	• inhabit this forest ι 이 숲에서 서식하다 • inhabit an island ι 섬에서 살다
图 뒤흔들다, 동요하다, 선동하다	• agitate a plan ι 계획을 주장하다 • agitate a change ι 변화를 요구하다
图 체로 치다, 거르다, 선별하다	• sift sugar ι 설탕을 체로 거르다 • sift carefully ι 주의 깊게 선별하다
图 유도하다, 설득하다	• induce to travel ι 여행을 권유하다 • induce to quit the job ι 일을 그만둘 것을 권유하다
图 유발하다, 초래하다	• induce a heart attack ι 심장마비를 초래하다 • induce coma ι 혼수상태를 유도하다
图 구성하다, 설립하다	• constitute a whole ι 하나가 되다, 전체를 구성하다 • constitute a threat ι 위협이 되다
图 자세히 설명하다 혱 정교한, 공을 들인	• elaborate on the subject ι 주제를 상세히 설명하다 • elaborate my reasons ι 이유를 상세히 설명하다
图 일관성이 있다	• cohere with my beliefs ι 내 믿음과 일관성이 있다 • cohere with other beliefs ι 다른 신념들과 일관성이 있다
图 생기를 회복시키다, 재활성화하다	• revitalize regional economy ι 지역 경제를 부흥시키다 • revitalize the industry ι 산업에 활기를 불어넣다

2255 convene
컨비ᵛ인

¹ 여야 합의를 이행하기 위해 임시 국회를 convene 했다.
² 법원은 재판에 출석하지 않은 그를 법정으로 convene 했다.

2256 swamp²
스워엄ㅍ

¹ 파도가 작은 배를 swamp 했다.
² 휴가철마다 방문객이 swamp 하는 관광지.

2257 confer¹
컨퍼ᶠ어ʳ

¹ 대통령이 그에게 공로 훈장을 confer 했다.
² 총장이 그에게 명예박사 학위를 confer 했다.

2258 confer²
컨퍼ᶠ어ʳ

¹ 고객과 먼저 confer 해야 한다.
² 판사들이 confer 하는 시간이다.

2259 meditate
메더테이ㅌ

¹ 승려들은 매일 사원에서 meditate 한다.
² 아침마다 meditate 하니 정신이 맑아졌다.

2260 discriminate
디스크뤼머네이ㅌ

¹ 남녀를 discriminate 하지 않는 회사.
² 인종이나 국적 때문에 discriminate 해서는 안 된다.

2261 reassure
뤼이어슈어ʳ

¹ 의사가 환자를 reassure 했다.
² 불안한 그녀를 reassure 하려 노력했다.

2262 stroke²
스트뤄우ㅋ

¹ 강아지가 너무 귀여워서 stroke 했다.
² 그녀의 머리를 사랑스럽게 stroke 했다.

2263 undermine
언더ʳ마인

¹ 부패와 범죄가 국가를 undermine 하고 있다.
² 개정안이 노동자의 권리를 undermine 할 수 있다는 지적.

2264 roam
뤄움

¹ 딱히 갈 곳이 없어 여기저기 roam 했다.
² 우리는 양들이 마음대로 roam 하도록 내버려 둔다.

2265 inhale
인헤이일

¹ 담배 연기를 간접적으로 inhale 하지 않도록 주의해라.
² 헬륨 가스를 inhale 하면 우스꽝스러운 목소리가 나온다.

2266 console
컨쏘울

¹ 슬픔에 빠진 친구를 console 한다.
² 낙담하고 있는 그를 console 했다.

2267 assassinate
어쌔애써네이ㅌ

¹ 왕을 assassinate 할 음모를 짜다.
² 케네디 대통령을 assassinate 한 사람.

2268 infer
인퍼ᶠ어ʳ

¹ 말투로 그 사람의 성격을 infer 한다.
² 단어의 문맥상 의미를 infer 해야 한다.

통 소집하다, 소환하다	• convene a meeting ┃ 회의를 소집하다 • convene the committee ┃ 위원회를 소집하다
통 뒤덮다, 쇄도하다 명 늪, 습지	• tourists swamp ┃ 관광객이 쇄도하다 • swamp the island ┃ 섬을 뒤덮다
통 수여하다	• confer a title ┃ 칭호를 수여하다, 제목을 붙이다 • confer a degree ┃ 학위를 수여하다
통 상의하다	• confer with his parents ┃ 그의 부모와 상의하다 • confer about the situation ┃ 상황에 대해 상의하다
통 명상하다, 숙고하다	• meditate before sleep ┃ 자러 가기 전에 묵상하다 • meditate in a temple ┃ 사원에서 명상하다
통 차별하다, 식별하다	• discriminate against gays ┃ 동성애자들을 차별하다 • discriminate voices ┃ 목소리를 구별하다
통 안심시키다	• reassure a patient ┃ 환자를 안심시키다 • reassure parents ┃ 부모님들을 안심시키다
통 쓰다듬다 명 뇌졸중, 타격[타법]	• stroke her hair ┃ 그녀의 머리를 쓰다듬다 • stroke a dog ┃ 개를 쓰다듬다
통 쇠퇴시키다, 약화하다, 깎아내리다	• undermine other coworkers ┃ 다른 동료들을 깎아내리다 • Never undermine his confidence. ┃ 절대 그의 자신감을 깎아내리지 마라.
통 배회하다, 돌아다니다	• roam the jungle ┃ 정글을 돌아다니다 • roam freely ┃ 자유롭게 돌아다니다
통 들이마시다, 빨아들이다	• inhale fumes ┃ 연기를 들이마시다 • inhale deeply ┃ 깊게 마시다
통 위로하다, 위안을 주다	• console a friend ┃ 친구를 위로하다 • console his grief ┃ 그의 슬픔을 달래다
통 암살하다	• assassinate the president ┃ 대통령을 암살하다 • failed to assassinate ┃ 암살에 실패한
통 추론하다, 암시하다	• infer from these facts ┃ 이 사실들로 추론하다 • infer from the context ┃ 문맥에서 추론하다

2269 override
오우버ᵛ롸이드
1 오류를 override 하고 다음 단계로 넘어갔다.
2 의장이 위원회의 반대를 override 하고 합의안에 서명했다.

2270 compress
컴프뤠ㅆ
1 공기를 compress 하면 온도가 증가하는 원리.
2 폴더가 커서 compress 하여 이메일로 전송했다.

2271 outrace
아웃뤠이ㅆ
1 우리 팀 선수가 다른 주자들을 outrace 했다.
2 이 제품의 수요가 공급을 outrace 하고 있다.

2272 entreat
인트뤼이트
1 도와 달라고 간곡하게 entreat 했다.
2 한 번만 기회를 달라고 entreat 했다.

2273 nibble
니블
1 토끼가 당근을 nibble 한다.
2 과자를 nibble 하며 책을 읽었다.

2274 narrate
내뤠이트
1 유명 배우가 narrate 한 다큐멘터리.
2 일어난 사건에 대해서 침착하게 narrate 했다.

2275 recede
뤼씨이드
1 천둥 같던 기차 소리가 차츰 recede 했다.
2 Recede 하는 뒷모습을 바라볼 수밖에 없었다.

2276 foster¹
퍼ᶠ어스터ʳ
1 수출을 foster 하는 방안.
2 후학을 foster 하는 학자.

2277 degrade
디그뤠이드
1 남의 작품을 degrade 하지 마라.
2 그런 거짓말은 너 자신의 품격을 degrade 할 뿐이다.

2278 swell
스웰
1 벌레에 쏘인 데가 swell 했다.
2 삐끗한 발목이 점점 swell 했다.

2279 harmonize
하아ʳ머나이ㅈ
1 그 건물은 주변 풍경과 harmonize 한다.
2 커튼이 집안 분위기와 잘 harmonize 한다.

2280 socialize
쏘우쉬얼라이ㅈ
1 사람들과 socialize 하고 친분을 쌓다.
2 파티에선 낯선 이들과 socialize 하기에 쉽다.

2281 suppress
써프뤠ㅆ
1 소방관들이 화재를 suppress 했다.
2 분노를 suppress 하고 태연한 척했다.

2282 glimpse
글림ㅍㅅ
1 군중 속에서 그의 모습을 glimpse 했다.
2 외출 전 거울에 비친 내 모습을 glimpse 했다.

뜻	예문
뜽 무시하다, 압도하다	• override the objection l 이의를 기각하다 • override the veto l 거부를 무효로 하다
뜽 압축하다	• compress a file l 파일을 압축하다 • compress air l 공기를 압축하다
뜽 앞지르다	• outrace the train l 기차보다 빨리 가다 • outrace other racers l 다른 경주 참가자들보다 빨리 가다
뜽 간청하다, 애원하다	• entreat for mercy l 자비를 애원하다 • entreat a favor of you l 네게 부탁하다
뜽 조금씩[야금야금] 먹다	• nibble at the food l 음식을 야금야금 먹다 • nibble olives l 올리브를 야금야금 먹다
뜽 해설하다, 이야기하다	• narrate a documentary l 다큐멘터리의 해설을 하다 • narrate the adventures l 모험담을 들려주다
뜽 멀어지다, 물러나다, 약해지다	• recede from the contract l 계약을 철회하다 • recede into the distance l 차츰 멀어지다
뜽 촉진하다, 양성하다	• foster the musical talent l 음악적 재능을 촉진하다 • foster exports l 수출을 촉진하다
뜽 비하하다, 떨어뜨리다	• degrade the dignity l 품위를 떨어뜨리다 • degrade women l 여성을 비하하다
뜽 붓다, 부어오르다	• fingers start to swell l 손가락이 붓기 시작하다 • tonsils swell l 편도선이 붓다
뜽 조화를 이루다, 어울리다	• harmonize with each other l 서로 조화를 이루다 • harmonize in feeling l 감정이 서로 맞다
뜽 사귀다, 어울리다	• socialize with others l 다른 사람과 어울리다 • socialize with other students l 다른 학생들과 어울리다
뜽 진압하다, 억누르다	• suppress a riot l 폭동을 진압하다 • suppress appetite l 식욕을 억제하다
뜽 잠깐[언뜻] 보다	• catch a glimpse l 힐끗 보다 • a glimpse of her l 그녀를 잠깐 봄

2283 **prolong**
프뤌로옹
1 다룰 주제가 많아서 회의를 prolong 했다.
2 수술이 그의 생명을 몇 년은 prolong 할 것이다.

2284 **renew**[2]
뤼뉴우
1 근로계약을 renew 하기로 했다.
2 나는 만기 된 여권을 renew 했다.

2285 **contaminate**
컨태애머네이ㅌ
1 매연은 대기를 contaminate 한다.
2 유출된 기름이 바다를 contaminate 했다.

2286 **aspire**
어스파이어r
1 Aspire 했던 꿈을 이루다.
2 진리를 aspire 하는 학자들.

2287 **contemplate**
카안템플레이ㅌ
1 전쟁은 contemplate 하기도 끔찍하다.
2 은퇴를 contemplate 하기에는 젊은 나이.

2288 **prophesy**
프롸아퍼f싸이
1 누구도 미래를 prophesy 할 수 없다.
2 그가 또 다른 전쟁을 prophesy 했다.

2289 **illustrate**[2]
일러스트뤠이ㅌ
1 성장 수치를 illustrate 하는 그래프.
2 영어 철자의 법칙에 대해 그림으로 illustrate 하겠습니다.

2290 **foretell**
포f어r텔
1 세계의 종말을 foretell 한 사람들이 있다.
2 우리의 미래를 foretell 할 수 있는 사람은 아무도 없어.

2291 **ascend**
어쎈ㄷ
1 천국의 계단을 ascend 하다.
2 후계자가 왕위에 ascend 하다.

2292 **finalize**
파f이널라이ㅈ
1 계약을 finalize 하기 위해 만났다.
2 계획안을 finalize 하고 시행을 준비 중이다.

2293 **ply**[2]
플라이
1 이 버스는 서울과 대전 사이를 ply 합니다.
2 이 배는 월미도와 영종도 사이를 ply 합니다.

2294 **overshadow**
오우버v·r쉬애도우
1 주연을 overshadow 하는 조연 배우.
2 신축 건물이 옆 건물을 overshadow 한다.

2295 **convey**
컨베v이
1 최소의 말로 최대의 언어를 convey 하라.
2 관람객들에게 중요한 메시지를 convey 하는 영화.

2296 **administrate** / **administer**
애드미너스트뤠이ㅌ/어드미니스터r
1 중요 문서를 administrate 하는 사람이 정해져 있다.
2 기술지원 부서에서 회사의 서버를 administrate 한다.

뜻	예문
통 연장시키다, 연장하다	• **prolong** our lifespan ∣ 수명을 연장하다 • **prolong** human life ∣ 인간 수명을 연장하다
통 갱신하다, 연장하다, 재개하다	• **renew** a license ∣ 면허를 갱신하다 • **renew** contract ∣ 계약을 갱신하다
통 오염시키다	• **contaminates** the earth ∣ 지구를 오염시킨다 • **contaminate** water ∣ 물을 오염시키다
통 열망하다, 염원하다	• **aspire** to become a scientist ∣ 과학자가 되기를 열망하다 • **aspire** to learning ∣ 배움에 뜻을 두다
통 생각하다, 고려하다, 예상하다	• **contemplate** retirement ∣ 은퇴를 고려하다 • **contemplate** the reasons ∣ 이유를 생각하다
통 예언하다	• **prophesy** the future ∣ 미래를 예언하다 • **prophesy** what will happen ∣ 무슨 일이 일어날지 예언하다
통 설명하다, 예증하다, 삽화를 넣다	• **illustrate** the meaning ∣ 의미를 설명하다 • **illustrate** by facts ∣ 사실에 의해 설명하다
통 예언하다, 예지하다	• **foretell** the future ∣ 미래를 예언하다 • **foretell** the weather change ∣ 날씨의 변화를 예측하다
통 오르다, 올라가다	• **ascend** the stairs ∣ 계단을 올라가다 • **ascend** steeply ∣ 가파르게 올라가다
통 마무리 짓다, 완결하다	• **finalize** the contract ∣ 계약을 완결하다 • eventually **finalize** ∣ 결국에는 마무리 짓다
통 (정기적으로) 다니다[왕복하다] 명 가닥[겹/층]	• **ply** across the river ∣ 강을 왕복하다 • **ply** across to the island ∣ 그 섬까지 왕복하다
통 가리다, 그늘을 드리우다, 덮다	• **overshadow** a house ∣ 집을 그늘지게 하다 • tall trees **overshadow** ∣ 큰 나무들이 그늘을 드리우다
통 전달하다, 운반하다	• **convey** the message ∣ 메시지를 전달하다 • **convey** the energy ∣ 에너지를 전달하다
통 관리하다, 운영하다	• **administrate** the money flow ∣ 자금 흐름을 관리하다 • **administrate** the finances ∣ 재정을 관리하다

2297 synchronize
쓰잉크뤄나이ㅈ

[1] 영상에 자막을 synchronize 했다.
[2] 우리 시계를 똑같이 synchronize 하자.

2298 clutch
클러춰

[1] 그는 우리가 던져 준 밧줄을 clutch 했다.
[2] 물에 빠진 사람은 지푸라기라도 clutch 한다.

2299 resemble
뤼젬블

[1] 쌍둥이 형제들은 서로 많이 resemble 하다.
[2] 날카로운 가시가 선인장과 resemble 한 식물.

2300 sustain
써스테인

[1] 실낱같은 희망이 그를 sustain 하게 해 줬다.
[2] 얼음이 네 몸무게를 sustain 할 것 같지 않다.

2301 nurture
너어「춰「

[1] 부모들은 자녀를 nurture 할 의무가 있다.
[2] 직장 내 좋은 업무 관계를 nurture 하는 것이 좋다.

2302 formalize
포「어「멀라이ㅈ

[1] 결혼으로 관계를 formalize 한다.
[2] 서명으로 계약을 formalize 하다.

2303 dictate[1]
딕테이트

[1] 아이돌 가수는 청소년들에게 매우 dictate 한다.
[2] 아무도 나에게 이래라저래라 dictate 할 수는 없다.

2304 dictate[2]
딕테이트

[1] 한 구절씩 학생들에게 dictate 했다.
[2] 내가 dictate 하는 대로 받아 써줄래?

2305 stammer
스태애머「

[1] 나는 흥분하면 stammer 하는 경향이 있다.
[2] Stammer 하는 아이들은 대부분 자라면서 괜찮아진다.

2306 overprice
오우버ᵛ「프롸이ㅆ

[1] 이 TV는 품질보다 overprice 되어 있다.
[2] 관광지에서 판매하는 물건들은 지나치게 overprice 되어있다.

2307 dub
더ㅂ

[1] 우리는 TV를 '바보상자'라고 dub 한다.
[2] 사람들이 전라남도 해남을 '땅끝마을'이라고 dub 했다.

2308 entitle
인타이틀

[1] 고용주가 그에게 직원들을 관리하도록 entitle 했다.
[2] 이 책 제목을 네가 한번 entitle 해봐

2309 shed
쉬에ㄷ

[1] 그녀의 사망 소식에 눈물을 shed 했다.
[2] 땀을 너무 많이 shed 해서 바닥이 축축했다.

2310 conceive[1]
컨씨이ㅂᵛ

[1] 우주의 크기는 conceive 하기 어렵다.
[2] Conceive 하지도 못할 정도로 어마어마한 돈.

图 동시에 발생하게 하다, 동시에 움직이다	• synchronize with the rhythm ｜ 박자에 맞추다 • synchronize the watch ｜ 시계를 맞추다
图 움켜잡다	• clutch the child ｜ 아이를 꽉 움켜잡다 • clutch the stomach ｜ 배를 움켜잡다
图 닮다, 유사하다	• resemble her father ｜ 그녀의 아버지를 닮다 • resemble the prior case ｜ 이전 사건과 유사하다
图 견디다, 지속하다, 유지하다	• sustain life ｜ 생명을 유지하다 • sustain growth ｜ 발전[성장]을 계속하다
图 양육하다, 육성하다	• nurture a child ｜ 아기를 양육하다 • nurture a talent ｜ 인재를 육성하다
图 공식화하다, 형식을 갖추다	• formalize the relationship ｜ 관계를 공식화하다 • formalize the agreement ｜ 합의를 공식화하다
图 좌우하다, 영향을 끼치다	• dictate the future ｜ 미래를 좌우하다 • dictate to others ｜ 다른 사람들에게 명령하다
图 받아쓰게 하다, 구술하다	• dictate a letter ｜ 편지를 받아쓰게 하다 • dictate a memo ｜ 메모를 받아적다
图 말을 더듬다	• stammer in confusion ｜ 당황해서 말을 더듬다 • many children stammer ｜ 많은 아이들이 말을 더듬는다
图 너무 비싼 값을 매기다	• overprice a product ｜ 제품에 너무 비싼 값을 매기다 • overprice for nothing ｜ 아무것도 아닌 것에 비싼 값을 매기다
图 별명을 붙이다, 재녹음[더빙]하다	• dub a person ｜ 사람에게 별명을 붙이다 • dub as "Prince Charming" ｜ 백마 탄 왕자라고 별명 붙이다
图 자격[권리]을 주다, 제목을 붙이다	• entitle a book ｜ 책의 제목을 짓다 • entitle to travel abroad ｜ 해외로 여행할 자격을 주다
图 (피 · 눈물 등을) 흘리다 图 창고, 헛간	• shed light ｜ 빛을 밝히다 • shed sweat ｜ 땀을 흘리다
图 상상하다, 마음에 품다	• can't even conceive ｜ 상상도 할 수 없다 • conceive a project ｜ 작업을 구상하다

2311	**conceive**[2] 컨씨이ㅂ^v	[1] 결혼 후 5년 만에 conceive 했다. [2] 인공수정을 통해서 conceive 했다.
2312	**forewarn** 포[어[워언[	[1] 영상이 다소 잔인할 수 있다고 forewarn 했다. [2] 우천시에는 그 산에 오르지 말라고 forewarn 했다.
2313	**emigrate** 에미그뤠이ㅌ	[1] Emigrate 해서 외국에 사는 친구. [2] 그는 미국으로 emigrate 해서 여생을 보냈다.
2314	**exploit** 익스플로이ㅌ	[1] 노동자들을 exploit 하는 악덕 고용주. [2] 새로 개발된 기술을 앞다투어 exploit 하다.
2315	**quote** 쿠오우ㅌ	[1] 편지의 글을 그대로 quote 했다. [2] 발표할 때 이 책을 quote 해도 좋습니다.
2316	**validate** 배^v앨러데이ㅌ	[1] 실험을 통해 가설을 validate 했다. [2] 전화번호를 통해 본인임을 validate 하시기 바랍니다.
2317	**pose**[1] 포우ㅈ	[1] 그들은 부모인 것처럼 pose 하고 아기를 유괴했다. [2] 경찰이 들이닥치자 가해자는 인질인 것처럼 pose 했다.
2318	**pose**[2] 포우ㅈ	[1] 정부의 일방적인 결정에 문제를 pose 합니다. [2] 무분별한 일회용품 사용이 생태계에 심각한 위협을 pose 했다.
2319	**coincide** 코우인싸이ㄷ	[1] 이상과 실제는 절대 coincide 하지 않는다. [2] 내 생각과 당신의 생각이 정확히 coincide 합니다.
2320	**intrigue**[2] 인ㅌ뤼이ㄱ	[1] 이 책의 서문이 나를 intrigue 한다. [2] 참가자 중 오직 한 사람만이 나를 intrigue 했다.
2321	**skim**[2] 스킴	[1] 아침마다 신문을 skim 한다. [2] 그런 가벼운 책은 skim 해도 된다.
2322	**nominate** 나아머네이ㅌ	[1] 그를 대통령 후보로 nominate 하다. [2] 오스카는 그를 올해의 최우수 배우상에 nominate 했다.
2323	**verify** 베^v뤄파[이	[1] 어서 빨리 이 뉴스의 진위를 verify 해야 한다. [2] 본인 여부를 verify 하는 동안 잠시 기다려 주세요.
2324	**arouse** 어롸우ㅈ	[1] 나의 호기심을 arouse 하는 물건. [2] 그의 공연은 관객들의 탄성을 arouse 했다.

통 임신하다	• conceive a child ᅵ 임신하다 • unable to conceive ᅵ 아이를 가질 수 없는
통 미리 경고하다, 주의를 주다	• forewarn not to go ᅵ 가지 말라고 미리 경고하다 • forewarn of the attack ᅵ 공격에 대해 미리 경고하다
통 이주하다, 이민하다	• emigrate from France to Korea ᅵ 프랑스에서 한국으로 이주하다 • emigrate to another country ᅵ 다른 국가로 이주하다
통 착취하다, 이용하다	• exploit workers ᅵ 노동자를 착취하다 • fully exploit ᅵ 최대한 활용하다
통 인용하다	• quote from a book ᅵ 책에서 인용하다 • quote Shakespeare ᅵ 셰익스피어를 인용하다
통 입증하다, 인증하다	• validate the parking ticket ᅵ 주차권을 확인하다 • validate the theory ᅵ 이론을 입증하다
통 꾸며 보이다, ⋯인 체 하다, 　자세를 취하다 명 자세[포즈]	• pose as a hero ᅵ 영웅인 체하다 • pose as a millionaire ᅵ 백만장자인 체하다
통 (문제·위협 등을) 제기하다, 　(위험성을) 지니다	• pose a threat ᅵ 위협이 되다 • pose problems ᅵ 문제들을 제기하다
통 일치하다, 동시에 일어나다	• interests coincide ᅵ 이해가 일치하다 • coincide with mine ᅵ 나와 일치하다
통 강한 흥미[호기심]를 불러일으키다, 　음모를 꾸미다, 흥미를 끌다 명 음모, 모의	• intrigue me to buy ᅵ 구매하게 흥미를 일으키다 • intrigue people to come ᅵ 사람들이 오게 흥미를 일으키다
통 훑어보다, 대강 읽어보다, 　걷어 내다	• skim the article ᅵ 기사를 대충 훑어보다 • skim through the newspaper ᅵ 신문을 훑어보다
통 지명하다, 임명하다	• nominate for the presidency ᅵ 대통령 후보로 지명하다 • nominate to run ᅵ 출마하도록 지명하다
통 확인하다, 입증하다	• verify a theory ᅵ 이론을 증명하다 • verify a fact ᅵ 사실을 확인하다
통 불러일으키다, 자아내다	• arouse questions ᅵ 의문이 들게 하다 • arouse doubts ᅵ 의심을 불러일으키다

2325 tattle
태애틀

¹ 학교에서 욕을 한 친구를 선생님께 tattle 하였다.
² 내 간식을 뺏어 먹은 동생을 부모님께 tattle 했다.

2326 misplace
미스플레이ㅆ

¹ 물건을 misplace 하여 자주 잃어버린다.
² 그 책은 다른 서가에 misplace 되어 있었다.

2327 unwind
언와인ㄷ

¹ 목에 감긴 목도리를 unwind 했다.
² 상처 위 붕대를 unwind 해서 새것으로 다시 감았다.

2328 reconsider
뤼이컨ㅆ이더ʳ

¹ 이 결정을 reconsider 해 주시기를 바랍니다.
² 상사는 그에게 사직을 reconsider 하라고 말했다.

2329 reelect
뤼일렉ㅌ

¹ Reelect 되지 못한 국회의원.
² 미국 국민들이 오바마 대통령을 reelect 했다.

2330 reenact
뤼이내액ㅌ

¹ 고대 사람들의 생활을 reenact 한 공연.
² 사고 현장에서 범인이 자신의 범행을 reenact 했다.

2331 redefine
뤼이디파ʳ인

¹ 이 그림은 현대미술을 redefine 하는 작품이다.
² 성공의 의미를 각자의 기준에 맞게 redefine 해야 한다.

2332 refine
뤼파ʳ인

¹ 원유를 refine 해서 휘발유를 얻는다.
² 보크사이트를 알루미늄으로 refine 하는 방법.

2333 suspend²
써ㅅ펜ㄷ

¹ 비가 와서 경기가 suspend 되었다.
² 음주운전으로 면허가 suspend 되었다.

2334 accommodate¹
어카아머데이ㅌ

¹ 한 번에 16명을 accommodate 할 수 있는 승강기.
² 이 호텔은 투숙객 500명까지 accommodate 할 수 있다.

2335 accommodate²
어카아머데이ㅌ

¹ 고객들의 요구에 accommodate 하는 서비스.
² 직원들의 필요에 accommodate 하는 새로운 사내 시스템.

2336 furnish
퍼ʳ어ʳ니쉬

¹ 가구는 모두 furnish 해 두었으니 편하게 사용하세요.
² 집에 새로운 가구를 furnish 하는 데 돈이 많이 들었어.

2337 customize
커스터마이ㅈ

¹ 원하는 대로 customize 되는 고급 스포츠카.
² 소비자 취향에 맞게 customize 해서 판매하다.

2338 file
파ʳ이일

¹ 이 자료를 전부 정리해서 오늘까지 file 해 주세요
² 재산 피해를 준 가해자에 대해 고소를 file 했다.

동 고자질하다	• tattle on me ㅣ 나에 대해 고자질하다 • tattle to the mother ㅣ 어머니에게 고자질하다
동 제자리에 두지 않다, 잘못 두다	• misplace his belongings ㅣ 그의 물건을 잘못 두다 • misplace the key ㅣ 열쇠를 제자리에 두지 않다
동 감긴 것을 풀다, 긴장을 풀다	• unwind the string ㅣ 줄을 풀다 • unwind the watch ㅣ 시계를 풀다
동 재고하다	• reconsider a decision ㅣ 결정을 재고하다 • reconsider the matter ㅣ 어떤 사항을 재차 고려해보다
동 재선하다	• reelect our president ㅣ 우리 대통령을 재선하다 • reelect senators ㅣ 상원 의원을 재선하다
동 재연하다	• reenact a law ㅣ 법을 다시 제정하다 • reenact the murder scene ㅣ 살인 현장을 재현하다
동 재정의하다, 재정립하다	• redefine the democracy ㅣ 민주주의를 재정의하다 • redefine the deal ㅣ 거래를 재정의하다
동 정제하다	• cultivate and refine sugar ㅣ 설탕을 재배하고 정제하다 • the process to refine oil ㅣ 기름 정제 과정
동 유예하다, 중단하다, 정지하다, 매달다, 걸다	• suspend a sentence ㅣ 집행을 유예하다 • suspend a license ㅣ 면허를 정지시키다
동 수용하다, 제공하다	• accommodate at the hotel ㅣ 호텔에 숙박하다 • accommodate the homeless ㅣ 노숙자를 수용하다
동 부응하다, 협조하다	• accommodate a request ㅣ 요청을 받아들이다 • accommodate the press ㅣ 언론에 협조하다
동 (가구를) 비치하다, 제공하다	• furnish a room ㅣ 방에 가구를 비치하다 • furnish supplies ㅣ 물자를 보급하다
동 주문 제작하다	• customize the Home Page ㅣ 홈 페이지를 원하는 대로 바꾸다 • customize the display ㅣ 디스플레이를 원하는 대로 바꾸다
동 제기하다, 제출하다, 철하다, 보관하다 명 서류철[파일]	• file for divorce ㅣ 이혼신청을 하다 • file the folders numerically ㅣ 서류를 숫자로 정리하다

2339 rearrange
뤼이어뤠인쉬
1. 공간 활용을 위해 가구를 rearrange 하자.
2. 참가자 수가 줄어서 의자들을 rearrange 했다.

2340 terminate
터「머네이트
1. 한 학기가 드디어 terminate 했다.
2. 고용 계약이 연말에 terminate 한다.

2341 equip
이쿠이프
1. 각종 운동기구가 equip 되어있는 체육관.
2. 길에 눈이 쌓여서 미끄럼 방지용 체인을 자동차 바퀴에 equip 했다.

2342 observe
업저어「ㅂ∨
1. 그는 어린이보호구역에서 속도 제한을 observe 했다.
2. 사용 설명서를 observe 하지 않아서 물건이 망가졌다.

2343 diminish
디미니쉬
1. 병으로 체력이 몹시 diminish 해졌다.
2. 치안 강화로 범죄율이 diminish 되었다.

2344 relay
뤼레이
1. 종이 신문의 특성 상, 최신 뉴스를 relay 하기는 어렵다.
2. 오늘 저녁 TV에서 월드컵 결승전을 relay 한대.

2345 discontinue
디스컨티뉴우
1. 부득이한 사정으로 학업을 discontinue 했다.
2. 재고가 너무 많아서 생산을 discontinue 했다.

2346 lumber
을럼버「
1. 태국 코끼리가 우리 옆을 lumber 했다.
2. 그는 거구의 몸을 일으켜 lumber 했다.

2347 retard
뤼타아「ㄷ
1. 조기 수술로 병의 진행을 retard 해야 한다.
2. 문화재 보호를 위해 지역 발전을 retard 했다.

2348 pinpoint
핀포인트
1. 문제점을 pinpoint 하고 해결 방안을 모색하다.
2. 몸은 안 좋은데 어디가 아프다고 pinpoint 할 수가 없다.

2349 cling
클링
1. 젖은 옷이 몸에 착 cling 한다.
2. 아기가 엄마에게 딱 cling 해 있다.

2350 characterize
캐애뤽터롸이ㅈ
1. 간결한 문체가 그 작가를 characterize 한다.
2. 오래된 건물들이 그 도시를 characterize 한다.

2351 tear
티어「
1. 소포를 tear 해서 펼쳐 보았다.
2. 편지를 조각조각 tear 해 버렸다.

2352 undertake
언더「테이ㅋ
1. 새로운 프로젝트를 undertake 하다.
2. 어려운 일이라도 undertake 할 준비가 되어 있다.

图 재배치하다, 재조정하다	• rearrange seating ⏐ 좌석을 새롭게 배치하다 • rearrange a meeting ⏐ 회의 시간을 재조정하다
图 끝나다[끝내다], 종료되다	• terminate a program ⏐ 프로그램을 중단하다 • terminate a treaty ⏐ 조약을 무효로 하다
图 장비를 갖추다, 장착하다, 　준비하다	• equip an army ⏐ 군대를 무장시키다 • equipped with CCTV ⏐ CCTV를 갖추고 있는
图 준수하다, 관찰하다, 보다	• observe silence ⏐ 침묵하고 있다 • observe manners ⏐ 예절을 지키다
图 약해지다, 줄어들다	• diminish over time ⏐ 시간이 지나면서 줄어들다 • diminish in amount ⏐ 수가 감소하다
图 전달하다, 중계하다 图 계주, 릴레이 경주	• relay the news ⏐ 뉴스를 전달하다 • relay by satellite ⏐ 위성으로 중계하다
图 중단하다	• discontinue its operation ⏐ 운영을 중단하다 • discontinue the construction ⏐ 공사를 중단하다
图 느릿하게 지나가다	• lumber around ⏐ 느긋하게 거닐다 • lumber across the field ⏐ 들판을 느긋하게 걷다
图 지체시키다, 지연하다	• retard a disease ⏐ 병의 진행을 지연시키다 • retard the progression ⏐ 진행을 지연시키다
图 정확히 찾아내다, 지적하다	• pinpoint the location ⏐ 위치를 정확히 찾아내다 • pinpoint on the map ⏐ 지도에서 정확히 짚어내다
图 달라붙다, 매달리다, 집착하다	• cling on to the baby ⏐ 아기를 꼭 붙잡다 • cling to a raft ⏐ 뗏목에 매달리다
图 특징짓다, 특징이 되다	• characterize your relationship ⏐ 당신의 관계를 특징짓다 • characterize the incident ⏐ 사건을 묘사하다
图 찢다, 뜯다 图 눈물	• tear the package ⏐ 포장을 뜯다 • tear my jeans ⏐ 청바지가 찢어지다
图 맡다, 착수하다	• undertake a task ⏐ 업무를 맡다 • undertake a risk ⏐ 위험을 감수하다

2353 demonstrate
데먼스트뤠이ㅌ

¹ 등록금 상승에 항의해서 demonstrate 하다.
² 부패한 정부에 저항해서 demonstrate 하다.

2354 congest
컨줴ㅅㅌ

¹ 충돌사고가 도로를 congest 했다.
² 갑자기 몰린 사람들로 수영장이 congest 되었다.

2355 reinforce
뤼이인포ᶠ어ʳㅆ

¹ 주변의 보안을 reinforce 하다.
² 우리 팀은 수비를 reinforce 해야 한다.

2356 overtake
오우버ᵛ·ʳ테이ㅋ

¹ 경쟁사가 우리 회사를 overtake 해서는 안 된다.
² 1등으로 달리던 선수를 overtake 하고 우승했다.

2357 project
프롸아줵ㅌ

¹ 이 미니빔을 통해 영화가 벽면에 project 됩니다.
² 내년에는 고용률이 바닥을 칠 것으로 project 된다.

2358 speculate
스페큘레이ㅌ

¹ 인생의 의미에 대해 speculate 해 본다.
² 아무리 speculate 해 봐도 이유를 모르겠다.

2359 accumulate
어큐우뮬레이ㅌ

¹ 엄청난 부를 accumulate 한 부자.
² 끊임없는 공부로 지식을 accumulate 한다.

2360 forbear
포ᶠ어ʳ베어ʳ

¹ 말대답하고 싶었지만, forbear 했다.
² 나는 더 이상의 질문을 forbear 했다.

2361 cram
크뤠앰

¹ 책들을 가방 속에 cram 했다.
² 시험 전날 cram 해서 공부했다.

2362 orient
오어뤼언ㅌ

¹ 그 학생은 새로운 학교의 환경에 빠르게 orient 했다.
² 지도를 봐도 어디가 어딘지 orient 하기 어려웠다.

2363 invert
인버ᵛ어ʳㅌ

¹ 불리한 상황을 invert 하기 위해서 기발한 전략이 필요하다.
² 병을 여러 번 invert 해서 용액을 혼합합니다.

2364 excel
익쎌

¹ 그 학생은 수학에 특히 excel 하다.
² 요리 실력이 듣던 대로 excel 하다.

2365 forgive
포ᶠ·ʳ기ㅂᵛ

¹ 아버지는 할아버지의 빚을 forgive 해 왔다.
² 제 빚을 forgive 해 주신다면 새로운 사람으로 거듭나겠습니다.

2366 stalk
스타아ㅋ

¹ 사람들을 stalk 하는 것은 불법이다.
² 범인은 그 배우를 3년간 stalk 했다.

동 시위[데모]에 참여하다, 설명하다, 보여주다	• **demonstrate** against the system ㅣ 반정부 시위를 하다 • **demonstrate** for lower taxes ㅣ 세금 인하를 위한 시위에 참여하다
동 혼잡하게 하다, 정체시키다	• **congest** the area ㅣ 지역을 혼잡하게 하다 • **congest** traffic conditions ㅣ 교통을 혼잡하게 하다
동 강화하다, 촉진하다	• **reinforce** the joint ㅣ 이음새를 보강하다 • **reinforce** the troops ㅣ 병력을 충원하다
동 앞지르다, 추월하다	• **overtake** the rivals ㅣ 라이벌들을 추월하다 • **overtake** by surprise ㅣ 허를 찌르다
동 영사[투영]하다, 예상[추정]하다, 기획하다 **명** 기획[계획], 사업, 과제	• **project** images ㅣ 이미지를 투영하다 • **project** onto the wall ㅣ 벽 위로 투영하다
동 짐작하다, 추측하다	• **speculate** the reason ㅣ 이유를 추측하다 • **speculate** about the future ㅣ 미래에 대해 추측하다
동 모으다, 축적하다	• **accumulate** experience ㅣ 경험을 쌓다 • **accumulate** a fortune ㅣ 자산을 모으다
동 삼가다, 참다	• **forbear** from screaming ㅣ 비명을 지르려다가 참다 • **forbear** the swearing ㅣ 욕을 삼가다
동 밀어[쑤셔] 넣다, 벼락치기 하다	• **cram** into the trunk ㅣ 트렁크에 쑤셔 넣다 • **cram** everything into the box ㅣ 상자 안에 모든 것을 쑤셔 넣다
동 적응하다, 위치를 알다 **명** 동양	• **orient** himself in crowds ㅣ 사람들 사이에서 위치를 알아내다 • **orient** myself in the school ㅣ 학교에 적응하다
동 뒤집다, 도치시키다	• **invert** the rag ㅣ 걸레를 뒤집다 • **invert** the hourglass ㅣ 모래시계를 엎어 놓다
동 뛰어나다, 탁월하다	• **excel** at her job ㅣ 그녀의 업무에 뛰어나다 • **excel** in languages ㅣ 언어에 탁월하다
동 (빚을) 탕감하다, 용서하다	• **forgive** a debt ㅣ 빚을 탕감하다 • **forgive** the interest ㅣ 이자를 면제하다
동 몰래 접근[스토킹]하다 **명** (식물의) 줄기[대]	• **stalk** a random woman ㅣ 무작위로 여자를 스토킹하다 • **stalk** the suspect ㅣ 용의자의 뒤를 밟다

2367 integrate
인터그뤠이트
1 현지 사회에 integrate 되려고 노력하고는 있니?
2 이번 신제품은 다른 소프트웨어와 integrate 되어 출시됐다.

2368 fling
플'링
1 외투를 벗어 침대 위에 fling 해 버렸다.
2 화가 나서 창문 밖으로 물건을 fling 했다.

2369 coordinate
코우오어'더너트
1 서류 관리 시스템을 coordinate 하다.
2 이 프로젝트를 위해 새로운 팀을 coordinate 했다.

2370 overestimate
오우버ᵛ뤠스터메이트
1 역량을 overestimate 해서 탈이 났다.
2 자신의 능력을 overestimate 하지 마라.

2371 discard
디쓰카아'드
1 쓸모없는 자료는 discard 해라.
2 그런 진부한 생각은 discard 해야 한다.

2372 retract
뤼트뤠액트
1 상대의 주장을 retract 할 것을 요구했다.
2 그 언론사는 문제의 인터넷 기사를 retract 했다.

2373 devastate
데버ᵛ스테이트
1 홍수가 우리 동네를 devastate 했다.
2 전쟁이 그 나라 전체를 devastate 했다.

2374 pave
페이브ᵛ
1 울퉁불퉁하던 길을 pave 했다.
2 정기적으로 도로를 pave 할 시의 계획.

2375 incorporate¹
인코어'퍼뤠이트
1 최신 설계에 많은 안전장치가 incorporate 됐다.
2 그 제안은 좋은 계획들을 incorporate 하고 있다.

2376 incorporate²
인코어'퍼뤠이트
1 올해 incorporate 된 신생 기업.
2 작년에 incorporate 된 기업이 벌써 부도났다.

2377 droop
드루우ㅍ
1 나이가 들면 눈꺼풀이 droop 하게 된다.
2 시들어 droop 하는 식물에 물을 주었다.

2378 abound
어바운드
1 연못에 물고기들이 abound 하다.
2 우유는 다양한 영양소가 abound 한 식품이다.

2379 erode
이뤄우드
1 세월이 흐르면서 암석이 erode 되었다.
2 바닷물이 끊임없이 절벽 면을 erode 한다.

2380 evacuate
이배ᵛ애큐에이트
1 화재 시에는 계단을 이용해 evacuate 하세요.
2 홍수 때문에 마을 사람들 전체가 evacuate 했다.

图 (구성원으로) 통합되다, 통합시키다, 통합하다	• integrate into one nation ㅣ 하나의 국가로 통합되다 • integrate with another product ㅣ 다른 제품과 통합되다
图 내던지다, 내팽개치다	• fling insults ㅣ 욕을 퍼붓다 • fling the door open ㅣ 문을 확 열다
图 조직화하다, 조정하다, 편성하다	• coordinate a policy ㅣ 정책을 조정하다 • coordinate with the partner ㅣ 파트너와 조정하다
图 과대평가하다	• overestimate his ability ㅣ 그의 능력을 과대평가하다 • overestimate a child's talent ㅣ 아이의 재능을 과대평가하다
图 버리다, 폐기하다	• discard garbage ㅣ 쓰레기를 버리다[폐기하다] • discard a belief ㅣ 신념을 버리다
图 철회하다, 취소하다, 폐기하다	• retract his last statement ㅣ 그의 마지막 진술을 철회하다 • retract my opinion ㅣ 내 의견을 철회하다
图 완전히 파괴하다, 황폐화하다	• devastate the country ㅣ 나라를 황폐화하다 • devastate the whole town ㅣ 마을 전체를 황폐화하다
图 (도로 등을) 포장하다	• pave the road ㅣ 도로를 포장하다 • pave the way to success ㅣ 성공으로의 길을 닦다
图 (일부로) 포함하다	• incorporate the idea ㅣ 아이디어를 포함하다 • incorporate in a plan ㅣ 계획에 포함하다
图 (법인체를) 설립하다	• incorporate a company ㅣ 회사를 설립하다 • incorporate the business ㅣ 사업을 설립하다
图 늘어지다, 풀이 죽다	• droop his shoulders ㅣ 어깨가 아래로 처지다 • eyelids begin to droop ㅣ 눈꺼풀이 아래로 처지다
图 아주 많다, 풍부하다	• abound all over the place ㅣ 사방에 널렸다 • rumors abound ㅣ 소문이 무성하다
图 침식하다, 풍화하다	• erode over time ㅣ 시간이 흐르며 침식되다 • winds can erode ㅣ 바람은 침식시킬 수 있다
图 피난하다, 대피시키다	• evacuate from the building ㅣ 건물에서 대피하다 • evacuate the people ㅣ 사람들을 대피시키다

2381 humiliate
휴우밀리에이트
¹ 그는 내 외모를 놀리며 나를 humiliate 했다.
² 동료들 앞에서 그를 humiliate 하고 싶지 않았어.

2382 oblige
어블라이쥐
¹ 법이 우리에게 세금을 내도록 oblige 한다.
² 부모들은 법적으로 자녀를 학교에 보내도록 oblige 된다.

2383 obsess
업쎄ㅆ
¹ 그는 스마트폰 게임에 obsess 되어 있다.
² 생모를 찾겠다는 생각이 그를 obsess 하고 있다.

2384 seduce
쎄듀우ㅆ
¹ 과장된 광고는 소비자들을 seduce 했다.
² 그 순진한 아이를 seduce 하려고 하지 마.

2385 detach
디태애취
¹ 가방에서 끈을 detach 할 수 있다.
² 차 뒤에 연결했던 트레일러를 detach 했다.

2386 recruit
뤼크루우트
¹ 새로 recruit 된 신병들을 집합했다.
² 모임에서 새 회원을 더 recruit 했다.

2387 incubate
인큐베이트
¹ 실험실에서 세균의 샘플을 incubate 하고 있다.
² 어미 새가 알들을 incubate 하고 아빠 새가 먹이를 물어 온다.

2388 merge¹
머어「쥐
¹ 더 큰 기업에 merge 된 기업.
² 두 은행이 곧 하나로 merge 할 예정이다.

2389 merge²
머어「쥐
¹ 수평선 너머로 바다와 태양이 merge 됐다.
² 다양한 재료들이 한 데 merge 되어 조화로운 맛을 내었다.

2390 decipher
디싸이퍼ᶠʳ
¹ 어려운 암호를 decipher 하다.
² 이렇게 써 놓은 글씨를 읽으라는 거야, decipher 하라는 거야?

2391 thaw
떠ᵗʰ어
¹ 작년 봄엔 눈이 일찍 thaw 했다.
² 냉동된 고기는 먼저 thaw 되도록 놔둬.

2392 afflict
어플「릭트
¹ 엄청난 빚이 그를 afflict 했다.
² 질병과 가난이 많은 이들을 afflict 한다.

2393 exert
이그저어「트
¹ 영향력을 exert 하여 이득을 취했다.
² 최대의 노력을 exert 하여 일을 성공적으로 마쳤다.

2394 pant
패앤트
¹ 지쳐서 pant 하며 계단을 올랐다.
² 결승점 통과 후 거칠게 pant 했다.

통 굴욕감[창피]을 주다	• humiliate in public ι 공공장소에서 창피를 주다 • humiliate the employee ι 직원에게 창피를 주다	
통 의무적으로 …하게 하다	• oblige people to come ι 사람들이 오게 하다 • oblige to attend school ι 의무적으로 학교에 가다	
통 (주로 수동태로) 사로잡다, 집착하게 하다	• obsess over money ι 돈에 집착하다 • obsessed with the issue ι 그 문제에 사로잡힌	
통 유혹하다, 꾀다	• try to seduce him ι 그를 유혹하려고 하다 • seduce the mate ι 짝을 유혹하다	
통 분리하다, 떼다	• detach the baby ι 아기를 떼어내다 • detach the locomotive ι 기관차를 분리하다	
통 모집하다, 뽑다	• recruit volunteers ι 자원봉사자를 모집하다 • recruit soldiers ι 병사를 모집하다	
통 배양하다, 품다	• incubate eggs ι 알을 품다 • incubate embryos ι 배아를 배양하다	
통 합병하다	• merge two companies ι 두 회사를 합병하다 • decide to merge ι 합병하기로 하다	
통 어우러지다, 구분이 안 되다	• merge into the crowds ι 군중 속으로 사라지다 • merge into the light ι 빛으로 사라졌다	
통 해독하다	• decipher the code ι 암호를 해독하다 • decipher the pictograph ι 상형 문자를 해독하다	
통 녹다[녹이다], 해동하다	• thaw pastry ι 패스트리를 해동하다 • thaw snow ι 눈을 녹이다	
통 괴롭히다, 피해를 주다	• afflict many people ι 많은 사람을 괴롭히다 • afflict mankind ι 인류를 괴롭히다	
통 발휘하다, 행사하다	• exert for the project ι 프로젝트를 위해 노력하다 • exert myself to win ι 이기기 위해 노력하다	
통 (숨을) 헐떡이다	• pant for breath ι 숨을 헐떡이다 • pant heavily ι 거칠게 숨을 헐떡이다	

2395 typify
티퍼파ᵢ

¹ 이 건물들은 현지 건축 양식을 typify 한다.
² 이 옷들은 60년대 유행하던 의상을 typify 한다.

2396 publicize
퍼블러싸이ㅈ

¹ 그는 자기 책을 publicize 하기에 바빴다.
² 난민들의 실태를 publicize 하기 위한 취재.

2397 enlarge
인라아ᴿ쥐

¹ 독서는 어휘력을 enlarge 한다.
² 창을 전체 화면 크기로 enlarge 하세요.

2398 grin
그륀

¹ 그는 이를 드러내며 grin 했다.
² 만족한다는 듯 grin 하며 고개를 끄덕였다.

2399 repent
뤼펜ㅌ

¹ 내가 저지른 죄를 repent 하다.
² 언젠가 repent 할 날이 올 것이다.

2400 regain
뤼게인

¹ 휴식을 통해 체력을 regain 했다.
² 여러 날 동안 의식을 regain 하지 못했다.

2401 retrieve
뤼트뤼이ㅂᵛ

¹ 도난당한 돈을 간신히 retrieve 했다.
² 압수당한 물건을 겨우 retrieve 했다.

2402 revolve
뤼버ᵛ얼ㅂᵛ

¹ 지구는 지축을 중심으로 revolve 한다.
² 선풍기 날개가 천천히 revolve 하고 있다.

2403 browse
브롸우ㅈ

¹ 잡지를 browse 했다.
² 웹사이트를 browse 한다.

2404 desecrate
데쓰이크뤠이ㅌ

¹ 성지를 desecrate 한 관광객들이 현지 법에 따라 처벌받았다.
² 태극기를 desecrate 한 시위대는 대중의 날 선 비판을 받았다.

2405 smother
스머더ᵗʰ·ʳ

¹ 담요를 덮어 불길을 smother 했다.
² 화재로 인해 많은 사람이 smother 하고 말았다.

2406 sympathize
쓰임퍼따ᵗʰ이ㅈ

¹ 그는 불쌍한 사람들을 sympathize 했다.
² 왕비는 가난한 백성들을 sympathize 했다.

2407 spring up
스프륑 어ㅍ

¹ 우후죽순처럼 치킨집들이 spring up 했다.
² 샤워할 때 좋은 아이디어가 spring up 했다.

2408 pay off
페이 어어ㅍᶠ

¹ 빌린 돈을 pay off 해서 급한 불은 껐다.
² 빚을 pay off 해서 이제 사채업자 볼 일 없어.

동 대표하다, 전형적이다	• typify the characteristics | 특징들을 나타내다 • typify the 60's | 60년대를 대표하다
동 알리다, 홍보하다	• publicize the secret | 비밀을 널리 알리다 • publicize a movie | 영화를 홍보하다
동 확장하다, 확대하다	• enlarge a picture | 사진을 확대하다 • enlarge a space | 공간을 확장하다
동 (소리 없이) 활짝 웃다	• grin from ear to ear | 입이 귀에 걸리다 • grin amiably | 다정하게 활짝 웃다
동 뉘우치다, 회개하다	• repent the sins | 죄를 뉘우치다 • the sinners repent | 죄인들이 회개하다
동 되찾다, 회복하다	• regain public trust | 대중의 신뢰를 회복하다 • regain my health | 나의 건강함을 되찾다
동 되찾다, 회수하다	• retrieve lost goods | 분실물을 되찾아오다 • retrieve the black box | 블랙박스를 회수하다
동 돌다, 회전하다	• revolve around the earth | 지구 주위를 돌다 • revolve on its axis | 지축을 중심으로 돌다
동 둘러보다, 훑어보다	• browse through files | 서류를 훑어보다 • browse for new information | 새로운 정보를 찾아보다
동 (신성한 것을) 훼손하다	• desecrate this holy place | 성지를 훼손하다 • desecrate her burial site | 그녀의 묘지를 훼손하다
동 억누르다, 덮어버리다, 　질식시키다, 숨 막히게 하다	• smother the fire | 불을 끄다 • smother with a pillow | 베개로 질식시켜 죽이다
동 동정하다, 측은히 여기다	• sympathize with others | 다른 사람과 공감하다 • hard to sympathize | 동정하기 힘든
동 갑자기 생겨나다, 휙 나타나다	• spring up an idea | 좋은 아이디어가 갑자기 생각나다 • the weeds spring up | 잡초가 나다
동 다 갚다, 성공하다, 결실을 보다	• pay off all debts | 빚을 다 갚다 • pay off the mortgage | 융자를 다 갚다

| 2409 | **give off**
기ㅂ^v 어어ㅍ^f | ¹ 희미한 빛을 **give off** 하는 램프.
² 탈 때 독특한 냄새를 **give off** 하는 목재. |

| 2410 | **churn out**
취언^r 아우ㅌ | ¹ 박리다매를 위해 대량의 물건을 **churn out** 했다.
² 그는 우리말로 된 희곡을 계속 **churn out** 하고 있다. |

| 2411 | **slip in**
슬리ㅍ 인 | ¹ 밤늦게 놀다가 부모님 몰래 **slip in** 했다.
² 창문으로 도둑이 **slip in** 하는 걸 봤어요. |

| 2412 | **mess up**
메ㅆ 어ㅍ | ¹ 시험을 **mess up** 해서 속상해.
² 누가 방을 이렇게 **mess up** 했니? |

| 2413 | **blend in**
블렌ㄷ 인 | ¹ 그는 내성적인 성격 탓에 사람들과 **blend in** 하지 못한다.
² 전통적 요소와 현대적 요소가 아름답게 **blend in** 된 건물. |

| 2414 | **cut back**
커ㅌ 배애ㅋ | ¹ 지출을 **cut back** 하여 수익을 올렸다.
² 판매실적이 저조하여 생산량을 **cut back** 했다. |

| 2415 | **kick in**
키ㅋ 인 | ¹ 수면제가 **kick in** 했는지 서서히 졸리다.
² 올해 개혁은 내년쯤 **kick in** 할 것으로 예상한다. |

| 2416 | **get over**
게ㅌ 오우버^{v,r} | ¹ 옛 여자친구를 **get over** 하지 못해 괴로워.
² 이제 그 사람은 **get over** 하고 새롭게 시작해라. |

| 2417 | **take over**
테이ㅋ 오우버^{v,r} | ¹ 제가 은퇴하면 후임자가 제 일을 **take over** 할 거예요.
² 큰 회사가 거금을 들여 중소기업을 **take over** 했다. |

| 2418 | **show off**
쇼우 어어ㅍ^f | ¹ 그는 영어 실력을 **show off** 하며 잘난 체했다.
² 새로 산 스포츠카를 친구들에게 **show off** 했다. |

| 2419 | **pave the way**
페이ㅂ^v 더th 웨이 | ¹ 훗날 개혁을 위한 **pave the way** 한 공로.
² 전임이 **pave the way** 하고 후임이 성과를 냈다. |

| 2420 | **fill a prescription**
필^f 어 프뤼스크륍쉬언 | ¹ 약사가 **fill a prescription** 해 줬다.
² **Fill a prescription** 한 대로 복용했는데 효과가 없다. |

| 2421 | **foster**²
퍼^f어스터^r | ¹ 부모님이 돌아가신 후 삼촌이 나를 **foster** 한다.
² 부모님이 돌아가신 후 삼촌이 내 **foster** 아버지가 되었다. |

| 2422 | **manifest**
매애너페^fㅅㅌ | ¹ 그가 범인이라는 **manifest** 한 증거.
² 시간이 지날수록 증상이 **manifest** 해졌다. |

통 발산하다, 내뿜다	• **give off** light ｜ 빛을 발산하다 • **give off** a fragrance ｜ 향기를 발산하다
통 만들어내다, 대량 생산하다, 잇달아 내다	• **churn out** products ｜ 제품을 대량 생산하다 • **churn out** cars ｜ 차들을 생산하다
통 알아채이지 않게 들어가다	• **slip in** silently ｜ 조용히 들어가다 • **slip in** without sound ｜ 소리 없이 조용히 들어가다
통 망치다, 엉망으로 만들다	• **mess up** the room ｜ 방을 어지럽히다 • **mess up** the work ｜ 일을 망치다
통 조화를 이루다	• **blend in** with others ｜ 다른 사람들과 잘 어울리다 • **blend in** with its surroundings ｜ 주위 환경과 어울리다
통 …을 줄이다[삭감하다]	• **cut back** on production ｜ 생산을 줄이다 • **cut back** on smoking ｜ 담배를 줄이다
통 효과가 나타나기 시작하다	• start to **kick in** ｜ 효과가 나타나기 시작하다 • effects **kick in** later ｜ 효과가 나중에 나타난다
통 (옛 연인 따위를) 잊다, …을 극복하다, 넘다	• **get over** the break up ｜ 헤어짐을 잊다 • **get over** him ｜ 그를 잊다
통 인수하다, 인계받다	• **take over** the company ｜ 회사를 인수하다 • **take over** a store ｜ 가게를 인수하다
통 과시하다, 자랑하다	• **show off** the new car ｜ 새 차를 자랑하다 • **show off** his strength ｜ 그의 힘을 자랑하다
통 길을 닦다, 상황을 조성하다	• **pave the way** for our children ｜ 우리 아이들을 위해 길을 닦다 • **pave the way** for the revolution ｜ 혁명의 길을 닦다
통 약을 짓다, 처방하다	• **fill a prescription** at the pharmacy ｜ 약국에서 약을 제조하다 • the physician **fills a prescription** ｜ 의사가 약을 처방하다
통 위탁 양육하다, 촉진하다, 양성하다 형 수양의, 위탁의	• raised by **foster** parents ｜ 양부모에 의해 길러진 • **foster** abandoned pets ｜ 버려진 애완동물들을 기르다
통 나타내다 형 (보거나 이해하기에) 분명한	• **manifest** signs ｜ 분명한 징후들 • a **manifest** error ｜ 명백한 잘못

2423 limber
을림버「

1 체조 선수의 limber 한 허리.
2 스트레칭과 요가로 limber 한 몸을 만든다.

2424 sober
쏘우버「

1 아침에 마시는 커피는 나를 sober 한다.
2 회식 자리에서도 sober 한 상태를 유지했다.

2425 exempt
이그젬ㅍ트

1 장애로 인해 병역에서 exempt 되다.
2 좋은 성적으로 등록금이 exempt 된 학생.

2426 stray[1]
스트뤠이

1 허튼소리로 주제에서 stray 하려 하지 마.
2 선수의 집중력이 떨어지자 화살이 과녁을 stray 하고 말았다.

2427 bankrupt
배앵크뤕ㅌ

1 부실 경영으로 bankrupt 한 기업.
2 술과 도박에 빠져 bankrupt 한 남자.

2428 destruct
디스트뤅ㅌ

1 폭발물을 정해진 시간 후에 destruct 해라.
2 미사일을 공중에서 없애기 위한 destruct 버튼.

2429 yonder
야안더「

1 Yonder 다리부터 여기까지 걸어왔어.
2 여기 있는 나무 말고 yonder 것을 베자.

2430 triumphant
트롸이엄펀「ㅌ

1 경기에서 이긴 선수의 triumphant 한 눈빛.
2 염원을 이룬 국민들의 triumphant 한 환호성.

2431 tenfold
텐포「울ㄷ

1 창간 당시보다 발행 부수가 tenfold 된 신문.
2 10년간 직원들의 숫자가 tenfold 로 늘어났다.

2432 occasional
어케이쉬어널

1 모든 규칙에는 occasional 한 예외가 있다.
2 흐리고 occasional 한 소나기가 있겠습니다.

2433 penniless
페닐레ㅆ

1 Penniless 했던 젊은이가 부자가 되어 다시 돌아왔다.
2 나는 집도 없고 penniless 하지만 나와 결혼해 주지 않을래?

2434 workable
워어「커블

1 그 방법은 workable 한 계획이 아니다.
2 좋은 아이디어이지만 workable 한 해결책은 아니다.

2435 basal
베이썰

1 나는 아이들에게 basal 이 되는 영어를 가르치고 있다.
2 집에서 스스로 운동할 수 있는 basal 이 되는 체력검사.

2436 checkered
췌커「ㄷ

1 그는 checkered 한 일생을 살았다.
2 공대생들이 checkered 한 남방을 좋아한다는 것은 편견이다.

통 준비 운동을 하다 형 유연한, 융통성 있는	• Keep your body limber. ㅣ 네 몸을 유연하게 유지해라. • limber up ㅣ 몸을 풀다
통 정신이 들게 하다 형 제정신의, 술 취하지 않은	• a sober mind ㅣ 맨정신 • sober enough to drive ㅣ 운전할 정도로 술 마시지 않은
통 면제받다, 면제하다 형 면제되는	• exempt from taxation ㅣ 세금이 면제된 • tax-exempt savings ㅣ 비과세 저축
통 벗어나다, 빗나가다 형 빗나간	• stray into dangerous areas ㅣ 위험한 지역으로 잘못 들어서다 • stray off the subject ㅣ 주제를 벗어나다
통 파산시키다 형 파산한	• bankrupt a company ㅣ 회사를 파산시키다 • go bankrupt ㅣ 파산하다
통 파괴하다, 자폭시키다 형 파괴용의	• destruct a structure ㅣ 구조물을 파괴하다 • self-destruct button ㅣ 자폭 버튼
형 저기 있는[보이는] 부 저쪽에, 저곳에	• yonder tree ㅣ 저기 있는 나무 • the yonder side ㅣ 저쪽
형 의기양양한, 크게 성공한, 승리를 거둔	• triumphant in finals ㅣ 결승에서 승리한 • triumphant in the election ㅣ 선거에서 승리한
형 10배의, 10겹의	• tenfold the amount ㅣ 10배의 양[액수] • grow tenfold ㅣ 10배로 성장하다
형 가끔의	• occasional visits ㅣ 간헐적인 방문 • on an occasional basis ㅣ 가끔씩
형 무일푼인, 몹시 가난한	• the penniless children ㅣ 몹시 가난한 아이들 • In turn, we become penniless. ㅣ 결국 우리는 몹시 가난해졌다.
형 운용[실행] 가능한	• a workable plan ㅣ 실행 가능한 계획 • definitely workable ㅣ 확실히 실행 가능한
형 토대가 되는	• basal metabolism rate ㅣ 기초대사율 • the basal condition ㅣ 기본 조건
형 체크무늬의, 가지각색의, 변화가 많은	• a checkered past ㅣ 파란만장한 과거 • a checkered dress ㅣ 체크무늬 드레스

2437 unaccountable
어너카운터블
¹ 과학으로는 unaccountable 한 자연의 힘.
² Unaccountable 한 이유로 편지가 도착하지 않았다.

2438 unarmed
언아암ᵈ
¹ Unarmed 한 민간인을 공격하지 마라.
² 병사들이 unarmed 한 상태로 습격을 받았다.

2439 swampy
스워엄피
¹ 아마존에는 swampy 한 지역이 많다.
² Swampy 한 지형을 걸을 때는 힘이 두 배로 든다.

2440 unlicensed
언라이쓴ㅅㅌ
¹ Unlicensed 한 건물을 철거하다.
² 경찰이 unlicensed 한 차량을 적발했다.

2441 entitled
인타이틀ㄷ
¹ 나는 세금을 돌려받을 entitled 가 있다.
² 아들은 내 유산을 물려받을 entitled 가 있다.

2442 interested
인터뤠스티ㄷ
¹ 이 사안과 interested 된 분들에게는 발언권이 없습니다.
² 이 사건과 interested 된 모든 사람이 용의자가 될 수 있습니다.

2443 exploding
익스플로우딩
¹ 나날이 exploding 하는 전셋값.
² 무더위로 exploding 하는 에어컨 판매량.

2444 mounting
마운팅
¹ 면접 시간이 다가올수록 mounting 하는 긴장감.
² 심심찮게 들리는 테러 소식 때문에 mounting 하는 불안감.

2445 compact
컴패액ㅌ
¹ 부엌이 compact 하지만 있을 건 다 있다.
² Compact 한 카메라는 들고 다니기 편하다.

2446 desirable
디자이어뤄블
¹ 4인 가족에 desirable 한 주택 구조.
² 우리 모두에게 desirable 한 좋은 계획.

2447 sensory
쎈써뤼
¹ 눈과 귀는 sensory 의 기관이다.
² 시술 부위에 sensory 의 손실이 있다.

2448 respiratory
뤠스퍼뤄토어뤼
¹ Respiratory 의 부전이 오면 심폐소생술을 해야 한다.
² Respiratory 의 질환을 앓는 사람은 담배를 피우면 안 된다.

2449 hardy
하아ʳ디
¹ 척박한 환경에 잘 견디는 hardy 한 품종.
² 규칙적인 운동은 hardy 한 체격을 만든다.

2450 liable
을라이어블
¹ 이 부근은 홍수 발생이 liable 한 지역이다.
² 환율 시세에 따라 가격 변동이 liable 하다.

형 설명[이해]할 수 없는, 책임질 필요가 없는	• unaccountable for actions ｜ 행동에 책임이 없는 • for unaccountable reasons ｜ 설명할 수 없는 이유들
형 무장하지 않은, 무기가 없는	• an unarmed suspect ｜ 비무장 용의자 • the unarmed civilians ｜ 무기가 없는 시민들
형 늪지대의, 습지대의	• a swampy land ｜ 늪지대 • a swampy ground ｜ 습지대 땅
형 면허가 없는	• drive unlicensed ｜ 무면허로 운전하다 • an unlicensed doctor ｜ 면허가 없는 의사
형 …할 자격[권리]가 있는	• an entitled owner ｜ 권리가 있는 소유주 • entitled to decide ｜ 결정할 자격이 주어진
형 (이해) 관계가 있는, 관심 있어 하는, 흥미로워하는	• the interested party ｜ 관계가 있는 정당 • interested groups ｜ 이해관계가 있는 단체들
형 폭발적으로 증가하는	• an exploding debt ｜ 폭발적으로 증가하는 부채[빚] • an exploding market ｜ 폭발적으로 증가하고 있는 시장
형 커지는, 증가하는	• mounting health concerns ｜ 증가하는 건강에 대한 염려 • a mounting excitement ｜ 커져가는 흥분
형 소형의, 간편한	• a compact camera ｜ 소형 카메라 • a compact car ｜ 소형차
형 바람직한, 탐나는, 호감 가는	• a desirable statute ｜ 바람직한 태도 • highly desirable ｜ 대단히 바람직한
형 감각의	• affected sensory functions ｜ 영향을 받는 감각 기능 • the sensory organs ｜ 감각 기관
형 호흡(기)의	• affect respiratory system ｜ 호흡계에 영향을 끼치다 • the respiratory organs ｜ 호흡 기관
형 강한, 강인한	• a hardy breed of horse ｜ 강한 품종의 말 • a hardy constitution ｜ 강인한 체격
형 …하기 쉬운, …할 것 같은	• liable to get flooded ｜ 물에 잠기기 쉬운 • liable to the avalanche ｜ 눈사태가 나기 쉬운

2451 fabulous
패ᴿ애뷸러ㅆ

¹ Fabulous 한 풍경에 감탄했다.
² 주말에 해변에서 fabulous 한 시간을 보냈어.

2452 drowsy
드롸우지

¹ 이 감기약을 먹으면 drowsy 해진다.
² Drowsy 한 오후 햇살에 잠이 쏟아진다.

2453 puzzling
퍼즐링

¹ 어렵고 puzzling 한 질문.
² 이 글에는 몇몇 puzzling 한 문장이 있다.

2454 unbiased
언바이어ㅅㅌ

¹ 뉴스는 unbiased 한 사실만을 전달해야 합니다.
² Unbiased 한 판결을 내리는 공정한 판사.

2455 innocent
이너썬ㅌ

¹ 아이들이 흔히 하는 innocent 한 장난.
² Innocent 한 사람을 가둬서는 안 된다.

2456 contractual
컨트뤠액츄얼

¹ Contractual 한 조항에 따르면 이것은 우리의 정당한 권리입니다.
² 우리는 contractual 한 의무를 따라야 합니다.

2457 accredited
어크뤠디티ㄷ

¹ 품질이 accredited 된 식품.
² Accredited 된 기자들만 입장이 허용된다.

2458 square
스쿠에어ᴿ

¹ 근로자는 square 한 대우를 받을 자격이 있습니다.
² 이것은 각자의 이익이 충분히 반영된 square 한 거래이다.

2459 aerial
에어뤼얼

¹ 무인 aerial 조종기를 드론이라 부른다.
² 헬리콥터를 타고 지상 aerial 의 사진을 촬영했다.

2460 unjust
언줘ㅅㅌ

¹ Unjust 한 대우를 받았다.
² 한 사람에게 떠넘기는 것은 unjust 하다.

2461 drastic
드뤠애스티ㅋ

¹ Drastic 한 체중감량은 몸에 해롭다.
² 불안한 상황에서는 drastic 한 조치가 필요하다.

2462 ineffective
이니펙ᴿ티ㅂᵛ

¹ Ineffective 하고 방만한 경영.
² 그 약은 ineffective 해서 결국 돈 낭비였다.

2463 interpersonal
인터ᴿ퍼어ᴿ써널

¹ Interpersonal 한 기술이 좋아 주위에 사람이 많다.
² Interpersonal 한 관계에서 공감 능력은 매우 중요하다.

2464 disinterested
디쓰인터뤼스티ㄷ

¹ 나는 이 상황에 disinterested 한 제삼자의 입장이다.
² 공정한 판사는 disinterested 하지만 무관심하지는 않다.

형 멋진, 기막히게 좋은	• a fabulous cook I 기막힌 요리사 • fabulous beauty I 굉장한 아름다움
형 졸리는, 나른하게 만드는, 졸리게 하는	• a drowsy afternoon I 졸린 오후 • feel drowsy after eating I 식곤증이 오다
형 당황[어리둥절]하게 하는	• a puzzling question I 곤혹스러운 질문 • puzzling problems I 헷갈리는 문제들
형 편견[선입견] 없는	• an unbiased opinion I 편견 없는 의견 • unbiased towards the minority I 소수자에게 편견이 없는
형 악의 없는, 결백한	• free an innocent man I 결백한 사람을 풀어주다 • save innocent lives I 죄 없는 목숨을 살리다
형 계약상의, 계약된	• a contractual right I 계약상의 권리 • a contractual service I 계약직
형 승인받은, 공인된	• an accredited reporter I 공인된 기자 • an accredited university I 공인된 대학교
형 공정한, 정사각형의 명 광장	• a square deal I 공정한 거래 • fair and square I 정정당당하게
형 항공의, 항공기의, 공중의	• an aerial defense I 공중 방어 • an aerial information I 항공 정보
형 부당한, 불공평한	• an unjust conviction I 부당한 유죄 선고 • an unjust verdict I 부당한 평결
형 극단적인, 과감한	• a drastic action I 과감한 조치 • a drastic change I 과감한 변화
형 비효율적인, 효과 없는	• ineffective drugs I 효과가 없는 약 • an ineffective manager I 무능한 매니저
형 대인관계에 관련된	• interpersonal skills I 대인관계 능력 • an interpersonal dialogue I 사람들 간의 대화
형 객관적인, 사심 없는, 무관심한	• disinterested in math class I 수학 수업에 흥미 없는 • seem disinterested I 흥미 없어 보이다

2465 unmindful
언마인드펄f

1 Unmindful 한 걸음걸이 때문에 넘어질 뻔했다.
2 광고에 unmindful 한데도 품질이 좋아서 잘 팔리는 제품.

2466 customary
커스터메뤼

1 미국에는 customary 한 팁 문화가 있다.
2 Customary 하게 자꾸 무언가를 먹는 것은 비만의 지름길이다.

2467 enthusiastic
인뜌th우지애스티크

1 나는 그 팀의 enthusiastic 한 후원자다.
2 Enthusiastic 한 박수갈채를 받고 끝난 공연.

2468 queer
쿠ㅣ어r

1 걸음걸이가 queer 한 사람.
2 오래된 생선에서 queer 한 냄새가 난다.

2469 eccentric
익쎈트뤼크

1 그는 eccentric 이지만 나쁜 사람은 아니다.
2 그는 늘 이상한 옷을 입고 eccentric 한 행동을 일삼는다.

2470 artful
아r트펄f

1 Artful 한 방법으로 사람들을 속이는 사기꾼.
2 Artful 한 수법으로 진짜처럼 만들어진 가짜.

2471 invaluable
인배v앨류어블

1 Invaluable 한 충고에 감사드립니다.
2 이 책은 학생들에게 invaluable 할 것이다.

2472 lenient
을리이니언트

1 타인에겐 lenient 하고 자신에겐 엄한 성자.
2 난폭 운전자들이 너무 lenient 한 처분을 받는 것 같아.

2473 shortsighted
쇼어r트싸이티드

1 멀리 내다보지 못하는 shortsighted 한 정책.
2 나는 shortsighted 해서 안경 없이 칠판 글씨를 읽지 못한다.

2474 prospective
프뤄스펙티브v

1 앞으로가 더 prospective 한 1인 방송.
2 Prospective 한 신입 사원들을 교육하다.

2475 fertile
퍼f어r틀

1 작물들이 잘 자라는 fertile 한 땅.
2 척박한 땅을 fertile 한 땅으로 만들다.

2476 confidential
카안퍼f덴f쉬얼

1 Confidential 한 정보를 유출하려다 적발되다.
2 사용자 정보는 confidential 한 암호로 변경됩니다.

2477 intuitive
인튜우이티브v

1 요즘 핸드폰의 intuitive 한 터치 기술.
2 Intuitive 한 감각으로 독자의 요구를 충족시킬 것입니다.

2478 vulnerable
벌v너뤄블

1 현재 vulnerable 한 처지라 누군가의 도움이 절실하다.
2 이 제품은 더위에 vulnerable 하니 서늘한 곳에 보관하세요.

형 부주의한, 신경을 안 쓰는, 무관심한	• unmindful of anything ⏐ 뭐든지 신경 쓰지 않는 • unmindful of danger ⏐ 위험을 신경 쓰지 않는
형 관례적인, 습관적인	• a customary practice ⏐ 관행 • a customary law ⏐ 관습법
형 열렬한, 열광적인	• an enthusiastic supporter ⏐ 열렬한 지지자 • enthusiastic supporters ⏐ 열정적인 후원자들
형 기묘한, 괴상한	• the queer fate ⏐ 기묘한 운명 • queer notions ⏐ 괴상한 생각
형 별난, 괴짜인	• an eccentric behavior ⏐ 별난 행동 • an eccentric inventor ⏐ 괴짜 발명가
형 교활[교묘]한, 기교적인, 예술적[미적]인	• an artful trick ⏐ 교묘한 속임수 • an artful thief ⏐ 교활한 도둑
형 매우 유용한, 귀중한	• an invaluable information ⏐ 매우 유용한 정보 • an invaluable asset ⏐ 귀중한 자산
형 관대한, 너그러운	• a lenient judge ⏐ 관대한 판사 • lenient towards children ⏐ 아이들에게 너그러운
형 근시안의, 근시의	• a shortsighted solution ⏐ 근시안적인 해결책 • a shortsighted person ⏐ 근시안인 사람
형 유망한, 예기되는	• prospective customers ⏐ 예상[잠재] 고객 • a prospective buyer ⏐ 예상[잠재] 구매자
형 비옥한, 기름진	• a fertile region ⏐ 비옥한 지역 • a fertile land for rice ⏐ 쌀이 잘 나는 비옥한 땅
형 비밀의, 기밀의	• highly confidential ⏐ 극비의 • a confidential conversation ⏐ 비공개 대화
형 직관적인, 사용하기 쉬운	• an intuitive leader ⏐ 직관력 있는 지도자 • an intuitive sense ⏐ 직감
형 취약한, 상처 입기 쉬운	• vulnerable to sunlight ⏐ 햇빛에 취약한 • a vulnerable position ⏐ 취약한 입장

2479 prolonged
프뤌로옹ㄷ

¹ 수년간의 prolonged 한 병으로 고생하다.
² Prolonged 한 경기침체로 실업률이 급증했다.

2480 pressing
프뤠쓰잉

¹ 빨리 처리해야 하는 pressing 한 문제들.
² Pressing 한 일이 생겨서 먼저 가보겠습니다.

2481 stubborn
스터번ʳ

¹ 걔는 너무 stubborn 해서 설득이 안 돼.
² 변화에 대한 stubborn 한 저항이 있었다.

2482 timeless
타임리ㅆ

¹ 진정한 아름다움은 timeless 하다.
² 젊은 독자들도 이 timeless 한 이야기에 빠져들 것이다.

2483 doomed
두움ㄷ

¹ 그 선수는 부상 때문에 doomed 했다.
² 연주자는 손가락을 다치는 순간 doomed 이다.

2484 reckless
뤠클레ㅆ

¹ 그는 reckless 한 지출로 파산했다.
² Reckless 한 운전이 사고를 초래한다.

2485 ragged
뤠애기ㄷ

¹ 너무 오래 입어서 ragged 된 옷.
² Ragged 된 옷을 걸친 아이들에게 연민을 느꼈다.

2486 unfeeling
언피ʳ일링

¹ 차갑고 unfeeling 한 사람.
² Unfeeling 한 사람들의 평가에 그는 의기소침해졌다.

2487 ruthless
루뜰ᵗʰ레ㅆ

¹ 피도 눈물도 없이 ruthless 한 독재자.
² 그는 욕심에 휩싸여 ruthless 한 행동을 했다.

2488 perishable
페뤼쉬어블

¹ 우유는 perishable 한 음식 중 하나다.
² Perishable 한 것부터 냉장고에 넣어라.

2489 immobile
임모우벌

¹ Immobile 한 자동차를 고쳐서 다시 탈 수 있게 만들다.
² 그는 병으로 immobile 한 상태가 되었다.

2490 proficient
프뤄피ʳ쉬언ㅌ

¹ Proficient 한 업무처리 능력으로 항상 칭찬받는다.
² 그녀는 여러 개의 언어에 proficient 하다.

2491 illogical
일라아쥐컬

¹ 모두 그의 illogical 한 주장을 무시했다.
² 증인의 진술은 일관성이 없고 illogical 하다.

2492 shabby
쉬애비

¹ 거지의 shabby 한 누더기.
² Shabby 한 복장 때문에 첫인상이 별로였다.

형 장기적인	• a prolonged drought ı 장기적인 가뭄 • a prolonged illness ı 오랜 병
형 시급한, 긴급한	• a pressing matter ı 긴급한 문제 • a pressing news ı 긴급한 뉴스
형 완강한, 고집스러운, 끈질긴	• a stubborn child ı 고집 센 아이 • a stubborn resistance ı 완강한 저항
형 영원한, 변치 않는, 끝없는	• her timeless beauty ı 세월이 흘러도 변치 않는 그녀의 아름다움 • the timeless truth ı 영원한 진리
형 운이 다한, 끝장인	• doomed to fail ı 실패할 운명인 • a doomed man ı 불운한 남자
형 무모한, 신중하지 못한, 난폭한	• reckless drivers ı 난폭 운전자들 • reckless driving ı 난폭 운전
형 누더기가 된[해진], 남루한	• ragged clothes ı 해진 옷 • a ragged breathing ı 거친 숨소리
형 무정한, 냉정한	• an unfeeling man ı 냉정한 남자 • unfeeling legs ı 감각이 없는 다리
형 무자비한, 냉혹한	• a ruthless killer ı 무자비한 살인자 • a ruthless dictator ı 무자비한 독재자
형 잘 상하는[썩는]	• a perishable food ı 부패하기 쉬운 음식 • easily perishable ı 잘 상하는
형 움직이지 못하는[않는]	• sit immobile ı 움직이지 않고 앉다 • completely immobile ı 완전히 정지한
형 능한, 능숙한	• proficient in languages ı 언어에 능숙한 • proficient in speech ı 연설에 능숙한
형 비논리적인, 터무니없는	• illogical arguments ı 비논리적인 주장 • an illogical regulation ı 비논리적인 규율
형 허름한, 다 낡은	• the shabby clothes ı 허름한 옷 • look shabby ı 행색이 초라하다

2493 lone
을로운
¹ 외로움을 즐기는 lone 한 여행자.
² 그녀는 비행기 사고의 lone 한 생존자였다.

2494 unilateral
유우널래애터뤌
¹ Unilateral 한 군사행동은 평화를 가져올 수 없다.
² 아무도 협조하지 않아 unilateral 한 행동을 취했다.

2495 amounting
어마운팅
¹ 누적 관객 수가 500만 명에 amounting 하는 영화.
² 하루에 천 명에 amounting 하는 관객이 뮤지컬을 보러 간다.

2496 freshwater
프ᶠ뤠쉬워어터ʳ
¹ 바다낚시보다 freshwater 낚시를 더 좋아한다.
² 스위스에는 수백 개의 freshwater 호수가 있다.

2497 demanding
디매앤딩
¹ 그 사람은 demanding 한 상사야.
² 그 일은 신체적으로 demanding 하다.

2498 crude
크루우ㄷ
¹ Crude 한 기름을 가공하여 휘발유를 만든다.
² 자세한 설명 전에 crude 한 수치를 먼저 보겠습니다.

2499 metabolic
메터벌리ㅋ
¹ Metabolic 활동을 높이는 운동.
² 기초 대사량은 최소한의 metabolic 작용을 위한 에너지이다.

2500 acting
애액팅
¹ 대통령 탄핵으로 총리가 acting 한 대통령이었다.
² 새 지배인이 올 때까지 그가 acting 한 지배인이다.

2501 matchless
매애췰레ㅆ
¹ 그 오페라 가수의 목소리는 matchless 한 보물이다.
² 이번 경기에서 matchless 한 활약을 보여 준 선수.

2502 unexampled
어니그재앰플ㄷ
¹ 역사상 unexampled 한 사건이 발생했다.
² Unexampled 한 홍수로 피해를 본 사람들.

2503 abrupt¹
어브뤕ㅌ
¹ Abrupt 한 질문에 당황했다.
² Abrupt 한 변화에 반대하다.

2504 abrupt²
어브뤕ㅌ
¹ 무뚝뚝하고 abrupt 한 태도.
² 무례할 만큼 abrupt 한 말투.

2505 simultaneous
싸이멀테이니어�
¹ Simultaneous 의 통역 전문가.
² 손님들이 simultaneous 하게 몰려들자 주문이 밀렸다.

2506 passive
패애쓰이브ᵛ
¹ 그는 소심해서 passive 한 역할만 했다.
² 그런 passive 한 자세로는 아무것도 배울 수 없다.

형 혼자인, 단독의	• a lone traveler ｜ 고독한 여행자 • a lone wolf ｜ 고독한 늑대[사람]
형 일방적인, 단독의	• a unilateral action ｜ 단독 행동 • a unilateral decision ｜ 일방적인 결정
형 …에 달하는	• amounting to a large number ｜ 큰 숫자에 달하는 • amounting to millions of \$ ｜ 몇백만 달러에 이르는
형 민물의, 담수의	• a freshwater fish ｜ 민물고기 • freshwater fishing ｜ 민물 낚시
형 요구가 많은, 부담이 큰	• a demanding job ｜ 힘든 직장 • physically demanding ｜ 신체적으로 힘든
형 원래 그대로의, 미가공의, 대충[대강]의	• a crude drawing ｜ 대충 그린 그림 • in crude terms ｜ 대충 말해서
형 신진대사의	• a metabolic abnormality ｜ 대사 이상 • the basal metabolic rate ｜ 기초 대사율
형 직무 대행의 명 연기, 시늉	• an acting president ｜ 대통령 업무 대행 • an acting CEO ｜ 회장 업무 대행
형 독보적인, 비할 데 없는	• a matchless intelligence ｜ 비할 데 없는 지성 • her matchless beauty ｜ 그녀의 비할 데 없는 아름다움
형 전례 없는, 비할 데 없는	• unexampled natural disasters ｜ 유례없는 자연재해 • on an unexampled scale ｜ 비길 데 없는 규모로
형 갑작스러운, 돌연한	• an abrupt change ｜ 갑작스러운 변화 • an abrupt end ｜ 갑작스러운 결말
형 퉁명스러운	• an abrupt tone ｜ 퉁명스러운 말투 • in an abrupt way ｜ 퉁명스럽게
형 동시의, 동반의	• simultaneous attacks ｜ 동시다발적인 공격 • simultaneous events ｜ 동시에 일어난 사건들
형 소극적인, 수동적인	• passive smoking ｜ 간접흡연 • a passive personality ｜ 소극적인 성격

2507 **reactive**
뤼애액티ㅂV

¹ 눈동자는 빛에 reactive 하다.
² Reactive 하는 대처보다는 상황을 주도하라.

2508 **homogeneous**
호우머쥐이니어ㅆ

¹ 대한민국은 homogeneous 한 민족의 국가다.
² Homogeneous 한 건물들로만 이루어진 따분한 도시.

2509 **severed**
쎄버V·ㄷ

¹ 사고로 severed 된 동맥.
² 공사장에서 일하다가 severed 된 손가락을 봉합했다.

2510 **overcast**
오우버V·ㄱ캐애ㅅㅌ

¹ Overcast 한 하늘을 보니 비가 오겠네.
² Overcast 한 하늘이 맑아질 예정입니다.

2511 **registered**
뤠쥐스터ㄷ

¹ 정식으로 registered 된 제품입니다.
² Registered 된 예약자 명단이 업데이트됐다.

2512 **timely**
타임리

¹ 경찰의 timely 한 도착으로 해결된 싸움.
² 너의 timely 한 경고가 우리 목숨을 구했어.

2513 **unsteady**
언스테디

¹ 환자의 맥박이 여전히 unsteady 한 채로 유지되고 있다.
² 사고 이후 아직도 걸음걸이가 unsteady 한 상태이다.

2514 **blameless**
블레임레ㅆ

¹ 나는 그 사고에 대해 정말 blameless 하니까 날 믿어 줘.
² 우리 중 이 문제에 전혀 blameless 한 사람은 아무도 없다.

2515 **blunt**
블런ㅌ

¹ 칼을 오래 써서 날이 blunt 해졌다.
² 상대를 배려하지 않는 blunt 한 어조.

2516 **disagreeable**
디써그뤼어블

¹ 습하고 disagreeable 한 날씨.
² 그의 disagreeable 한 태도에 많은 이들이 그를 어려워한다.

2517 **clinging**
클링잉

¹ 남에게 clinging 하기보단 자립심 있는 태도를 기르는 것이 좋다.
² 그녀가 clinging 한 드레스를 입고 있어서 쳐다보기 민망했다.

2518 **unprecedented**
언프뤠쓰이던티ㄷ

¹ Unprecedented 한 한파로 사상자가 발생했다.
² 증시가 unprecedented 한 호황을 누리고 있다.

2519 **pouty**
파우티

¹ 그녀는 실망스러운 선물에 pouty 해졌다.
² 화가 난 아이의 pouty 한 입술이 보였다.

2520 **inaccurate**
이내애큐뤄ㅌ

¹ 지도가 너무 inaccurate 해서 길을 잃었다.
² Inaccurate 한 정보 때문에 엉뚱한 결론이 나왔다.

형 반응하는, 반작용을 보이는, 수동적인	• the reactive substances ı 반응성 물질 • highly reactive ı 매우 반응이 빠른
형 동종의, 동질의	• a homogeneous nation ı 단일민족 국가 • a homogeneous group ı 단일민족의 집단
형 절단된, 잘린	• severed body parts ı 절단된 신체 부분들 • a severed artery ı 절단된 동맥
형 흐린[구름이 뒤덮인]	• an overcast weather ı 흐린 날씨 • an overcast sky ı 흐린 하늘
형 등록된, 등기의	• a registered customer ı 등록된 고객 • a registered mail ı 등기우편
형 시기적절한, 때맞춘	• a timely reminder ı 때맞춰 생각해 낸 것 • the timely arrival ı 시기적절한 도착
형 불안정한, 휘청거리는, 떨리는	• leave an unsteady job ı 불안정한 직장을 그만두다 • an unsteady hand ı 떨리는 손
형 책임이 없는, 떳떳한	• blameless for the accident ı 사고에 책임이 없는 • a blameless life ı 떳떳한 삶
형 무딘, 뭉툭한, 직설적인, 무뚝뚝한	• sharpen a blunt knife ı 무딘 칼을 갈다 • a blunt blade ı 무딘 칼날
형 유쾌하지 못한, 무례한, 무뚝뚝한	• a disagreeable taste ı 불쾌한 맛 • a disagreeable smell ı 불쾌한 냄새
형 의존하는, 남에게 달라붙는, 몸에 달라붙는	• a clinging person ı 남에게 의존하는 사람 • clinging clothes ı 달라붙는 옷
형 미증유의[전례 없는]	• unprecedented in history ı 역사상 전례 없는 • unprecedented crisis ı 전례 없는 위기
형 토라진, 뿌루퉁한	• get pouty lips ı 뿌루퉁한 입술 • look pouty ı 뿌루퉁해 보이다
형 부정확한, 오류 있는	• an inaccurate data ı 부정확한 정보 • completely inaccurate ı 완전히 부정확한

1. 소리 내어 읽어보세요 ▶ ▶

2. 의미를 맞혀보세요 ▶ ▶ ▶ ▶ ▶ ▶ ▶ ▶ ▶ ▶ ▶ ▶ ▶ ▶ ▶ ▶ ▶

2521 **ridiculous**
뤼디큘러ㅆ

1 무슨 ridiculous 한 헛소리야.
2 터무니없고 ridiculous 한 논리.

2522 **eventful**
이벤ᵛ트펄

1 Eventful 한 해가 가고 새해가 왔습니다.
2 각자 eventful 했던 방학에 대해 서로에게 이야기했다.

2523 **overpriced**
오우버ᵛᵣ프롸이ㅅ트

1 품질에 비해 과하게 overpriced 된 제품.
2 부동산 투자 과열로 overpriced 된 건물들.

2524 **keen**¹
키인

1 개들은 후각이 keen 하다.
2 미적 감각이 keen 한 예술가.

2525 **keen**²
키인

1 체중감량을 keen 하면서 운동은 안 한다.
2 나는 일본 문화에 keen 해서 여행을 계획 중이야.

2526 **inexhaustible**
이니ㄱ저어ㅅ트어블

1 Inexhaustible 한 열정을 가진 사람.
2 석탄 매장량이 inexhaustible 한 탄광.

2527 **unsuspecting**
언써ㅅ펙팅

1 Unsuspecting 하는 사람들을 향한 사기.
2 Unsuspecting 하는 관광객의 돈을 훔치다.

2528 **incompetent**
인카암퍼턴트

1 Incompetent 한 직원들을 해고했다.
2 프로젝트를 말아먹은 incompetent 한 팀장.

2529 **floral**
플ᵣ로어뤌

1 이 향수에서는 floral 한 향기가 나.
2 할머니께서는 floral 한 패턴의 냉장고 바지를 입고 계셔.

2530 **measureless**
메줘ᵣ레ㅆ

1 부모의 measureless 한 사랑.
2 Measureless 한 우주의 크기.

2531 **unmatched**
언매애취트

1 Unmatched 한 재능을 가진 권투선수.
2 예술에 대한 그의 unmatched 한 열정.

2532 **binding**
바인딩

1 영수증은 법적으로 binding 한 문서이다.
2 Binding 한 계약서를 어기면 고소를 당할 수도 있다.

2533 **helpless**
헬플레ㅆ

1 전쟁의 helpless 한 피해자들.
2 인간은 자연의 힘 앞에 helpless 한 존재다.

2534 **patchy**
패애취이

1 Patchy 한 잡초를 정리를 해 줘야 한다.
2 아침에 한강 근처에 patchy 한 안개가 낀다.

형 말도 안 되는, 웃기는, 어리석은	• a **ridiculous** price ı 말도 안 되는 가격 • completely **ridiculous** ı 정말 터무니없는
형 다사다난한, 파란만장한	• an **eventful** year ı 다사다난한 해 • an **eventful** story ı 파란만장한 이야기
형 값이 비싸게 매겨진	• **overpriced** goods ı 과하게 값이 매겨진 상품 • **overpriced** for nothing ı 아무것도 아닌 것이 너무 비싼
형 예리한, 날카로운, 명민한	• have a **keen** sense ı 예민한 감각 • a **keen** sense of smell ı 민감한 후각
형 열망하는, 관심 있는	• **keen** to start the project ı 프로젝트를 시작하는 데 적극적인 • a **keen** fan ı 열정적인 팬
형 무궁무진한, 고갈될 줄 모르는	• **inexhaustible** resources ı 무궁무진한 자원 • an **inexhaustible** energy ı 고갈되지 않는 에너지
형 의심하지 않는, 이상한 낌새를 눈치 못 채는	• an **unsuspecting** victim ı 이상한 낌새를 눈치 못 채는 희생자 • **unsuspecting** tourists ı 순진한 관광객들
형 무능한	• an **incompetent** person ı 무능한 사람 • an **incompetent** teacher ı 무능한 교사
형 꽃의, 꽃을 사용한, 꽃무늬의	• a **floral** arrangement ı 꽃꽂이 • a **floral** design dress ı 꽃무늬 드레스
형 무한한, 무량한	• a **measureless** mind ı 헤아릴 수 없는 마음 • **measureless** oceans ı 무한한 대양
형 비길 데 없는, 무적의	• **unmatched** by any others ı 타의 추종을 불허하는 • an **unmatched** economic growth ı 유례없는 경제적 성장
형 구속력 있는, 의무적인	• a **binding** contract ı 구속력 있는 계약 • a legally **binding** agreement ı 법적 구속력이 있는 합의
형 무력한, 속수무책인	• feel **helpless** ı 무력하게 느끼다 • **helpless** victims ı 무력한 피해자들
형 드문드문 있는	• a **patchy** grass ı 듬성듬성한 잔디 • a **patchy** fog ı 군데군데 끼는 안개

2535 mountainous
마운터너ㅆ

¹ Mountainous 한 파도가 우리를 덮쳤다.
² Mountainous 한 지형을 위한 산악자전거.

2536 uncivilized
언ㅆ이벌ᵛ라이ㅈㄷ

¹ Uncivilized 한 행동은 그만두고 예의를 갖춰라.
² 밀림에는 아직 uncivilized 한 생활을 하는 부족들이 있다.

2537 unparalleled
언패럴렐ㄷ

¹ Unparalleled 한 역사적 사건.
² 수학만큼은 전교에서 unparalleled 한 실력이다.

2538 airtight
에어ʳ타이ㅌ

¹ 그들의 airtight 한 계획에 당하고 말았다.
² 남은 음식은 airtight 한 용기에 담아서 보관하세요.

2539 antiwar
애앤티워어ʳ

¹ Antiwar 의 메시지를 담은 소설을 쓰다.
² 세계 곳곳에서 antiwar 시위는 끊이지 않는다.

2540 voluntary
바ᵛ알런테뤼

¹ Voluntary 했던 것이 이제 의무화되었다.
² 자투리 시간에 voluntary 한 봉사를 하고 있다.

2541 epic
에피ㅋ

¹ 영웅의 epic 한 여정을 그린 영화.
² 나이아가라 폭포의 epic 한 모습을 감상하다.

2542 comprehensive
카암ㅍ뤼헨ㅆ이ㅂᵛ

¹ 온몸이 아파서 comprehensive 한 건강 검진을 받았다.
² 세부사항보다 comprehensive 한 내용을 먼저 파악해라.

2543 distributed
디스트뤼뷰우티ㄷ

¹ 서울 시민들에게 distributed 된 전단.
² 바퀴벌레는 세계적으로 distributed 되어있다.

2544 legitimate
을리쥐터머ㅌ

¹ 공금은 legitimate 한 목적에만 사용되어야 한다.
² 아버지의 유산에 대한 아들의 legitimate 한 주장.

2545 discrete
디스크뤼이ㅌ

¹ 일과 개인의 생활, 여가의 각각 discrete 된 영역.
² 회원들은 discrete 된 별도의 공간에 모이게 됩니다.

2546 lush
을러쉬

¹ Lush 한 옷을 입은 걸 보니 꽤나 부자인가 봐.
² 서울에 있는 lush 한 아파트를 구입하는 것이 그의 소원이다.

2547 intricate
인트뤼커ㅌ

¹ Intricate 한 무늬로 꾸며진 스웨터.
² 구성이 매우 intricate 하고 난해한 소설.

2548 unreasonable
언뤼이즈너블

¹ Unreasonable 한 이유로 해고당했다.
² 그런 unreasonable 한 요구에는 응할 수 없다.

형 산이 많은, 산더미 같은	• a **mountainous** area ∣ 산악 지역 • a **mountainous** region ∣ 산악 지대
형 예의[교양] 없는, 미개한	• an **uncivilized** person ∣ 교양이 없는 사람 • **uncivilized** manners ∣ 교양이 없는 태도
형 비할[견줄] 데 없는, 전대미문의	• an **unparalleled** musician ∣ 비할 데 없는 음악가 • an **unparalleled** opportunity ∣ 더없이 좋은 기회
형 빈틈없는, 밀폐된	• an **airtight** container ∣ 밀폐 용기 • in an **airtight** room ∣ 밀폐된 방에서
형 반전[전쟁 반대]의	• an **antiwar** movement ∣ 반전 운동 • the **antiwar** demonstration ∣ 전쟁 반대 시위
형 자발적인	• a **voluntary** work ∣ 자원봉사 • **voluntary** helpers ∣ 자원봉사자들
형 웅장한, 장대[방대]한	• sounds **epic** ∣ 장대하게 들리다 • an **epic** piece of music ∣ 장대한 음악 작품
형 포괄적인, 광범위한	• a **comprehensive** meaning ∣ 포괄적인 의미 • a **comprehensive** study ∣ 종합적인 연구
형 분포된, 광범위한	• evenly **distributed** ∣ 골고루 나뉜 • widely **distributed** ∣ 널리 분포된
형 정당한, 합법적인	• the **legitimate** heir ∣ 정당한 상속자 • in a **legitimate** way ∣ 정당한 방법으로
형 분리된, 별개의	• **discrete** categories ∣ 별개의 항목들 • a **discrete** issue ∣ 별개의 문제
형 멋진, 비싸 보이는	• a **lush** apartment ∣ 멋진 아파트 • a **lush** lifestyle ∣ 호화로운 생활 방식
형 복잡한	• an **intricate** matter ∣ 복잡한 문제 • an **intricate** knot ∣ 엉클어진 매듭
형 불합리한, 부당한	• an **unreasonable** request ∣ 부당한 요청 • **unreasonable** demands ∣ 부당한 요구들

8
week

Weekly Planner

Jan · Feb · Mar · Apr · May · Jun · Jul · Aug · Sep · Oct · Nov · Dec

MON	
TUE	
WED	
THU	
FRI	
SAT	
SUN	

To Do List

- ◯
- ◯
- ◯
- ◯
- ◯
- ◯

Notes

2549 marital
매애뤼틀

1 Marital 의 불화 끝에 이혼을 결심했다.
2 연령, 성별, marital 의 여부를 쓰세요.

2550 insufficient
인써피ᶠ쉬언트

1 Insufficient 한 기금 때문에 연기된 프로젝트.
2 그의 급여는 생계를 유지하기에 insufficient 하다.

2551 mere
미어ʳ

1 그것은 mere 한 소문일 뿐이니 신경 쓰지 마.
2 그녀는 내 여자친구가 아니라 mere 한 지인이야.

2552 terminal
터어ʳ머널

1 Terminal 한 암 판정을 받은 사람.
2 Terminal 한 병에 걸려 실의에 빠져 있다.

2553 adverse
애드버ᵛ어ʳㅆ

1 Adverse 한 부작용이 발견되어 판매 금지된 약.
2 Adverse 한 조건 속에서도 일이 순조롭게 진행되고 있다.

2554 unlawful
언러어펄ᶠ

1 안전띠 미착용은 unlawful 한 행위다.
2 Unlawful 한 행동을 저지른 것을 인정했다.

2555 wrongful
뤄엉ᵛ펄ᶠ

1 이 착한 청년의 wrongful 한 죽음을 잊어선 안 됩니다.
2 그는 wrongful 한 해고를 당했다며 사 측에 소송을 제기했다.

2556 unsavory
언쎄이버ᵛ뤼

1 정계와 재계의 unsavory 한 유착 관계.
2 그 배우에 대해 unsavory 한 소문이 돌고 있다.

2557 furnished
퍼ᶠ어ʳ니쉬ㄷ

1 완벽히 furnished 된 집에 들어가면 편하다.
2 집 전체가 furnished 되어 있으면 임대료가 비쌀 수밖에 없다.

2558 radiant
뤠이디언트

1 그녀가 나를 radiant 한 미소로 반겼다.
2 하얀 웨딩드레스를 입은 radiant 한 신부.

2559 saturated
쌔애츄어뤠이티ㄷ

1 아주 무더운 날, 땀에 saturated 된 셔츠.
2 음료수를 쏟아 saturated 된 옷을 세탁기에 넣었다.

2560 stiff
스티프ᶠ

1 문이 stiff 해서 잘 안 열려.
2 잠을 잘못 자서 목이 stiff 하다.

2561 savage
쌔애비ᵛ쥐

1 Savage 한 풍자로 가득한 작품.
2 적들에게 savage 한 공격을 퍼부었다.

2562 automatic
어어터매애티ㅋ

1 Automatic 한 문이라 손으로 밀 필요 없다.
2 에어백은 충돌 시 automatic 한 작동이 기본이다.

혱 결혼의, 부부의	• marital problems ｜ 결혼 문제들 • the marital status ｜ 혼인 여부
혱 부족[불충분]한, 역량 부족의	• insufficient funds ｜ 자금 부족 • insufficient evidence ｜ 증거 부족
혱 단순[순전]한, 단지 …에 불과한	• a mere coincidence ｜ 단순한 우연 • a mere assumption ｜ 단순한 억측
혱 말기의, 불치의, 구제 불능의 몡 (공항·버스 등의) 터미널	• terminal cancer ｜ 말기 암 • the terminal stage ｜ 손을 쓸 수 없는 단계
혱 부정적인, 불리한	• an adverse effect ｜ 역효과 • an adverse publicity ｜ 나쁜 평판
혱 불법의	• an unlawful arrest ｜ 불법 체포 • an unlawful purpose ｜ 불법적인 의도
혱 (특히 법률에서) 부당한, 불법의	• a wrongful death ｜ 부당한 죽음 • a wrongful possession ｜ 부당한 소유
혱 불미스러운, 고약한, 불쾌한	• an unsavory rumor ｜ 나쁜 소문 • unsavory dishes ｜ 맛없는 요리
혱 가구가 비치된	• a furnished room ｜ 가구가 딸린 방 • a furnished apartment ｜ 가구가 갖추어진 아파트
혱 환한, 빛나는	• radiant with joy ｜ 기쁨으로 환한 • look radiant ｜ 빛이 나는 듯이 보이다
혱 흠뻑 젖은	• saturated soils ｜ 물이 포화된 토양 • a saturated towel ｜ 흠뻑 젖은 수건
혱 뻑뻑한, 뻣뻣한	• a stiff neck ｜ 뻣뻣한 목 • whisk until stiff ｜ 뻑뻑해질 때까지 젓다
혱 가차 없는, 맹렬한, 사나운	• a savage attack ｜ 야만적인 공격 • the savage dogs ｜ 사나운 개
혱 자동의, 반사적인	• an ATM[Automatic Teller Machine] ｜ 현금 자동 인출기 • automatic doors ｜ 자동문

2563 appreciable
어프뤼이쉬어블

¹ 이번 태풍으로 appreciable 한 재산손해를 입었다.
² 신입사원이 한 달 만에 appreciable 한 변화를 보여주었다.

2564 substantial
썹스태앤쉬얼

¹ 다행히 substantial 한 액수의 기금이 모였다.
² 개혁으로 substantial 한 변화가 있을 것이다.

2565 unanticipated
어내앤티써페이티ㄷ

¹ Unanticipated 한 사고로 죽었다.
² Unanticipated 한 비용을 너무 많이 썼다.

2566 defenseless
디펜ˡ쓸리ㅆ

¹ 적이 defenseless 할 때 공격하자.
² Defenseless 한 상태인 노인을 공격한 범인.

2567 tonal
토우널

¹ 서정성이 탁월한 tonal 의 목소리를 가진 가수.
² 종이의 종류에 따라 다양한 tonal 의 인쇄물이 나온다.

2568 inanimate
이내애너머ㅌ

¹ 딱딱하고 inanimate 한 문체의 작가.
² 바위 같은 inanimate 한 물체에도 영혼이 있다는 믿음.

2569 clumsy
클럼지

¹ 음식을 흘리면서 먹다니 clumsy 하구나.
² 펭귄들은 땅에서 clumsy 하지만 물에서 재빠르다.

2570 dainty
데인티

¹ 갓난아기의 dainty 한 손발.
² 작고 dainty 한 케이크를 곁들여 차를 마셨다.

2571 distinguished
디스팅구이쉬ㄷ

¹ Distinguished 한 업적을 세운 장군.
² 의료계에서 distinguished 한 경력을 가진 의사.

2572 disloyal
디쓸로이얼

¹ 호시탐탐 왕좌를 노리는 disloyal 한 신하.
² 친구 간의 의리라곤 모르는 disloyal 한 사람.

2573 rigid
뤼쥐ㄷ

¹ 규칙이 너무 rigid 해서 모두 꺼리는 회사.
² 너무 rigid 한 태도 때문에 인기 없는 상사.

2574 probable
프롸아버블

¹ 당선이 probable 한 후보.
² 행동에 따른 probable 한 결과.

2575 chronic
크뤄어니ㅋ

¹ Chronic 한 식량 부족에 시달리는 나라.
² Chronic 한 스트레스는 혈압을 높일 수 있다.

2576 committed
커미티ㄷ

¹ Committed 한 일 에는 열심히 한다.
² 너와의 관계에 지금까지 committed 했다.

휑 주목할 만한, 상당한	• an appreciable change ⏐ 뚜렷한 변화 • an appreciable improvement ⏐ 상당한 개선
휑 상당한	• a substantial change ⏐ 엄청난 변화 • a substantial sum of money ⏐ 많은 액수의 돈
휑 예기치 못한, 예상 밖의	• unanticipated side effects ⏐ 예상치 못한 부작용 • an unanticipated result ⏐ 예상치 못한 결과
휑 무방비 상태의	• a defenseless child ⏐ 무방비 상태의 아이 • defenseless against any attack ⏐ 어떤 공격에 대해서도 무방비 상태인
휑 음색의, 색조의	• a tonal language ⏐ 성조 언어 • a tonal contrast ⏐ 색조의 대비
휑 활기 없는, 죽은 것 같은, 무생물의	• inanimate objects ⏐ 무생물체 • recently inanimate market ⏐ 최근 활기 없는 시장
휑 어설픈, 서투른	• clumsy skills ⏐ 서투른 기술 • a clumsy worker ⏐ 서투른 노동자
휑 앙증맞은, 섬세한	• buy dainty cups ⏐ 앙증맞은 컵들을 사다 • a dainty tooth ⏐ 식성이 까다로운
휑 뛰어난[우수한], 성공한	• distinguished guests ⏐ 귀빈 • a distinguished career ⏐ 우수한 경력
휑 불충실한, 불성실한	• abandon disloyal friends ⏐ 신의 없는 친구들을 저버리다 • disloyal to the husband ⏐ 남편에게 충실하지 않은
휑 엄격한, 융통성 없는	• rigid rules ⏐ 엄격한 규칙 • rigid attitudes ⏐ 융통성 없는 태도
휑 가능성이 큰, 개연성 있는	• the most probable ⏐ 가장 가능성이 큰 • a probable outcome ⏐ 있을 법한 결과
휑 만성적인	• a chronic indigestion ⏐ 만성 소화 불량 • a chronic asthma ⏐ 만성 천식
휑 마음이 기운, 헌신[열성]적인	• committed to society ⏐ 사회에 헌신하는 • a committed Christian ⏐ 독실한 기독교 신자

2577	**carefree** 케어「ㅍ「뤼이	¹ 낙천적이라 항상 carefree 해 보이는 친구. ² 이렇게 위급한 상황에 어떻게 그렇게 carefree 하니?
2578	**enduring** 인듀어륑	¹ Enduring 하는 성공을 위해 초심을 잃지 말아야 한다. ² 그 배우의 인기가 enduring 하는 비결은 뛰어난 연기력에 있다.
2579	**presiding** 프뤼자이딩	¹ 마침내 presiding 판사가 그에게 유죄 판결을 내렸다. ² 회사를 presiding 하는 자의 능력에 따라 실적이 달라진다.
2580	**inaccessible** 이내액쎄써블	¹ 일반인들은 inaccessible 한 위험지역. ² 차가 없으면 inaccessible 한 외딴 지역에 산다.
2581	**incapable** 인케이퍼블	¹ 아직 말하기 incapable 한 영유아들. ² 스스로 공부하기 incapable 한 아이들.
2582	**intolerable** 인타알러뤄블	¹ 8월 한여름의 intolerable 한 더위. ² 과다한 업무에서 오는 intolerable 한 스트레스.
2583	**unavailable** 어너베ᵛ일러블	¹ 요청한 페이지는 현재 unavailable 합니다. ² 시스템 장애로 데이터 사용이 unavailable 하다.
2584	**unbearable** 언베어뤄블	¹ Unbearable 한 더위가 기승을 부리는 여름날. ² Unbearable 한 통증 때문에 잠을 이룰 수 없었다.
2585	**edible** 에더블	¹ 독버섯과 edible 한 버섯을 잘 구분해야 한다. ² 줄기만 edible 하는 식물이므로 다른 부분은 버려라.
2586	**payable¹** 페이어블	¹ 비용은 할부로 payable 합니다. ² 구매 대금은 카드로도 payable 합니다.
2587	**payable²** 페이어블	¹ 소송 비용은 소송 결과에 상관없이 payable 하다. ² 선지급으로 payable 할 계약금은 원금의 10%입니다.
2588	**trustworthy** 트뤄스트워어「디ᵗʰ	¹ 속마음을 털어놓을 수 있는 trustworthy 한 친구. ² 근거 없는 말 대신 trustworthy 한 자료가 필요해.
2589	**incidental** 인써덴틀	¹ Incidental 한 비용이 너무 많이 든다. ² Incidental 한 세부사항도 잘 확인하세요.
2590	**net** 네트	¹ 회사의 올 상반기 net 이익이 얼마인가요? ² 포장재의 무게를 뺀 net 용량이 얼마인가요?

혱 근심 없는, 속 편한	• live a carefree life ｜ 근심[걱정] 없는 삶을 살다 • look carefree ｜ 근심 없어 보이다
혱 오래 가는, 지속하는	• enduring memories ｜ 오래가는 기억 • an enduring success ｜ 지속하는 성공
혱 통솔하는, 사회하는, 수석인	• a presiding judge ｜ 재판장 • a presiding officer ｜ 감독
혱 접근하기 어려운, 접근할 수 없는	• an inaccessible data ｜ 접근이 어려운 정보 • inaccessible by car ｜ 차로 접근이 어려운
혱 …을 할 수 없는	• incapable to decide ｜ 결정할 수 없는 • incapable of learning ｜ 배울 수 없는
혱 견딜 수 없는, 참을 수 없는	• an intolerable heat ｜ 참을 수 없는 더위 • an intolerable behavior ｜ 용납할 수 없는 행동
혱 이용할 수 없는, 손에 넣을 수 없는	• currently unavailable ｜ 현재 불가능한 • an unavailable time ｜ 사용 불가 시간
혱 참을[견딜] 수 없는	• an unbearable thought ｜ 견딜 수 없는 생각 • an unbearable pain ｜ 견딜 수 없는 고통
혱 식용의[먹을 수 있는]	• an edible plant ｜ 식용 작물 • an edible mushroom ｜ 먹을 수 있는 버섯
혱 지급할 수 있는	• payable in advance ｜ 선급할 수 있는 • instantly payable ｜ 즉시 지급할 수 있는
혱 지급해야 하는	• in 2 months payable loan ｜ 2달 안에 갚아야 하는 대출 • payable in cash ｜ 현금으로 지급해야 하는
혱 믿을 수 있는	• a trustworthy proof ｜ 믿을 만한 증거 • a trustworthy person ｜ 신뢰 가능한 사람
혱 부수적인	• incidental fees ｜ 부수적인 요금 • incidental to the marriage ｜ 결혼 생활에 수반되는
혱 순, 실 멍 망, 그물	• a net profit ｜ 순수익 • a net income ｜ 순수입

2591	**utter** 어터「	1 그 사건은 utter 한 충격이었다. 2 그곳은 utter 한 아수라장이었다.
2592	**picky** 피키	1 식성이 picky 해서 편식한다. 2 나는 별로 picky 하지 않아서 두루 잘 어울린다.
2593	**spontaneous**[1] 스파안테이니어ㅆ	1 무계획으로 spontaneous 한 여행을 떠난 친구. 2 대본도 없이 spontaneous 한 연기를 보여 준 배우.
2594	**spontaneous**[2] 스파안테이니어ㅆ	1 진심으로 spontaneous 한 도움의 제의. 2 명연설에 spontaneous 한 갈채를 보냈다.
2595	**intercity** 인터「ㅆ이티	1 전국의 주요 도시를 잇는 intercity 버스. 2 Intercity 열차의 등장으로 도시 간 이동이 쉬워졌다.
2596	**mortal** 모어「틀	1 좁은 링에서 mortal 한 싸움을 해야 했다. 2 불멸의 신이 아닌 이상 우리 모두 mortal 하다.
2597	**commonsense** 카아먼쎈ㅆ	1 졸부들은 commonsense 한 틀에서 벗어나 있다. 2 식사하기 전에 손을 씻는 것은 commonsense 한 것이다.
2598	**newborn** 뉴우보언「	1 할아버지가 newborn 한 아기의 이름을 지었다. 2 어미 호랑이는 newborn 한 새끼를 돌보지 않고 있다.
2599	**politic** 파알러티ㅋ	1 말 수를 줄이는 것이 politic 한 선택이다. 2 오랜 고민 끝에 politic 한 결정을 내리다.
2600	**prudent** 프루우든ㅌ	1 성급하지 않고 prudent 한 태도. 2 액수가 커서 prudent 한 결정을 내렸다.
2601	**cautious** 커어쉬어ㅆ	1 그녀는 매사에 cautious 한 사람이다. 2 다른 사람의 감정을 해치지 않도록 cautious 해야 한다.
2602	**emerging** 이머어「찡	1 요즘 할리우드에 emerging 하는 유명인이 누구니? 2 국제사회가 어지러지면서 emerging 하는 문제들.
2603	**fruitless** 프「루우틀레ㅆ	1 Fruitless 한 시도로 보일지라도 언젠간 빛을 볼 것이다. 2 지금까지의 노력이 fruitless 한 것이었다니 믿을 수 없다.
2604	**heartfelt** 하아「ㅌ펠「ㅌ	1 부모님께 heartfelt 한 선물을 주다. 2 친구들의 도움에 대해 heartfelt 한 감사의 말을 전했다.

형 완전한, 순전한	• an utter nonsense ∣ 완전한 허튼소리 • an utter fool ∣ 완전한 바보
형 까다로운, 별스러운	• a picky eater ∣ 입맛이 까다로운 사람 • a picky girlfriend ∣ 까다로운 여자친구
형 즉흥적인, 자연스러운	• a spontaneous development ∣ 자연스러운 발전 • a spontaneous trip ∣ 즉흥적인 여행
형 마음에서 우러나온	• a spontaneous offer ∣ 마음에서 우러나온 제의 • a spontaneous applause ∣ 마음에서 우러나온 갈채
형 도시 간의	• an intercity bus ∣ 도시 간의 버스 • an intercity rail service ∣ 도시 간 철도 운행
형 목숨을 건, 언젠가는 반드시 죽는	• a mortal blow ∣ 치명타 • mortal humans ∣ 영원히 살 수는 없는 인간
형 상식적인	• a commonsense point of view ∣ 상식적인 견지 • a commonsense decision ∣ 상식적인 결정
형 (명사 앞에만 씀) 갓 태어난, 신생의	• a newborn democracy ∣ 신생 민주 국가 • bless the newborn baby ∣ 신생아의 축복을 빌다
형 현명한, 신중한	• a politic choice ∣ 신중한 선택 • a politic man ∣ 현명한 남자
형 신중한	• a prudent wife ∣ 신중한 아내 • a prudent attitude ∣ 신중한 태도
형 조심성 있는, 신중한	• a cautious step ∣ 신중한 걸음 • a cautious assumption ∣ 조심스러운 가정
형 부상하는, 신생의, 신흥의	• an emerging market ∣ 부상하는[떠오르는] 시장 • an emerging industry ∣ 신흥 산업
형 성과[결실] 없는	• fruitless efforts ∣ 헛된 노력 • fruitless attempts ∣ 소득 없는 시도
형 진심 어린	• a heartfelt apology ∣ 진심 어린 사과 • a heartfelt gift ∣ 정성 어린 선물

2605 scrupulous
스크루우퓰러ㅆ
1 세부사항에 대한 scrupulous 한 주의.
2 아이들 건강에 scrupulous 한 주의를 기울이는 엄마.

2606 inept
이넵트
1 행정력은 뛰어나나 정치력이 inept 한 총리.
2 컴퓨터 기술은 inept 하지만 영어 실력은 좋다.

2607 nearsighted
니어ʳ싸이티드
1 Nearsighted 해서 먼 데 있는 것들은 흐릿하게 보인다.
2 Nearsighted 해서 안경 없이 칠판 글씨를 읽지 못한다.

2608 wretched
뤠취드
1 그 낡은 건물에서의 wretched 한 생활.
2 눈 뜨고 볼 수 없는 피난민들의 wretched 한 참상.

2609 implicit
임플리쓰이트
1 그 발언 속에 implicit 된 진정한 의미.
2 밑줄 친 부분의 implicit 된 뜻은 무엇인가?

2610 partial²
파아ʳ쉬얼
1 공부 잘하는 학생들만 partial 하지 마세요.
2 정치적 성향이 같은 사람을 partial 하는 졸부.

2611 outrageous
아웃뤠이줘ㅆ
1 Outrageous 한 억지를 이길 재간이 없다.
2 Outrageous 한 발언을 하는 친구에게 따끔하게 한마디 했다.

2612 consequent
카안써쿠엔트
1 엄청난 폭우와 consequent 한 홍수의 발생.
2 그는 장기간 투병에 consequent 한 잦은 결근으로 해고됐어.

2613 immense
이멘ㅆ
1 Immense 한 양의 업무를 드디어 끝내다.
2 벌금으로 immense 한 액수의 돈을 물었다.

2614 captive
캐앱티ㅂᵛ
1 전쟁 중에 captive 된 포로.
2 우리에 captive 된 호랑이가 난폭해졌다.

2615 rigorous
뤼거뤄ㅆ
1 그는 회사의 rigorous 한 채용기준을 충족시키지 못했다.
2 몸무게를 줄이려고 rigorous 한 식이요법과 운동을 병행했다.

2616 stern
스터언ʳ
1 불량배들이 stern 한 표정으로 우리를 둘러쌌다.
2 그는 stern 한 가정에서 자랐다.

2617 snowbound
스노우바운드
1 매해 겨울 snowbound 된 마을.
2 폭설로 산장에 snowbound 된 사람들.

2618 distinctive
디스팅티ㅂᵛ
1 매우 distinctive 한 목소리를 가진 가수.
2 Distinctive 한 특징이 없는 지루한 도시.

휑 세심한[꼼꼼한], 양심적인	• a scrupulous business man ┃ 양심적인 사업가 • scrupulous about hygiene ┃ 위생에 세심한
휑 서투른, 솜씨 없는	• a socially inept ┃ 사회적으로 서투른 • seem to be inept ┃ 서투른 것 같다
휑 근시의, 근시안적인	• nearsighted glasses ┃ 근시 안경 • a nearsighted policy ┃ 근시안적인 정책
휑 (몸·기분 등이) 비참한[안 좋은]	• the wretched conditions ┃ 끔찍한 환경 • look wretched ┃ 기분이 안 좋아 보이다
휑 내포된, 암시된	• implicit in the law ┃ 법에 함축된 • an implicit meaning ┃ 함축된 의미
휑 편애하는, 부분적인, 이차적인	• a partial solution ┃ 부분적인 해결책 • partial toward rich students ┃ 부잣집 학생들만 편애하는
휑 터무니없는[도리에 어긋난]	• an outrageous accusation ┃ 터무니없는 비난 • his outrageous behavior ┃ 그의 충격적인 행위
휑 …의 결과로 일어나는	• consequent effects ┃ 결과적 영향 • a consequent event ┃ 결과로 일어난 사건
휑 엄청난, 어마어마한	• an immense amount ┃ 어마어마한 양 • an immense variety ┃ 한없는 다양성
휑 사로잡힌, 억류된	• hold him captive ┃ 그를 포로로 잡아두다 • captive animals ┃ 억류된 동물들
휑 철저한, 엄격한	• a rigorous analysis ┃ 철저한 분석 • rigorous rules ┃ 엄격한 규율
휑 험악한, 엄격한	• a stern face ┃ 근엄한 얼굴 • a stern reality ┃ 엄연한 삶
휑 눈 때문에 발이 묶인, 눈에 갇힌	• snowbound for days ┃ 며칠 동안 눈에 갇힌 • snowbound on a mountain ┃ 산 위에서 눈에 갇힌
휑 독특한, 눈에 띄는	• a distinctive voice ┃ 독특한 목소리 • a distinctive style ┃ 독특한 스타일

2619 observable
업저어「버ᵛ블

¹ 두 사람은 닮았지만, observable 한 차이가 있다.
² 환자의 상태에 아직 observable 한 변화는 없어요.

2620 endangered
인데인줘「ㄷ

¹ 무분별한 포획으로 endangered 된 희귀 동물.
² 수질 오염으로 인해 endangered 된 해양생물.

2621 suspended
써스펜디ㄷ

¹ 초범이라 실형 대신 suspended 된 범인.
² 상사 폭행으로 1달간 suspended 된 직원.

2622 supernatural
쑤우퍼「내애춰럴

¹ 미래를 투시하는 supernatural 한 능력.
² 과학적으로 증명할 수 없는 supernatural 한 현상.

2623 preparative
프뤠패애뤄티ㅂᵛ

¹ 아직은 시작 전 preparative 의 단계일 뿐이다.
² 완벽한 탐사를 위해 preparative 의 작업을 끝마쳤다.

2624 lukewarm
을루우ㅋ워엄「

¹ 음식이 식어서 lukewarm 해졌다.
² 너무 뜨겁지 않은 lukewarm 한 물을 준비하세요.

2625 intact
인태액ㅌ

¹ 100년이 지났는데도 대부분이 intact 한 저택.
² 고소를 당한 후에도 intact 한 명성을 유지했다.

2626 sane
쎄인

¹ Sane 한 사람을 정신병자 취급한다.
² 이건 sane 한 사람의 행동이 아니야.

2627 meek
미이ㅋ

¹ 성격이 얌전하고 meek 한 아이.
² 사람을 잘 따르는 meek 한 강아지.

2628 complementary
카암플러멘터뤼

¹ 가정교육과 학교 교육은 complementary 한 관계다.
² 팀 구성원들은 서로 complementary 한 역할을 맡는다.

2629 sweeping
스위이핑

¹ 이번 선거는 여당의 sweeping 한 승리였다.
² 기존 정책을 고쳐 쓰기보다 sweeping 한 변화가 필요한 시점.

2630 extraterrestrial
엑스트뤄터뤠스트뤼얼

¹ Extraterrestrial 의 운석은 우주에 끝없이 많다.
² Extraterrestrial 의 생명체를 본 사람이 정말 있을까?

2631 offensive
어펜「쓰이ㅂᵛ

¹ 상한 달걀에서 offensive 한 냄새가 난다.
² Offensive 한 언사로 상대방을 공격하는 토론 참여자.

2632 gallant
갤래앤ㅌ

¹ 화재에서 사람을 구한 gallant 한 시민.
² 나라를 위해 희생하는 gallant 한 군인들.

형 식별[관찰]할 수 있는, 눈에 띄는	• observable political changes ⏐ 눈에 띄는 정치적 변화 • observable differences ⏐ 눈에 띄는 차이
형 위험에 처한, 멸종 위기에 이른	• the endangered species ⏐ 멸종 위기에 처한 동식물종 • critically endangered ⏐ 멸종 위험이 아주 높은
형 집행유예의, 정직된, 연기된	• suspended for a week ⏐ 일주일 동안 연기된 • suspended from school ⏐ 정학당한
형 초자연적인	• a supernatural phenomena ⏐ 초자연적인 현상들 • have supernatural powers ⏐ 초자연적인 힘을 갖다
형 예비의	• years of preparative work ⏐ 수년간의 예비 작업 • a preparative warning ⏐ 예비 경고
형 미지근한, 미온적인	• a lukewarm water ⏐ 미지근한 물 • a lukewarm response ⏐ 뜨뜻미지근한 태도
형 손상되지 않은, 온전한	• stay intact ⏐ 그대로 있는 • remain intact ⏐ 파손을 면하다
형 제정신인, 정신이 온전한	• a sane mind ⏐ 제정신 • a sane judgment ⏐ 분별 있는 판단
형 온순한, 온화한	• a meek spirit ⏐ 온순한 마음 • meek and mild ⏐ 유순한
형 상호 보완적인	• a complementary relation ⏐ 상호보완적 관계 • complementary to each other ⏐ 서로에게 상호보완적인
형 전면적인, 완전한	• sweeping powers ⏐ 광범위한 권력 • sweeping reforms ⏐ 전면적인 개혁
형 외계의	• an extraterrestrial life ⏐ 외계 생물체 • an extraterrestrial being ⏐ 우주 생물
형 불쾌한, 모욕적인	• an offensive joke ⏐ 불쾌한 농담 • an offensive statement ⏐ 모욕적인 발언
형 용감한, 용맹한	• her gallant act ⏐ 그녀의 용감한 행동 • a gallant spirit ⏐ 용맹한 정신

2633 futile
퓨ˈ우틀

1 그동안의 노력은 futile 한 것이었다.
2 부와 명예를 좇는 것은 futile 한 짓이다.

2634 receptive
뤼쎕티ㅂˇ

1 Receptive 한 청중들에게 강의하는 것은 쉽다.
2 아이들의 두뇌는 새로운 언어에 대해 receptive 하다.

2635 interactive
인터뤠액티ㅂˇ

1 인간과 자연은 interactive 한 관계다.
2 역할놀이는 interactive 한 학습법이다.

2636 operative
어어퍼뤄티ㅂˇ

1 공사가 끝나면 바로 operative 될 것이다.
2 새로운 놀이기구가 오늘부터 operative 된다.

2637 destined
데스틴ㄷ

1 내 동생은 비행기 조종사가 될 destined 인가 봐.
2 결국엔 다시 이곳으로 돌아올 destined 였구나.

2638 attentive
어텐티ㅂˇ

1 친절하고 attentive 한 호텔 직원들.
2 숨죽이고 강의를 듣는 attentive 한 청중.

2639 afflicted
어플ˈ릭티ㄷ

1 태풍으로 afflicted 한 마을.
2 사소한 일로 afflicted 하지 마라.

2640 unrestricted
언뤼스트뤽티ㄷ

1 연령에 unrestricted 한 '전체관람가' 영화.
2 Unrestricted 한 사용이 가능한 서비스.

2641 advantageous
애드배ˇ앤테이줘ㅆ

1 모두에게 advantageous 한 계획.
2 이 정도면 advantageous 한 조건이야.

2642 wholesome
호울썸

1 신선하고 wholesome 한 음식.
2 Wholesome 한 놀이문화를 정착시켜야 한다.

2643 eloquent
엘러쿠언ㅌ

1 때로는 눈빛이 말보다 eloquent 하다.
2 그의 eloquent 한 말솜씨는 늘 청중을 사로잡는다.

2644 terrestrial
터뤠스트뤼얼

1 Terrestrial 의 동물이나 식물은 우주에서 살지 못한다.
2 Terrestrial 의 생태계는 인간에 의해서 망가지고 있다.

2645 numerate
뉴우머뤠이ㅌ

1 증권가에서 어느 정도의 numerate 능력은 필수적이다.
2 수학 공식을 세울 수 있을 만큼 numerate 할 수 있는 사람.

2646 crippled
크뤼플ㄷ

1 사고로 다리를 다쳐 crippled 해졌다.
2 Crippled 한 비행기를 조심스레 착륙시켰다.

휑 헛된, 소용없는	• a futile attempt ㅣ 헛된 시도 • a futile talk ㅣ 시시한 이야기
휑 잘 받아들이는, 수용적인	• receptive of feedback ㅣ 의견을 선뜻 받아들인 • receptive to new ideas ㅣ 새로운 아이디어에 대해 수용적인
휑 상호작용하는	• an interactive discussion ㅣ 상호 대화, 활발한 대화 • an interactive meeting ㅣ 대화식 미팅
휑 가동준비 된, 작용하는	• become fully operative ㅣ 완전히 가동되다 • immediately operative ㅣ 즉시 이용 준비가 된
휑 …할 운명인	• destined to do great things ㅣ 위대한 일을 할 운명인 • destined for high office ㅣ 높은 지위에 오를 운명인
휑 배려하는, 신경 쓰는, 주의[귀]를 기울이는	• attentive parents ㅣ 주의 깊은 부모님 • an attentive listener ㅣ 귀를 기울이는 듣는 사람
휑 고통받는, 괴로워하는	• the afflicted areas ㅣ 피해를 본 지역들 • afflicted with debts ㅣ 빚에 시달리는
휑 제한받지 않는, 자유로운	• an unrestricted access ㅣ 제한 없는 접근 • an unrestricted express ㅣ 속도 제한이 없는 고속 도로
휑 이로운, 유리한	• advantageous for men ㅣ 남자들에게 유리한 • advantageous to us both ㅣ 우리 둘 다에 이로운
휑 건강에 좋은, 유익한	• the wholesome foods ㅣ 건강에 좋은 음식 • the wholesome books ㅣ 유익한 책
휑 설득력 있는, 유창한	• an eloquent speaker ㅣ 유창한 연설가 • eloquent words ㅣ 감동적인 말
휑 지구의, 육지의	• a terrestrial life ㅣ 지구 생명체 • the terrestrial gravitation ㅣ 지구 중력
휑 수리적 사고를 하는, 수학을 아는	• a numerate student ㅣ 수학에 강한 학생 • numerate 10 ㅣ 10을 세다
휑 불구의, 심한 손상을 입은	• a crippled man ㅣ 몸이 불편한 남자 • crippled with rheumatism ㅣ 류머티즘으로 몸이 불편한

2647 grim¹
그륌
¹ 감옥 생활의 grim 한 현실.
² 경제 침체로 인한 노동자들의 grim 한 사정.

2648 grim²
그륌
¹ 경찰관들의 grim 한 얼굴.
² 재판장의 분위기는 매우 grim 했다.

2649 Catholic
캐애떨ᵗʰ리ㅋ
¹ 바티칸 시국의 국교는 Catholic 이다.
² Catholic 는 세계 최대의 기독교 종파이다.

2650 dreary
드뤼어뤼
¹ 길고 dreary 한 기차 여행.
² 춥고 햇빛도 없는 dreary 한 날.

2651 ultrasonic
얼트뤄써어니ㅋ
¹ 박쥐들은 ultrasonic 의 감각을 사용해 장애물을 피한다.
² Ultrasonic 의 소리는 고주파이기 때문에 사람은 듣지 못한다.

2652 inverse
인버ᵛ어ʳㅆ
¹ 선과 악은 서로 inverse 관계이다.
² 범인의 행적을 inverse 방향으로 추적했다.

2653 arbitrary
아ʳ비트뤠뤼
¹ 상의도 거치지 않은 arbitrary 한 결정.
² 국민들의 의견과 상관없는 arbitrary 한 규칙.

2654 regardful
뤼가아ʳ드펄ˡ
¹ 다가올 위협에 regardful 한 자만이 살아남을 것이다.
² 자신이 뱉은 말에 늘 regardful 한 자세를 유지하라.

2655 plump
플럼ㅍ
¹ 아기의 plump 한 양 볼.
² 이 중국집은 plump 한 만두가 매우 유명하다.

2656 unproductive
언프뤄덕티ㅂᵛ
¹ 이런 논쟁은 unproductive 한 탁상공론이다.
² 거칠고 unproductive 한 토지라서 아무것도 기를 수 없다.

2657 divine
디바ᵛ인
¹ 아름답다 못해 divine 한 풍경.
² Divine 한 섭리를 믿는 독실한 신자.

2658 compatible
컴패애터블
¹ 타 회사 기기와 compatible 한 제품.
² 컴퓨터 대부분과 compatible 한 프린터.

2659 hilly
힐리
¹ 이 지역의 hilly 한 지형은 산으로 이어진다.
² Hilly 한 지역에서의 농경 방식은 평야와 다릅니다.

2660 ingenious
인쥐이니어ㅆ
¹ Ingenious 한 장치를 개발한 발명가.
² 생각지도 못한 ingenious 한 해결책을 내놓다.

형 암울한, 음산한	• a grim economy ı 암울한 경제 • a grim reality ı 암울한 현실
형 엄숙한, 단호한	• a grim expression ı 단호한 표정 • a grim look ı 단호한 얼굴
형 구교의, 천주교의, 가톨릭교회의	• a Catholic priest ı 천주교 사제 • a devout Catholic ı 독실한 천주교 신자
형 따분한, 음울한	• a dreary season ı 을씨년스러운 계절 • a dreary day ı 을씨년스러운 날
형 초음파의	• an ultrasonic communication ı 초음파 의사소통 • ultrasonic waves ı 초음파
형 반대의, 역의	• an inverse proportion ı 반비례 • an inverse relation ı 반대의 관계
형 독단적인, 임의적인	• an arbitrary measure ı 임의 측정 • an arbitrary decision ı 임의적 결정
형 유의하는, 주의하는	• regardful of others' feelings ı 다른 사람들의 감정에 유의하는 • regardful of my promise ı 내가 한 약속을 지키다
형 통통한, 포동포동한, 속이 꽉 찬	• a baby's plump hands ı 아기의 포동포동한 손 • plump tomatoes ı 속이 가득 찬 토마토
형 비생산적인[생산성이 낮은]	• an unproductive day ı 비생산적인 하루 • an unproductive meeting ı 비생산적인 회의
형 훌륭한, 신이 내린	• the divine love of God ı 신의 신성한 사랑 • a divine intervention ı 신의 개입
형 호환이 되는	• compatible blood groups ı 수혈 가능한 혈액형 • a compatible device ı 호환 가능한 기기
형 언덕이 많은	• a hilly area ı 언덕이 많은 지역 • hilly regions ı 언덕이 많은 지역
형 기발한, 재간이 많은	• an ingenious idea ı 기발한 생각 • ingenious inventions ı 기발한 발명품들

2661	**innumerable** 이뉴우머뤄블	¹ Innumerable 한 책들을 보유한 대형 도서관. ² 세상엔 innumerable 한 사람들이 살고 있다.
2662	**stunted** 스턴티드	¹ 식물들이 stunted 한 것은 잡초 때문이었다. ² 성장을 하지 않는 희소병으로 인해 아이는 stunted 했다.
2663	**rugged** 뤄기드	¹ Rugged 한 해안선이 아름다운 마을. ² 히말라야의 rugged 한 산맥을 넘었다.
2664	**insane** 인쎄인	¹ 과다한 업무 때문에 insane 해질 것 같다. ² 그따위 제안을 받아들이다니 insane 한 거 아냐?
2665	**insecure** 인쓰이큐어ʳ	¹ 급여도 적고 insecure 한 직업. ² 외모에 insecure 한 청소년들이 늘고 있다.
2666	**stray**² 스트뤠이	¹ Stray 한 동물들을 지금까지 보살펴 주었다. ² 우리 동네의 stray 한 고양이들은 점점 수를 늘려갔다.
2667	**unbounded** 언바운디드	¹ 아들은 어머니의 unbounded 한 희생에 감동했다. ² 일에 대한 그녀의 unbounded 한 에너지는 가히 놀랍다.
2668	**unequaled** 어니이쿠얼드	¹ 미국의 국방력은 전 세계적으로 unequaled 한 수준이다. ² 이 분야에서 unequaled 한 신제품이 출시되었다.
2669	**boundless** 바운들레ㅆ	¹ 부모님의 사랑은 boundless 하다. ² 그의 boundless 한 열정이 주변 사람들을 고무시켰다.
2670	**extracurricular** 엑스트뤄커뤼큘러ʳ	¹ Extracurricular 활동으로 합창단에서 노래해요. ² 학생들에게 extracurricular 스포츠가 필수입니다.
2671	**insured** 인슈어ʳ드	¹ 자동차를 운전하려면 insured 해야 한다. ² 모든 국민들의 건강을 위해 insured 해야 한다.
2672	**worthy** 워어ʳ디th	¹ 공유하기에 worthy 한 좋은 정보. ² 수상에 worthy 한 사람이 상을 받았다.
2673	**coincidental** 코우인쓰이덴틀	¹ Coincidental 한 것처럼 보이는 필연. ² 우리가 거기서 만난 건 순전히 coincidental 이다.
2674	**unceasing** 언쓰이쓰잉	¹ Unceasing 하는 노력 끝에 성공한 사업가. ² Unceasing 하는 폭풍우가 농작물을 망쳐 놓았다.

휑 무수한[셀 수 없이 많은]	• innumerable stars ᅵ 무수한 별들 • innumerable ideas ᅵ 무수히 많은 아이디어
휑 성장을 멈춘, 발육이 멎은	• stunted plants ᅵ 성장을 방해받은 식물 • stunted in growth ᅵ 성장이 방해받은
휑 울퉁불퉁한, 바위투성이의, 기복이 심한	• a rugged road ᅵ 울퉁불퉁한 도로 • live a rugged life ᅵ 거친 삶을 살다
휑 미친, 제정신이 아닌	• an insane plan ᅵ 비상식적인 계획 • temporarily insane ᅵ 일시적으로 착란 상태가 되다
휑 불안정한, 자신이 없는	• insecure about myself ᅵ 스스로에게 자신이 없는 • insecure places ᅵ 안전하지 않은 장소들
휑 길을 잃은, 주인이 없는, 빗나간 툉 벗어나다, 빗나가다	• a stray cat ᅵ 길거리 고양이 • take in a stray cat ᅵ 버려진 고양이를 데려가다
휑 무한한[한이 없는]	• unbounded possibilities ᅵ 무한한 가능성 • unbounded desires ᅵ 무한한 욕망
휑 무적의, 필적할 것이 없는	• an unequaled technology ᅵ 비할 데 없는 기술 • an unequaled competitor ᅵ 무적의 참가자
휑 한[끝]이 없는	• a boundless desire ᅵ 끝없는 욕망 • a boundless zest ᅵ 무한한 열정
휑 본업[정식 학과] 이외의	• an extracurricular activity ᅵ 방과 후 활동 • extracurricular subjects ᅵ 정과 외의 과목
휑 보험에 든, 보험이 있는	• fully insured ᅵ 완전히 보장된 • an insured vehicle ᅵ 보험에 가입된 차
휑 …을 받을 만한, 자격이 있는	• a worthy winner ᅵ 자격이 있는 승자 • not worthy of me ᅵ 날 가질 자격이 없는
휑 우연의 (일치인)	• a coincidental meeting ᅵ 우연한 만남 • a coincidental reunion ᅵ 우연한 재회
휑 끊임없는	• unceasing efforts ᅵ 끊임없는 노력 • an unceasing tempest ᅵ 쉴 새 없이 몰아친 폭풍우

2675 wanting
워언팅
1 다 좋은데 wanting 한 용기가 문제다.
2 테스트 결과 몇 가지 wanting 한 점이 발견되었다.

2676 marginal
마아「쥐널
1 노력에 비해 marginal 한 결과에 실망하다.
2 그 기사는 marginal 한 관심 밖에 못 받았다.

2677 satirical
써티어뤼컬
1 현대인들의 생활상에 대한 satirical 한 소설.
2 정치 상황에 대해 satirical 한 만화를 그린 작가.

2678 solitary
싸알러테뤼
1 인간은 본래 solitary 한 존재다.
2 그는 산속에서 solitary 한 삶을 살았다.

2679 vicious
비ᵛ쉬어ㅆ
1 직원들을 마음대로 부리는 vicious 한 기업주.
2 Vicious 한 루머가 인터넷을 통해 퍼지고 있다.

2680 inhumane
인휴우메인
1 그는 동정의 여지가 없는 inhumane 한 연쇄살인범이다.
2 푸아그라는 inhumane 한 과정을 통해 생산된다.

2681 ornate
오어「네이ㅌ
1 Ornate 된 왕가의 의상이 전시된 박물관.
2 수수한 공간과 비교해서 ornate 된 샹들리에.

2682 majestic
머줴스티ㅋ
1 승전 병들의 majestic 한 행진.
2 Majestic 한 그랜드 캐니언의 경치.

2683 inherent
인히어뤈ㅌ
1 초기 사업에 inherent 하는 본질적인 어려움.
2 기자는 사회에 inherent 한 폭력을 고발한다.

2684 objective²
업줵티ㅂᵛ
1 당신은 이 사건을 objective 한 입장에서 바라봐야 합니다.
2 저는 사장으로서 여러분의 objective 한 의견을 듣고 싶습니다.

2685 apt
애앱ㅌ
1 상황에 apt 한 옷차림.
2 Apt 한 예를 들어 설명하다.

2686 relevant
뤨러번ᵛㅌ
1 이 업무와 relevant 한 경험이 있습니까?
2 오늘 회의에 relevant 한 파일을 보내줘.

2687 inappropriate
이너프뤄우프뤼어ㅌ
1 어린이가 시청하기에 inappropriate 한 방송.
2 청바지는 그 파티에 inappropriate 한 옷이다.

2688 temperate
템퍼뤼ㅌ
1 따뜻하고 temperate 한 기후에 사는 식물.
2 그 지역은 날씨가 temperate 해서 여행하기 좋다.

혱 부족한, 모자라는	• wanting in confidence ı 자신감이 부족한 • a box wanting lid ı 뚜껑이 없는 상자
혱 미미한, 가장자리의	• a marginal improvement ı 미미한 향상 • a marginal space ı 가장자리의 여백
혱 풍자적인	• a satirical article ı 풍자적인 기사 • draw a satirical caricature ı 풍자적인 캐리커처
혱 외로운, 혼자 하는	• a solitary life ı 독신 생활 • a solitary confinement ı 독방 감금
혱 악랄한, 지독한, 잔인한	• a vicious attack ı 악의에 찬 공격 • a vicious criminal ı 악랄한 범인
혱 비인간적인, 잔혹한	• an inhumane action ı 잔혹한 행동 • an inhumane torture ı 비인간적인 고문
혱 화려하게 장식된	• an ornate mirror ı 화려하게 장식된 거울 • an ornate decoration ı 화려한 장식
혱 위풍당당한, 장엄한	• a majestic view ı 장관 • a majestic castle ı 장엄한 성
혱 내재하는	• an inherent talent ı 타고난 재능 • inherent rights ı 생득권[본래 가지고 있는 권리]
혱 객관적인, 실재하는 명 목적, 목표	• an objective truth ı 객관적 진리 • an objective criteria ı 객관적인 기준
혱 적절한	• apt for the event ı 사건에 적합한 • an apt description ı 적절한 묘사
혱 관련된, 적절한	• a relevant information ı 관련 정보 • a relevant topic ı 관련 있는 주제
혱 부적절한, 부적합한	• inappropriate comments ı 적절치 않은 발언들 • inappropriate language ı 부적절한 언사
혱 (기후가) 온화한, (행동이) 절제된	• temperate climates ı 온대 기후 • a temperate zone ı 온대

2689 spotless
스파아틀레ㅆ

1 청소 후 방이 spotless 한 상태가 되었다.
2 스캔들 전까진 spotless 한 평판을 가졌던 사람.

2690 orderly
오어「덜」리

1 식사와 수면 시간이 일정한 orderly 한 생활방식.
2 승객들의 orderly 한 승하차 덕분에 정류장은 혼잡하지 않았다.

2691 federal
페「더뤌

1 미 federal 정부 핵심부서들.
2 캐나다 federal 정부와 주 정부들.

2692 coherent
코우히어뤈트

1 그 사안에 대한 정부의 coherent 한 방침.
2 처음부터 끝까지 coherent 한 줄거리 전개.

2693 reasoned
뤼이즌ㄷ

1 Reasoned 한 판결이라 누구나 수긍했다.
2 감정적이기보단 reasoned 한 선택을 해라.

2694 conditional
컨디쒸어널

1 치료 보호를 위한 conditional 한 가석방.
2 일정한 목표치 달성이라는 conditional 한 제안.

2695 sympathetic
ㅆ임퍼떼ᵗʰ티ㅋ

1 경기 부양책에 sympathetic 하는 서민들.
2 대다수가 내 의견에 sympathetic 할 것이다.

2696 explosive
익스플로우ㅆ이ㅂᵛ

1 신제품 출시에 대한 소비자들의 반응은 explosive 했다.
2 총리의 차에 explosive 한 장치를 설치하는 것이 내 임무이다.

2697 courteous
커어「티어ㅆ

1 어른들에게 courteous 한 아이.
2 직원들이 친절하고 courteous 하다.

2698 rightful
롸이트펄「

1 도난된 유물들은 rightful 한 소유자에게 돌아갈 것입니다.
2 저희 업체는 rightful 한 방법으로 수입한 물건만 판매하고 있습니다.

2699 monotone
머어너토운

1 Monotone 색상의 단순한 디자인.
2 Monotone 의 어조로 지루하게 말하다.

2700 interdependent
인터「디펜던ㅌ

1 Interdependent 한 파트너 관계를 맺다.
2 악어와 악어새는 interdependent 한 관계다.

2701 perpetual
퍼「페츄얼

1 Perpetual 한 방해로 실패한 계획.
2 나는 perpetual 한 노력 끝에 성공했다.

2702 ethnic
에뜨ᵗʰ니ㅋ

1 미국에는 다양한 ethnic 의 사람들이 모여 산다.
2 대한민국은 하나의 언어를 사용하는 단일 ethnic 국가이다.

형 티끌 하나 없는, 결점 없는	• a spotless white shirt ㅣ 깨끗한 하얀 셔츠 • a spotless skin ㅣ 고운 살갗
형 질서 있는, 정돈된	• in an orderly fashion ㅣ 질서 정연하게 • an orderly city ㅣ 정돈된 도시
형 연방의, 연합의, 연방 정부의	• the federal court ㅣ 연방 법원 • the federal law ㅣ 연방법
형 일관성 있는, 논리 정연한	• a coherent plan ㅣ 일관성 있는 계획 • a coherent story ㅣ 일관성 있는 이야기
형 논리 정연한	• a reasoned argument ㅣ 논리 정연한 주장 • a reasoned decision ㅣ 논리적인 결정
형 조건부의, 잠정적인	• a conditional contract ㅣ 조건부 계약 • conditional searches ㅣ 조건부 검색
형 동조하는, 동정적인	• feel sympathetic ㅣ 동정심을 느끼다 • a sympathetic listener ㅣ 동정심을 갖고 들어주는 사람
형 폭발성의, 폭발적인, 격정적인	• an explosive growth ㅣ 폭발적인 성장 • explosive remnants ㅣ 폭발 잔여물
형 공손한, 정중한	• a courteous staff ㅣ 공손한 직원 • a courteous young boy ㅣ 공손한 어린 소년
형 (명사 앞에만 씀) 합법적인 [적법한], 정당한, 정통의	• the rightful owner ㅣ 적법한 소유자 • the rightful succession ㅣ 정당한 승계권
형 (소리·색깔 등이) 단조로운	• a monotone lecture ㅣ 단조로운 강의 • a flat monotone ㅣ 변화가 없는 단조로운 어조
형 상호의존적인	• an interdependent economy ㅣ 상호의존적인 경제 • increasingly interdependent ㅣ 점점 상호의존적이 되어가는
형 영원한, 끊임없는[빈번한], 종신의	• in perpetual darkness ㅣ 영원한 어둠에서 • live in perpetual hope ㅣ 끊임없는 희망 속에서 살다
형 민족의, 종족의	• ethnic characteristics ㅣ 민족의 특징 • ethnic differences ㅣ 민족의 차이

2703 **subjective**
썹줵티ㅂ[v]
1 취향은 결국 subjective 한 것이다.
2 평가가 너무 subjective 한 판단에 치우쳐 있다.

2704 **regarded**
뤼가아[r]디ㄷ
1 닐 암스트롱은 세계 최고의 우주 비행사로 regarded 된다.
2 아리스토텔레스는 여전히 높이 regarded 되는 고대 학자이다.

2705 **gorgeous**
고어[r]줘ㅆ
1 새로운 머리 모양 정말 gorgeous 하다!
2 Gorgeous 한 깃털을 펼치고 있는 공작새.

2706 **unassuming**
어너쑤우밍
1 조용하고 unassuming 한 사람이라 눈에 잘 띄지 않는다.
2 우수 사원으로 뽑혔지만, unassuming 한 태도를 유지했다.

2707 **unmolested**
언머얼레ㅅ티ㄷ
1 자연 속에서 unmolested 한 삶을 살고 싶다.
2 남들과 별다를 것 없이 unmolested 한 학창시절을 보냈다.

2708 **unlikely**
언라이클리
1 기한 안에 완공이 unlikely 한 건물.
2 예산문제로 성공이 unlikely 한 프로젝트.

2709 **sophisticated**[1]
써피[f]ㅅ터케이티ㄷ
1 똑똑하고 sophisticated 한 후보.
2 많은 책을 읽어서 sophisticated 한 청년.

2710 **sophisticated**[2]
써피[f]ㅅ터케이티ㄷ
1 Sophisticated 한 기술이 필요한 일.
2 시계의 sophisticated 한 내부 구성품.

2711 **intellectual**
인텔렉츄얼
1 바둑은 매우 intellectual 한 게임이다.
2 어릴 때부터 intellectual 한 능력을 계발해 주어야 한다.

2712 **stated**
ㅅ테이티ㄷ
1 Stated 된 복용량을 초과하지 마세요.
2 Stated 된 자리에서 기다리시기 바랍니다.

2713 **punctual**
펑츄얼
1 그는 punctual 한 사람이 되기 위해 늘 5분씩 일찍 나온다.
2 수업에 늦지 않는 punctual 한 학생.

2714 **radical**
뤠애디컬
1 Radical 한 변화가 필요하다.
2 그건 너무 radical 한 해결책이다.

2715 **alien**[2]
에일리언
1 그건 내 취향과는 alien 해.
2 그 나라의 문화는 너무 alien 해서 적응이 힘들었어.

2716 **persistent**
퍼[r]쓰이ㅅ턴ㅌ
1 Persistent 한 설득에 넘어갔다.
2 Persistent 한 노력으로 작업을 마무리했다.

형 주관적인, 주격의	• subjective opinions ı 주관적인 견해 • a subjective point of view ı 주관적인 견해
형 평가되는, 간주되는	• highly regarded ı 높이 평가받는 • regarded as a professional ı 전문가로 평가받는
형 근사한, 아주 멋진	• a gorgeous gown ı 아름다운 의상 • a gorgeous looking dress ı 아름다워 보이는 드레스
형 겸손한, 잘난 체하지 않는	• an unassuming personality ı 겸손한 성격 • quiet and unassuming ı 조용하고 겸손한
형 평온한, 방해받지 않는	• live unmolested in nature ı 자연에서 평온하게 살다 • sleep tight unmolested ı 방해받지 않고 푹 자다
형 …할 것 같지 않은, 있음 직하지 않은	• unlikely events ı 예상 밖의 일들 • highly unlikely ı 매우 가능성이 적은
형 교양 있는, 지적인	• a sophisticated audience ı 수준 높은 청중 • a sophisticated person ı 세련된 사람
형 정교한	• a sophisticated precision ı 정교한 정밀성 • a sophisticated machine ı 정교한 기계
형 지능의, 지적인	• an intellectual curiosity ı 지적 호기심 • an intellectual impotence ı 지적 무능
형 정해진, 지정된	• at stated intervals ı 일정 기간을 두고 • at stated periods ı 정기적으로
형 시간을 지키는	• a punctual payment ı 기한대로의 지급 • punctual for class ı 수업 시간을 잘 지키는
형 근본적인, 급진적인	• a radical change ı 극단적 변화 • radical ideas ı 급진적 사상
형 맞지 않는, 이질적인 명 외국인 체류자, 외계인	• an alien culture ı 이질적인 문화 • an alien feeling ı 이질적인 느낌
형 끈질긴, 집요한	• persistent stereotypes ı 끈질긴 고정관념 • a persistent salesman ı 집요한 판매원

2717 **unyielding** 언이일딩	1 Unyielding 한 끈기로 고난을 이겨냈다.
	2 정부와 야당이 unyielding 한 대립 양상을 보인다.

2718 drafted 드뤠애프티드
1 전쟁에 강제로 drafted 된 어린 학생들.
2 어제 아들이 군대에 drafted 되어서 매우 슬프다.

2719 stable 스테이블
1 환자의 상태가 이제 stable 해졌다.
2 요즘은 공무원 같이 stable 한 직장이 인기다.

2720 secondary 쎄컨데뤼
1 그건 단지 secondary 한 문제일 뿐이다.
2 경력이 제일이고 학력은 secondary 한 사안이다.

2721 subordinate³ 써보어더너ㅌ
1 Subordinate 한 문제일 뿐 더 큰 문제는 따로 있다.
2 그 나라는 오랫동안 타국에 subordinate 된 상태였다.

2722 subsequent 썹쓰이쿼언ㅌ
1 기술들이 subsequent 의 세대에게 전해졌다.
2 자세한 건 subsequent 의 회의에서 다루겠습니다.

2723 foremost 포어모우스ㅌ
1 이 분야의 세계 foremost 한 권위자.
2 Foremost 한 과제는 시민들의 안전입니다.

2724 vulgar 벌거
1 Vulgar 한 표현이 많이 나오는 영화.
2 Vulgar 한 욕설을 아무렇지 않게 내뱉는 사람.

2725 inborn 인보언
1 그의 재능은 inborn 한 것이었다.
2 남에 대한 inborn 한 동정심을 가진 기부자.

2726 auditory 어어디토어뤼
1 영화 감상은 시각적이고 auditory 한 경험이다.
2 보청기는 뇌의 auditory 한 영역을 자극하는 장치이다.

2727 phonetic 퍼네티ㅋ
1 무선통신을 위한 국제 phonetic 의 알파벳.
2 단어를 읽을 땐 phonetic 의 기호를 참고해라.

2728 snobbish 스나아비쉬
1 명품만 찾는 snobbish 한 여자.
2 오페라를 즐기는 척하는 snobbish 한 남자.

2729 superb 쑤우퍼어ㅂ
1 새 차라서 그런지 superb 한 상태다.
2 학업성적이 탁월하고 superb 한 학생.

2730 optimal 어업티멀
1 조용해서 공부하기에 optimal 한 환경이다.
2 수상 스포츠에 optimal 한 조건을 갖춘 환경.

혱 단호한, 고집이 센	• unyielding wills ι 완고한 의지 • an unyielding face ι 단호한 표정
혱 징집된	• drafted into the army ι 육군에 징집되다 • get drafted ι 징집되다
혱 안정적인, 차분한	• a stable income ι 고정 수입 • a stable condition ι 안정된 건강 상태
혱 부차적인, 이차적인	• a secondary matter ι 부차적인 문제 • a secondary industry ι 2차 산업
혱 종속된, 부차적인 동 경시하다 명 부하, 하급자	• a subordinate state ι 속국 • subordinate to the country ι 해당 국가에 종속된
혱 그다음의, 차후의	• subsequent generations ι 다음 세대들 • subsequent events ι 뒤이은 사건들
혱 가장 중요한, 맨 처음의	• first and foremost ι 다른 무엇보다도 더 • the foremost authority ι 최고 권위자
혱 저속한, 천박한	• a vulgar language ι 품위 없는 언사 • a vulgar word ι 저속한 말
혱 타고난, 선천적인	• inborn talents ι 타고난 재능 • inborn traits ι 선천적인 특징
혱 청각의	• the auditory range ι 들을 수 있는 범위 • an auditory education ι 청각 교육
혱 발음의[음성을 나타내는]	• phonetic symbols ι 발음 기호 • phonetic alphabets ι 음성 기호
혱 속물적인, 고상한 체하는	• despise snobbish behavior ι 속물적인 행동을 경멸하다 • come across snobbish ι 속물 같다는 인상을 주다
혱 훌륭한, 아주 좋은, 최고[최상]의	• look superb ι 최상으로 보이다 • the superb quality ι 최상의 품질
혱 최적의, 최선의	• an optimal environment ι 최적의 환경 • an optimal conditions ι 최적의 상태

2731 estimated
에스터메이티ㄷ

1 한국에는 estimated 약 5천만 명이 살고 있다.
2 고모네 가족의 estimated 된 도착시각은 3시이다.

2732 ample
애앰플

1 Ample 한 주차공간을 확보한 식당.
2 해외에 가기 전 ample 한 여행경비를 가져가는 게 좋다.

2733 inadequate
이내애디쿠어ㅌ

1 너무 구식이라 inadequate 한 방법.
2 공급품이 수요를 충족시키기에는 inadequate 했다.

2734 meager
미이거ㄹ

1 Meager 한 수입으로 전전긍긍했다.
2 5성급 호텔치고는 음식이 meager 한 것들뿐이다.

2735 carnivorous
카아ㄹ니버ᵛ뤄ㅆ

1 Carnivorous 하는 대표적인 동물로는 사자가 있다.
2 야생에서 carnivorous 하는 동물을 만나지 않도록 조심해.

2736 bulky
벌키

1 그렇게 bulky 한 책을 언제 다 읽지?
2 이 짐은 크기만 bulky 할 뿐 무게는 가볍다.

2737 troublesome
트뤄블썸

1 Troublesome 한 부상으로 수술을 준비 중이다.
2 Troublesome 한 문제 때문에 스트레스가 심하다.

2738 inconstant
인카안스턴ㅌ

1 그의 inconstant 한 성격을 맞춰 주기가 힘들다.
2 Inconstant 한 날씨 때문에 우산을 가지고 나왔다.

2739 prized
프라이ㅈㄷ

1 나에게 가장 prized 한 가치는 건강이다.
2 엄마의 prized 한 찻잔 세트를 깨뜨렸다.

2740 unemotional
어니모우쉬어널

1 냉정하고 unemotional 한 사람.
2 속마음을 잘 드러내지 않는 unemotional 한 사람.

2741 symmetrical
쓰이메트뤼컬

1 좌우가 똑같아 symmetrical 한 형태를 이루었다.
2 얼굴 좌우가 완벽히 symmetrical 한 사람은 없다.

2742 indicative
인디커티ㅂᵛ

1 치매를 indicative 하는 증상들.
2 퇴직을 indicative 하는 그의 행동.

2743 eminent
에머넌ㅌ

1 그는 음악계의 eminent 한 인사이다.
2 Eminent 한 학자들을 많이 배출한 학교.

2744 appreciative
어프뤼이쉬어티ㅂᵛ

1 선생님께 늘 appreciative 하다.
2 호의에 appreciative 한 마음을 갖다.

휑 대략의, 어림의, 추측된	• the ETA[Estimated Time of Arrival]	도착 예상 시간 • estimated amount	추정량
휑 충분한	• an ample time to finish	끝내기에 충분한 시간 • an ample space for the bed	침대를 위한 충분한 공간
휑 부적절한, 불충분한	• an inadequate behavior	부적절한 행동 • an inadequate salary	충분하지 않은 봉급
휑 빈약한, 불충분한	• meager results	미약한 결과 • a meager income	미미한 수입
휑 (동물이) 육식성의, 　 (식물이) 식충성의	• carnivorous plants	식충 식물들 • a carnivorous diet	육식
휑 부피가 큰, 덩치가 큰	• a bulky figure	큰 덩치 • bulky items	부피가 큰 품목들
휑 골치 아픈	• a troublesome child	골칫거리 아이 • a troublesome problem	골칫거리인 문제
휑 변덕스러운, 일정치 않은	• an inconstant love	변덕스러운 사랑 • his inconstant behavior	그의 변덕스러운 행동
휑 소중한, 가치 있는	• a prized possession	소중한 재산 • highly prized	높이 평가받는
휑 감정을 드러내지 않는, 침착한	• seem unemotional	침착해 보이다 • an unemotional person	감정을 드러내지 않는 사람
휑 대칭적인	• a symmetrical face	대칭적인 얼굴 • a symmetrical picture	대칭적인 사진
휑 암시하는, 나타내는	• indicative of a failure	실패를 암시하는 • indicative symptoms	징후
휑 저명한, 탁월한	• an eminent lawyer	저명한 변호사 • eminent scholars	쟁쟁한 학자들
휑 고마워하는, 감탄하는	• appreciative of contribution	공헌에 감사하는 • appreciative of his efforts	그의 노고에 고마워하는

2745	**metric** 메트뤽	¹ 미국은 metric 단위를 사용하지 않는다. ² 한국은 도량형으로 metric 시스템을 사용한다.
2746	**generic** 쥐네어뤽	¹ 세부적이지 않은 generic 한 용어들. ² 바나나, 사과, 오렌지 등의 generic 한 명칭은 '과일'이다.
2747	**transparent** 트뤠앤스패애뤈트	¹ Transparent 한 유리창. ² 공정하고 transparent 한 거래.
2748	**rustic** 뤄스티크	¹ Rustic 한 매력이 가득한 오두막집. ² 아늑하고 rustic 한 시골집에서 주말을 보냈다.
2749	**inhospitable** 인하아스피터블	¹ 북극은 inhospitable 한 기후를 가지고 있다. ² 추위와 바람 때문에 inhospitable 한 고산지대.
2750	**sturdy** 스터어r디	¹ 잘 닳거나 망가지지 않는 sturdy 한 신발. ² Sturdy 한 체구의 경찰관들이 대통령을 경호했다.
2751	**intolerant** 인타알러뤈트	¹ 많은 나라가 여전히 이민자들에 대해 intolerant 한 태도를 유지한다. ² 자기주장이 있는 것과 intolerant 한 것을 혼동하지 마라.
2752	**outstretched** 아웃스트뤠취트	¹ Outstretched 된 두 팔로 환영했다. ² 엄마를 향해 outstretched 된 아기의 팔.
2753	**scholarly** 스카알럴r리	¹ 그는 지적이며 scholarly 한 사람이다. ² 교수는 scholarly 한 양심에 따라 가르쳤다.
2754	**splendid** 스플렌디ㄷ	¹ 웅장하고 splendid 한 궁전. ² Splendid 한 경치를 볼 수 있는 전망대.
2755	**wicked** 위키ㄷ	¹ Wicked 한 범행을 저지른 범죄자들. ² Wicked 한 마녀가 공주에게 마법을 걸었다.
2756	**pathetic** 퍼떼th티크	¹ 외롭고 pathetic 한 노인. ² 그런 pathetic 한 변명하지 마라.
2757	**finite** 파r이나이트	¹ 인간의 수명은 finite 하다. ² 자원은 finite 하므로 효율적으로 활용해야 한다.
2758	**unlimited** 언리미티ㄷ	¹ Unlimited 한 발전 가능성을 가진 음악 신동. ² Unlimited 한 데이터를 사용할 수 있는 인터넷 요금제.

형 미터법의	• the **metric** system ⏐ 미터법 • **metric** measurements ⏐ 미터법 측정
형 포괄적인, 통칭의	• the **generic** terms ⏐ 일반 용어들 • a **generic** name ⏐ 일반적인 명칭
형 투명한	• a **transparent** bag ⏐ 투명한 가방 • almost **transparent** ⏐ 거의 투명한
형 시골 특유의, 투박한	• a **rustic** look ⏐ 시골스러운 외모 • the **rustic** beauty ⏐ 시골의 아름다움
형 사람이 지내기 힘든	• an **inhospitable** planet ⏐ 사람이 살 수 없는 행성 • an **inhospitable** terrain ⏐ 사람이 살기 어려운 지대
형 견고한, 튼튼한	• **sturdy** legs ⏐ 튼튼한 다리 • a **sturdy** build ⏐ 체구가 건장한
형 너그럽지 못한, 편협한	• the **intolerant** religious people ⏐ 편협한 종교인들 • **intolerant** of mistakes ⏐ 실수를 용납하지 않는
형 뻗은, 펼쳐진	• **outstretched** arms ⏐ 펼쳐진 팔 • an **outstretched** neck ⏐ 길게 뺀 목
형 학구적인, 학자의	• a **scholarly** approach ⏐ 학문적인 접근 • a **scholarly** conscience ⏐ 학자의 양심
형 훌륭한, 멋진	• a **splendid** idea ⏐ 아주 좋은 생각 • a **splendid** scenery ⏐ 정말 멋진 풍경
형 사악한, 못된	• a **wicked** humor ⏐ 짓궂은 유머 • a **wicked** witch ⏐ 사악한 마녀
형 애처로운, 한심한	• a **pathetic** excuse ⏐ 한심한 변명 • look **pathetic** ⏐ 한심해 보이다
형 유한한, 한정된	• **finite** resources ⏐ 한정된 자원들 • a **finite** number ⏐ 한정된 수
형 무제한의, 무한정의	• **unlimited** funds ⏐ 무한한 자금 • **unlimited** possibilities ⏐ 무제한의 가능성

2759	**weary** 위어뤼	¹ 장기간의 이동에 weary 한 여행자. ² 끝날 줄 모르는 설교에 weary 해졌다.
2760	**memorable** 메머뤄블	¹ 당신 인생에 가장 memorable 한 경험은 무엇인가요? ² 엄마가 딸을 구한 것이 그 영화의 memorable 한 장면이었어.
2761	**joint** 죠인ㅌ	¹ 이 주택의 joint 소유자들. ² 그 둘이 joint 1위를 했다.
2762	**naval** 네이벌ᵛ	¹ 이 도시의 바닷가에는 naval 기지가 있다. ² Naval 전투에서는 적선을 침몰시키는 것이 목표이다.
2763	**noxious** 너억쉬어ㅆ	¹ Noxious 한 폐수가 강 속의 물고기를 죽인다. ² 불이 난 곳에서 noxious 한 가스가 뿜어져 나온다.
2764	**latent** 을레이튼ㅌ	¹ 이 아이들에게는 latent 한 재능이 엄청나다. ² Latent 한 기간이 긴 병이라 조기 치료에 실패했다.
2765	**gay** 게이	¹ 정원이 gay 한 꽃들로 가득 차 있다. ² 파티에 온 모두가 gay 한 시간을 보냈다.
2766	**jolly** 좌알리	¹ 활력이 넘치고 jolly 한 친구. ² 여행지에서 매우 jolly 한 시간을 보냈다.
2767	**oriented** 오어뤼엔티ㄷ	¹ 수출을 oriented 하는 경제 구조. ² 한국은 여전히 학력 oriented 하는 사회다.
2768	**inviting** 인바ᵛ이팅	¹ 그거 꽤 inviting 한 제안이다. ² Inviting 한 광고에 혹해서 예약했어.
2769	**glossy** 글러어ㅆ이	¹ 잘 닦아서 glossy 한 구두. ² 부드럽고 glossy 한 머릿결.
2770	**showy** 쇼우이	¹ Showy 한 모습의 공작새. ² Showy 한 복장으로 나타나 모두의 시선을 끌었다.
2771	**unwavering** 언웨이버ᵛ륑	¹ Unwavering 한 지지와 성원에 감사드립니다. ² 평생 unwavering 한 열정으로 그림을 그린 화가.
2772	**unambiguous** 어내앰비규어ㅆ	¹ 이 질문에 대한 unambiguous 한 답변을 바랍니다. ² 글에 unambiguous 한 제목을 붙이는 것이 중요하다.

형 피곤한, 지친	• weary of life ┃ 삶에 지친 • weary from the long flight ┃ 장시간 비행에 지친
형 기억할 만한	• a memorable time ┃ 잊지 못할 시간 • a memorable phrase ┃ 기억할 만한 구절
형 공동의, 합동의	• a joint concert ┃ 합동 연주회 • joint owners ┃ 공동 소유자
형 해군의	• a naval base ┃ 해군 기지 • a naval engineer ┃ 조선 기사
형 유독한, 해로운	• the noxious pollutants ┃ 유독한 오염 물질 • the noxious fumes ┃ 유독 가스
형 잠재하는, 잠복해 있는	• a latent energy ┃ 잠재 에너지 • a latent musical talent ┃ 잠재되어있는 음악적 재능
형 화려한, 명랑한, 행복한, 동성애자[게이]인	• have a gay time ┃ 행복한 시간을 보내다 • in a gay mood ┃ 행복한 기분인
형 쾌활한, 행복한	• in a jolly mood ┃ 기분이 좋은 • a jolly crowd ┃ 행복한 군중
형 …을 지향하는	• a family-oriented husband ┃ 가정적인 남편 • a male-oriented society ┃ 남성 위주의 사회
형 솔깃한, 유혹적인	• an inviting offer ┃ 유혹적인 제의 • an inviting smell ┃ 유혹적인 냄새
형 윤이 나는, 화려한	• glossy brown hair ┃ 윤이 나는 갈색 머리 • make the hair glossy ┃ 머리 광택을 내다
형 현란한, 화려한	• a showy dress ┃ 화려한 옷 • showy flowers ┃ 화려한 꽃들
형 변함없는, 확고한	• an unwavering support ┃ 변함없는 지원 • with unwavering confidence ┃ 확고한 자신감을 가지고
형 분명한, 확실한	• an unambiguous evidence ┃ 모호하지 않은 증거 • an unambiguous statement ┃ 뜻이 분명한 진술

2773 unidentified
어나ㅣ덴터파ㅣ이ㄷ

¹ Unidentified 된 비행 물체가 우리 상공을 지나고 있습니다.
² Unidentified 된 자료를 인용해 대중을 기만하는 악질 언론사.

2774 brisk
브뤼ㅅㅋ

¹ 그는 brisk 한 걸음으로 걸었다.
² Brisk 한 산책 후 머리가 맑아졌다.

2775 vigorous
비ᵛ거뤄ㅆ

¹ 럭비는 매우 vigorous 한 스포츠 중 하나이다.
² 일주일에 몇 시간씩 vigorous 한 운동이 필요하다.

2776 apathetic
애퍼떼ᵗʰ티ㅋ

¹ 그는 시종일관 apathetic 한 태도로 일관했다.
² 정치에 apathetic 한 나를 일깨워 준 사건.

2777 undiagnosed
언다ㅣ어그노우ㅅㅌ

¹ 수많은 의사가 undiagnosed 된 우울증을 갖고 있다.
² 그녀의 병은 오랫동안 undiagnosed 된 채로 방치되었다.

2778 instructive
인스트뤅티ㅂᵛ

¹ Instructive 한 충고는 달기보단 쓰다.
² 실패했지만, instructive 한 경험이었다.

2779 exquisite
익스쿠이지ㅌ

¹ 모두를 놀라게 한 exquisite 한 기술.
² 세부 장식이 매우 exquisite 한 손목시계.

2780 reputable
뤠퓨터블

¹ 금전 거래는 reputable 한 사람들과 해야 한다.
² 큰 수술을 할 때는 reputable 한 의사를 찾아가야 한다.

2781 dim
디임

¹ 시력이 점점 dim 해지고 있다.
² 책을 읽기에는 너무 dim 한 불빛.

2782 per capita
퍼어ᴿ 캐애피타

¹ 국민 per capita 의 소득이 가장 높은 나라.
² Per capita 한 개의 기념품만 가져가세요.

2783 readily available
뤠덜리 어베ᵛ일러블

¹ 비회원도 홈페이지에서 readily available 한 정보.
² 기술 발전으로 지금은 readily available 한 해독제.

2784 self-evident
쎌프ᶠ에버ᵛ던ㅌ

¹ 증거가 필요 없는 self-evident 한 사실 아니냐!
² 공부를 안 했으니 시험에 떨어지는 건 self-evident 하다.

2785 visually impaired
비ᵛ쥬얼리 임페어ᴿㄷ

¹ Visually impaired 한 학우들을 위한 점자 도서.
² 그는 visually impaired 해서 앞을 보지 못한다.

2786 old-fashioned
오울ㄷ패ᵖ애쉬언ㄷ

¹ Old-fashioned 하다고 모두 안 좋은 건 아니야.
² 그는 old-fashioned 한 사고를 하는 구시대 사람이다.

뜻	예문
휑 정체불명의, 신원 미상의, 불확실한	• an unidentified virus | 정체불명의 바이러스 • a UFO[Unidentified Flying Object] | 미확인 비행 물체
휑 바쁜, 빠른, 활기찬	• a brisk wind | 선선한 바람 • a brisk pace | 빠른 걸음
휑 격렬한, 활발한	• avoid vigorous exercise | 격렬한 운동을 피하다 • a vigorous campaign | 활발한 운동
휑 무관심한, 심드렁한	• apathetic about politics | 정치에 무관심한 • an apathetic person | 무관심한 사람
휑 진단 미확정[회피]의	• an undiagnosed disease | 진단 미확정의 병 • an undiagnosed patient | 진단 미확정인 환자
휑 유익한, 교훈적인	• an instructive advice | 유익한 충고 • an instructive experience | 유익한 경험
휑 정교한, 매우 훌륭한	• an exquisite piece of art | 매우 아름다운 예술 작품 • an exquisite craftsmanship | 정교한 공예술
휑 평판이 좋은, 훌륭한	• a reputable source | 신뢰성이 높은 출처 • a reputable business | 평판이 좋은 사업
휑 침침한, 어두운, 흐릿한	• a dim light | 어두운 빛 • the sight grows dim | 눈이 침침해지다
휑 1인당	• a per capita income | 1인당 소득 • a per capita GDP | 1인당 국내 총생산
휑 쉽게 구할 수 있는, 손쉽게 사용 가능한	• a readily available medicine | 쉽게 구할 수 있는 약 • made readily available | 손쉽게 사용할 수 있게 만든
휑 자명한, 따로 증명[설명]할 필요가 없는	• a self-evident truth | 자명한 사실 • hold it to be self-evident | 자명한 것으로 여기다
휑 시각 장애가 있는	• visually impaired people | 시각 장애가 있는 사람들 • visually impaired from birth | 시각 장애를 가지고 태어난
휑 옛날의, 구식의	• old-fashioned people | 옛날 사람들 • an old-fashioned style of dress | 구식 의복

2787 **at a loss**
에ㅌ 어 을러어ㅆ
1 당혹스러운 순간이라 at a loss 한 남자.
2 무슨 말을 해야 할지조차 at a loss 했다.

2788 **well-rounded**
웰롸운디ㄷ
1 Well-rounded 한 전문가들로 구성된 우주 비행 팀.
2 여러 포지션을 소화하는 well-rounded 한 축구선수.

2789 **ready-made**
뤠디메이ㄷ
1 Ready-made 음식을 사서 데우기만 했어.
2 맞출 필요 없이 ready-made 구두로 사자.

2790 **out of order**
아우ㅌ 어ㅂ^{v} 오어^{r}더^{r}
1 승강기가 out of order 상태여서 계단을 이용했다
2 Out of order 된 상태로 아무것도 안 나오는 자동판매기.

2791 **out of breath**
아우ㅌ 어ㅂ^{v} 브뤠ㄸth
1 조금만 뛰었는데 벌써 out of breath 했다.
2 Out of breath 해서 잠시 쉬고 가기로 했다.

2792 **cost-effective**
코오ㅅㅌ이펙^{f}티ㅂ^{v}
1 온라인을 이용한 cost-effective 한 마케팅.
2 예산이 부족해서 cost-effective 한 방법을 골랐다.

2793 **well-to-do**
웰투두우
1 Well-to-do 한 집안에서 고생을 모르고 자랐다.
2 가난했지만, 사업의 성공으로 well-to-do 해졌다.

2794 **self-sustaining**
쎌ㅍ^{f}써ㅅ테이닝
1 Self-sustaining 의 경제를 실현했던 신석기인.
2 스스로 self-sustaining 할 수 있도록 돕는 복지정책.

2795 **to and fro**
투 애앤ㄷ ㅍ^{f}뤄우
1 파도에 작은 배가 to and fro 로 요동쳤다.
2 자장가를 부르며 아이를 to and fro 로 흔들었다.

2796 **countrywide**
컨ㅌ뤼와이ㄷ
1 반대시위가 countrywide 하게 일어났다.
2 Countrywide 한 한파에 온 나라가 얼어붙었다.

2797 **aloof**
얼루우ㅍ^{f}
1 겉으로는 aloof 해 보여도 따뜻한 사람.
2 사람들에게서 멀리 aloof 해서 서 있었다.

2798 **bimonthly**
바이먼뜰th리
1 매달 받던 검진을 이제는 bimonthly 에 받는다.
2 Bimonthly 모임이라 이번 달에 없었으니 다음 달에 있어.

2799 **upstream**
업ㅅㅌ뤼임
1 배를 저어 강의 upstream 부분으로 거슬러 올라갔다.
2 연어는 알을 낳기 위해 upstream 으로 헤엄쳐 올라간다.

2800 **onward**
어언워^{r}ㄷ
1 쉬지 않고 onward 로 남쪽까지 날아가는 철새.
2 기지는 탈환했지만, 승리를 위해 onward 로 전진합시다.

혱 (무엇 · 무슨 말을 해야 할지) 어쩔 줄 모르는	• at a loss of words ┃ 아무 말도 할 수 없는 • at a loss what to do ┃ 무엇을 해야 할지 모르는
혱 다재다능한, 다방면의	• a well-rounded education ┃ 다방면의 교육 • well-rounded players ┃ 다재다능한 선수들
혱 기성품의	• a ready-made clothing ┃ 기성품 옷 • ready-made shoes ┃ 기성품 신발
혱 고장 난, 작동이 안 되는	• The escalator is out of order. ┃ 에스컬레이터가 고장났다. • put up the 'out of order' sign ┃ '고장' 표시를 붙이다
혱 숨이 가쁜	• out of breath from running ┃ 달리기로 숨이 가쁜 • pant out of breath ┃ 숨이 차서 헐떡이다
혱 비용 효율이 높은	• a cost-effective way ┃ 비용 효율이 높은 방법 • easy and cost-effective ┃ 쉽고 비용 효율적인
혱 부유한, 잘 사는	• a well-to-do family ┃ 부유한 가문 • a well-to-do neighborhood ┃ 부유한 이웃
혱 자급자족의, 자립[자활]하는	• a self-sustaining economy ┃ 자립하는 경제 • a self-sustaining colony ┃ 자급자족하는 식민지
閉 앞뒤로	• rock the baby to and fro ┃ 아이를 앞뒤로 흔들다 • to and fro motion ┃ 왕복운동
혱 전국적인 閉 전국적으로	• a countrywide trend ┃ 전국적인 유행 • a countrywide issue ┃ 전국적인 문제
혱 떨어져 있는, 냉담한 閉 떨어져서, 멀리서	• act aloof ┃ 냉담하게 행동하다 • aloof from the friends ┃ 친구들과 떨어져 있는
혱 두 달에 한 번씩의, 한 달에 두 번씩의 閉 두 달에 한 번씩, 한 달에 두 번씩	• hold meetings bimonthly ┃ 격월로 회의를 열다 • bimonthly assemblies ┃ 격월간 집회
혱 상류의 閉 상류로	• swim upstream ┃ 상류로 헤엄치다 • go upstream ┃ 강을 올라가다
혱 앞으로 계속 이어서 나아가는 閉 앞으로, 계속, 줄곧	• prepare for onward journey ┃ 앞으로의 여행을 위한 준비 • from today onward ┃ 오늘 이후

2801 offshore
어어ㅍ「쇼어「

1 그 회사는 그동안 offshore 한 조세 회피처를 이용해 왔다.
2 생산 비용 절감을 위해 회사를 offshore 로 이전해야 합니다.

2802 statewide
스테잇와이ㄷ

1 뉴욕 statewide 의 평균 주급이 얼마야?
2 버지니아 statewide 에서 10%를 득표했다.

2803 downstream
다운스트뤼임

1 폭우로 강의 downstream 지역이 범람했다.
2 빈 보트가 물살에 밀려 downstream 으로 떠내려갔다.

2804 abruptly
어브뢉틀리

1 남편은 항상 abruptly 하게 얘기한다.
2 차로 이동하는 도중에 abruptly 하게 차가 움직였다.

2805 elsewhere
엘쓰웨어「

1 이곳의 물가는 elsewhere 보다 높다.
2 여기에 없으면 elsewhere 에서 찾아보세요.

2806 thereafter
데th어뤠애ㅍ「터「

1 영국에서 태어난 뒤, thereafter 이민 갔다.
2 20살에 결혼했고 thereafter 첫째를 낳았다.

2807 dearly
디얼「리

1 엄마는 너를 dearly 하게 사랑해.
2 실수에 대해 dearly 하게 대가를 치렀다.

2808 subsequently
썹쓰이쿠언틀리

1 그 일에 대해서는 subsequently 얘기를 해보도록 합시다.
2 그와 헤어지고 subsequently 한동안 연애를 하지 않았다.

2809 amply
애앰플리

1 읽을 가치가 amply 있는 책.
2 이 약의 효과는 amply 증명되었다.

2810 markedly
마아「키들리

1 과거와는 markedly 하게 바뀐 생활양식.
2 불황으로 여행자 수가 markedly 하게 줄었다.

2811 inversely
인버ᵛ어「쓸리

1 이제 inversely 하게 학생들이 선생을 가르치려 든다.
2 차의 속도는 바람의 저항에 inversely 하게 빨라진다.

2812 underneath [2]
언더「니이ㄸth

1 강한 척하지만, underneath 로는 부드러운 사람.
2 Underneath 하게, 나는 그가 나를 사랑한다고 확신한다.

2813 chiefly
취이플「리

1 소는 chiefly 풀을 먹는다.
2 한옥은 chiefly 나무로 만들어진다.

2814 rashly
뤠애쉴리

1 별생각 없이 rashly 소비하더니 알거지가 됐다.
2 성인이 됐으니 rashly 행동하면 안 된다.

뜻	예문
🔵 앞바다[연안]의, 해외[역외]의 🔴 앞바다로, 해외로	• an offshore account ι 해외 계좌 • anchor offshore ι 연안에 정박하다
🔵 주 전체의 🔴 주 전체에서	• a statewide phenomenon ι 주 전체의 현상 • a statewide epidemic ι 주 전체의 유행병
🔵 (강의) 하류의 🔴 (강의) 하류로	• flow downstream ι 하류로 흐르다 • downstream areas ι 강 하류 지역
🔴 무뚝뚝하게, 갑자기	• turn abruptly ι 갑자기 방향을 바꾸다 • pull abruptly ι 갑자기 잡아당기다
🔴 다른 곳에서, 다른 곳으로	• seek employment elsewhere ι 다른 곳에서 직장을 구하다 • look elsewhere in class ι 수업시간에 딴청 부리다
🔴 그 후에	• thereafter got married ι 그 후에 결혼하다 • gave birth shortly thereafter ι 그 후에 곧 아이를 낳았다
🔴 대단히, 극진히	• love her dearly ι 그녀를 몹시 사랑하다 • cost me dearly ι 나에게 비싼 대가를 치르게 하다
🔴 그 뒤에, 나중에	• subsequently to the class ι 수업 후에 • meeting held subsequently ι 그 후에 있었던 회의
🔴 충분히, 널따랗게	• amply sufficient ι 충분한 • amply recompense ι 충분히 보상하다
🔴 현저하게, 뚜렷하게	• markedly improved ι 현저하게 개선된 • markedly decreased risks ι 현저하게 줄은 위험성
🔴 역으로, 반비례하여	• inversely related ι 반비례 관계인 • inversely proportional ι 반비례의
🔴 속으로, 내심 🟢 …의 밑[아래]에	• soft-hearted underneath ι 속으로는 부드러운 성격인 • frightened underneath ι 속으로 겁을 먹다
🔴 주로, 특히	• chiefly because of you ι 주로 너 때문에 • chiefly about the children ι 주로 아이들에 대해
🔴 성급하게, 경솔하게	• judge rashly ι 섣불리 판단하다 • act rashly ι 무책임하게 행동하다

2815	**utterly** 어털리	1 그 소문은 utterly 거짓말이다. 2 Utterly 지쳐서 움직일 수조차 없다.
2816	**spontaneously** 스파안테이니어쓸리	1 Spontaneously 조직된 팬 모임. 2 그들은 술을 마시다 spontaneously 여행을 떠나기로 했다.
2817	**namely** 네임리	1 1월 31일, namely 이번 주 수요일까지만 가능합니다. 2 2명의 학생, namely 마이클과 제인만 통과했다.
2818	**unconsciously** 언카안쉬어쓸리	1 Unconsciously 하게 흐르는 눈물. 2 Unconsciously 하게 한숨이 나왔다.
2819	**appreciably** 어프뤼이쉬어블리	1 이번 달에 매출이 appreciably 상승했다. 2 노인들 사이에서 발병률이 appreciably 높은 질병.
2820	**solely** 쏘울리	1 이번 사건의 책임은 solely 나에게 있다. 2 대회 성적만을 solely 선정기준으로 삼았다.
2821	**hence** 헨ㅆ	1 불법행위라 생각했고, hence 경찰에 신고했다. 2 수송비가 막대했고, hence 공장을 수도권 인근에 지었다.
2822	**simultaneously** 싸이멀테이니어쓸리	1 적군에게 simultaneously 총격을 가했다. 2 그는 타인의 시기와 부러움을 simultaneously 받았다.
2823	**preferably** 프뤼퍼'뤄블리	1 이 약은 preferably 식사 후에 드세요. 2 Preferably 하게 둘이 좋지만 하나도 괜찮아요.
2824	**significantly** 쓰이그니피'컨틀리	1 이 두 제품은 품질 면에서 significantly 하게 차이가 난다. 2 새 운영체제 도입 후 비용이 significantly 하게 절감되었다.
2825	**essentially** 이쎈쉬얼리	1 두 개는 essentially 같은 구조다. 2 그 사람은 essentially 선량해 보여.
2826	**radically** 뤠애디클리	1 태도가 radically 하게 달라졌다. 2 기존의 방법과 radically 하게 다른 새 방법.
2827	**nevertheless** 네버ᵛ'덜ᵗʰ레ㅆ	1 네 말이 맞아. Nevertheless, 왠지 꺼려져. 2 패배는 예상했다. Nevertheless, 여전히 실망스럽다.
2828	**undoubtedly** 언다우티들리	1 이 편지는 undoubtedly 그의 글씨체이다. 2 계속 치료를 미루면 그는 undoubtedly 사망할 것이다.

🔲 완전히, 순전히	• utterly disgusted ㅣ 완전히 역겨운 • utterly absurd ㅣ 참으로 어이없는
🔲 자발적으로, 즉흥적으로, 자연스럽게	• decide spontaneously ㅣ 즉흥적으로 결정하다 • supports spontaneously ㅣ 자발적으로 지지하다
🔲 즉, 다시 말해	• Namely, it is false. ㅣ 즉, 그것은 거짓이다. • A boy, namely, Tom. ㅣ 한 소년, 즉, 톰.
🔲 무의식적으로, 무심결에	• blink unconsciously ㅣ 무의식적으로 눈을 깜박이다 • unconsciously lie ㅣ 무의식적으로 거짓말하다
🔲 상당히, 눈에 띄게	• grow appreciably ㅣ 눈에 띄게 자라다 • appreciably different appearance ㅣ 눈에 띄게 다른 외모
🔲 전적으로, 오로지	• aim solely at foreigners ㅣ 오로지 외국인만 겨냥한 • solely responsible ㅣ 단독으로 책임을 맡다
🔲 그러므로, 이런 이유로	• Hence I came to Korea. ㅣ 그래서 나는 한국에 왔다. • Hence we need your help. ㅣ 이런 이유로 네 도움이 필요해.
🔲 동시에, 일제히	• happen simultaneously ㅣ 동시에 일어나다 • simultaneously applaud ㅣ 일제히 박수를 보내다
🔲 되도록, 될 수 있으면	• preferably breakfast included ㅣ 되도록 조식이 포함된 • preferably do it soon ㅣ 되도록 빨리하다
🔲 상당히, 현저하게	• significantly different ㅣ 확실히 다른 • increase significantly ㅣ 큰 폭으로 증가하다
🔲 본질적으로, 근본적으로	• essentially different ㅣ 근본적으로 다른 • essentially the same ㅣ 근본적으로 같은
🔲 근본적으로, 철저히	• radically different ㅣ 근본적으로 다른 • change radically ㅣ 근본적으로 바뀌다
🔲 그런데도, 그렇기는 하지만	• Nevertheless, we are still sad. ㅣ 그렇지만, 우리는 여전히 슬프다. • small but nevertheless important ㅣ 작지만 중요한
🔲 의심할 여지 없이, 확실히	• undoubtedly guilty ㅣ 의심할 여지 없이 유죄인 • undoubtedly his fault ㅣ 의심할 여지없이 그의 잘못

2829 substantially
썹스태앤쉬얼리

¹ Substantially 다른 방식으로 제작된 신제품.
² 차는 substantially 망가졌지만, 인명피해는 없다.

2830 at all costs
에ㅌ 어얼 코오ㅅㅊ

¹ At all costs 라도 이걸 해내야 성공한다.
² 생사를 건 일이었기에 at all costs 라도 하려 했다.

2831 in turn
인 터언ʳ

¹ 과도한 스트레스는 in turn 혈압을 증가시킨다.
² 매출 증가는 in turn 수익 증가로 이어진다.

2832 at close range
에ㅌ 클로우ㅈ 뤠인취

¹ At close range 에서 쏘아 가슴을 관통한 총알.
² 그는 변장을 통해 새를 at close range 에서 자세히 관찰했다.

2833 on the other hand
언 디ᵗʰ 아더ᵗʰ·ʳ 해앤ㄷ

¹ On the other hand 로, 반대의 목소리도 들립니다.
² On the other hand 로, 그를 지지하는 사람들도 많습니다.

2834 on the spot¹
언 더ᵗʰ 스파아ㅌ

¹ 기자들의 질문에 on the spot 에서 대답했다.
² 기다렸다는 듯이 on the spot 으로 맞받아쳤다.

2835 on the spot²
언 더ᵗʰ 스파아ㅌ

¹ On the spot 에서 생생한 뉴스를 전해 드리겠습니다.
² 온라인 말고 on the spot 에서 구매하면 더 저렴할까요?

2836 at an angle
에ㅌ 애앤 애앵글

¹ At an angle 하게 걸린 그림을 똑바로 걸었다.
² 태풍 때문인지 at an angle 하게 기울어진 표지판.

2837 out of employment
아우ㅌ 어ㅂᵛ 임플로이먼ㅌ

¹ Out of employment 여서 돈에 쪼들렸다.
² Out of employment 여서 취업사이트를 본다.

2838 bit by bit
비ㅌ 바이 비ㅌ

¹ 풍화작용으로 bit by bit 하게 깎인 돌조각상.
² 장난감을 bit by bit 하게 조립하고 있는 아이.

2839 on my own
언 마이 오운

¹ 아무 도움 없이 on my own 으로 이걸 해내다니!
² 경제적 독립이란 on my own 으로 생계를 꾸리는 거지.

2840 vice versa
바ᵛ이ㅆ 버ᵛ어ʳ쓰아

¹ 사람이 책을 만들기도 하지만, vice versa 이다.
² 친구는 나를 비춰주는 거울이고, vice versa 이다.

2841 amid
어미ㄷ

¹ 전쟁 amid 에 피해를 본 사람들.
² 식사를 하는 amid 에 전화가 걸려 왔다.

2842 via
바ᵛ이아

¹ 이메일을 via 해서 전달하도록 하겠습니다.
² 두바이를 via 해서 인천공항으로 오는 비행기.

뫼 상당히, 많이	• substantially different ı 상당히 다른 • substantially heavy ı 상당히 무거운
뫼 어떤 희생을 치르더라도, 기어코	• win at all costs ı 어떻게 해서라도 이기다 • continue at all costs ı 어떤 희생을 치르더라도 계속하다
뫼 결과적으로, 결국, 차례차례	• In turn, we become penniless. ı 결국 우리는 몹시 가난해졌다. • In turn, he didn't die of old age. ı 결국 그는 고령으로 인해 죽었다.
뫼 근거리에서	• shoot at close range ı 근거리에서 쏘다 • see at close range ı 가까이서 보다
뫼 다른 한편으로는, 반면에	• On the other hand, I'm selfish. ı 반면에 나는 이기적이다. • On the other hand, some people say ı 반면에 어떤 사람들은 말한다
뫼 즉각, 즉석에서	• refuse on the spot ı 즉각 거절하다 • answer on the spot ı 즉각 대답하다
뫼 (일이 벌어지는) 현장에서	• events on the spot ı 현장에서의 행사 • dead on the spot ı 현장에서 즉사하다
뫼 비스듬히	• put a straw at an angle ı 빨대를 비스듬히 꽂다 • at an angle of ten degrees ı 10도의 각도로
뫼 실직 상태	• currently out of employment ı 현재 실직 상태 • thrown out of employment ı 실직 상태인
뫼 조금씩 점점, 서서히, 하나씩	• lose his memory bit by bit ı 기억을 조금씩 잃다 • Drink it bit by bit. ı 조금씩 마셔.
뫼 단독으로[나 혼자서]	• do it on my own ı 나 스스로 하다 • try on my own ı 스스로 시도해보다
뫼 (앞 문장의) 역도 또한 같음, 거꾸로, 반대로	• I love you and vice versa. ı 나는 널 사랑하고, 너 역시 날 사랑한다. • I'm your friend and vice versa. ı 나는 네 친구고, 네게도 나는 친구야.
젠 …중에, …가운데에	• amid cheers ı 갈채 속에 • amid the falling snow ı 눈이 내리는 중에
젠 …을 거쳐서, …을 통하여	• via London ı 런던을 거쳐 • via radio ı 라디오를 통해서

2843 lest
을레스트

¹ 바이러스에 감염되지 않도록 lest 손을 소독했다.
² 아기가 잠에서 깰까 봐 lest 조심히 걸었다.

2844 provided
프뤄바ᵛ이디드

¹ 바로 사겠어요. (provided 가격만 적당하다면)
² 침대는 상관없어요. (provided 방이 적당히 넓다면)

2845 providing
프뤄바ᵛ이딩

¹ 퇴근하셔도 됩니다. (providing 일이 일찍 끝나면)
² 우승도 가능하다. (providing 선수들 부상만 없으면)

2846 whereas
웨어뤠애즈

¹ 그는 부유하지만, whereas 나는 가난하다.
² 거긴 비가 내리지만, whereas 여긴 구름 한 점 없다.

2847 Democrat
데머크뤠애트

¹ Democrat 는 시민의 정치적 참여를 중요시한다.
² Democrat 라고 해서 항상 다수결의 논리를 지지하는 것은 아니다.

2848 cop
카아ㅍ

¹ 음주운전이 발각되자 교통 cop 에게 뇌물을 건네다 적발된 정치인.
² 나는 도둑을 잡는 cop 이 될 거야.

2849 core
코어ᴿ

¹ 시간 낭비하지 말고 문제의 core 만을 얘기하자.
² 영어와 수학 같은 core 한 과목의 점수를 올리는 것이 대학 입시에 유리하다.

2850 naked
네이키드

¹ 그는 naked 한 몸으로 거리를 활보하다가 경찰에게 체포되었다.
² 그 기자는 검찰 비리에 관한 naked 한 기사를 가감 없이 내보냈다.

2851 pub
퍼ㅂ

¹ 여기는 맥주 맛으로 유명한 pub 이야.
² 자주 가는 pub 이 문을 닫아서 집에서 혼자 한잔했어.

2852 dominant
다아머넌트

¹ 그는 한국프로야구 사상 가장 dominant 한 선수다.
² 한국의 정보통신 기술은 세계 시장에서 dominant 한 위치에 있다.

2853 inhibit
인히비트

¹ 스마트폰은 성장기 아동과 청소년의 시력 발달을 inhibit 할 수 있다.
² 채소 섭취는 지방의 흡수를 inhibit 하므로 다이어트에 매우 효과적이다.

2854 legislate
을레쥐쓸레이트

¹ 이 사건으로 인해 새로운 법이 legislate 될 거예요.
² 야당이 반대했기 때문에 그 법안을 legislate 할 수 없었습니다.

2855 pope
포우ㅍ

¹ 하인리히 4세는 자신을 파문했던 Pope 를 끝내 폐위시켰다.
² Pope 는 가톨릭의 수장이며 바티칸 시국의 국가원수이다.

2856 questionnaire
쿠에스춰네어ᴿ

¹ 이 questionnaire 에 적어 주신 여러분의 의견은 새겨듣겠습니다.
² Questionnaire 를 작성할 때는 편향된 질문을 배제해야 한다.

젭 …하지 않도록, …할까 봐	• lest he dies ı 그가 죽을까 봐 • lest she gets hurt ı 그녀가 다칠까 봐
젭 …하다면[라면]	• provided the price is right ı 가격이 알맞다면 • provided the weather is good ı 날씨가 좋다면
젭 …하다면[라면]	• providing I have time ı 제가 시간이 있다면 • providing you got money ı 네가 돈이 있다면
젭 반면, 그에 반해	• Whereas I am poor. ı 그에 반해 나는 가난하다. • Whereas she loves rock music. ı 반면에 그녀는 록 음악을 좋아한다.
몡 민주주의자	• as a Democrat ı 민주주의자로서 • the Liberal Democrats ı 자유 민주주의자들
몡 경찰관	• call the cops ı 경찰을 부르다 • a traffic cop ı 교통경찰
몡 (사과 같은 과일의) 속[심], 핵심 혱 핵심적인, 가장 중요한	• the core of the argument ı 그 주장의 핵심 • protect the core business ı 주력 사업을 보호하다
혱 벌거벗은, 노골적인, 적나라한	• a naked body ı 벌거벗은 몸 • tell the naked truth ı 적나라한 진실을 이야기하다
몡 술집, 선술집	• go to the pub ı 술집에 가다 • meet in a pub ı 술집에서 만나다
혱 우세한, 지배적인	• hold a dominant position ı 우위를 차지하다 • become the dominant force ı 최강자가 되다
동 억제[저해]하다, 금하다	• inhibit coverage ı 보도를 제한하다 • inhibit economic growth ı 경제적 성장을 방해하다
동 법률을 제정하다	• plans to legislate ı 법을 제정할 계획 • legislate against abortion ı 낙태를 금지하는 법을 제정하다
몡 (가톨릭교의) 교황	• a great pope ı 위대한 교황 • elect a new pope ı 새 교황을 선출하다
몡 질문 사항, 설문지	• fill in a questionnaire ı 설문지를 작성하다 • answer a questionnaire ı 설문에 응하다

2857 salon
썰라안

¹ 내일 미용 Salon 에 가서 머리를 깎을 거야.
² 동네 네일 salon 에서 손톱과 발톱을 관리받고 있어.

2858 sneak
스니이ㅋ

¹ 그는 상사의 눈을 피해 사무실 밖으로 sneak 했다.
² 그의 가족은 한밤중에 국경을 넘어 그 나라에 sneak 했다.

2859 causal
코오절

¹ 그는 약물 복용과 범죄 간에 직접적으로 causal 한 관계가 있음을 증명하려고 했다.
² 의료진의 과실과 환자 사망 사이에 causal 한 관계가 있다는 법원의 판단.

2860 formation
포ᶠ어ᴿ메이쉬언

¹ 우주의 formation 과정이 아직 명확하게 밝혀진 것은 아니다.
² 적의 맹렬한 공격에 우리 군의 formation 이 망가졌습니다.

2861 call off
커얼 어어ㅍᶠ

¹ 폭우가 내려서 경기가 call off 되었다.
² 나는 네가 당장 그 결혼을 call off 하고 내게 돌아오길 바라.

2862 leave off
을리이ㅂᵛ 어어ㅍᶠ

¹ 폭염 때문에 평소보다 빨리 일을 leave off 했다.
² 월급을 올려주지 않으면, 직장을 leave off 할 거예요.

2863 walk out
워어ㅋ 아우ㅌ

¹ 노동자들이 노동법 개정에 반대하여 walk out 했다.
² 전국 버스노조가 walk out 해서 지하철이 만원이다.

2864 catch on¹
캐애춰 언

¹ 따님은 새로운 것을 빨리 catch on 하는 영리한 학생입니다.
² 그 아이도 기본적인 개념은 catch on 하고 있어요.

2865 catch on²
캐애춰 언

¹ 롱 패딩은 연예인들 사이에서 먼저 catch on 하기 시작했다.
² 마라탕이 한국에서 catch on 하자, 곧 위생 문제가 대두되었다.

2866 come across
컴 어크뤄어ㅆ

¹ 오래전 헤어진 연인과 시청역 광장에서 come across 했다.
² 서점에 갔다가 재미있어 보이는 소설을 come across 했어.

2867 carry out
캐애뤼 아우ㅌ

¹ 선거 공약을 하나도 빠짐없이 carry out 하겠습니다.
² 저는 상부의 명령을 충실하게 carry out 했을 뿐입니다.

2868 stress out
스트뤠ㅆ 아우ㅌ

¹ 왜 자꾸 그 애한테 살 빼라고 stress out 하는 거야.
² 지나친 운동은 오히려 우리를 stress out 한다.

2869 divide up
디바ᵛ이드 어ㅍ

¹ 그가 죽은 뒤, 그의 재산은 divide up 되어 자식들에게 돌아갔다.
² 우리는 결혼 전에 가사를 divide up 하기로 협의했다.

2870 blow up
블로우 어ㅍ

¹ 아들의 생일파티를 위해 풍선을 blow up 하고 있어.
² 아무것도 아닌 사건을 언론이 blow up 했다.

명 (미용실 · 고급 의상실 같은) 상점, (저택의) 응접실	• a beauty salon ㅣ미용실 • have coffee in the salon ㅣ응접실에서 커피를 마시다
동 살금살금[몰래] 가다, 몰래 도망치다, 고자질하다	• sneak up on people ㅣ사람들에게 몰래 다가가다 • try to sneak ㅣ몰래 지나가려고 하다
형 원인이 되는, 인과 관계의	• a strong causal link ㅣ강력한 인과관계 • a causal connection between the two ㅣ두 가지 사이의 인과 관계
명 형성, 형성물, 대형	• a natural formation ㅣ자연적 형성 • advanced in close formation ㅣ밀집 대형으로 진군하다
동 중지하다, 취소하다	• call off the meeting ㅣ회의를 취소하다 • call off the trip ㅣ여행을 취소하다
동 중단하다, 멈추다	• leave off joking ㅣ농담을 그만두다 • leave off work ㅣ일을 중단하다
동 작업을 중단하다, 파업하다, 나가버리다, …을 버리다[떠나다]	• walk out on the field ㅣ현장에서 작업을 중단하다 • walk out in protest of the pay cuts ㅣ임금 삭감에 항의하여 파업하다
동 이해하다, 알아듣다	• catch on fast ㅣ빠르게 이해하다 • catch on to the idea ㅣ그 아이디어를 이해하다
동 유행하다, 이해하다, 알아듣다	• catch on in America. ㅣ미국에서 유행하다 • catch on across the country ㅣ전국적으로 유행하다
동 우연히 발견하다, 이해되다	• came across his boss ㅣ그의 상사를 우연히 만나다 • come across an old friend ㅣ옛 친구와 우연히 마주치다
동 실행[수행]하다, 이행하다	• carry out a plan ㅣ계획을 실행하다 • carry out a promise ㅣ약속을 이행하다
동 스트레스를 주다	• stress him out ㅣ그에게 스트레스를 주다 • I'm so stressed out. ㅣ나 너무 스트레스받아.
동 분배하다, 분담하다	• divide up the work ㅣ일을 분배하다 • divide up the expenses ㅣ비용을 분담하다
동 부풀리다, 매우 화를 내다, 터지다, 터뜨리다	• blow up the balloon ㅣ풍선에 바람을 넣다 • blow up the incident ㅣ그 사건을 부풀리다

2871 **hang in**
해앵 인
¹ 최악의 상황이었지만, 그녀는 꿋꿋하게 hang in 했다.
² 힘들게 여기까지 왔으니까, 앞으로 조금만 더 hang in 하자.

2872 **close down**
클로우ㅈ 다운
¹ 임대료를 더 올리시면 저희 가게는 close down 해야 해요.
² 선착순 접수가 이미 close down 되었습니다, 죄송합니다.

2873 **move away**
무우ㅂ ᵛ 어웨이
¹ 그는 정든 집에서 move away 하고 낯선 도시로 향했다.
² 고백하려 했던 날, 네가 멀리 move away 했다는 소식을 들었어.

2874 **hang back**
해앵 배애ㅋ
¹ 그는 어떻게 해야 할지 잘 알면서도 자꾸만 hang back 했다.
² 딸은 내일이 시험이라고 집에 hang back 하고 있어요.

2875 **get around**
게ㅌ 어라운ㄷ
¹ 그가 자전거를 타고 어디든지 get around 한다.
² 그가 산업 스파이였다는 소문이 사내에 get around 하고 있다.

2876 **speak for**
스피이ㅋ 포f,r
¹ 그 비리 경찰 하나가 모든 경찰을 speak for 할 수는 없다.
² 국회의원들은 자신의 지역구를 speak for 한다.

2877 **take after**
테이ㅋ 애ㅍf터r
¹ 제 딸이지만 저보단 제 아빠를 take after 했어요.
² 내 아들은 나와 전혀 take after 하지 않다.

2878 **give rise to**
기ㅂᵛ 롸이ㅈ 투
¹ 기록적인 가뭄이 흉작을 give rise to 했다.
² 그의 애매한 태도는 수많은 사람의 억측을 give rise to 했다.

2879 **get through**
게ㅌ ㄸthᵣ우
¹ 그는 고등학교를 2년 만에 get though 하고 대학에 진학했다.
² 법안이 국회에서 get through 되려면 상당한 시일이 걸릴 것이다.

2880 **see through**
씨이 ㄸthᵣ우
¹ 상대 팀 감독은 우리 팀의 전략을 쉽게 see through 했다.
² 너의 마음은 내가 see through 하고 있어, 너 지금 심심하지?

2881 **persuaded of**
퍼r스웨이ㄷ디이 어ㅂᵛ
¹ 세상은 너를 욕하지만, 나는 너의 결백을 persuaded of 해.
² 우리는 아직 신약의 안정성을 persuaded of 할 수 없습니다.

2882 **mix up**
믹ㅅ 어ㅍ
¹ 당신은 나를 다른 사람과 mix up 하는 것 같군요.
² 환자의 기록이 mix up 되어서, 암 환자에게 치매약이 처방되었다.

2883 **warm to**
워엄r 투
¹ 그날 이후로, 나는 소꿉친구였던 그 애를 warm to 하기 시작했다.
² 이 드라마에서 주인공은 원수의 여동생을 warm to 하게 됩니다.

2884 **be impatient for**
비 임페이쉬언ㅌ 포f,r
¹ 그는 아내가 직장에서 돌아오기를 be impatient for 했다.
² 그는 지하철이 어서 출발하기를 be impatient for 했다.

동 버티다, 견디다	• Hang in there. ı 조금만 참아. • manage to hang in ı 그럭저럭 견디다
동 마감하다, 폐쇄하다	• close down a website ı 홈페이지를 폐쇄하다 • close down the exhibit ı 전시회를 마감하다
동 떠나다, 이사하다	• move away from me ı 나에게서 떠나다 • move away from the city ı 그 도시에서 이사하다
동 뒤에 남다, 망설이다	• hang back a little bit ı 여기에 남다 • hang back before deciding ı 결정하기 전에 망설이다
동 돌아다니다	• get around New York ı 뉴욕을 돌아다니다 • get around without a car ı 차 없이 돌아다니다
동 대변하다	• speak for the public ı 여론을 대변하다 • speak for the government ı 정부를 대변하다
동 닮다	• take after father ı 아버지를 닮다 • You take after your mom. ı 넌 너희 엄마와 닮았구나.
동 낳다, 일으키다	• give rise to rumors ı 소문을 낳다 • give rise to serious trouble ı 심각한 문제를 일으키다
동 끝내다, 통과하다, 합격하다	• get through the work ı 그 일을 해내다 • get through customs ı 세관을 통과하다
동 간파하다, 꿰뚫어 보다	• see through his lie ı 그의 거wv짓말을 간파하다 • see through my heart ı 내 마음을 꿰뚫어 보다
형 …을 확신하고 있는	• persuaded of his words ı 그의 말을 믿는 • persuaded of her innocence ı 그녀의 결백을 확신하는
동 …을 혼동하다 [뒤죽박죽으로 만들다]	• mix up night and day ı 밤낮이 바뀌다 • mix up race and culture ı 인종과 문화를 혼동하다
동 …을 좋아하기 시작하다, …에 더 흥미를 갖다	• warm to him ı 그가 좋아지기 시작하다 • warm to the company ı 그 회사에 흥미를 보이다
동 …을 애타게 바라다, 초조하게 기다리다	• be impatient for his holidays ı 그의 휴가를 몹시 기다리다 • be impatient for admission ı 합격을 초조하게 기다리다

2885 sensible[2]
쎈써블
1 제 딸에게 도움을 주신 것을 sensible 하고 있습니다.
2 물리가 어려운 과목이라는 건 아버님께서도 sensible 하고 계시죠?

2886 make out
메이크 아우ㅌ
1 마지막으로 본 게 9년 전인데, 내가 누구인지 make out 하겠어?
2 글자가 지나치게 작아서 make out 하기가 어렵다.

2887 brush up on
브뤄쉬 어ㅍ 언
1 내년에 중국에 가야 해서 중국어를 brush up on 하고 있어.
2 어학연수를 떠나기 전에, 내 영어 실력을 brush up on 해야겠어.

2888 call on
커얼 언
1 미국 대통령이 북한에 직접 call on 한 것은 이례적인 일이다.
2 정수기 점검을 위해 저희 엔지니어가 댁에 call on 할 예정입니다.

2889 take back
테이ㅋ 배애ㅋ
1 여기서 산 물건인데 take back 할 수 있을까요?
2 네가 한 말을 take back 해, 안 그러면 다시는 너 안 봐.

2890 identify with
아이덴터파'이 위ㄸth
1 이 드라마의 주인공들에게는 좀처럼 identify with 할 수 없어.
2 그는 성공과 부를 identify with 했고, 축재에 열을 올렸다.

2891 team up with
티임 어ㅍ 위ㄸth
1 그는 회사와 team up with 하고 비정규직 근로자들을 해고했다.
2 대기업 연구팀이 학생들과 team up with 해서 신제품을 개발했다.

2892 fall for[1]
퍼'얼 포f,r
1 처음 본 순간부터, 나는 그 애에게 fall for 했어.
2 그때 너도 내게 fall for 했다는 걸 알았다면, 우리는 달라졌을까?

2893 be attached to
비 어태애취ㅌ 투
1 너는 날 가볍게 여겼지만, 나는 널 많이 was attached to 했어.
2 그는 슬하에 자식이 없어서 그의 조카를 be attached to 한다.

2894 fall for[2]
퍼'얼 포f,r
1 너의 뻔한 거짓말에 fall for 하지 않을 거야.
2 공공 기관을 사칭한 전화에 fall for 하지 마세요.

2895 keep up with
키이ㅍ 어ㅍ 위ㄸth
1 그들은 시대를 keep up with 하지 못하고 그대로 도태됐다.
2 그 노인은 젊은 세대를 keep up with 하기 위해 늘 노력한다.

2896 lose oneself in
을루우ㅈ 원쎌ㅍf 인
1 그는 피아노 연주에 lost himself in 해서 밥조차 먹지 않았어요.
2 그는 일에 lost himself in 한 나머지 아들의 생일조차 잊어버렸다.

2897 deal in
디일 인
1 저희 매장에서는 유기농 제품만을 deal in 합니다.
2 우리 회사는 통상과 무역을 deal in 합니다.

2898 print out
프륀ㅌ 아우ㅌ
1 이 회의 자료는 몇 부나 print out 할까요?
2 3D 프린터를 이용해 쿠키나 피자를 print out 할 수도 있다.

형 …을 의식하고[알고] 있는, 합리적인, 분별 있는	• **sensible** of her feeling ｜ 그녀의 기분을 의식하고 있는 • **sensible** of his limitations ｜ 그의 한계를 알고 있는
통 …을 알아보다[알아듣다]	• can't **make out** what he said ｜ 그의 말을 알아듣지 못하다 • just **make out** a figure ｜ 겨우 형체만 알아보다
통 …을 복습하다, (기술·실력을) 연마하다	• **brush up** on language skills ｜ 언어 기술을 연마하다 • need to **brush up** on my math ｜ 수학 과목을 복습할 필요가 있다
통 …을 방문하다	• **call on** a customer ｜ 고객을 방문하다 • **call on** an old friend ｜ 옛 친구를 방문하다
통 …을 반품하다, …을 반품받다, 취소[철회]하다	• I'll **take** it **back**. ｜ 내가 그거 반품할게. • **take back** everything I said ｜ 내가 한 말을 모두 취소하다
통 …을 …와 동일시하다, 동질감을 느끼다	• **identify with** the main character ｜ 주인공에게 동질감을 느끼다 • **identify** wealth **with** happiness ｜ 부와 행복을 동일시하다
통 …와 협동하다, 협력하다	• **team up with** him ｜ 그와 한팀이 되다 • **team up with** a gang ｜ 범죄조직과 한편이 되다
통 …에게 빠지다[반하다], …에 속아 넘어가다	• **fall for** her ｜ 그녀에게 푹 빠지다 • **fall for** each other ｜ 서로에게 푹 빠지다
통 …을 사랑하다, …에 애정을 가지다	• **be attached to** his wife ｜ 그의 아내를 사랑하다 • **be attached to** dogs ｜ 개들을 좋아하다
통 …에 속아 넘어가다	• **fall for** his lies ｜ 그의 거짓말에 속아 넘어가다 • **fall for** his plan ｜ 그의 계획에 속아 넘어가다
통 …에 밝다[정통하다], …에 뒤지지 않다[엇비슷하다]	• **keep up with** world news ｜ 국제 정세에 밝다 • can't **keep up with** the demand ｜ 수요를 따라잡지 못하다
통 …에 몰두하다, …에 넋을 잃다	• **lose** herself **in** studying ｜ (그녀가) 공부에 몰두하다 • **lose** myself **in** my work ｜ (내가) 내 일에 몰두하다
통 (특정 상품 등을) 취급[거래]하다, 다루다	• **deal in** wine ｜ 와인[포도주]을 취급하다 • **deal in** computer hardware ｜ 컴퓨터 하드웨어를 취급하다
통 (컴퓨터에서) 인쇄[출력]하다	• **print out** the sales report ｜ 판매 보고서를 출력하다 • **print out** the list ｜ 명단을 인쇄하다

2899 **back down**
배애ㅋ 다운
1 범죄 조직이 그를 협박했지만, 그는 결코 back down 하지 않았다.
2 시민들의 거센 요구에도, 정부는 결코 back down 하지 않고 있다.

2900 **put through to**
푸ㅌ ㄸth루우 투
1 급한 일인데, 사장님께 바로 put through to 해 주시겠어요?
2 그녀에게서 전화가 오면, 제 방으로 put through to 해 주세요.

2901 **black out**
블래애ㅋ 아우ㅌ
1 술을 진탕 마시고, 나는 black out 했다.
2 그는 사고 직전에 black out 해서, 사고 당시 상황을 기억하지 못한다.

2902 **come along**
컴 얼로옹
1 그래, 네가 한다는 사업은 come along 하고 있니?
2 너희 어머니 수술받으셨다면서, 요새 come along 하고 계시니?

2903 **take in**
테이ㅋ 인
1 갑자기 살이 빠지는 바람에 옷을 전부 take in 해야 했어.
2 그 브랜드의 바지는 항상 길게 나와서 단을 take in 해야 해.

2904 **come out**
컴 아우ㅌ
1 진실은 언젠가 come out 하게 될 거예요.
2 그의 추악한 과거가 come out 하자, 많은 사람이 충격을 받았다.

2905 **move out**
무우ㅂv 아우ㅌ
1 집주인은 우리에게 한 달 내에 move out 하라고 요구했다.
2 직장만 아니면 나야 당장 서울에서 move out 하고 싶지.

2906 **push over**
푸쉬 오우버v·r
1 놀란 코끼리가 사육사를 push over 했다.
2 적군은 낭떠러지에서 그를 push over 했다.

2907 **clear up**
클리어r 어ㅍ
1 저는 이 사건을 clear up 할 수 있는 유일한 사람입니다.
2 우리가 앞으로 나아가려면, 이 문제를 반드시 clear up 해야 합니다.

2908 **pass up**
패애ㅆ 어ㅍ
1 일생일대의 기회인 것 같아 pass up 할 수 없었다.
2 그는 조용한 성격이지만 술자리만큼은 pass up 하지 않아.

2909 **measure up**
메줘r 어ㅍ
1 저는 결코 어머니의 기대에 measure up 할 수가 없었습니다.
2 시판 제품 상당수가 국제 기준에 measure up 하지 못했습니다.

2910 **go for**[2]
고우 포f·r
1 요새 배추는 1kg에 3,000원 정도 go for 해.
2 그분의 글씨는 요즈음 천만 원도 넘게 go for 합니다.

2911 **take to**
테이ㅋ 투
1 처음에는 별로였는데, 이제 그 애가 take to 하다.
2 나는 고모를 마치 친어머니처럼 take to 하다.

2912 **come in**
컴 인
1 40대 선수가 국제 경기에서 3위를 come in 한 건 이례적인 일이다.
2 그 영화가 박스 오피스 1위를 come in 했다.

图 (주장 등을) 굽히다, 패배를 인정하다	• never back down ㅣ 절대로 물러서지 않다 • refuse to back down ㅣ 물러서기를 거절하다
图 (전화를 …로) 연결하다	• Can you put me through to Mr. Kim? ㅣ 김 선생님 좀 연결해 줄래? • want to be put through to him ㅣ 그와 연락하기를 원하다
图 (잠시) 의식을 잃다	• patients often black out ㅣ 환자들은 자주 의식을 잃는다 • completely blacked out ㅣ 완전히 필름이 끊겼다
图 (원하는 대로) 되어 가다[나아지다], 함께 가다[오다]	• come along slowly ㅣ 천천히 나아지다 • come along very well ㅣ 매우 잘 되어가다
图 (옷을) 줄이다	• Take in the waist a little. ㅣ 허리를 약간만 줄여 줘. • take my skirt in 3 inches ㅣ 내 치마를 3인치 줄이다
图 (소식 · 진실 등이) 알려지다, 드러나다, 나오다	• come out at the trial ㅣ 재판에서 밝혀지다 • eventually come out ㅣ 결국 밝혀지다
图 (살던 집에서) 이사를 하다	• have to move out ㅣ (살던 곳에서) 이사를 해야만 하다 • notice to move out ㅣ 이사를 하라는 통보
图 (밀어서) 넘어뜨리다	• push him over ㅣ 그를 넘어뜨리다 • push her over the edge ㅣ 그녀를 궁지에 몰아넣다
图 (문제를) 해결하다	• clear up the problem. ㅣ 그 문제를 해결하다 • clear up a misunderstanding ㅣ 오해를 풀다
图 (기회 등을) 놓치다, 거절하다 [포기하다]	• pass up the opportunity ㅣ 그 기회를 놓치다 • pass up an offer ㅣ 제의를 거절하다
图 (기대 · 필요에) 부합하다 [미치다]	• measure up to his expectations ㅣ 그의 기대에 부합하다 • fail to measure up ㅣ 기대에 미치지 못하다
图 (가격 등이) …에 해당되다, 선택하다	• go for around $40 ㅣ 40달러쯤 하다 • go for less than $20 ㅣ 20달러 이하로 하다
图 (…이) 좋아지다, (…을) 따르다	• take to dogs ㅣ 개들이 좋아지다 • take to him readily ㅣ 기꺼이 그를 따르다
图 (…위를) 차지하다	• came in second ㅣ 2위를 차지했다 • came in at number four ㅣ 4위를 차지했다

2913 ask around
애ㅅㅋ 어롸운ㄷ

1 나는 잘 모르지만, 내가 너를 위해서 ask around 해 줄게.
2 Ask around 해 보셔도, 결국 저희 가게에 다시 오시게 될 거예요.

2914 fill out
필ᶠ 아우ㅌ

1 신청서는 흑색 혹은 청색 볼펜으로 fill out 하세요.
2 비행기 안에서 출입국 신고서를 fill out 했다.

2915 stay behind
스테이 비하인ㄷ

1 여긴 위험하니 오지 말고 stay behind 하고 있어.
2 항공편이 결항되어 그는 도착하지 못하고 stay behind 했다.

2916 acquainted²
어쿠에인티ㄷ

1 일본인들은 지진 대응 요령에 acquainted 되어 있다.
2 30년간 살았던 곳이라 그곳 지리에 acquainted 되어 있다.

2917 take part
테이ㅋ 파아ʳㅌ

1 저는 불법적인 시위에는 take part 하고 싶지 않아요.
2 마라톤 대회에 take part 하려고 좋은 운동화를 샀어.

2918 absorbed
애앱조어ʳㅂㄷ

1 그는 밥도 안 먹고 하루 종일 게임에 absorbed 되어있다.
2 공부에 좀 그렇게 absorbed 되어봐라!

통 여기저기 알아보다	• ask around for work ㅣ 일에 대해 여기저기 알아보다 • ask around for a job ㅣ 일자리를 여기저기 알아보다
통 (문서를) 작성하다	• fill out this form ㅣ 이 양식을 작성하다 • fill out customs declaration ㅣ 세관신고서를 작성하다
통 뒤에 남다, 출발하지 않다	• stay behind with the wounded ㅣ 부상자들과 함께 남다 • Stay behind after school. ㅣ 방과 후에 남아라.
형 정통한, 알고 있는	• acquainted with the law ㅣ 법에 정통한 • acquainted with the work ㅣ 그 작품을 접한 적이 있는
통 …에 참여[참가]하다	• take part in a demonstration ㅣ 시위에 참여하다 • take part in the election ㅣ 선거에 참여하다
형 (대개 명사 앞에는 안 씀) …에 열중한[빠져있는]	• absorbed in deep thought ㅣ 깊은 생각에 잠겨 있는 • absorbed in study ㅣ 연구에 열중한

보카큐 General

– 인공지능이 선정한 우선순위 영단어

1판 1쇄 2023년 07월 1일

저　　자 Mr.Sun 어학연구소
펴 낸 곳 OLD STAIRS
출판 등록 2008년 1월 10일 제313-2010-284호
이 메 일 oldstairs@daum.net

가격은 뒷면 표지 참조
979-11-7079-003-7 (13740)